Gottesdienste mit Kindern

Gottesdienste mit Kindern

Handreichung 2009

Herausgegeben von Adelheid Schnelle

in Verbindung mit Silvia Gützkow und Sabine Meinhold

EVANGELISCHE VERLAGSANSTALT
Leipzig

Die Deutsche Bibliothek – Bibliographische Information

Die Deutsche Bibliothek verzeichnet diese Publikation in
der Deutschen Nationalbibliographie; detaillierte bibliographische
Daten sind im Internet über <http://dnb.de> abrufbar.

© 2008 by Evangelische Verlagsanstalt GmbH, Leipzig

Printed in Germany · H 7244

Satz: verbum Druck- und Verlagsgesellschaft mbH, Berlin
Umschlaggestaltung: behnelux gestaltung, Halle/Saale
Druck: Clausen & Bosse, Leck

ISBN 978-3-374-02575-6
www.eva-leipzig.de

Inhaltsverzeichnis

	Lieder	 7
	Abkürzungen	 8
	Zur Arbeit mit diesem Buch	 9

Jahreslosung 10
1. Januar Lukas 18,27 (Jahreslosung) *Andrea Moritz* 11
    Kanon und Tanz zur Jahreslosung *S. Macht* 17

I Mit Jesus ins Leben gehen (M 1)* 20
4./6. Januar Von Geburt an: beschenkt (Matthäus 2,1–12) *M. Seidel* 22
11. Januar In unserer Welt: bedroht (Matthäus 2,13–23) *A. Gottwald* 27
18. Januar An unserer Seite: getauft (Matthäus 3,1–17) *G. Kurmis* 33
25. Januar In unserem Leben: geprüft (Matthäus 4,1–11) *G. Naumann* 37

II Ganz schön stark und schlau – Ester wird Königin und rettet ihr Volk (M 2) ... 42
1. Februar Ester 1,1–22 *E. Reinhard* 45
8. Februar Ester 2,1–18 *E. Reinhard* 49
15. Februar Ester 2,19–4,17 *E. Reinhard* 53
22. Februar Ester 5,1–8,2 i. A. *E. Reinhard* 59

III Jona (M 3) 64
1. März Jona 1 und 2 (Gottes Auftrag an Jona) *B. Börner* 66
8. März Jona 3 (Ninive ändert sich) *B. Börner* 72
15. März Jona 4 (Gott ist gnädig und barmherzig) *B. Börner* 75

IV „Zeichen am Kreuzweg Jesu" – Passion nach Matthäus 80
22. März Das Salböl (Matthäus 26,6–13) *A. Baden-Ratz* 82
29. März Der Kelch (Matthäus 26,17–30) *B. Fuhrmann* 87
5. April Die Dornenkrone (Matthäus 27,(1–2)11–30) *B. Johanning* 91
10. April Das Kreuz (Matthäus 27,31–61) *E. Sonntag* 97

**V „Freut euch: Ich bin bei euch!" –
Die Ostergeschichte nach Matthäus (M 4)** 102
12./13. April Matthäus 28,1–10 („Kommt her und seht!") *G. Tröbs* 104
19. April Matthäus 28,16–20 („Geht hin und sagt!") *G. Tröbs* 110

VI Jesus predigt auf dem Berg (M 5) 114
26. April Die Seligpreisungen (Matthäus 5,1–12) *E. u. K. Müller* 116
3. Mai Ihr seid das Salz! Ihr seid das Licht!
    (Matthäus 5,13–18) *C. Glebe* 120
10. Mai Sorget nicht! (Matthäus 6,25–34) *A.-D. Bunke* 127
17. Mai Das Vaterunser (Matthäus 6,5–13) *B. Carstens* 134

---

* M weist auf monatliche Kindergottesdienste hin

Inhaltsverzeichnis

VII Sanfter Wind, Sturm und Heiliger Geist –
Von der Kraft, die Leben schafft 140
21./24. Mai   Gottes Geist, sanft wie ein Hauch
              (1. Könige 19,9–15) B. Donath 142
31. Mai/1. Juni Gottes Geist, stürmisch und begeisternd
              (Apg 2,1–13) B. Donath 148
7. Juni   Gottes Geist, verbindend in Kraft und Liebe
              (2. Tim 1,7) B. Donath 153

VIII Begleitet und behütet wunderbar – Tobias und sein Engel (M 6) 158
14. Juni   Tobias 1–5 i. A.   E. Hasting 162
21. Juni   Tobias 6–8   E. Hasting 166
28. Juni   Tobias 9–12 E. Hasting 170

IX Der Tag nimmt seinen Lauf (M 7) 176
5. Juli   Guten Morgen, schöner Tag B. Rischbieter 178
12. Juli   Der Mittag kommt C. Ilse 183
19. Juli   Denn es will Abend werden A. Kunze-Beiküfner 188

X Salbung – was Leib und Seele gut tut ... (M 8) 194
26. Juli   Gott tut uns Gutes (Psalm 23) B. Rösch 196
2. August   Jesus tut den Menschen Gutes (Lukas 4,16–22) U. Lucke 201
9. August   Eine Frau tut Jesus Gutes (Lukas 7,36–50) K. Lange 204
16. August   Die Gemeinde tut anderen Gutes
              (Jakobus 5,14–15) B. Jagusch 208

XI „Wenn diese Steine sprechen könnten" –
Steine aus unseren Kirchen erzählen von unserem Glauben (M 9) 214
23. August   Steine am Ort der Begegnung mit Gott
              (1. Mose 28,10–22) K.-D. Braun 217
30. August   Steine als Gedenksteine (Josua 4,1–5,1) K.-D. Braun 220
6. September „Ihr seid lebendige Steine" (1. Petrus 2,1–10) K.-D. Braun 225

XII Von Gott geschenkt: „Nimm dein Leben in die Hand!" 230
13. September „Dein Leben ist reich und vielfältig"
              (Lukas 12,16–21) P. Neumann 232
20. September „Nimm dein Leben in die Hand"
              (Lukas 13,10–13) B. Plötner-Walter/H. de Boor 238
27. September „Vergiss nicht, wem du dein Leben verdankst"
              (Lukas 17,11–19) R.-R. Bartels 244

XIII Gott gab uns Atem, damit wir leben (M 10) 248
4. Oktober   Gott gab uns Atem, damit wir leben (1. Mose 2,7) J. Grote 250
11. Oktober   Gott gab uns Augen, damit wir sehen
              (Apg 3,1–20) U. Scheller 255

18. Oktober		Gott gab uns Ohren, damit wir hören (Jesaja 50,4–5) C. Trommer	260
25. Oktober		Gott gab uns Hände und Füße, damit wir handeln (Markus 2,1–12) S. Carstens-Kant	266

XIV Gott – warum? Schwierige Fragen – und es gibt keine Antwort (M 11) 270

31. Okt./1. Nov.	Kain und Abel (1. Mose 4,1–16) F. Niemann	272
8. November	Die Sintflut (1. Mose 7–9 i. A.) G. Humbert	279
15./18. Nov.	Gottes Antwort an Hiob (Hiob 3 i. A.; 38,1–11; 42,1–3) H. Ramsch	284
22. November	Die Antwort der Psalmen (Psalm 13) D. Pape	289

XV Etwas Großartiges wird vorbereitet – Weihnachten nach Lukas (M 12) 294

29. November	Lukas 1,5–25 A. Mengel	296
6. Dezember	Lukas 1,26–38 W. Herrmann	301
13. Dezember	Lukas 1,39–45 R.-E. Schlemmer/F. Wulff-Wagenknecht	307
20. Dezember	Lukas 1,57–80 B. Dechant	313
24./25. Dez.	Lukas 2,1–20 U. Lange	318
26./27. Dez.	Lukas 2,22–38 B. Rischbieter	324

Gottesdienst zum Beginn des Schuljahres 330
„... eine Tasche und noch mehr für unterwegs"   S. Hoenen 331

Autorenverzeichnis 336

Lieder

Auf, lasst uns gehen, das Kindlein zu sehen	321
Der Herr ist mein Hirte	197
Die Spatzen kaufen niemals ein	131
Ein Seil zieht in diesem Kreis seine Runden	191
Gott hört dein Gebet	137
Gott segne dich und behüte dich	254
Ich bin der Herr, dein Gott	55
Ihr seid das Salz der Erde	125
Jesus trägt unsere Krankheit	90
Jetzt ist es wieder höchste Zeit	304
Jona, Jona, auf nach Ninive (Kehrvers)	69
Leben neu entfalten	223
Mögen Engel dich begleiten	160
Nada te turbe	32
Richte dich auf	242
Seht das Zeichen, seht das Kreuz	105
Was bei den Menschen unmöglich (Kanon zur Jahreslosung)	17

Abkürzungen

Amen amen: Lieder für Kinder und Jugendliche, Strube Verlag München/Berlin

Bei dir Bei dir bin ich zu Hause,
Texte für die Liturgie im Gottesdienst mit Kindern,
hg. von L. Geiger u. G. Mohr, Verlag Junge Gemeinde Leinfelden

BF Bunte Fäden in meinem Leben, Pfarramt Groß Elbe, www.kirche-in-elbe.de

EG Evangelisches Gesangbuch

GoKi Gottesdienste mit Kindern – Handreichung,
Evangelische Verlagsanstalt Leipzig

KG Das Kindergesangbuch, Claudius Verlag München

LfK Lieder für den Kindergottesdienst,
Westfälischer Verband für Kindergottesdienst

LH Das Liederheft Kirche mit Kindern, KIMMIK-Praxis 36,
Arbeitsstelle Kindergottesdienst der Ev.-luth. Landeskirche Hannovers

LJ Liederbuch für die Jugend, Quell Verlag Stuttgart

LZU Das Liederbuch zum Umhängen, Menschenkinder Verlag Münster

MKL Menschenskinderlieder,
Beratungsstelle für Gestaltung von Gottesdiensten, Frankfurt/Main

ML Mein Liederbuch für heute und morgen, tvd-Verlag Düsseldorf

Sagt Gott Sagt Gott, wie wunderbar er ist. I Alte und neue Psalmen zum Sprechen und
Singen; II Neue Psalmen für Gottesdienst und Andacht (2005),
Verlag Junge Gemeinde Leinfelden-Echterdingen

Zur Arbeit mit diesem Buch

Die Bibeltexte und Themen, die diesem Buch zugrunde liegen, richten sich nach dem „Plan für den Kindergottesdienst 2007–2009", herausgegeben vom Gesamtverband für Kindergottesdienst in der Evangelischen Kirche in Deutschland.

Vorschläge für monatliche Kindergottesdienste (mit kurzen einleitenden Texten des Gesamtverbandes) finden sich jeweils am Ende von zwölf thematischen Einheiten = M 1 – 12 im Inhaltsverzeichnis.

Zu den Grafiken vor jeder Einheit

Die Grafiken sind nicht fertig. Sie sind als Anregung zum Ausgestalten und Bearbeiten gedacht und vielseitig einsetzbar (Kindergottesdienst, Schule, Einladungen, Gemeindebrief, andere Gemeindekreise). Wir danken Silvia Gützkow (Einheit 4, 11, 13) und Sabine Meinhold für ihre Zeichnungen (S. 10; Einheit 1, 5, 6, 7, 9, 12).

Bausteine für Gottesdienste mit Kindern und Erwachsenen finden Sie für

18. Januar – 2. Sonntag nach Epiphanias: Matthäus 2,1–12
5. April – Palmarum: Matthäus 27 (1–2) 11–30
12./13. April – Ostern: Matthäus 28,1–10
12. Juli – 5. Sonntag nach Trinitatis: Der Mittag kommt
19. Juli – 6. Sonntag nach Trinitatis: Denn es will Abend werden
26. Juli – 7. Sonntag nach Trinitatis: Psalm 23
9. August – 9. Sonntag nach Trinitatis: Lukas 7,36–50
6. September – 13. Sonntag nach Trinitatis: 1. Petrus 2,1–10
4. Oktober – 17. Sonntag nach Trinitatis/Erntedank: 1. Mose 2,7
31. Oktober/1. November – Reformationsfest/ 21. Sonntag nach Trinitatis: 1. Mose 4,1–16
15. November – Vorl. Sonntag im Kirchenjahr/ Buß- und Bettag: Hiob 3 i. A.; 38,1–11; 42,1–3
29. November – 1. Advent: Lukas 1,5–25
13. Dezember – 3. Advent: Lukas 1,39–45
20. Dezember – 4. Advent: Lukas 1,57–80
24./25. Dezember – Heiligabend/Christfest: Lukas 2,1-20
Gottesdienst zum Beginn des Schuljahres: „Eine Tasche ... für unterwegs"

Anschauungs- und Erzählmaterial, das eventuell längerfristig besorgt werden muss (s. auch „Übersichten" vor den jeweiligen Einheiten)

29.3. – Judika: Bild „Jesus reicht den Kelch" (Kees de Kort), Quellenangaben s. S. 88
26.4. – Misericordias Domini: Bilder von armen Menschen, Obdachlosen, Einsamen; zu erhalten über die Medienzentralen der Landeskirchen oder aus Zeitschriften
21./24.5. – Christi Himmelfahrt/Exaudi: Bilder mit lauten und leisen Motiven; Postkarte „Elia am Horeb" von Sieger Köder (Bestelladresse s. S. 144)
31.5./1.6. – Pfingsten: Möglichst große Bilder von Kees de Kort zur Pfingstgeschichte (z.B. Großes Bibelbilderbuch, Dt. Bibelgesellschaft; Dias, Poster)
2.8. – 8. Sonntag nach Trinitatis: Bilder von Menschen, die Zuwendung brauchen: Arme, Kranke, Behinderte, Kinder
9.8. – 9. Sonntag nach Trinitatis: Bild S. 123 (Salbung) aus dem Buch: Haag, Sölle u. a. Große Frauen der Bibel in Bild und Text, Verlag Herder Freiburg 2001
16. 8. – 10. Sonntag nach Trinitatis: CD Trommle mein Herz für das Leben (Gerhard Schöne), daraus: Man kann hören, was andre sagen
11.10. – 18. Sonntag nach Trinitatis: Bilder von optischen Täuschungen
22.11. – Letzter Sonntag im Kirchenjahr/ Ewigkeitssonntag: Lied „Komm herein, komm herein" aus: Liederbuch und CD „Mensch sing mit!" (C. Bittlinger), Bestelladresse s. S. 289

Jahreslosung 2009:

Was bei den Menschen unmöglich ist, das ist bei Gott möglich.

Lk 18,27

Zeichnung: Sabine Meinhold

Lieder: Kanon zur Jahreslosung, s. S. 17; Erleuchte und bewege uns, EG 608 (Rheinland, Westfalen, Lippe), Meine Lieder (Peter Janssens) 85; Jedem Menschen schlägt das Herz, GoKi 2008

Liturgischer Text: Psalm 139,23

1. Januar 2009
Neujahr

Jahreslosung 2009
Lukas 18,27

Was bei den Menschen unmöglich ist, das ist bei Gott möglich

Zum Text

Die Jahreslosung für 2009 steht als Wort Jesu im Zusammenhang mit der Frage vieler Menschen, die ihm begegneten. In diesem Falle ist es ein Reicher, wahrscheinlich ein Synagogenvorsteher, der wissen will, was er tun muss, damit er das ewige Leben erlangt. Es ist die Suche nach der Antwort auf die Frage nach erfülltem und gelingendem Leben. Das jedenfalls verbirgt sich hinter dem Begriff „ewiges Leben". Ewiges Leben meint bei Lukas nicht allein das Leben nach dem Tod. In der Theologie des Lukas ist das Reich Gottes schon zeichenhaft im „Jetzt" angebrochen. Die Menschen erlangen es, wenn sie sich auf die Herzensangelegenheit Gottes einlassen und ihr Leben in dessen Angesicht miteinander teilen, so wie er es sich für seine Welt wünscht. Deshalb gibt Jesus im Gespräch mit dem Mann, eine sehr deutliche Antwort. Er fordert ihn, der alle wichtigen Gebote Gottes einhält, auf, allen Besitz aufzugeben und ihm nachzufolgen.

Der Evangelist Lukas weist damit auf die Solidarität mit den zur damaligen Zeit verfolgten Christen seiner Gemeinde hin, die auf das Wahrgenommenwerden ihrer Mitchristen angewiesen sind, weil sie ihre Lebensgrundlage verloren haben. In seiner Armenfrömmigkeit wird deutlich, dass die selbstlose Verwendung des Besitzes aus eigener menschlicher Kraft schwer möglich ist. Dies lässt die bekannte Metapher vom Kamel und dem Nadelöhr erkennen. Hier ist der ganze Mensch gefragt. Er soll sich von seiner Lebensgrundhaltung her völlig auf die Wege Gottes einlassen und beherzt glauben. Jesus selbst ist es, der auf diesem Weg vorausgeht. Er verzichtet auf Selbstsicherung und ist kindlich auf Gott ausgerichtet. Er zeigt so anderen lebensnah diese Möglichkeit auf, was es heißt zu glauben und auf die Zukunft Gottes hin ausgerichtet zu sein.

Da der Mann diese Möglichkeit nicht ergreift, fragen sich die Umstehenden erschreckt, wie es überhaupt möglich sein kann, Gottes Heil zu erlangen. In seiner Antwort macht Jesus noch einmal deutlich, dass der Glaube und der Ruf in die Nachfolge ein Geschenk Gottes sind, das wir uns nicht verdienen können, sondern es ergreifen sollten.

Für das Jahr 2009 lädt dieser Vers dazu ein, sich von Gottes Wort berühren zu lassen, sich beherzt auf die Wege Gottes durch das Jahr zu begeben und mit dessen Kraft in der Begegnung mit der ganzen Schöpfung sein Wort zu tun.

Der Text und die Kinder

Alles ist möglich bei uns. Solcherlei Gedanken suggeriert die moderne Mediengesellschaft. Das Viele, das möglich ist, ist vielleicht schon zu viel. Jedenfalls setzt der moderne Mensch auf die Machbarkeit der Dinge. Dabei vergisst er den Menschen neben sich, auf dessen Gemeinschaft er letztlich angewiesen ist. Ebenfalls verliert er die ganze Schöpfung, die seine Lebensgrundlage ist, aus dem Blick. In einer solchen Welt der Vergessenheit und Selbstüberschätzung wachsen Kinder unter uns auf. Allerdings spüren sie genau wie wir Erwachsenen auch, dass die Welt der unbegrenzten Möglichkeiten Risse hat und dass wir Menschen doch an die Grenzen von Machbarkeiten stoßen. Lebensgüter wie Geborgenheit, Liebe, Freiheit, Solidarität, Frieden und Gerechtigkeit können wir nicht machen. Sie sind Güter, die wir letztlich nur durch eine Lebenshaltung einüben können, die uns von und durch andere geschenkt wird. In diesem Geschenk begegnet uns Gott. Nur mit einer solch beherzten Grundausrichtung wird unser Leben im Angesicht Gottes gelingen. Als Christen wissen wir davon, dass Jesus in dieser Hinwendung zu den Menschen gelebt hat und dadurch den Willen Gottes für uns Menschen erfahrbar werden ließ. Wir tragen als Christen diese Grundhaltung weiter.

Dabei wissen wir darum, dass viele Fragen offen bleiben und wir längst nicht immer Antworten auf drängende Probleme unseres Alltags finden. Jesus zeigt mit seinem Leben, wie wichtig es ist, dieses Leben im Angesicht Gottes miteinander zu teilen und füreinander einzustehen.

Dass bei Gott vieles möglich ist, davon wissen die Kinder, die zum Kindergottesdienst kommen und von seinen Geschichten hören. Sie erfahren etwas von Gottes guter Begleitung. Allerdings gilt es, der Gefahr vorzubeugen, Gott als eine Art Zaubermeister anzurufen, der das in Ordnung bringen wird, was uns selbst unlösbar erscheint. Hinter solcherlei Gottesvorstellungen verbirgt sich drohende Enttäuschung. Wichtig für die Jahreslosung wird hingegen sein, sich ansprechen zu lassen für die Herzensangelegenheiten Gottes.

Für die Umsetzung der Jahreslosung wähle ich im Blick auf den Ruf in die Nachfolge das Symbol Herz mit der Überschrift: Gottes Herzensangelegenheit für uns und seine ganze Schöpfung.

Gestaltungsvorschlag für jüngere und ältere Kinder

Material: Seile, großer Stein, Feder, 5 Herzen aus Tonpapier, kleinere Herzen für jedes Kind.
In die Mitte des Stuhlkreises wird aus Rhythmikseilen ein großes Herz gelegt.

Übung

Gemeinsam mit den Kindern werden Assoziationen zu dem Herz in der Mitte gesammelt. Diese münden in der Aussage, dass uns das Herz mit seinem Schlag leben lässt. Dort fühlen wir,

1. Januar 2009

was uns freut und was uns traurig macht, was wir uns wünschen, und was uns ängstigt. Wir werden einmal ganz leise unseren Herzschlag spüren und fühlen. Alle legen die Hände aufs Herz, reiben und streicheln es behutsam.

Wenn wir traurig sind, dann ist unser Herz schwer wie ein Stein. (Wir geben einen großen Stein durch den Kreis und legen ihn in das große Herz hinein)

Wenn wir uns freuen, dann ist unser Herz leicht wie eine Feder. (Wir geben eine Feder durch den Kreis und legen sie in das große Herz hinein.)

Unser Herz übernimmt aber noch eine wichtige Aufgabe. Es ist der Ort, an dem wir die vielen Stimmen in uns prüfen, die uns sagen, was wir gerade tun sollten. Was ist jetzt richtig und was ist jetzt falsch?

In unserem Herzen wachsen auch Wünsche. Manch ein Wunsch ist so wichtig für uns, dass wir von einem Herzenswunsch sprechen.

Erzählen der Geschichte
Der Herzenswunsch: Ein Ferienaufenthalt für Jakob

(Die Kindergottesdienstmitarbeiterin Frau Hammer, die Gemeindepfarrerin Frau Neuner, der Vater und die Patentante Jane hören mit ihrem Herzen auf den Wunsch Jakobs. Während die Geschichte erzählt, bzw. vorgelesen wird, wird an der Stelle, an der Jakob seinen Herzenswunsch vor Gott bringt, ein Herz aus Tonpapier in das große Herz in die Mitte gelegt. Ein weiteres Herz, das für die Lehrerin Frau Hammer steht, legen wir in die Mitte, nachdem sie sich entschließt, zur Gemeindepfarrerin zu gehen und ihr von dem Wunsch Jakobs berichtet. Ein drittes Herz kommt hinzu, als die Pfarrerin Frau Neuner zu Jakobs Vater geht. Nachdem der Vater seine Scham überwindet und mit der Patentante Jane über Jakobs Wunsch spricht, wird ein viertes Herz in die Mitte gelegt. Das fünfte und letzte Herz kommt in die Mitte, als Jakob erfährt, dass er mit zur Sommerfreizeit der Kirchengemeinde in die Berge darf.)

Heute erzähle ich euch die Geschichte von Jakob. Jakob ist zehn Jahre alt. Er wohnt zusammen mit seinem Vater in Bad Kreuznach, einer Stadt an dem kleinen Fluss Nahe. Jakob und sein Vater sind allein. Vor drei Jahren ist seine Mutter gestorben. Bis heute ist er noch sehr traurig darüber. Aber das ist noch längst nicht alles, was Jakob das Herz schwer macht. Schon bevor seine Mutter krank geworden war, hatte der Vater seinen Arbeitsplatz verloren. Das kleine Haus am Stadtrand, in dem sie bis dahin gewohnt hatten, musste verkauft werden, weil der Vater nicht mehr das Geld aufbringen konnte, es abzubezahlen. Jetzt wohnen beide in einer kleinen Wohnung in der Innenstadt. Alles ist knapp, Geld für besondere Ausgaben oder Wünsche gibt es nicht. Darüber ist Jakob still geworden. Manchmal ziehen ihn seine Klassenkameraden auf, weil er kein Handy und keinen „i pod" hat. Aber darüber kann er mit seinem Vater nicht reden. Der ist nur mit sich selbst beschäftigt und ganz anders geworden als er früher mal gewesen war. Von seiner Fröhlichkeit ist nichts mehr übrig geblieben. Tiefe Sorgenfalten haben sich in seine Stirn und um seine Mundwinkel eingegraben.

Heute, auf dem Nachhauseweg von der Schule ist Jakob stiller als

13

sonst. Bald sind wieder Sommerferien und die Lehrerin hatte die Kinder gefragt, wohin sie denn mit ihren Eltern verreisen würden. Einige hatten begeistert davon erzählt. Währenddessen hatte sich Jakob weggeträumt und sich daran erinnert, wie schön es gewesen war, als er einmal mit Mama und Papa Urlaub auf einem Bauernhof mit vielen Tieren gemacht hatte. Das war das letzte Mal gewesen, bevor Mama so krank geworden war. „Wie gerne würde ich auch noch einmal in den Sommerferien verreisen", denkt Jakob, als er so vor sich hintrottet. Es muss ja nicht gleich eine Flugreise nach Amerika sein, so wie sie sein Kumpel Tim mit seinen Eltern machen wird.

Beim Mittagessen schlürft Jakob still die Suppe, die der Vater gekocht hat. „Nein, sagen kann ich Papa davon nichts. Der wird sowieso wie immer nur die Schultern zucken und sagen: ‚Jakob, du weißt doch, dass es nicht geht'", denkt er sich.

An diesem Nachmittag ist Kindergottesdienst. Den besucht Jakob gerne. Wenn er traurig ist, kann er dort Frau Hammer davon erzählen. Sie hört immer zu. Manchmal tröstet sie Jakob auch. Das war besonders so, als die Mutter gestorben war. Heute hat Frau Hammer etwas Besonderes für den Stuhlkreis in der Mitte vorbereitet. Ein Korb mit Sorgensteinen wird herumgereicht. „Jeder, der möchte, kann Gott laut oder leise mit einem Stein, den er in die Mitte legt, sagen, was er auf dem Herzen hat. Mit Gott kann man alles besprechen, wie mit einem guten Freund. Er nimmt sich immer die Zeit zum Zuhören. Er nimmt jede Frage, jede Bitte ganz ernst. Wir können ihm auch sagen, was unser Herzenswunsch ist, oder worüber wir uns freuen oder Danke sagen wollen. Dafür gibt es kleine Teelichte, die wir an der großen Jesuskerze in der Mitte anzünden", sagt Frau Hammer. Da beginnt Jakobs Herz zu klopfen und es wird ihm ganz heiß. Soll er es wagen? Gerade jetzt hat er doch einen dringenden Wunsch. „Wenn ich mit Papa schon nicht darüber reden kann, dann werde ich es eben Gott erzählen. Vielleicht versteht er mich", denkt Jakob. Als Jakob im Kreis der Kinder an der Reihe ist, nimmt er einen Stein und ein Teelicht aus dem Korb und sagt: „Lieber Gott, ich bin traurig, dass mein Papa so viel darüber grübelt, dass er keine Arbeit mehr hat. Ich wünsche mir, dass er wieder fröhlich wird wie früher." Dann legt er den Stein in die Mitte und zündet an der Jesuskerze sein Licht an, stellt es dazu und sagt: „Ich habe einen ganz großen Wunsch. Ich möchte so gerne in den Sommerferien noch einmal wegfahren. Es muss ja nicht gleich eine Flugreise nach Amerika sein."

Auf dem Nachhauseweg denkt Frau Hammer über Jakobs Bitte nach. Sie entschließt sich, die Gemeindepfarrerin Frau Neuner aufzusuchen. In ihrem Gespräch am anderen Tag kommen beide auf eine Idee. Es gibt eine Kinderfreizeit in die Berge, die das Jugendreferat für die Kirchengemeinden in Bad Kreuznach veranstaltet. Die Kosten dafür könnte die Kirchengemeinde aus ihrer Diakoniekasse übernehmen. Dafür wird ja schließlich jeden Sonntag im Gottesdienst im Klingelbeutel Geld eingesammelt. Jetzt muss nur noch Jakobs Vater von der Idee überzeugt werden.

1. Januar 2009

Als Frau Neuner ein paar Tage später an der Haustür klingelt, ist Jakobs Vater überrascht. In einem langen Gespräch mit ihr erzählt er von seiner Not. Besonders überrascht es ihn, dass Jakob seine Traurigkeit bemerkt hat. Nach anfänglichem Zögern stimmt er dem Plan von Frau Neuner und Frau Hammer zu. Es kostet ihn ganz schön Überwindung, die Bezahlung anzunehmen. Aber Jakob zuliebe will er es tun. Allerdings braucht Jakob noch Wanderschuhe und Wetterkleidung für die Berge. Jakobs Vater entschließt sich, seine Schwester Jane, Jakobs Patentante zu fragen, ob sie helfen kann. Auch sie will schließlich den Plan eines Ferienaufenthaltes für Jakob unterstützen.

Drei Wochen, nachdem Jakob seine Sorge und seine Bitte im Kindergottesdienst Gott erzählt hatte, sitzt ein lächelnder Vater am Mittagstisch. Auf Jakobs Teller liegt ein Briefumschlag. „Heute gibt es eine Überraschung für dich, Jakob", sagt der Vater stolz. Als Jakob gespannt den Briefumschlag öffnet, traut er seinen Augen nicht: Gutschein für zwei Wochen Kinderfreizeit in den Bergen, ein Paar Wanderschuhe und Regenkleidung. Mit großem Jubel fällt Jakob seinem Vater um den Hals. Der Vater erzählt seinem Sohn, wie er von dessen Herzenswunsch erfahren hat und er verspricht ihm, öfter wieder einmal schöne Sachen mit ihm draußen an der Nahe zu machen.

Abends, als Jakob im Bett liegt und er noch nicht einschlafen kann, faltet er die Hände und betet: „Lieber Gott, ich bin so froh darüber, dass du meinen Herzenswunsch gehört hast."

(Wir singen den **Kanon zur Jahreslosung**)

Gott wünscht sich für uns, dass wir auf Herzenswünsche hören. Dann wird unser Herz freudig und leicht.

Aktion
Jedes Kind erhält ein aus Tonpapier ausgeschnittenes Herz. Wir wandern im Kreis um das große Herz in der Mitte, bleiben an unserem Platz stehen. Wir wollen jetzt unser Herz fragen, was unser Herzenswunsch für dieses neue Jahr ist. Jedes Kind darf leise oder laut seinen Herzenswunsch mit dem Tonpapierherz in die Mitte legen.
Gottes Herzenswunsch für diese Welt ist, dass wir unser Leben miteinander teilen und niemanden aus unserem Blick verlieren, so wie es die Menschen um Jakob herum getan haben.

Ein Fürbittengebet
(Herzenswünsche für das neue Jahr. Nach jeder Bitte darf ein Kind eine Kerze anzünden. Die angezündeten Kerzen werden um den Rand des großen Herzens in der Mitte gestellt. So erfahren die Kinder, dass Gottes Herz in unserer Welt und für unsere Welt brennt.)

Lieber Gott, für das neue Jahr bitten wir dich um Zeit in unseren Familien,
Zeit zum Essen an einem Tisch,
Zeit zum Spielen mit der ganzen Familie,
Zeit, um schöne Sachen miteinander zu machen.

Lieber Gott, für das neue Jahr, bitten wir dich um Schutz,
behüte uns auf unseren Wegen,
schenke uns Mut und Vertrauen, wenn wir Angst haben.

Lieber Gott, wir bitten dich um Trost,
sei du bei uns, wenn wir Trauriges erleben,
schicke Menschen, die uns in den Arm nehmen.
Wir bitten um Liebe, wo Kinder sie brauchen.

Lieber Gott, für das neue Jahr bitten wir dich um Nahrung für die ganze Welt,
Essen für alle Kinder, die zu wenig haben,
frisches Wasser, da wo es fehlt.
Hilf uns zu überlegen, wie wir besser miteinander teilen können.

Lieber Gott, für das neue Jahr bitten wir dich um Schutz für unsere Erde,
wir bitten für die Pflanzen, die Blumen und Bäume,
wir bitten auch für die Tiere, die an Land, die im Meer und die in der Luft.

Lieber Gott, für das neue Jahr bitten wir um Frieden,
Frieden in den Familien,
Frieden in den Schulen,
Frieden in den Ländern, wo Krieg herrscht.

Lieber Gott, für das neue Jahr bitten wir dich um deinen Segen,
schenke uns sehende Augen,
hörende Ohren,
sprechende Münder,
helfende Hände,
offene Herzen.
Amen

Andrea Moritz

Tanz zum einstimmigen Gesang
Aufstellung im Kreis zu zweit abgezählt, alle Einser schauen gegen Uhrzeigersinn, alle Zweier im Uhrzeigersinn. Auftakt abwarten, ab Liedtext „Menschen" je 4 Schritte pro Takt:

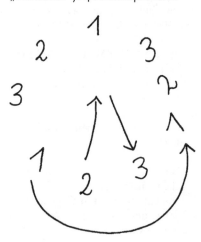

Takt 1 – 2: Kette an 4 Personen vorbei: Den Entgegenkommenden abwechselnd die rechte Hand und die linke Hand reichen und slalomartig mit je 2 Schritten aneinander vorbeigehen.
Takt 3 – 4: 8 Schritte zur Mitte gehen
Takt 5 – 6: 8 Schritte zurück
alles von vorn

Tanz zum dreistimmigen Kanon
Aufstellung im Kreis zu dritt abgezählt, anfangs zur Mitte schauen. Auftakt abwarten, ab Liedtext „Menschen" je 4 Schritte pro Takt, die Einser beginnen, die andern folgen jeweils kanonversetzt:
Takt 1 – 2: Mit 8 kleinen Schritten hinter den Personen der anderen Gruppe vorbeigehen und auf den Platz des nächsten Partners mit derselben Kanonnummer.
Takt 3 – 4: 8 Schritte zur Mitte gehen
Takt 5 – 6: 8 Schritte zurück

Siegfried Macht

1. Januar 2009

Kanon zur Jahreslosung
Was bei den Menschen unmöglich

Text: Lukas 18,27
Melodie: Siegfried Macht

Begleitung endet auf „F" (siehe „Fine"). Für eine einfachere Gitarrenbegleitung auch „dm" statt" Bb J 7".

Ostinato für Bass-Instrument ad lib.:

AufSchwingen – getragen und frei

Gesamttagung für Kindergottesdienst in der EKD
16. – 18. Oktober 2009
ERFURT

Diese größte Tagung für Mitarbeitende in der KIRCHE MIT KINDERN sollten sich alle schon jetzt fest in den Kalender schreiben, die mit Kindern Gottesdienste feiern, biblische Geschichten erzählen, über den Glauben im Gespräch sind.
Ausführliche Informationen zum Programm, zur Anmeldung und zu allen organisatorischen Fragen finden Sie nun nach und nach im Internet: www.kindergottesdienst-ekd.de.
Ab Januar 2009 kann das komplette Programm mit den Anmelde-Unterlagen auch angefordert werden bei:
Projektstelle Kindergottesdienst (Gesamttagung)
Zinzendorfplatz 3, 99192 Neudietendorf
Fax: 03 62 02 / 771 35 39
Mail: kigo@ekmd.de

Hier ein erster Überblick:
Freitag, 16. Oktober 2009
Willkommen, Eröffnungsfeier, Kreativmarkt
Samstag, 17. Oktober 2009
Bibelarbeiten, Referate, Arbeitsgruppen, Festabend
Sonntag, 18. Oktober 2009
Abschlussgottesdienst

Die Aktion zur Gesamttagung für Kindergottesdienst in der EKD

AufSchwingen – getragen und frei

Das Motto der Gesamttagung entstand durch einen Vers aus dem Buch Jesaja:
„**Die auf den Herrn harren, kriegen neue Kraft, dass sie auffahren mit Flügeln wie Adler…**"
Menschen, die sich im Kindergottesdienst und in der Kirche mit Kindern engagieren, können das selbst erleben: Neue Kraft bekommen; unerwartet über sich selbst hinauswachsen, Aufwind spüren, sich bewegen und bewegt werden.

Das biblische Bild vom Adler soll sichtbar, greifbar werden, indem hoffentlich ganz viele kleine und große Adler aus ganz Deutschland und darüber hinaus nach Erfurt mitgebracht werden. Sie werden während unserer Tagung in dem Messezentrum ihre Plätze finden und später bestimmt auch ein neues Ziel anfliegen.

Darum bitten wir Euch:
Bringt zur Gesamttagung einen Adler mit, der bei Euch im Kindergottesdienst, in der Kinderbibelwoche, in der Christenlehre und anderswo gemeinsam mit Kindern gebaut und gebastelt wurde. Die Wahl von Material, Größe, Farbe usw. ist ganz Euch überlassen. Ideen dazu finden sich unter www.kindergottesdienst-ekd.de

Wichtig ist für alle unbedingt:
1. Der Adler muss aufzuhängen sein, also eine gute Befestigung mit einem starken Band, Drachenschnur o. ä. vorbereiten und mitbringen.
2. Auf dem Adler soll eure Kontaktadresse gut leserlich angebracht sein.
3. Euren Adler solltet ihr am Ankunftstag so schnell wie möglich ins Messezentrum in Erfurt bringen, damit er dort einen Platz bekommt.

Wir freuen uns auf Euch und Eure Adler!   Die Programmkommission der Gesamttagung

Mit Jesus ins Leben gehen

Würfelspiel: Mit Jesus ins Leben gehen

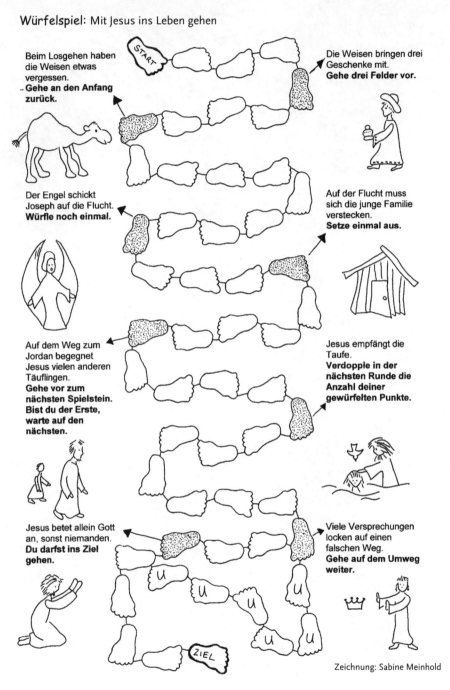

Zeichnung: Sabine Meinhold

Lied: Ich möcht', dass einer mit mir geht, EG 209, KG 211, LJ 137, MKL 82, LfK1 A27

Liturgischer Text: Psalm 121

Mit Jesus ins Leben gehen

Sonntag	Text/Thema	Art des Gottesdienstes Methoden und Mittel
4./6.1.2009 2. Sonntag nach dem Christfest/ Epiphanias	Von Geburt an: beschenkt Matthäus 2,1–12 Die Weisen	Gottesdienst mit Kindern; Gespräch, kleine Geschenke, Erzählung, Fingerpüppchen oder Rollenpüppchen gestalten; Spruchkarte
11.1.2009 1. Sonntag nach Epiphanias	In unserer Welt: bedroht Matthäus 2,13–23 Der Retter muss gerettet werden	Gottesdienst mit Kindern; Erzählung mit Bildkarten, Bildkarten ausmalen, Memory-Spiel, Gespräch
18.1.2009 2. Sonntag nach Epiphanias	An unserer Seite: getauft Matthäus 3,1–17 Johannes der Täufer	Gottesdienst mit Kindern (und Erwachsenen); Erzählung mit Bodenbild, Tücher, Fell, Gürtel, Honig, Tauferinnerung, Symbolhandlung, Taube aus Holz o. a. zum Mitnehmen, Lederband
25.1.2009 3. Sonntag nach Epiphanias	In unserem Leben: geprüft Matthäus 4,1–11 Versuchung	Gottesdienst mit Kindern; Gespräch, Rollenspiel, Erzählung mit Bodenbild, Tücher, Steine, Sand, Dornen, Kerze, Spruchkarte gestalten, doppelseitiges Klebeband

Monatlicher Kindergottesdienst im Januar
Wie kann ich widerstehen? Matthäus 4,1–11, Versuchung Jesu   S. 41

> 4./6. Januar 2009
> Zweiter Sonntag nach dem
> Christfest / Epiphanias
>
> ## Von Geburt an: beschenkt
> Matthäus 2,1–12
>
> ### Die Weisen

Lieder: Wisst ihr noch, wie es geschehen, EG 52, LJ 50, LfK2 35; Ich möcht', dass einer mit mir geht, EG 209, KG 211, LJ 137, MKL 82, LfK1 A27

Liturgischer Text: Jesaja 60,1–6

Zum Text

Herodes der Große war vor allem ein großer Betrüger und Tyrann, der selbst vor dem Mord an seiner Frau und seinen Söhnen nicht zurückschreckte. Das jüdische Volk hasste ihn. Er regierte von 37 bis 4 vor Christus. Das bedeutet, dass Jesus wahrscheinlich etwa sechs Jahre vor unserer Zeitrechnung geboren wurde. Demnach wäre Jesus schon 1 – 2 Jahre alt gewesen, als die Weisen aus dem Morgenland ihn besuchten. Dazu passt auch, dass Herodes alle kleinen Jungen bis zum Alter von zwei Jahren töten ließ (siehe Text vom nächsten Sonntag). In diese grausame Zeit hinein wurde Jesus geboren. Seine Geburt ist wie ein Geschenk Gottes. Er ist der kommende König, den die alten Schriften verheißen haben. Die Juden, die 600 Jahre vorher als Gefangene nach Babylon deportiert wurden, haben diese Verheißung mit ins Zweistromland gebracht. Genau von dort – zwischen Euphrat und Tigris – kommen in unserem Text nun die drei Weisen. Sie sind heidnische (gehören nicht zum Volk Gottes) Sterndeuter. Durch sein „Siehe" macht Matthäus deutlich:

Jesus ist von Anfang an auch für die Heiden geboren. Sie brauchen nicht einmal einen Vermittler. Gott redet unmittelbar mit ihnen, als er ihnen im Traum verbietet, zu Herodes zurückzukehren. Herodes bestellt die Weisen bei Nacht zu sich, damit nichts an die Öffentlichkeit dringt. Er ruft den Hohen Rat zusammen. Seine Mitglieder – die Hohenpriester, Schriftgelehrten und Ältesten – bilden zugleich die oberste Kirchenbehörde, den obersten Gerichtshof und die oberste politische Behörde der Juden. Noch in der Nacht machen sich die drei Weisen auf den acht Kilometer langen Weg von Jerusalem nach Bethlehem. Sie sind verwirrt und verwundert, dass niemand etwas von dem neuen König weiß. Der Stern macht ihnen wieder Mut und bringt sie zum Ziel. Sie beugen sich vor dem Kind. Für das Kind Jesus haben sie sich auf den Weg gemacht. Sie haben alles zurückgelassen, Strapazen auf sich genommen, sich durchgefragt. Sie haben kostbare Geschenke mitgebracht und erwarten keine Gegenleistung für ihren Besuch. Am Ende gehen sie als Beschenkte wieder heim.

Der Text und die Kinder

Es ist Weihnachten. Wenn ich an meine Kinder denke, dann weiß ich, dass sie nicht nur ein Geschenk bekommen haben. Vor Weihnachten war die Spannung groß. Viel stand auf den Wunschzetteln. Aber die Kinder haben auch selber eingekauft, gebastelt und sich Gedanken gemacht. Geschenke auspacken ist spannend für die Augen, die Hände, die Ohren und für das Herz. Geschenke sind immer auch mit Gefühlen verbunden. Kinder spüren, ob ein Geschenk mit Liebe gepackt und überreicht wird. Natürlich freuen sich die Kinder über die Spielsachen und Süßigkeiten. Aber noch nötiger brauchen sie die unbezahlbaren Geschenke – liebevolle Berührungen, offene Ohren, Zeit, Gespräch, das Fördern ihrer Begabungen, ein Lächeln, das gemeinsame Spiel usw.

Mein roter Faden für diesen Kindergottesdienst:
1. Wir alle sind beschenkte Menschen.
2. Die kostbarsten Geschenke sind die, die ein Mensch aus Liebe gibt.
3. Das Kostbarste, was Gott uns Menschen schenkt, ist sein Sohn Jesus Christus.

Gestaltungsvorschlag für jüngere und ältere Kinder

Einstieg
Nach Begrüßung und Lied verteilen wir kleine, aus Papier geschnittene Geschenke an die Kinder. Die älteren Kinder sollen ihr liebstes, zu Weihnachten erhaltenes Geschenk darauf schreiben, z.B. Feuerwehrauto. Die jüngeren Kinder malen. Anschließend sprechen wir über die Weihnachtsgeschenke: Was hast du bekommen? Hast du dich gefreut? Genau das hattest du dir gewünscht? Toll!

Aktion
Mit den Kindern gemeinsam werden drei oder vier kleine Geschenke ausgepackt:
– eine Tüte Gummibären
– für jedes Kind ein ganz kleines Spielzeug (Minikreisel, Luftballon, kleines Bild, Aufkleber o.ä.); die Geschenke werden angeschaut, aber erst am Ende verteilt
– ein Gutschein für etwas Gemeinsames (kleine Bastelei, Überraschung, Spiel usw.)

Gespräch
Es gibt Geschenke ... zum Essen, zum Anziehen, zum Spielen, zum Lesen ... Es gibt Geschenke, die wenig Geld kosten (1 Euro hinlegen), die viel Geld kosten (großen Geldschein hinlegen, das Geld muss nicht echt sein) und auch Geschenke, die unbezahlbar sind. Mit den Kindern gemeinsam überlegen wir, welche Geschenke das jeweils sein können.
wenig Geld: Lutscher, Buntstift, Aufkleber, Jo-Jo, Mini-Malbuch ...
viel Geld: Fahrrad, Gameboy, Computer, Autorennbahn, Puppenhaus, Lego ...
unbezahlbar: Selbstgebasteltes, Selbstgestricktes, ein Urlaub mit Oma und Opa, ein gemeinsamer Spielenachmittag, Kuscheln im Kerzenschein, Gesundheit, eine Familie, ein Freund, der immer Zeit hat ...
Wisst ihr auch, warum diese Geschenke unbezahlbar sind? Genau, weil sie aus Liebe geschenkt werden. Liebe kann man nicht bezahlen. Die Gummibären kann deine Freundin bezahlen,

der Papa kann das Lego bezahlen. Wenn sie dir aber etwas schenken, weil sie dich lieb haben, dann ist dieses Geschenk viel mehr wert, dann ist es kostbar. Von solchen kostbaren Geschenken will ich euch heute erzählen.

Erzählung

(Matthäus 2, 1–12 kann mit Bildern, Fingerpüppchen oder mit drei Geschenken – Gold, Weihrauch, Myrrhe – erzählt werden. Zum Schluss wird ein Herz dazugelegt. Für jüngere Kinder kann der Text einer Kinderbibel, z.B. Komm, freu dich mit mir, Deutsche Bibelgesellschaft, Stuttgart, verwendet werden, für die älteren eignet sich die folgende Variante:)

Die drei Männer saßen am Tisch. Sie hatten sich ein Abendessen bestellt. Niedergeschlagen sahen sie sich an. Das konnte doch nicht wahr sein! Doch alle drei hatten es gehört: „Es gibt hier keinen neugeborenen König. Punktum!" Das hatte Herodes der Große zu ihnen gesagt. „Soll denn alles umsonst gewesen sein?", sagte einer der Drei. „Sind wir nicht wegen dem Kind über ein Jahr lang unterwegs gewesen, Tag für Tag? Haben wir nicht über tausend Kilometer zurückgelegt, um den König zu finden?" „Du hast recht", meinte sein Freund, „wir haben für diesen Traum alles aufgegeben. Und schau dich einmal an! Du siehst nicht mehr aus wie ein Gelehrter aus hohem Adel. Die Strapazen der langen Reise haben dich verändert." „Na, na, du hast dich aber auch lange nicht gründlich gewaschen, gib es zu!", lachte der Angesprochene. „Ich weiß, ich weiß", schmunzelte sein Freund, „aber Spaß beiseite, wir können jetzt nicht umkehren. Und was ist mit dem Stern? Er war da, bis eben. Das kann ich bezeugen." Alle drei zuckten zusammen, denn in diesem Moment klopfte es laut an die Zimmertür. Die Tür wurde geöffnet und ein Bote des Königs stand im Zimmer. Er sagte: „Ihr sollt sofort zum König kommen. Er hat fleißig geforscht und etwas über euren neugeborenen König in Erfahrung gebracht." „Jetzt, mitten in der Nacht?", gaben die drei zu bedenken. „Ja, jetzt sofort!", sagte der Bote, und dann war er auch schon im Dunkel verschwunden.

Also machten sich die drei Gelehrten an diesem Tag zum zweiten Mal auf den Weg zum Königspalast. Was sollte diese Geheimnistuerei? Sie waren gespannt und unsicher. Der König Herodes empfing sie sehr freundlich. Er entschuldigte sich für die späte Stunde und sein abweisendes Verhalten am Vormittag. Inzwischen hatte er den Hohen Rat einberufen. Er hatte die Hohenpriester, Schriftgelehrten und Ältesten um Rat gefragt. Sie hatten die Verheißungen in den alten Schriften nachgelesen. Dort stand, der Retter und Herr werde in Bethlehem zur Welt kommen. Der König wünschte den weisen Männern gute Reise. Er wolle auch gern das Kindlein beschenken. Die Gelehrten mögen bitte wieder zu ihm zurückkommen und ihm den Weg beschreiben und von dem Kind berichten.

Dann waren die drei Männer entlassen und standen in der Dunkelheit. Da rief plötzlich einer von ihnen: „Da, seht nur, unser Stern! Wie weit ist es bis Bethlehem? Ich will jetzt nicht mehr warten." Noch etwas verwirrt, aber mit neuer Freude im Herzen machten sich die Drei auf den acht Kilometer langen Weg nach Bethlehem. Endlich sollten sie ans Ziel kommen. Ihre Herzen klopften laut. Alle Mühen waren vergessen, als sie das Haus betraten und Maria mit dem Jesuskind fanden. Mit Tränen in den Augen knieten sie nieder. Sie schenkten dem Kind die Gaben, die sie so lange getragen und bewahrt hatten – Gold, Weihrauch und Myrrhe. Sie waren am Ziel.

In dieser Nacht hatten alle drei einen Traum. Am Morgen sagte einer: „Hast du auch geträumt, dass wir nicht wieder zu Herodes gehen sollen?" „Ja, woher weißt du das?" „Und ich habe es auch geträumt!", riefen die zwei anderen. „Dann ist es der Wille Gottes, dass wir nicht noch einmal nach Jerusalem gehen. Er wacht über dem Kind und wird sein Leben schützen", sagten sie zueinander. Und als die Zeit der Heimreise kam, machten sie einen Bogen um Jerusalem.

Die kostbarsten **Geschenke** sind die, die sich Menschen aus **Liebe** geben

Zeichnung: Sabine Meinhold

Vertiefung
In einem Gespräch kann herausgearbeitet werden, was für die drei Männer mit dieser langen Reise alles verbunden war: ihre Liebe, ihre Fragen, die Sehnsucht in ihren Herzen.

Gebet
Lieber Gott, es ist Weihnachten. Wir haben uns beschenkt, weil wir uns lieb haben. Auch du hast uns beschenkt. Du gibst uns das Kostbarste, was du hast, deinen Sohn Jesus Christus. So zeigst du uns, dass du uns lieb hast. Amen

Kreative Ideen zur Auswahl

– **Bild zur Geschichte** malen
– Eine **Postkarte mit Spruch** (Die kostbarsten Geschenke sind die, die sich Menschen aus Liebe geben) kopieren. Die Kinder schneiden aus Geschenkpapier lange Streifen, falten sie zusammen und binden eine Wollschleife darum. Das so entstandene Päckchen wird auf die Karte geklebt.

– **Kleine Kartons** (von Tee, Smarties, Streichhölzern ...) werden mit Geschenkpapier eingepackt und mit Schleifen verziert. Sie eignen sich sehr schön als Schmuck für die Tür, den Christbaum oder das Fenster.

- Wir basteln **Fingerpüppchen**: die drei Weisen. Dazu die Zeichnungen in entsprechender Anzahl kopieren und dabei vergrößern, jeweils die Arme und den Kopf und ein Rechteck für den Körper ausschneiden und ausmalen, die Rechtecke längs aufrollen und zusammenkleben, an das obere Drittel den Kopf kleben, die Arme hinten an die Rolle kleben.

Marit Seidel

- Wir bringen aus Plätzchenteig gebackene Vierecke mit, die nun mit buntem Zuckerguss zu **essbaren Geschenken** werden.
- Aus einer Rolle Klopapier oder Küchenkrepp basteln wir mit Tonpapier, Goldfolie, Stoffresten, Leim und Filzstiften **einen der drei Weisen**.

11. Januar 2009
1. Sonntag nach Epiphanias

In unserer Welt: bedroht

Matthäus 2,13–23

Der Retter muss gerettet werden

Lieder: Ich möcht', dass einer mit mir geht, KG 211, EG 209, LJ 137, MKL 82, LfK1 A27; Bewahre uns, Gott, KG 213, EG 171, LJ 117; Nada te turbe (s. S. 32); Gottes Hand hält uns fest, KG 114, MKL 12, LJ 537

Liturgischer Text: Gebet mit Kehrvers (s. S. 29)

Zum Text

Anders als die Weihnachtsgeschichten des Lukasevangeliums gehört die Erzählung des herodianischen Kindermordes nicht zu den jährlich erzählten Geschichten. Kaum auf der Welt, gerät der neugeborene Retter der Welt selber in Lebensgefahr. Diese konkrete Bedrohung geht aus von dem politischen Führer seines Geburtslandes, der selber aber nur Machthaber höherer Gnade ist: abhängig von Rom, regierend in Israel, sitzt Herodes zwischen allen Stühlen. Vom jüdischen Volk ungeliebt, nach Rom hin Rechenschaft schuldig, versucht er, einer vermeintlichen Bedrohung seiner Position durch „den neugeborenen Judenkönig" (Mt 2,2) mittels Missbrauch seiner Macht Herr zu werden. Als er dieses einen Kindes nicht habhaft werden kann, lässt er alle Jungen bis zum Alter von zwei Jahren ermorden.

Droht dem Retter dieser Welt auch von dieser Welt aus Gefahr, so hält doch sein himmlischer Vater schützend die Hand über ihn. Über Jesu Geschick steht von Beginn an Gottes Plan und Hand. Wie schon zuvor (Mt 1,20) wird Josef für Gottes Heilsplan in Dienst genommen und führt aus, was ihm der Engel des Herrn (Engel = griechisch: Angelos = Bote) zu tun aufträgt. Auch wenn er als einziger der drei Hauptfiguren in dieser Geschichte beim Namen genannt wird, ist er doch die Figur des Hintergrunds – was er tut, dient dem Wohl des Kindes, das nicht einmal sein eigenes ist, sondern nur ihm anvertraut. Vers 15 bezeichnet dieses Kind ausdrücklich als Gottes Kind! Dies geschieht im Rahmen eines der so genannten Erfüllungszitate, die unser Text umschließt. Uns ist es allen vertraut, eine Geschichte unterschiedlich zu erzählen, je nachdem, wen wir ansprechen. Matthäus wendet sich an einen Leserkreis, der jüdischen Hintergrund hat. Daher war ihm sehr daran gelegen, anhand des Alten Testament immer wieder den Beweis zu erbringen, dass in Jesus die alten Verheißungen erfüllt sind.

Mit Jesus ins Leben gehen

Der Text und die Kinder

Für die Kinder ist die Thematik dieser Geschichte von Märchen her vertraut: Das Gute wird durch das Böse bedroht, doch am Ende behält das Gute die Oberhand. Auch der Tod der bösen Person, hier Herodes, passt in ein Märchenschema (vgl. z. B. Schneewittchens Stiefmutter).

Der alles verändernde Unterschied aber liegt darin, dass Gott hier schützend seine Hand über sein Kind legt. Unter Gottes Führung flieht die kleine Familie nach Ägypten, unter Gottes Führung kehrt sie heim. Nicht irgendein Fatum (Schicksal), nicht allgemeine Moral bilden den Hintergrund des Geschehens. Vielmehr ist es Gottes Fürsorge für sein Kind – und damit für die Welt –, die den Gang der Geschichte beeinflusst.

Dass Herodes um seine Macht fürchtet, weil es einen neugeborenen Judenkönig geben soll, können die Kinder sicherlich nachvollziehen. Und dass er alles tut, was ihm möglich ist, um diese Bedrohung zu beseitigen, ist für Kinder durchaus auch vorstellbar. Umso beruhigender ist die Erfahrung, dass Gottes Weitblick und Fürsorge größer sind als menschliche Pläne.

Die Tatsache, dass Herodes viele Jungen ermorden ließ, um selber an der Macht zu bleiben, darf den Kindern nicht verschwiegen werden. Dennoch sollte der Schwerpunkt auf Gottes Heilshandeln liegen.

Gestaltungsvorschlag für jüngere und ältere Kinder

Gebet mit Kehrvers (KG 114)
Gott,
du bist unsere Sicherheit und unsere Kraft,
du bist unsere Hilfe in aller Not.
*(Kehrvers:) Gottes Hand hält uns fest
wie ein Vogel im Nest,
so sind wir wohl geborgen.*
Darum brauchen wir uns nicht zu fürchten,
auch wenn rings um uns die Welt in Aufruhr gerät.
Kehrvers
Denn Gott ist bei denen, die zu ihm rufen;
er verlässt die nicht, die bei ihm Schutz suchen.
Kehrvers

Spiel
Die beigefügten Bilder werden zweimal, die Seite auf DIN A 4 vergrößert, kopiert und ausgeschnitten. Da die Bilder für ein Memory genutzt werden, entweder gleich auf Karton kopieren oder auf Karton aufkleben. Die Geschichte begleitend, wird das jeweils passende Bild aufgedeckt. Im Kreis ausgelegt, ergibt sich die Geschichte als Bildergeschichte und endet, wo sie begonnen hat: in Israel. Im Anschluss an die Erzählung im Gottesdienst können die Bilder – je nach Zeit – noch farbig gestaltet werden und dann als Memory gespielt werden bzw. als Schwarz-Weiß-Vorlage direkt als Memory eingesetzt werden. Wem die Vorlagen zu wenig Karten ergeben, kann den Satz auch verdoppeln. Dann sollte beim Anmalen darauf geachtet werden, dass immer ein Paar mit der gleichen Farbgebung gestaltet wird, um eine eindeutige Zuordnung zu er-

möglichen. Oder man erleichtert das Auffinden eines Paares dadurch, dass vier Karten dasselbe Motiv tragen und unabhängig von der farbigen Ausgestaltung eine Zuordnung nur über das Bild erlaubt wird.

In einer Spielvariante kann man die Bildpaare in der Reihenfolge der Geschichte suchen lassen: als Erstes den Engel aus Bethlehem, dann die Aufforderung im Traum, nach Ägypten zu gehen usw.

Erzählung

Nacht war es. Die kleine Familie hatte sich zum Schlafen hingelegt. Aufregende Tage lagen hinter ihr. Der kleine Sohn Jesus war geboren worden, den Gott ihnen geschenkt hatte – nein, nicht ihnen, eigentlich der ganzen Welt. Und dann waren Weise aus dem Morgenland gekommen, um den neugeborenen König der Juden zu sehen, wie sie sagten. Diese waren nun wieder in ihre Heimat gereist.

Nun also war Nacht, die Zeit der Ruhe und Erholung. Josef lag auf seinem Lager und schlief. Ringsumher herrschte tiefer Friede. *Bild 1* Doch plötzlich war er da, in aller Deutlichkeit – da war er wieder in seinem Traum: der Engel, den Gott schon einmal zu ihm gesandt hatte. Gottes Engel, der als Bote Gottes Botschaften überbrachte. Und der sprach wieder zu Josef: *Bild 2* „Mach dich sofort auf den Weg nach Ägypten. Der König Herodes *Bild 3* will euren Sohn töten lassen. Darum nimm das Kind und deine Frau und bringt euch in Sicherheit!" Josef wachte auf und musste erst einmal kurz nachdenken. Was hatte der Engel gesagt? König Herodes wollte ausgerechnet ihren Sohn töten lassen? Aber halt, die Weisen hatten schließlich das kleine Kind den neugeborenen König Israels genannt. Wahrscheinlich hatte Herodes also Angst um seine Macht. Und es war bekannt, dass er nicht zimperlich war, wenn es um Gegner ging. Also konnte es gut sein, dass für Herodes dieses kleine Kind eine echte Bedrohung war. Wie gut, dass Gott über dem Kind wachte.

Blieb also nur eines zu tun: Josef stand auf und weckte seine Frau. Kurz erklärte er ihr, was er in seinem Traum gesehen hatte. *Bild 4* Schnell packten sie ihre wenigen Sachen zusammen, nahmen das Kind und machten sich noch in derselben Nacht auf den weiten Weg nach Ägypten. Dorthin, wo schon einmal Israeliten Schutz vor Not gesucht hatten. Und erst, wenn Herodes selber tot war, würden sie zurückkommen.

Unterdessen bemerkte Herodes irgendwann, dass die Weisen in ihre Heimat zurückgekehrt waren, ohne ihn noch einmal zu besuchen. Nun wusste er gar nicht genau, welches Kind es war, das ihm gefährlich werden konnte. Man stelle sich vor: Ein „neugeborener König der Juden" – dabei war er doch der König, und er hatte keinen neugeborenen Sohn. Was könnte er nur tun, um seine eigene Macht zu erhalten?

Bild 5 Was er wusste, war, dass dieses Kind in Bethlehem geboren worden war. Und da fasste er einen schrecklichen Plan: Wenn er nicht das eine Kind ausfindig machen konnte, dann wollte er auf Nummer sicher gehen. Darum ließ Herodes in Bethlehem und Umgebung alle Jungen umbringen, die bis zu zwei Jahre alt waren. *Bild 6* Die Trauer war groß und viele Eltern weinten um ihre Kinder, ganz so, wie es schon in den Schriften vorhergesagt worden war. Aber das eine Kind, das Gott als Retter der Welt geschickt hatte, das war in Ägypten in Sicherheit. Von dort konnte es wiederkommen, sobald die Gefahr vorüber war, von Gott gerufen. Und auch das stand schon in den Schriften. *Bild 7* Als nämlich Herodes dann selber gestorben war, war genau diese Zeit gekommen, dass Gott seinen Sohn aus Ägypten rufen sollte.

In Ägypten hatte die kleine Familie Unterschlupf gefunden. Wieder einmal hatten sie sich für die Nacht zur Ruhe gelegt und schliefen. *Bild 8* Da sandte Gott erneut seinen Engel zu Josef. Mitten im Traum war er wieder da mit einer neuen Botschaft: „Die Gefahr ist vorbei. *Bild 9* Der König, der das Kind töten wollte, ist selber gestorben. *Bild 10* Ihr könnt nach Israel zurückkehren. Nimm deine Frau und das Kind und macht euch auf." Josef wachte auf und bedachte kurz, was Gott ihn hatte wissen lassen. Die Gefahr war vorüber, Gott hatte sie zurückgerufen. Wie gut! Aber jetzt herrschte Sicherheit, also mussten sie nicht wieder mitten in der Nacht los. Deswegen drehte sich Josef um und schlief weiter.

Bild 11 Am nächsten Morgen berichtete er seiner Frau von dem Engel und seiner Botschaft. Sofort machten sie sich auf den Heimweg. Als sie aber schon fast wieder zurück waren, erfuhren sie, dass jetzt ein Sohn von Herodes der neue König war. Archelaus hieß er. Ob es wirklich ungefährlich war, nach Judäa zu gehen? Doch auch dieses Mal wachte Gott über seinem Kind und dessen Familie. Im Traum ließ er Josef wissen, dass die Familie nach Galiläa gehen solle. *Bild 12* Dort ließen sie sich in der kleinen Stadt Nazareth nieder und blieben dort wohnen.

Gespräch

Dort, wo Zeit und Gelegenheit für ein vertiefendes Gespräch sind, kann man sich zum einen über die Person des Josef austauschen. Welche Aufgabe hat er hier (im Auftrag Gottes alles zum Schutz des Kindes tun), wie stellt er sich dieser Aufgabe? (er führt alles ohne Zögern oder Hinterfragen aus) Wie funktioniert die Kommunikation zwischen Gott und Josef? (durch Engel in ihrer ureigenen Aufgabe). Hätte Josef eigentlich auch anders handeln können? (nach meinem Eindruck gibt es hier keine Persönlichkeit „Josef" außerhalb seines Auftrags, so dass an ein Anders-Handeln nicht zu denken ist)

Zum anderen kann Gottes Handeln in den Blick genommen werden. Wie erscheint Gott hier, wie wird er erlebt? (der, der alles im Blick hat; der sein Vorhaben mit der Welt durchführt; der das Schützenswerte beschützt; der Macht auch über das Böse hat)

Ein Gespräch über die Geschichte kann also dazu genutzt werden, bei den Kindern das Erleben zu verstärken, dass Gott die Welt nicht schutzlos lässt, sondern über sie wacht.

Antje Gottwald

Nada te turbe

Text: Gesang aus Taizé, nach Theresia des Avila
Melodie und Satz: Jacques Berthier, Taizé 1984

Rechte: Ateliers et Presses de Taizé,
71250 Taizé-Communauté

Folgender deutscher Text kann auf die Melodie gesungen werden:

Nichts soll dich ängsten,
nichts soll dich quälen,
wer sich an Gott hält,
dem wird nichts fehlen,
nichts soll dich ängsten,
nichts soll dich quälen.
Dich trägt Gott. Amen.

18. Januar 2009
2. Sonntag nach Epiphanias

An unserer Seite: getauft
Matthäus 3,1–17

Johannes der Täufer – Taufe

Lieder: Ich kann hier nicht verloren gehen, denn Gott kennt meinen Namen, MKL2 55; Mit allen Wassern gewaschen, MKL2 78 (nur der Refrain); Ich bin getauft auf deinen Namen, EG 200 (Str. 1 und 4)

Liturgischer Text: Psalm 121

Zum Text und zum Thema

Die Verbindung der beiden Geschichten von Johannes dem Täufer und Jesu Taufe in einen Erzählzusammenhang ist genial. Sie macht deutlich, dass die Taufe Jesu verwurzelt ist in der Verkündigung Johannes des Täufers. Johannes predigt das nahende Himmelreich. Jesus lässt sich selbst taufen wie viele andere Menschen auch, die aus der Stadt und den umliegenden Gebieten zu Johannes, dem Täufer, gekommen sind. Jesus stellt sich als Mensch gleich mit anderen. Seine Taufe ist kein demonstratives Einzelgeschehen, sondern eingebunden in die Taufe der Vielen. Und doch ist sie etwas Besonderes.

Denn die Menschen bedürfen der Umkehr und mit der Taufe der Vergewisserung, dass dieses Leben eine neue Orientierung hin zum Himmelreich hat. Jesus aber hat Umkehr nicht nötig. Er lässt sich taufen, um sich freiwillig den Menschen gleichzustellen. Seine Nähe zum Himmelreich zeigt sich in der Erfahrung des aufgehenden Himmels. Heraus aus dem aufgehenden Himmel hört Jesus die Zusage der Liebe Gottes: „Du bist mein lieber Sohn, an dir habe ich Wohlgefallen." (V. 17) Ich stelle mir vor: So, wie Matthäus die Taufe Jesu mit der Taufe der vielen Menschen verbindet, so gilt die Zusage Gottes auch allen Getauften: „Du bist mein liebes Kind, an dir habe ich Wohlgefallen."

Der Text, das Thema und die Kinder

Mit der Verbindung der Taufe Jesu mit der Taufe der Vielen weite ich die Zusage der Liebe Gottes an Jesus aus auf alle Getauften. Für mich ist diese „Liebeserklärung" Gottes an die Getauften die Mitte dieses Textes. Das Liebhaben Gottes möchte ich den am Gottesdienst Teilnehmenden konkret zusprechen.

Um diesen Weg der Menschen hin zu Gottes Zusage seiner Liebe an die Getauften prägnant gehen zu können, verzichte ich auf die Darstellung der Zurechtweisung der Pharisäer („Ihr Schlangenbrut", V. 7). Auch die gleichnishaften Bilder von der „Axt an der Wurzel" und von der „Worfschaufel", (V. 10 und 12) lasse ich unerwähnt, weil sie ein anderes Thema berühren und die Kinder (und Erwachsenen) vom Weg hin zur Taufe ablenken.

In die Erzählung nehme ich dagegen die Fragen der Täuflinge an Johan-

Mit Jesus ins Leben gehen

nes den Täufer auf, die im Paralleltext des Evangelisten Lukas überliefert sind: „Was sollen wir tun, um unser Leben zu ändern?" (Lk 3, 10–14). Diese Fragen machen die Frage nach der Umkehr konkret fassbar.

Nicht alle Kinder im Kindergottesdienst oder alle Teilnehmenden in einem Familiengottesdienst zur Tauferinnerung sind getauft. Es muss also vorher bedacht werden, ob die Symbolhandlung auch den ungetauften Gottesdienstteilnehmern gelten soll. Den Kindern ist wahrscheinlich eine Taufhandlung am Taufstein vertraut, das Untertauchen im Fluss in der Erzählung sollte zu unserer Taufe in Beziehung gesetzt werden.

Gestaltungsvorschlag für Kinder (und Erwachsene)

Veranschaulichung der Erzählung
Zur Veranschaulichung der Erzählung von Johannes dem Täufer schlage ich vor, mit Tüchern die Landschaft zu legen: die Wüste mit orangefarbenen Tüchern, dazu an den Rand der Wüste ein blaues Tuch für den Fluss. Auf die Wüstentücher lege ich ein Fell mit einem Gürtel drapiert. Dazu stelle ich ein Glas mit Honig (siehe Foto). Das Bodenbild wird nach dem ersten Absatz der Erzählung gelegt. Bei dem Erzählen von der Taufe Jesu und dem aufgehenden Himmel mit der Taube verzichte ich bewusst auf eine Anschauung.

Erzählung: Johannes in der Wüste/ Taufe Jesu
(Ich erzähle aus der Perspektive eines Menschen, der mit vielen anderen aus der Stadt bzw. aus der umliegenden Gegend kommt. Evtl. ein Tuch umhängen) Ich habe von ihm gehört. Er ist in der Wüste. Die Wüste beginnt auf der anderen Seite des Flusses. Er heißt Johannes. Er lebt so ganz anders als wir in der Stadt. Ein Fell aus Kamelhaar hat er mit einem Gürtel aus Leder umgebunden. Er isst Heuschrecken. Und wilden Honig. Doch er beeindruckt nicht nur durch sein Aussehen und seine Essgewohnheiten. Er erzählt vom Himmelreich, das ganz nahe ist. Vielleicht ist er der Messias, der Retter der Welt. Viele aus der Stadt und aus dem ganzen Land gehen zu ihm. Ich möchte ihn auch se-

hen. Ich mache mich auf den Weg zum Fluss Jordan am Rand der Wüste. (Ich lege das Bodenbild mit der Wüste, dem Fluss ...)

Da steht er auf einem Felsen, Johannes. Das Kamelhaar-Fell, das er sich umgelegt hat, wird von einem Gürtel zusammengehalten. Er ist ganz hager. Er sieht wirklich so aus, als würde er nicht viel zu essen bekommen. Heuschrecken und wilder Honig: davon kann man auch nicht recht satt werden. Aber er hat eine kräftige Stimme. Weit in das Tal hinein ist er zu hören. „Kehrt um, ändert euer Leben", so ruft er uns zu. Als Zeichen für die Umkehr tauft Johannes die Menschen im Fluss. Sie tauchen unter und kommen gereinigt wieder aus dem Wasser heraus. Einer steht am Flussufer und will getauft werden. Er fragt: „Was sollen wir denn tun?" Johannes antwortet: „Wer zwei Hemden hat, gebe dem eins, der keins hat. Und mit dem Essen macht es genauso: teilt miteinander!" Ein Soldat kommt zu Johannes. Auch er will getauft werden. „Was muss ich tun, um mein Leben zu ändern?" „Tue keine Gewalt oder Unrecht. Und sei zufrieden mit deinem Gehalt", antwortet Johannes. Dann taucht er ihn in das Wasser. – Ich frage mich: „Wie muss ich mein Leben ändern, wenn ich von Johannes getauft werden will? Ich will auch spüren, wie das Himmelreich mir ganz nahe wird."

Ich habe mich auch taufen lassen. Wie Johannes vor mir steht. Das hat mich sehr bewegt. Ich habe versprochen, in meinem Leben Gutes zu tun. So wie die anderen auch. Ich will meine Sachen mit anderen teilen, und mein Essen. Ich will zufrieden sein mit dem, was ich habe. Und das ist wirklich ein gutes Gefühl, so gereinigt aus dem Wasser zu kommen. Ich fühle mich nicht nur am Körper gereinigt. Das Wasser und Johannes Worte sind Reinigung für meine Seele.

Johannes stellt sich wieder auf den Felsen und redet zu der ganzen Menge der vielen Menschen: „Ich taufe mit Wasser. Aber ich bin nur der Bereiter des Weges. Es wird einer kommen, der wird mit dem heiligen Geist taufen: Jesus, der Retter, der Sohn Gottes. Dann wird der Himmel für uns alle aufgehen."

Und dann habe ich es erlebt, wie der Himmel aufgeht. Johannes steigt hinunter zum Fluss. Ein Mann steht bei ihm. Johannes soll ihn taufen. Doch Johannes wehrt sich: „Du bist Jesus. Du bist der Retter. Du bist der, der uns das Himmelreich nahebringt. Ich kann dich nicht taufen. Umgekehrt muss es sein. Ich brauche, dass du mich taufst. Und du kommst zu mir." Jesus sagt zu ihm: „Lass es einfach geschehen!" Noch zögert er, dann steigt Johannes mit Jesus in den Fluss und tauft ihn. Jesus ist getauft! Genau wie ich auch! Und die vielen anderen Menschen. – Ich schaue zum Himmel. Die Wolken schieben sich an den Rand. Es ist, als ob der Himmel aufgeht. Eine Taube kommt aus der Weite des Himmels herab. Als sie über Jesus ist, höre ich die Stimme. Sie kommt aus dem Himmel. Sie wendet sich Jesus zu: „Du bist mein lieber Sohn, an dir habe ich Wohlgefallen." – Wie die Stimme aus dem Himmel lieb ist. Ich spüre diese Liebe auch in mir. Die Liebe Gottes kommt zu uns, zu den Menschen, die getauft worden sind. Es ist, als würde Gott zu mir wie zu Jesus sagen: „Du bist mein liebes Kind, an dir habe ich Wohlgefallen."

Symbolhandlung am Taufbecken

Alle am Gottesdienst Teilnehmenden werden eingeladen, zum Taufbecken zu kommen. Dort wird ihnen mit dem Wasser aus dem Taufbecken ein Kreuz in die Hand gezeichnet (s. Foto). Diese Symbolhandlung begleitet der Zuspruch: „Gott sagt dir zu: Du bist mein liebes Kind, an dir habe ich Wohlgefallen."

Die zu einem Tauferinnerungsgottesdienst (s. unten) schriftlich eingeladenen Kinder können gebeten werden, ihre Taufkerzen mitzubringen. Die Kerzen können nach der Symbolhandlung an der Osterkerze angezündet werden.

Tauferinnerungsgottesdienst

Die Erzählung kann ich mir gut als Baustein für einen Tauferinnerungsgottesdienst vorstellen. Es werden z.B. alle Kinder schriftlich eingeladen, die in einem bestimmten Zeitraum in der Gemeinde getauft worden sind. Es entspricht aber der Verbindung der Taufe Jesu mit der Taufe der Vielen im Text, dass in einem Gottesdienst zur Tauferinnerung generationenübergreifend alle herzlich eingeladen sind. Das ist wichtig für die Symbolhandlung am Taufbecken: Alle, die mögen, nicht nur die schriftlich Eingeladenen, bekommen mit dem Wasser im Taufbecken ein Kreuz in die Hand gezeichnet.

Die Erzählung mit Symbolhandlung ist auch in einem **Kindergottesdienst** verwendbar. Dann schlage ich vor, eine Schale mit Wasser auf das blaue Tuch zu stellen, das den Fluss symbolisiert. Einer oder eine aus dem Kindergottesdienst-Team zeichnet dort das Kreuz in die Hand der Kinder.

Gebet

Gott sagt: *Du bist mein liebes Kind, an dir habe ich Wohlgefallen.*
Gott, danke, dass der Himmel aufgeht und du uns dein Liebhaben zusagst.
Gott sagt: *Du bist mein liebes Kind, an dir habe ich Wohlgefallen.*
Gott, wir bitten dich: dass wir Liebhaben spüren können von unseren Eltern, Großeltern, von Geschwistern, von Freundinnen und Freunden.

Gott sagt: *Du bist mein liebes Kind, an dir habe ich Wohlgefallen.*
Gott, wir bitten dich: dass dein Liebhaben uns auch dann trägt, wenn wir uns einsam fühlen, von der Welt verlassen.
Gott sagt: *Du bist mein liebes Kind, an dir habe ich Wohlgefallen.*
Gott, wir bitten dich für alle Menschenkinder dieser Erde: lass sie in deinem Liebhaben geborgen sein. Heute und immer.
Amen

Zum Mitnehmen am Ende des Gottesdienstes bekommen alle Kinder eine

Zeichnung: Silvia Gützkow

Taube aus Holz mit einem Lederband (zum Umhängen). Ich habe diese Taube in einem Versand für Kirchenbedarf entdeckt. Die Taube aber ist aus Karton oder Moosgummi einfach selbst herzustellen (siehe Zeichnung).

Gerhard Kurmis

25. Januar 2009
3. Sonntag nach Epiphanias

In unserem Leben: geprüft
Matthäus 4,1–11

Versuchung

Lieder: Mein Gott, das muss anders werden, MKL1 24, LJ 598, KG 194, Amen 21, LH 18; Da berühren sich Himmel und Erde (Wo Menschen sich vergessen), MKL2 132, Amen 68, LH 27; Gib uns Ohren, die hören, LJ 534, KG 195, Amen 2, MKL2 38, LH 25; Ich möcht', dass einer mit mir geht, EG 209, LJ 137, KG 211, LfK1 A27, MKL 82

Liturgischer Text: Psalm 27 (aus MKL2, S. 99); Das Vaterunser

Zum Thema und zum Text

Der Text dieses Sonntags folgt direkt auf den Text von der Taufe Jesu durch Johannes den Täufer. Gott hat ja gesagt zu Jesus (Das ist mein lieber Sohn, an dem ich Wohlgefallen habe. 3,17b). Und Jesus hat sich für ein Leben mit Gott entschieden und dies mit der Taufe sichtbar werden lassen.
Eigentlich ist nun alles in Ordnung. Aber unser Text erzählt etwas anderes.

Gottes Ja zu Jesus und Jesu Ja zu einem Leben mit Gott hebt nicht aus dem Alltag der Welt hinaus. Jesus wird „geprüft". Der Versucher, der Diabolo (griech.: Durcheinanderwirbler) versucht von Jesus Besitz zu ergreifen. Drei verlockende Angebote erhält Jesus.
1. Steine in Brot verwandeln – alle Menschen könnten satt werden.
Aber Brot allein genügt nicht, um Gottes Reich auf Erden sichtbar werden zu lassen. Jesus antwortet mit einem

Zitat aus den Heiligen Schriften. „Der Mensch lebt nicht vom Brot allein, sondern von einem jeden Wort, das aus dem Mund Gottes geht" (5. Mose 8,3).
2. Du bist Gottes Sohn – dir kann nichts passieren, riskiere etwas, zeige Mut, für dich ist alles machbar.
Jesus widersteht einer sinnlosen Mutprobe. Seine Antwort ist eindeutig. Gott darf nicht herausgefordert werden, nur um eigenes Machtstreben zu zeigen. Jesu Antwort: „Du sollst den Herrn, deinen Gott, nicht versuchen" (5. Mose 6,16).
3. Erkenne mich an – bete mich an, sage Gott ab und du wirst unbegrenzte Macht haben. Aber natürlich unter meinen Bedingungen. Die Verlockung ist riesig. Sie heißt: Sein können wie Gott. Jesus durchschaut den Versucher. Er weist ihn zornig von sich weg. „Du sollst anbeten den Herrn, deinen Gott, und ihm allein dienen" (5. Mose 6,13).

Jesus hat die „Prüfung" bestanden. Sein Ja zu Gott und Gottes Ja zu ihm geben ihm die Kraft, dem Bösen zu widerstehen. Aber auch die Verwurzelung in der Gemeinde, im Judentum helfen ihm seine Entscheidung zu treffen. Das Wissen um die Macht Gottes, der satt machen kann, wie damals in der Wüste mit Manna, und aus aussichtslosen Situationen retten kann, wie am Schilfmeer, geben ihm Gewissheit. Jesus weiß um die Versuchungen, die Menschen begegnen. Ihm selbst begegnen sie noch mehrmals. Die Menschen, die er sättigte, wollen ihn zum König machen, die Pharisäer fordern ein Zeichen zum Beweis seiner Macht. Ja selbst unter dem Kreuz stehen die Spötter, die fordern „Wenn du Gottes Sohn bist, steig herab vom Kreuz".

Jesus weiß sich in Gott geborgen. Das hilft ihm Versuchungen zu widerstehen und er erlebt Stärkung durch Gottes Boten. Jesus wird in der Geschichte ganz menschlich dargestellt. Nichts ist ihm fremd. Auf das eben erfahrene Gute folgt die Erscheinung des Bösen. Aber er zeigt uns, dass das Böse überwunden werden kann, und er wird verstehen, wenn wir einmal nicht widerstehen können.

Das Thema und die Kinder

Das Thema „In unserem Leben: geprüft" birgt eine für Kinder fast alltägliche Situation. Schulkinder erleben, dass ihr Wissen täglich auf dem Prüfstand steht. Und fast so alltäglich sind die anderen Prüfungssituationen, wenn es z.B. um Kleidung, Schulmaterialien, Fan-Musik, Sportidole o. Ä. geht. Kann ich mich mit den anderen vergleichen? Muss ich mich angleichen? Was muss ich tun, um in der Gruppe anerkannt zu sein, ja eventuell als Vorbild zu gelten? Plaudere ich anvertraute Geheimnisse aus und stehe damit groß da oder lasse ich mich zu einem kleinen Diebstahl verleiten, um meinen Mut zu beweisen? Da kann ich verbotene Sendungen im Fernsehen anschauen und später mit meinem Wissen angeben. Die Versuchungen sind groß und die Auseinandersetzungen in der Familie oft hart, wenn das Familienbudget bestimmte Anschaffungen nicht zulässt. Wie oft erleben wir den Kampf zwischen Eltern und Kindern im Supermarkt, wenn im Kassenbereich begehrenswerte Artikel ausliegen. Auch die Kleinen kennen das Problem. Da hat jemand im Kindergarten ein begehrtes Spielzeug von zu Hause mitgebracht. Man könnte es einfach in der eigenen Tasche oder im Rucksack verschwinden lassen. Die Versuchung ist groß. Und die Erfahrungen, die Kinder wie auch Erwachsene machen, sind ernüchternd. Wir erleben, dass wir Versuchungen häufig nicht widerstehen. Dann haben wir ein schlechtes Gewissen oder geraten in Schwierigkeiten. Der Bibeltext kann Mut machen und stärken. Er zeigt Jesus als Mensch, der sich mit der Macht des Bösen auseinandersetzen muss und der diese Macht bezwingen kann. Aber er kann es nicht aus sich selbst heraus. Im Hören auf Gottes Wort und im Leben dieses Wortes kann er die Versuchungen bestehen.

Darum ist es gut, an dieser Stelle Bitten des Vaterunsers in den Gottesdienst aufzunehmen:
– unser tägliches Brot gib uns heute
– und führe uns nicht in Versuchung
– denn dein ist das Reich und die Macht und die Herrlichkeit.

Wir können es den Kindern sagen: So hat Jesus voller Vertrauen zu Gott gebetet und so sind auch wir im Gebet mit Gott verbunden. Dieses Wissen kann trösten. Darum soll im Kindergottesdienst die Klage über unser Versagen ebenso ihren Platz haben, wie das vertrauensvolle Beten des Vaterunsers.

Gestaltungsvorschlag für jüngere und ältere Kinder

Material: ein schwarzes Tuch, beige- oder ockerfarbene Tücher, verschiedene Steine, eine Schale mit Sand, einige dornige Zweige, eine große Kerze und Streifen mit dem Text des Vaterunsers. Die Tücher im Bodenbild sind den Kindern vielleicht schon von den vergangenen Sonntagen bekannt.
Weiße Karten A6, doppelseitiges Teppichklebeband, feiner Sand, kleine Steine, Dornen, Filz- oder Buntstifte
Vorbereitung: Die beigefarbenen Tücher sind ausgebreitet und die Schale mit Sand, sowie die dornigen Zweige liegen auf den Tüchern. Die Kerze, das schwarze Tuch und die Textstreifen werden beiseite gelegt.

Begrüßung

Lied zum Beginn, das den Kindern bekannt ist.

Psalm 27

Gespräch und/oder Rollenspiel
Den Kindern werden, je nach Altersstufe Szenen vorgestellt, die sie weiterspielen oder deren möglichen Fortgang sie erzählen. (Bei wenig Zeit bietet sich das Gespräch an).

Beispiele für Gespräch oder Spiel
– Ein Kind im Kindergarten hat eine große Dinosaurierfigur mitgebracht. Ein anderes Kind möchte sie gern besitzen. Nimmt es die Figur heimlich weg? Welche Gedanken hat das Kind? (möglich auch besondere Süßigkeiten, Haarschmuck o.ä.)
– In der Schule tauschen Jungen mit Eifer Pokemon- oder andere Karten. Ein Junge hat nur wenig Karten und kann nicht richtig mittauschen. Eine ganz bestimmte Karte möchte er besitzen. Was wird geschehen?
– Mädchen sind Fans bestimmter Sänger/innen oder Gruppen. Sie tauschen Bilder. (Fortgang wie oben)
– Eine Klassenarbeit steht an. Ein Schüler/Schülerin, der/die immer ein bisschen am Rand steht, ist in dem Fach sehr gut. Er/Sie soll abschreiben lassen, dann würden sie in die Clique aufgenommen.
– Mutprobe: im Supermarkt eine CD entwenden. Die anderen stehen „Schmiere".

Wir stellen fest, dass es viele Situationen gibt, in denen wir animiert werden Verbotenes zu tun. Wir benennen die Situationen und singen dazwischen das

Lied: Mein Gott, das muss anders werden

Erzählung

In der Mitte liegen die beigefarbenen Tücher und Steine, Sand und Dornen. (Ihr kennt sie schon aus den letzten Kindergottesdiensten.) Sie erzählen uns von der Wüste, von einem kargen, unwirtlichen Ort. Wüste nennen wir es auch, wenn wir keinen Ausweg mehr wissen, wenn Böses droht. Als Zeichen für das Böse lege ich jetzt ein schwarzes Tuch dazu. Das Böse, wir nennen es auch Teufel, kann Menschen sehr zu schaffen machen.

Auch Jesus musste sich mit dem Bösen, dem Versucher, auseinandersetzen. Es war kurz nach seiner Taufe. Jesus hatte erlebt, wie Gott ja zu ihm gesagt hatte und er hatte ja zu einem Leben mit Gott gesagt. Nun ist er allein, in der Wüste. Er will sich vorbereiten für den Weg zu den Menschen, denen er von Gottes Reich erzählen wollte. Viele Tage verbringt er in der Wüste ohne zu essen. Jetzt ist der Hunger da und quält sehr. Da hört er eine Stimme. Es ist die Stimme des Versuchers, des Teufels, die ihn anspricht. „Wenn du wirklich Gottes Sohn bist, so lass aus diesen Steinen hier Brot werden." Jesus bemerkt das Verlockende in der Stimme. Aber er lässt sich nicht täuschen und antwortet: „Nein, Brot allein genügt nicht zum Leben. Gott und sein Wort und seine Liebe zu uns Menschen gehören dazu."

Aber der Versucher prüft Jesus noch einmal. „Komm mit mir. Stell dich oben auf die höchste Stelle des Tempels und spring hinunter. Wenn du Gottes Sohn bist, wird dir nichts passieren. Gottes Engel werden dich tragen. So steht es in den Heiligen Schriften." Das war schlau eingefädelt, mit einem Gotteswort zu argumentieren. Doch Jesus kennt ein anderes Gotteswort. „Du sollst Gott nicht herausfordern." Das heißt: Ich will in den Augen der Menschen kein Zauberer sein. Ich will tun, was Gott von mir erwartet.

Da setzt der Versucher zur dritten, schwersten Prüfung an. Von einem hohen Berg aus zeigt er Jesus alle Länder der Welt. „Sieh dich um! Das alles kannst du beherrschen. Über alles hast du Macht, wenn du vor mir niederkniest und mich anbetest", sagt der Versucher. „Nein", ruft Jesus zornig, „verschwinde, du kennst das Gotteswort, das oberste Gebot! Du sollst nur Gott allein anbeten und keine andere Macht. Gott sollen wir dienen und sonst niemand."

Da verlässt der Versucher Jesus. Aber Jesus bleibt nicht allein. Gottes Engel kommen und stärken ihn.

Liedvers: Gib uns Ohren, die hören

Gespräch

(Auf die Tücher wird die große Kerze gestellt und angezündet.)
In unsere Wüstenlandschaft habe ich die brennende Kerze gestellt. Ihr könnt euch denken, warum ... Jesus hat etwas geschafft, was sehr schwer war. Da gab es aber etwas Wichtiges, was ihm geholfen hat. Er hat immer an Gott gedacht. Er wusste, dass Gott ihn lieb hat. Er kannte die Heiligen Schriften seines Volkes mit den Geschichten, wo Gott geholfen hat.

(Die Textstreifen mit dem Vaterunser werden zur Kerze gelegt.)
Wir kennen das Gebet, das Jesus seinen Freunden gegeben hat. Einige Sätze daraus haben mit unserer Geschichte zu tun. (Die Kinder wählen aus. Die Bitte „und führe uns nicht in Versuchung" ist sicher dabei). Jesus kannte die Versuchung und wir dürfen ihn bitten, uns nicht in Versuchung geraten zu lassen.

Vielleicht schickt er uns einen echten Freund, der uns abrät etwas Verbotenes zu tun. Aber ganz bestimmt erinnert uns die Bitte daran, noch einmal ganz genau zu prüfen, ob das, was ich tun will, recht ist. Und wenn ich der Versuchung erlegen bin? Was dann? Dann bin ich traurig, habe ein schlechtes Gewissen und schäme mich. Dann kann ich Jesus bitten mir zu helfen, mich stark zu machen. Er weiß, wie schwer es ist, Versuchungen zu widerstehen.

(Wenn genügend Zeit ist, kann hier noch einmal an die Rollenspiele vom Anfang angeknüpft werden. Dann könnte auch die Bitte „unser tägliches Brot gib uns heute" und „denn dein ist das Reich und die Macht und die Herrlichkeit" zur Sprache kommen.)

Kreatives Gestalten
Die Kinder wählen eine Bitte/einen Vers aus dem Vaterunser aus und gestalten sich damit eine Karte. Doppelseitiges Klebeband auf eine Karte kleben (oder dicken Kleister aufstreichen) und mit feinem Sand, kleinen Steinchen und Dornen eine Wüstenlandschaft gestalten. Darüber oder darunter wird der Vers geschrieben und erinnert so auch an die Bibelgeschichte des Sonntags.

Lied: Ich möcht', dass einer mit mir geht

Gebet: Vaterunser

Gudrun Naumann

Monatlicher Kindergottesdienst im Januar
Wie kann ich widerstehen? Matthäus 4, 1–11, Versuchung Jesu

Kinder sind täglich Versuchungen ausgesetzt. Prüfungen gehören zu ihrem Leben. Sie erleben, dass sie „nein" sagen können und dass sie Versuchungen erliegen. Die Jesusgeschichte kann Mut machen, es im Vertrauen auf Gott immer wieder neu zu versuchen, nicht zu erliegen.

Der Kindergottesdienst folgt im Wesentlichen dem Gestaltungsvorschlag für den 25.1. (S. 37). Jedoch wird hier mehr Raum sein, in **Rollenspielen** „Versuchungssituationen" aufzunehmen. Auf kleine Kärtchen geschriebene Beispiele können sich immer 2 – 3 Kinder aussuchen und ihre Version spielen. Kinder, die gern allein arbeiten, können zu einem Beispiel eine **Geschichte schreiben**. Vielleicht berichten Kinder auch von positiven Ausgängen. Deshalb ist es gut, das Lied „Da berühren sich Himmel und Erde" mit in die Gestaltung aufzunehmen. Ebenso wird mehr Zeit sein, sich den Versen des **Vaterunsers** zuzuwenden. Falls eine gemeinsame **Mahlzeit** vorgesehen ist, kann vor dem eigentlichen Essen die Bitte „unser tägliches Brot gib uns heute" gestaltet werden. Dazu werden in die Mitte des Tisches außer dem Brot Dinge gelegt, die wir täglich zum Leben brauchen. Bei älteren Kindern kann auf Luthers Erklärung zur Bitte hingewiesen werden.

(Gudrun Naumann)

Ganz SCHÖN STARK und SCHLAU – Ester wird Königin und rettet ihr Volk

Waschti und Ester

Foto: Elisabeth Reinhard

Lied: Ich bin der Herr, dein Gott (s. S. 55)

Liturgischer Text: Mein Gott, hast du mich vergessen (nach Psalm 22), Sagt Gott I 21, II 45; Gott ist mein Licht (nach Psalm 27), LJ 697

II
Ganz SCHÖN STARK und SCHLAU – Ester wird Königin und rettet ihr Volk

Sonntag	Text/Thema	Art des Gottesdienstes Methoden und Mittel
1.2.2009 Letzter Sonntag nach Epiphanias	Ester 1,1–22 Waschti – Eine Frau will Achtung und scheitert *Sarah*	Gottesdienst mit Kindern; Erzählung, Stabpuppe Waschti mit Krone, CD-Player, Klassik-CD, blaues und schwarzes Tuch, Goldplättchen, Edelsteine, Holzkegelfiguren, Papierstreifen mit Aufschrift
8.2.2009 Septuagesimä	Ester 2,1–18 Ester – die SCHÖNste wird Königin *Annette*	Gottesdienst mit Kindern; Erzählung, Stabpuppe Ester mit Krone, CD-Player, Klassik-CD, blaues Tuch, Goldplättchen, Edelsteine, Goldkarton, Tacker, Verkleidungskiste oder Königsfiguren aus Karton gestalten, Bastelmaterial
15.2.2009 Sexagesimä	Ester 2,19–4,17 Eine schwere Aufgabe und ein STARKes Gebet *Elke*	Gottesdienst mit Kindern; Erzählung, Stabpuppe Ester mit Krone, Tuch, Goldplättchen, Edelsteine, Xylophon/Blockflöte, Schriftrolle mit Siegel, hellbraunes Tonpapier DIN A5, Stifte, schwarze Wolle, Kerze, Siegellack, Siegel
22.2.2009 Estomihi	Ester 5,1–8,2 i.A. Ein SCHLAUer Plan *Sonja*	Gottesdienst mit Kindern; Stabpuppe Ester mit Krone, Festdekoration, Saft, Plätzchen, Orffinstrumente

Monatlicher Kindergottesdienst im Februar
Ester, die Schönste wird Königin, Ester 2,1–18   S. 63

Ganz SCHÖN STARK und SCHLAU – Ester wird Königin und rettet ihr Volk

Vorbemerkungen zum Buch Ester

Das Buch Ester liest sich wie ein spannender Roman. Durch die Jahrhunderte hindurch sind die Juden als Gottes auserwähltes Volk Bedrängnis und Verfolgung ausgesetzt. Bis in unsere Zeit hinein gibt es Bestrebungen, dieses Volk ganz auszulöschen. Gott geht durch die Zeiten hindurch unterschiedliche und überraschende Wege, sein Volk am Leben zu erhalten. In unserem Fall ist es Ester, eine junge jüdische Frau, die Königin am Hof des persischen Königs Ahasveros wird und für die Rettung ihres Volkes eintritt. Dabei steht ihr Mordechai, ihr Cousin, der zugleich ihr Pflegevater ist, sorgend und beratend zur Seite. Esters Mut führt dazu, dass das Böse und das Grauen besiegt werden und das jüdische Volk ein großes Fest des Jubels und der Befreiung feiern kann.

Hinter dem Esterbuch steht die große Sehnsucht eines kleinen Volkes, endlich ohne Anfeindung leben zu dürfen. Noch heute feiern Juden um die Zeit, in der wir Fasching feiern, dieses Siegesfest mit dem Namen Purim (Pur = das Los, das den Tag der Vernichtung, dann aber den Tag der Errettung der Juden, bestimmt hat). Ein dreitägiges Fasten geht dem Fest voran. Am Festtag selbst wird das Buch Ester als Festrolle gelesen. Ähnlich wie unser Faschingsfest ist Purim ein ausgelassenes Fest, bei dem sich die Leute verkleiden, lärmen und Arme und Kinder beschenken.

Da der Verfasser des Esterbuches mit den Sitten und Gebräuchen am persischen Königshof bestens vertraut ist, nimmt man an, dass er ein persischer Jude gewesen ist. Seine Ausführungen beschreiben den Königshof zur Zeit des Xerxes/Ahasveros (486–465 v. Chr.). Es fehlen Belege dafür, dass in dieser Zeit eine Länder übergreifende Judenverfolgung stattgefunden hat. Doch könnte es sich um eine Verfolgung in einem begrenzten Umfeld gehandelt haben, die später als Großereignis ausgeschmückt wurde. Auch die Hauptpersonen Ester, Mordechai und Haman sind geschichtlich nicht fassbar.

Bemerkenswert ist, dass in der hebräischen Fassung des Esterbuches, die ich meinen Ausführungen zu Grunde lege, der Gottesname nicht genannt wird. Beim Lesen wird jedoch deutlich, dass der jüdische Glaube hinter allem Erleben steht. Kap. 4,14b ist der Schlüssel zum Verständnis des Buches: Der glaubende Weitblick Mordechais, der hinter dem Königtum der Ester eine Führung Gottes sieht, und der daraus erwachsende Mut der Ester führen dazu, dass das jüdische Volk in einer ausweglosen Lage am Leben bleibt.

Wer den Kindern die Estergeschichte erzählen will, muss wissen, dass es hier nicht um eine nette Faschingsgeschichte mit einer hübschen Königin in einem tollen Schloss geht, sondern dass er die Kinder mit Willkür, Ohnmacht, Hass, Mordgedanken, Rache und Hinrichtung vertraut machen wird. Nicht ohne Grund findet man die Erzählung selten in Kinderbibeln.

Älteren Kindern und den Mitarbeiter/innen kann die Geschichte von Ester einen tiefen Einblick in das Wesen und die Geschichte des jüdischen Volkes vermitteln. Für jüngere oder auch sensible Kinder sollten die Sonntage besonders gut durchdacht sein. Es ist angeraten, die Sonntage 3 und 4 zusammenzuziehen, damit die bedrohliche Botschaft des 3. Sonntags nicht im Raum stehen bleibt, ohne dass die Kinder die Rettung unmittelbar miterleben. Auch die Sonntage 1 und 2 lassen sich gut zu einer Einheit verbinden. Noch besser wird es sein, die gesamte Erzählung in einem Familiengottesdienst zu feiern. Danach können die kreativen und vertiefenden Ideen der Reihe zum Zuge kommen, evtl. auch als Stationen.

Der vorliegende Entwurf umfasst vier Sonntage. Mit zwei Erzählfiguren möchte ich den Kindern die Geschichte nahebringen. Am ersten Sonntag wird Waschti ihre Geschichte erzählen, an den drei folgenden Sonntagen Ester.

Elisabeth Reinhard

1. Februar 2009
Letzter Sonntag nach Epiphanias

Ester 1,1–22

Waschti – eine Frau will Achtung und scheitert

Lieder: Halte zu mir, guter Gott, KG 8, LJ 549, LZU 39, LfK1 B5; Das wünsch ich sehr, MKL 5, LZU 10, LH 86, LfK1 C2, LJ 488; Bewahre uns, Gott, EG 171

Liturgischer Text: Mein Gott, hast du mich vergessen? (nach Psalm 22), Sagt Gott I 21, II 45

Zum Text

Im 1. Kapitel des Buches Ester geht es um die Vorgeschichte, die später dazu führt, dass Ester persische Königin wird. Die Geschichte beginnt mit einem großen Festmahl, das Ahasveros, der persische König, für seinen gesamten Hof ausrichten lässt. Prunk und Reichtum des königlichen Hofes werden überschwänglich geschildert. Zeitgleich mit dem König feiert auch Waschti, die Königin, ein Festmahl für alle Frauen des Hofes. In angetrunkenem Zustand befiehlt der König, Waschti mitten aus ihrem Fest herausholen zu lassen, um dem Volk und den Fürsten ihre Schönheit zeigen zu können. Ein klares Nein, ohne jede Begründung, ist die Antwort der Königin. Man befürchtet, dass das Verhalten der Waschti im Land Kreise ziehen würde und sich auch die Frauen anderer Fürsten ihren Männern verweigern könnten. Ein Berater des Königs schlägt ein unaufhebbares Gesetz vor, das Waschti die Königinnenwürde nimmt und sie einer anderen, „besseren" zukommen lässt. Der König ist einverstanden und so geht ein Erlass ins Land hinaus, der allen Männern die Herrschaft in ihrem Hause sichert.

Ganz SCHÖN STARK und SCHLAU – Ester wird Königin und rettet ihr Volk

Der aufmerksame Leser nimmt wahr, dass der jüdische Verfasser die Verhältnisse am persischen Königshof satirisch aufs Korn nimmt. Hat doch die Frau im Judentum einen anderen und weit höheren Stellenwert als hier beschrieben.

Der Text und die Kinder

Auch den Kindern wird das hier beschriebene Rollenbild von Mann und Frau fremd sein. Die Anschauung, dass „der Mann Herr im Hause" ist, wird Verwunderung bei ihnen auslösen. Sie leben in einer Zeit, in der in der Regel Vater und Mutter gemeinsam die familiären Entscheidungen treffen oder allein erziehende Mütter die Familie eigenständig führen. Sie sind es gewohnt, dass Frauen in Kirche, Schule und Politik hohe Stellungen einnehmen. Auch die Vorstellung von einem Harem, in dem die Frauen austauschbar sind, wird ihnen ungewohnt sein.

Was den Kindern allerdings vertraut sein wird, ist die Willkür, mit der der König hier handelt. Sie leiden darunter, dass auch sie oft den Stimmungen der Erwachsenen ausgeliefert sind. Nein zu sagen bringt sie in Konflikte. Auch wenn sie erleben, dass vermeintlich gute Freunde sie ohne ersichtlichen Grund ablehnen und stehen lassen, fühlen Kinder sich hilflos. Kinder kennen auch das peinliche Gefühl, vorgeführt zu werden: „Spiel doch der Oma mal dein neues Klavierstück vor!" Dies erfahren sie in vielen Fällen als Erniedrigung. So werden die Kinder die Verweigerung der Waschti mutig finden. Sie ist ja dem König völlig ausgeliefert! In ihrem Scheitern wird sie das Mitgefühl der Kinder wecken.

Gestaltungsvorschlag für jüngere und ältere Kinder

Begrüßung

Schön, dass ihr da seid zum Kindergottesdienst! Wir wollen heute und an den nächsten drei Sonntagen eine spannende Geschichte aus der Bibel hören. Sie spielt an einem Königshof. Es gibt einen König und eine Königin. Es gibt Fürsten und weise Männer, die den König beraten. Und es gibt ein großes Königreich mit vielen, vielen Menschen. Heute werden wir die erste Geschichte hören. Lasst euch überraschen! Wir beginnen im Namen des Vaters und des Sohnes und des Heiligen Geistes. Amen

Lied

Psalmgebet (s. o.)

Lied: Das wünsch ich sehr

Erzählung

(Die Erzählerin stellt die Stabpuppe Waschti mit ihrer königlichen Krone, verdeckt auf einer Flasche, auf ein blaues Tuch in die Mitte des Stuhlkreises und umgibt sie mit Goldplättchen und Edelsteinen. Eine andere Mitarbeiterin schaltet dazu eine CD mit klassischer Musik ein. Kinder und Mitarbeiter/innen hören eine Weile zu.
Die Musik wird ausgeschaltet. Schweigend nimmt die Erzählerin Waschti die Krone vom Kopf, legt sie ihr vor die Füße und setzt sich wieder auf ihren Platz. Kurze Stille.
Die Erzählerin nimmt Waschti – ohne Krone –, beseitigt unauffällig die Flasche und erzählt:)
Hallo Kinder, ich bin Waschti. Vor einigen Tagen war ich noch Königin.

1. Februar 2009

Jetzt bin ich es nicht mehr. Ab heute darf ich meine königliche Krone nicht mehr tragen. Ich bin sooo wütend und sooo traurig!

Ihr werdet mich jetzt fragen: Warum darfst du deine Krone nicht mehr tragen? Warum darfst du nicht mehr Königin sein? Ich will es euch erzählen:

Das Ganze hat mit Ahasveros, dem König, zu tun. Ahasveros ist ein mächtiger König. Er herrscht über viele Länder, Städte und Dörfer. In seinem Reich gibt es viele Fürsten, die seine Befehle ausführen. Es gibt kluge und weise Männer, die ihn beraten, wenn er schwere Entscheidungen treffen muss. Wenn dem König der Ratschlag eines weisen Mannes gefällt, macht er ein neues Gesetz daraus und alle Leute im Land müssen es befolgen. Ahasveros ist nicht nur mächtig. Er ist auch reich. Ihr würdet staunen, wenn ihr seine Schätze sehen könntet!

Es ist erst ein paar Tage her, dass Ahasveros ein großes Fest veranstaltet hat. Alle seine wichtigen Leute hat er zu einem Festessen in den königlichen Palast eingeladen. Viele Tage lang sollten sie mit ihm feiern und seine Schätze bewundern. Danach hat er auch die Leute eingeladen, die am Königshof wohnen und für ihn arbeiten. „Kommt, feiert mit mir!", hat der König gerufen. Der Palast war farbenprächtig geschmückt. Man saß auf goldenen und silbernen Polstern. Und aus goldenen Gefäßen gab es den besten Wein zu trinken. Jeder konnte nehmen, was er wollte und so viel er wollte.

Aber nicht nur der König gab ein Fest. Auch ich, Waschti, die Königin, feierte in diesen Tagen. Ich hatte alle Frauen eingeladen, die am Königshof wohnten. Sieben Tage lang feierten wir schon – und da geschah es: Die Kämmerer des Königs platzten in mein Fest herein und befahlen: „Waschti mit ihrer königlichen Krone soll kommen und vor dem König, dem Volk und den Fürsten ihre Schönheit zeigen!"

Ich ahnte es schon: Der König war mal wieder betrunken. Ich kochte vor Wut. Nein! – dachte ich. Dafür gebe ich mich nicht her. Ich gehe nicht! Ich lasse mich nicht vorführen! Und so blieb ich bei meinem Fest und bei meinen Frauen und dachte nicht daran, dem Befehl des Königs zu folgen.

Da wurde Ahasveros zornig. Er holte seine Berater und bat sie: „Überlegt bitte mit mir, was wir mit Waschti machen." „Das, was Waschti getan hat, wird sich im Land herumsprechen und keine Frau wird mehr ihrem Mann gehorchen", gab ein besonders kluger Mann zu bedenken. „Der König soll doch ein Gesetz erlassen, dass Waschti ab sofort nicht mehr Königin sein darf. Ihre königliche Krone soll eine Andere tragen, die besser ist als sie. Wenn die Frauen im Land dann von diesem Gesetz hören, werden sie ihren Männern gehorchen." Der Ratschlag gefiel dem König. Er sandte ein Schreiben in alle Länder seines Reiches, damit überall klar war: Der Mann ist Herr in seinem Hause. Er befiehlt und die Frau hat ihm zu folgen.

So kommt es, dass ich nicht mehr Königin sein darf. Ich bin sehr traurig darüber. Und ich frage mich: Wer wird die Frau sein, die jetzt meine königliche Krone tragen wird? Ihr werdet es am nächsten Sonntag erfahren.

47

Ganz SCHÖN STARK und SCHLAU – Ester wird Königin und rettet ihr Volk

(Das königlich geschmückte blaue Tuch und Waschtis Krone in der Kreismitte werden weggenommen. Waschti wird jetzt auf ein schwarzes Tuch gestellt.)

Kurze Stille
Spontane Eindrücke der Kinder werden aufgenommen.

Gespräch
Um die Erzählung in die Welt der Kinder zu übertragen, können mit Holzkegelfiguren auf einem Tuch verschiedene Situationen gestellt werden, die das Gespräch anregen:
1. Mehrere Figuren stehen beieinander, eine Figur steht in einiger Entfernung. Die Mitarbeiterin legt einen Papierstreifen zu der Figur mit der Aufschrift „Du darfst nicht mehr mitspielen!" (siehe Zeichnung)

Es sollte herausgearbeitet werden, dass die Kinder einerseits Opfer von Willkür sind, aber andererseits auch selbst willkürlich mit anderen umgehen.

Lied: Halte zu mir, guter Gott

Schlussgebet
Guter Gott,
du willst, dass wir jeden Menschen achten.
Jeder darf seine Meinung haben.
Jeder darf Nein sagen.
Hilf uns, das immer besser zu verstehen und unsere Freunde anzunehmen, auch wenn sie nicht das tun, was uns gefällt.
Sei bei uns, wenn andere uns nicht mögen, weil wir nicht tun, was sie sagen.
Danke, dass du uns annimmst, wie wir sind.
Amen

Vaterunser/Segen

Lied: Bewahre uns, Gott

Elisabeth Reinhard

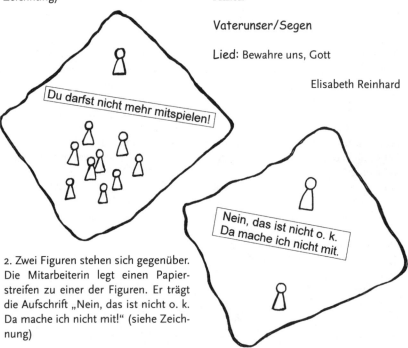

2. Zwei Figuren stehen sich gegenüber. Die Mitarbeiterin legt einen Papierstreifen zu einer der Figuren. Er trägt die Aufschrift „Nein, das ist nicht o. k. Da mache ich nicht mit!" (siehe Zeichnung)

8. Februar 2009
Septuagesimä

Ester 2,1–18

Ester – die SCHÖNste wird Königin

Lieder: Heut ist ein Tag, an dem ich singen kann, LJ 555, KG 1, LfK1 C1; Das wünsch ich sehr, MKL 5, LJ 488, MKL 5, LZU 10, LH 86

Liturgischer Text: Gott ist mein Licht (nach Psalm 27), LJ 697

Zum Text

Das Stichwort für den 2. Sonntag heißt SCHÖN.
Nach der Verwerfung Waschtis lässt der König auf den Rat seiner Leute hin schöne Jungfrauen an seinen Hof bringen. Ein Jahr lang sollen die Mädchen unter kundiger Anleitung ihre Schönheit pflegen. Dann will Ahasveros eine von ihnen als neue Königin auswählen.

Auch Ester, eine Jüdin, „ein schönes und feines Mädchen", wird von ihrem Cousin Mordechai, einem königlichen Hofbeamten, ins Frauenhaus gebracht. Er hat Ester nach dem Tod ihrer Eltern als Kind angenommen und großgezogen. Mordechai bleibt mit Ester in enger Verbindung. Jeden Tag schaut er nach ihrem Wohlergehen. Es ist ihm wichtig, dass Ester am Königshof nichts über ihr Volk und über ihre Herkunft erzählt (s. 3. Sonntag).

Nach zwölf Monaten Schönheitspflege wird Ester zum König geführt. Der König gewinnt Ester lieb und wählt sie als neue Königin aus. Er feiert ein großes Fest, „das Festmahl Esters", er gewährt seinen Untertanen Steuererlass und teilt Geschenke aus.

Ester – schön, fügsam, bescheiden, geduldig, ein Spielzeug des Königs ... So werden Erwachsene die Geschichte empfinden. Für die Kinder ist sie anschaulich und bunt, wenn auch ohne besonderen geistlichen Tiefgang. Sie will mit den Kindern nacherlebt und gefeiert werden in der Spannung auf ihre Fortsetzung am nächsten Sonntag.

Der Text und die Kinder

Die Erzählung dieses Sonntags wird vor allem die Mädchen ansprechen. Die Schönste zu sein und als Königin ausgewählt zu werden – das entspricht den Träumen vieler Mädchen. Sie kennen Prinzessinnen und Königinnen aus Märchen oder Filmen. Viele schminken und verkleiden sich auch selbst gerne, gerade jetzt in der Faschingszeit. Das verspricht einen phantasiereichen und bunten Kindergottesdienst.

Doch kennen die Mitarbeiter/innen ihre Gruppe und sollten sich vorher Gedanken machen, wie sie die Jungen mit einbeziehen oder was sie mit Kindern machen, die sich ungern verkleiden.

Ganz SCHÖN STARK und SCHLAU – Ester wird Königin und rettet ihr Volk

(Es werden auch Helfer zum Ankleiden gebraucht.)

Gestaltungsvorschlag für jüngere und ältere Kinder

Begrüßung

Schön, dass ihr alle da seid, um Kindergottesdienst zu feiern! Vielleicht erinnert ihr euch noch an Waschti, die Königin? Waschti musste ihre königliche Krone hergeben. Sie durfte nicht mehr Königin sein. Denn Waschti war mutig und hat Nein gesagt: „Nein, ich werde nicht zum König gehen und ich werde ihm und dem Volk auch meine Schönheit nicht zeigen!" „Waschti muss weg! Eine andere, Bessere soll Königin werden!", hatte der König befohlen. Wer wird das sein?

Wir wollen heute von einer neuen Königin hören. Wir feiern unseren Kindergottesdienst im Namen des Vaters und des Sohnes und des Heiligen Geistes. Amen

Lied

Psalmgebet (s. o.)

Lied: Das wünsch ich sehr

Erzählung

(Ein/e Mitarbeiter/in stellt die Stabpuppe Ester mit der königlichen Krone auf ein blaues Tuch in die Mitte des Stuhlkreises und verziert das Tuch um Ester herum wieder mit Goldplättchen und Edelsteinen. Eine weitere Mitarbeiterin schaltet dazu die gleiche Klassik-CD ein wie am 1. Sonntag. Die Kinder hören eine Weile zu. Die Mitarbeiterin nimmt die Stabpuppe und erzählt, während die Musik im Hintergrund leise weiterläuft:)

Hallo Kinder, ich bin ein Mädchen aus dem Volk Israel. Ich heiße Ester. Ich kann es kaum glauben, aber seit heute bin ich Königin. Hört ihr die Musik? Hier im Königspalast wird gerade ein rauschendes Fest gefeiert. Zu meiner Begrüßung! Stellt euch das vor: Das „Festmahl Esters"! So hat der König mein Fest genannt. (Eine Mitarbeiterin schaltet die Musik aus.)

Bestimmt wollt ihr wissen, wie ich Königin geworden bin. Ich will es euch erzählen:

Mein Cousin arbeitet hier am Königshof. Er heißt Mordechai. Mordechai ist älter als ich und er ist zu mir wie ein Vater. Darüber bin ich froh, denn meine Eltern sind früh gestorben. Mordechai hat mich zu sich genommen. Er hat mich groß gezogen, so, als wäre ich sein eigenes Kind. Mordechai will das Beste für mich.

Ihr erinnert euch bestimmt daran, dass Waschti nicht mehr Königin sein durfte. Aber wer sollte jetzt Königin sein? König Ahasveros brauchte doch eine Königin! So gab er den Befehl: „Sucht in allen Ländern schöne junge Frauen und bringt sie ins Frauenhaus auf dem Schloss!"

Dort, im Frauenhaus, sollten die Mädchen ein Jahr lang wohnen. Sie sollten nichts anderes tun als ihre Schönheit zu pflegen – mit Balsam und Myrrhe und anderen kostbaren Salben. Dann sollten sie – eine nach der anderen – zum König geführt werden. Die Schönste von ihnen sollte er sich als Königin aussuchen. Mordechai fand schon immer, dass ich sehr schön war. „Ester, du hast echt

Chancen, Königin zu werden!", sagte er zu mir. Und er brachte mich ins Frauenhaus auf dem Schloss. Ein Jahr lang ging es nur um die Pflege meiner Schönheit. Wir jungen Frauen nahmen Bäder. Wir wurden massiert, mit duftenden Ölen eingerieben und gepudert. Auch unsere Haare wurden schön frisiert. Jeden Tag kam Mordechai, mein Cousin, und schaute, ob es mir gut ging. „Erzähl nur niemandem etwas von deinem Volk und wo du herkommst!", flüsterte er mir zu.

Dann kam der große Tag für mich. Ich war dran, zum König zu gehen. Es war wie ein großer Umzug, denn ich wusste: Wer beim König war, musste danach in ein anderes Frauenhaus. „Du kannst mitnehmen, was du brauchst und was dir wichtig ist", sagte Hegai zu mir, der Kämmerer. Das ganze Jahr über hatte er für mich gesorgt. Doch ich wollte nichts mitnehmen und ging einfach so, wie ich war, zum König. „Du bist sehr, sehr schön, Ester", sagte Hegai, als ich ging. Auch die anderen, die mich sahen, machten mir Mut und sagten: „Ester, du bist traumhaft schön. Du wirst bestimmt Königin werden."

Und so wurde es. Der König gewann mich lieber als alle anderen Mädchen, die vorher zu ihm gekommen waren. „Du bist die Schönste. Du sollst meine Königin werden", sagte er. Und er setzte mir die königliche Krone auf und machte mich zur Königin an Stelle von Waschti. (Ester mit der königlichen Krone wird wieder in die Mitte gestellt.)

Lied: Heut ist ein Tag, an dem ich singen kann

Aktionen zur Vertiefung der Geschichte
1. Wer ist der/die Schönste? Jedes Kind schneidet sich eine auf Goldkarton vorgezeichnete Krone aus und tackert sie zusammen. Ein Koffer mit vielen königlichen Verkleidungsutensilien steht bereit, dazu Schminke, Bänder, Haarspangen, duftendes Öl usw. Die Kinder beraten sich gegenseitig und verkleiden sich als König/Königin. Wer ist der/die Schönste oder das schönste Königspaar? Diese Aktion kann gut auf Fotos festgehalten werden!
2. Die Kinder erhalten jeweils zu zweit auf Karton den ca. 50 cm hohen Umriss eines Königs/einer Königin. Farben, Stifte, Stoffe, Bänder, Federn, Geschenkpapiere, Goldfolie..., Kleber und Scheren liegen bereit. Welches Paar gestaltet den schönsten König/ die schönste Königin? Auch hier lohnen sich Fotos!

Ganz SCHÖN STARK und SCHLAU – Ester wird Königin und rettet ihr Volk

52

Lied: Heut ist ein Tag, an dem ich singen kann

Schlussgebet
Guter Gott,
du hast es so geführt,
dass Ester Königin werden konnte.
Du hast ihr diesen Platz gegeben,
weil du etwas Gutes durch sie bewirken willst.
Wir sind gespannt,
was du mit ihr vorhast
und wie du sie leitest. Amen

Vaterunser/Segen

Elisabeth Reinhard

**15. Februar 2009
Sexagesimä**

Ester 2,19 – 4,17

Eine schwere Aufgabe und ein STARKes Gebet

Lieder: Ich bin der Herr, dein Gott, s. S. 55; Herr, erbarme dich, EG 178.10, MKL 14, KG 197, LJ 121; Bewahre uns, Gott, EG 171

Liturgischer Text: Psalm 57,2–6

Zum Text

Das Stichwort für den 3. Sonntag heißt STARK. Der heutige Textabschnitt beginnt mit einer das ganze Esterbuch prägenden Feststellung: „Und Ester hatte noch nichts gesagt von ihrer Herkunft und von ihrem Volk, wie ihr Mordechai geboten hatte; denn Ester tat nach dem Wort Mordechais wie zur Zeit, als er ihr Pflegevater war." (2,20)

Wer ist Mordechai, der bescheiden im Hintergrund steht und dabei großen Einfluss auf die Geschehnisse ausübt? Mordechai wird uns nicht nur als liebevoller Pflegevater Esters beschrieben, sondern auch als ihr bleibender Berater.

Ohne dass der Name Gottes fällt, wird er uns als tief gläubiger und rechtschaffener Jude vorgestellt. Er wirkt feinsinnig hörend, abwägend, mit einer großen Liebe zu Gott und zu seinem Volk – und in all dem auch mutig: Als die Situation es erfordert, ist er bereit, seinen Glauben öffentlich zu bekennen (3,2), den Hass Hamans auf sich zu ziehen und sich in Lebensgefahr zu begeben. Weil er um die Gefahren weiß, die ein Jude im dortigen Umfeld auf sich zieht, wenn er seinen Glauben öffentlich bekennt, rät er Ester ab, sich vorschnell zu offenbaren. Aber er gibt ihr Mut und Stärke, in ihrem schweren Amt im rechten Augenblick das Rechte zu tun.

Worum geht es an diesem Sonntag? Haman, ein Gegner Mordechais, ist durch den König befördert worden und alle Fürsten erweisen ihm göttliche Ehre, indem sie vor ihm niederfallen. Mordechai weigert sich, vor ihm auf die Knie zu gehen, und offenbart sich dadurch als Jude, der nur Jahwe, den einen Gott, anbetet. Haman wird zornig und will nicht nur Mordechai, sondern das ganze Volk der Juden vernichten lassen. So wird vor Haman das „Pur" (Purimfest!), das Los, geworfen, um den Tag zu ermitteln, an dem diese Vernichtung umgesetzt werden soll. Der König geht auf den Vorschlag Hamans ein. So geht der Befehl zur Vernichtung des jüdischen Volkes an dem durch das Los bestimmten Tag hinaus in alle Länder des großen Herrschaftsgebietes.

Mordechai lässt Ester benachrichtigen und bittet sie, beim König für ihr Volk Fürsprache einzulegen. Doch es ist verboten, ungerufen vor dem König zu erscheinen. Ester würde dadurch ihr Leben aufs Spiel setzen. Doch Mordechai stellt Ester ihre große Verantwortung vor Augen. Ester, im großen inneren Zwiespalt, bittet Mordechai, die Juden in Susa zu einem dreitägigen Fasten für sie zu versammeln. Danach will sie Mut fassen und gegen das Gesetz zum König gehen. Fasten bedeutet hier: Sich ganz und gar auf Gott werfen, die unbedingte Nähe Gottes suchen, seine Hilfe herbeirufen und von ihm allein Rettung erwarten. Esters Stärke liegt bei ihrem Gott.

Der Text und die Kinder

Die Kinder leben in einem Land, in dem man bestrebt ist, allen Religionen den gleichen Wert und die gleichen Rechte zuzugestehen. Ob dies immer gelingt, sei dahingestellt. Es gibt durchaus Kinder, die von anderen belächelt werden, wenn sie erzählen, dass sie in die Kirche gehen. Möglicherweise fallen den Kindern auch andere biblische Gestalten wie Daniel oder Elia ein, die wegen ihres Glaubens in Lebensgefahr geraten sind. Oder sie haben davon gehört, dass auch in unserem Land vor 70 Jahren die Vernichtung des jüdischen Volkes geplant und umgesetzt worden ist. Hat man Kinder mit viel Vorwissen im Kindergottesdienst, sollte man darauf achten, dass man hier nicht abschweift und die Estererzählung für alle Kinder das Schwergewicht behält.

Die Gestalt des Mordechai wird in den Kindern Vertrauen wecken. Sie wissen es zu schätzen, wenn Großeltern, Paten oder Freunde der Eltern wohlwollend hinter ihnen stehen. Auch den inneren Zwiespalt der Ester werden die Kinder gut nachvollziehen können. Gott in schwieriger Zeit zu vertrauen und in diesem Vertrauen stark zu sein, das ist auch für sie eine Herausforderung. Was es heißt zu fasten, wird Kindern aus einem katholischen Umfeld eher vertraut sein als Kindern aus evangelischen Bereichen. Im Nachgespräch wird es wichtig sein, auf das Fasten näher einzugehen und den Kindern dadurch auch den Blick auf die Passionszeit/Fastenzeit schon zu öffnen.

Gestaltungsvorschlag für jüngere und ältere Kinder

In der Mitte des Stuhlkreises steht auf einem Tuch, mit Goldplättchen und Edelsteinen verziert, wie am 2. Sonntag, die Stabpuppe Ester.

15. Februar 2009

Begrüßung
Erinnert ihr euch noch an Esters großen Tag? Ein Jahr lang hat sie sich vorbereitet. Ein Jahr lang hat sie sich schön gemacht. Und jetzt ist Ester Königin! Königin sein – das heißt nicht nur: In bequemen Betten liegen, auf weichen Sofas sitzen oder aus goldenen Bechern trinken. Königin sein – das kann manchmal eine ziemlich schwere Aufgabe sein. Davon wollen wir heute hören.
  Schön, dass ihr alle gekommen seid! Wir wollen beginnen im Namen des Vaters ...

Lied

Psalmgebet (s. o.)

Lied: Ich bin der Herr, dein Gott

Erzählung
(Ein/e Mitarbeiter/in gibt Ester eine passende Schriftrolle in den Arm. Sie ist mit einem schwarzen Band verschlossen und mit einem Siegel aus Siegellack versiegelt. Auf einem Xylophon oder einer Blockflöte wird eine traurige Tonfolge gespielt. Die Kinder hören zu.
Die Mitarbeiterin nimmt Ester und erzählt:)

55

Hallo Kinder, am letzten Sonntag habt ihr euch alle mit mir gefreut. Erinnert ihr euch? (Sie lässt die Kinder erzählen.) Heute sieht die Welt nicht mehr so rosig für mich aus. Das Leben als Königin ist schwer geworden. Warum ist das Leben schwer geworden?, denkt ihr vielleicht. Es hat etwas mit der Schriftrolle zu tun, die ich heute in der Hand halte.

Ihr werdet euch an Mordechai erinnern, meinen Verwandten. Er hat mich großgezogen und an den Königshof gebracht. Er war immer gut zu mir und ist es auch heute noch! Kein Tag vergeht, ohne dass er fragt, wie es mir geht. Und er berät mich, wenn es schwierige Fragen zu klären gibt. Was er sagt, ist immer gut. Deshalb mache ich alles so, wie er es sagt. Ich sage euch: Mordechai merkt wirklich alles! Einmal hat er sogar entdeckt, dass zwei Männer den König töten wollten. So hat er dem König das Leben gerettet!

Es ist noch nicht lange her, da ist ein anderer Mann am Königshof ziemlich hoch gekommen. Sein Name ist Haman. Der König hat Haman groß gemacht und über alle Fürsten gesetzt. Alle Leute sollten Haman verehren und vor ihm auf die Knie fallen. Sie sollten ihm zeigen: Du, Haman, bist wirklich der Größte!

Mordechai machte da nicht mit. Er weigerte sich, vor einem Menschen niederzuknien. So etwas konnte er nur vor seinem Gott tun. „Mordechai, warum achtest du das Gesetz des Königs nicht?", wurde er gefragt. So erzählte Mordechai den Leuten am Hof, dass er ein Jude war.

Haman wurde wütend auf Mordechai: „Mordechai muss sterben!", schrie er grimmig. „Aber nicht nur er – sein ganzes Volk soll umkommen! Alle Juden im Land sollen getötet werden – Junge und Alte, Männer, Frauen und Kinder!" Und er ließ das Los werfen und einen Tag im Jahr auslosen, an dem alle Juden vernichtet werden sollten. König Ahasveros war mit Hamans Plan einverstanden: „Tu, was dir gefällt", sagte er zu Haman. Und als Zeichen gab er ihm seinen Siegelring, damit er die königliche Nachricht versiegeln und herumschicken konnte. Das Siegel des Königs an einer Rolle bedeutet: Was da drin steht, steht fest. Keiner darf es ändern.

In alle Länder des Reiches wurde die Nachricht nun versandt. Jede Rolle trug das königliche Siegel und innen drin steckte der Befehl, alle Juden an dem Tag zu töten, den Haman hatte auslosen lassen. Nun wisst ihr, warum ich heute diese Schriftrolle mitgebracht habe. Ihr dürft sie jetzt im Kreis herumgehen lassen und jeder darf sich das Siegel des Königs genau anschauen. (Die Kinder betrachten die Schriftrolle. Dann erzählt Ester weiter:)

Als Mordechai die schreckliche Nachricht erfuhr, war er völlig verzweifelt. Er zog sich Trauerkleider an. Er schrie und klagte laut. Auch die anderen Juden im Land wussten nicht ein noch aus. „Bitte, Ester, geh doch zum König! Fleh ihn an und bitte ihn, dass er unser Volk am Leben lässt!", ließ Mordechai mir sagen.

Ihr könnt mir glauben: Ich wäre gerne zum König gegangen. Aber das war unmöglich. Keiner von uns durfte ungerufen zum König gehen. „Es weiß doch jeder am Königshof, dass niemand zum König gehen darf, den er nicht gerufen hat", ließ ich Mordechai sagen. „Nur der, gegen den der

König sein goldenes Zepter ausstreckt, der darf zu ihm rein. Ich bin 30 Tage lang nicht mehr bei ihm gewesen!"

„Glaub nur nicht, dass du als einzige Jüdin gerettet wirst", ließ mir Mordechai sagen. „Wenn du nicht zum König gehst, wird unser Volk woanders her Hilfe bekommen, aber du wirst ums Leben kommen. Denk dran: Es könnte ja sein, dass du gerade jetzt Königin geworden bist, damit unser Volk durch dich gerettet wird. Du hast eine große Aufgabe!"

Ihr könnt euch vorstellen, wie schwer die Entscheidung war. Ich bekam sehr große Angst. Sollte ich ungefragt zum König gehen und mein Leben aufs Spiel setzen? Oder sollte ich nicht gehen und zuschauen, wie mein Volk – und vielleicht auch ich selbst – sterben musste?
(Kurze Stille)
Ich hatte nicht viel Zeit. Aber ich dachte an Gott. Ich dachte daran, dass er unser jüdisches Volk erwählt hatte und dass er treu war und ein Helfer. Auch jetzt würde nur er uns helfen und uns retten können.

„Gut", ließ ich Mordechai sagen, „hol alle Juden in der Stadt zusammen und fastet für mich. Drei Tage lang sollt ihr nichts essen und nichts trinken. Und ich und meine Dienerinnen wollen das Gleiche tun. Dann, nach drei Tagen, werde ich stark genug sein und gegen das Gesetz zum König gehen. Komme ich um, so komme ich um."

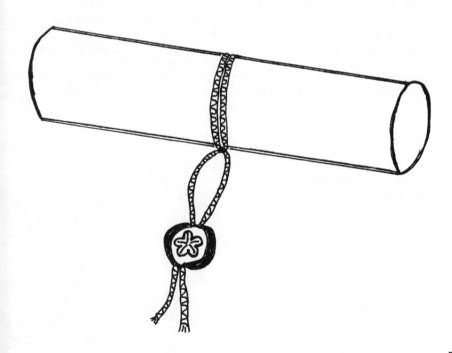

Ganz SCHÖN STARK und SCHLAU – Ester wird Königin und rettet ihr Volk

Mordechai tat alles, wie ich es ihm gesagt hatte. (Stille)
(Spontane Äußerungen der Kinder werden aufgenommen. Die Tatsache, dass Ester selbst erzählt, lässt die Kinder ahnen, dass die Geschichte am 4. Sonntag ein gutes Ende nimmt.)

Gespräch
Die schwere Entscheidung der Ester kann noch einmal durchdacht werden. Wie hättet ihr entschieden?
Musstet ihr auch schon mal eine schwierige Entscheidung treffen? Was hat euch Mut gemacht? Wer/Was hat euch geholfen?

Für ältere Kinder: Es gibt ein Wort: „Man muss Gott mehr gehorchen als den Menschen." (Apg 5,29) Wie seht ihr das? Wann könnte das wichtig sein? „Sein Leben geben, damit andere gerettet werden." Vielleicht kennt ihr Beispiele? (z.B. Janusz Korczak, der für seine Kinder in den Tod gegangen ist; und grundlegend für unseren Glauben: Jesus ist für uns am Kreuz gestorben.)
Auch „Führung durch Gott" könnte ein Thema sein. Führungsgeschichten aus der Bibel können erinnert werden. Führung im eigenen Leben kann aufleuchten.
Der Sinn des Fastens kann zur Sprache kommen, auch im Blick auf die bevorstehende Passionszeit.

Lied wiederholen: Ich bin der Herr, dein Gott

Aktion zur Vertiefung
Wir versetzen uns in die Lage der Juden damals, z.B. in die Situation einer Familie. Jedes Kind erhält ein DIN A5 großes, hellbraunes Blatt Tonpapier. Allein oder zu zweit denken sich die Kinder Bitten und Hilferufe der Juden aus und schreiben sie auf ihr Blatt. Die Kinder kommen zur Ruhe. Diejenigen, die möchten, lesen ihre Bitte/n vor.

Liedruf: „Herr, erbarme dich!"
Die Kinder rollen ihr Blatt, verschließen es mit einem schwarzen Wollfaden und versiegeln es mit Hilfe einer Mitarbeiterin mit einem echten Siegel und echtem Siegellack (= es ist eine wichtige Botschaft an Gott). Dazu wird der Docht des Lackstiftes an einer Kerze entzündet oder der Lackstift an die Flamme gehalten und der Lack auf die Wollfäden getropft. In den noch flüssigen Lack wird das Siegel oder ein Muster (mit Knöpfen oder Zahnstochern) gedrückt. Als Unterlage empfiehlt sich Backpapier.

Lied/Schlussgebet: Bewahre uns, Gott, behüte uns, Gott

Vaterunser/Segen

Elisabeth Reinhard

22. Februar 2009
Estomihi

Ester 5,1 – 8,2 i. A.

Ein SCHLAUer Plan

Lieder: Du verwandelst meine Trauer in Freude, MKL 9, LJ 508, KG 198, LH 64; Heut ist ein Tag, an dem ich singen kann, LJ 555, KG 1, LfK1 C1; Fest- und Loblieder, die die Kinder gut kennen

Liturgischer Text: Psalm 30,2–6.12.13

Zum Text

Der letzte Sonntag der Estereinheit steht unter dem Stichwort SCHLAU. Wir hören mit den Kindern, wie Ester zum Ziel kommt, indem sie ihre Verhandlung mit dem König schlau vorbereitet und durchdenkt. Damit wir am Ende unserer Erzählung auch in den Jubel der Rettung einstimmen können, entscheide ich mich, die Verse 8,3–17 noch hinzuzunehmen.

Nach dreitägigem Fasten und Beten mit ihrem Volk entschließt sich Ester, zum König zu gehen. Sie plant ihr Vorgehen klug und genau. Um den König nicht mit ihrer Bitte zu überfallen und Ablehnung zu ernten, wartet sie immer wieder auf den rechten Zeitpunkt. Das gibt auch ihr die Möglichkeit, sich innerlich für den nächsten Schritt vorzubereiten. Schließlich geht es um ihr Leben!

Ester lädt den König und Haman zweimal zum Essen ein. Zwischen den beiden Festgelagen erfährt der König aus der Chronik von der Verschwörung der beiden Palastwachen, die Mordechai verhindert hat. Er will Mordechai dafür ehren. Ausgerechnet Haman ist beauftragt, diese Ehrung vorzunehmen. Dabei wird Haman endgültig als hinterhältiger, eitler, den Juden feindlicher Mann entlarvt. Sein Abstieg beginnt.

Fein eingewoben in die Geschichte ist die dreimalige Zusage des Königs, Ester alles zu geben, was sie sich wünscht, und wäre es auch das halbe Königreich. So hat Ester beim König eine offene Tür und kommt langsam, geschickt, aber doch Schritt für Schritt zum Ziel – eine echte Führungsgeschichte!

Haman endet am Galgen, den er aus Zorn für Mordechai errichtet hat, während Mordechai in Hamans Stellung befördert wird. Im Namen des Königs entwirft er ein Schreiben, das den Juden erlaubt, sich am Tag, der für ihre Vernichtung ausgelost war, an allen möglichen Angreifern zu rächen. Es geht hinaus in alle Länder des Königs. „Da war Freude und Wonne unter den Juden, Gastmahl und Festtag." (8,17a).

Ganz SCHÖN STARK und SCHLAU – Ester wird Königin und rettet ihr Volk

Der Text und die Kinder

Viele Kinder haben einen ausgeprägten Sinn für Gerechtigkeit. So wird ihnen das Ende der Estergeschichte gut tun: Böses wird besiegt, Gutes bricht sich Bahn. Gott hat das Schreien, Beten und Fasten des jüdischen Volkes erhört! Das ist eine wichtige und hoffnungsvolle Botschaft für die Kinder, die sich Gewalt und Lieblosigkeit oft hilflos ausgeliefert fühlen. So werden die Kinder mit Spannung nacherleben, wie schlau Ester plant und wie sie Schritt für Schritt ihr Ziel erreicht. Aus vollem Herzen werden sie die Rettung empfinden und mitfeiern können.

Gestaltungsvorschlag für jüngere und ältere Kinder

Die Mitte des Stuhlkreises ist in den Farben weiß und blau (Servietten, Krepppapier, Kerzen, goldene Krone,...) festlich hergerichtet. Für die Kinder stehen Gläser bereit, in der Küche sind Teller mit Plätzchen vorbereitet. Die Lieder können mit Orffinstrumenten begleitet werden.

Begrüßung
Schön, dass ihr gekommen seid für unsere letzte Geschichte mit Ester! Gott kann große Dinge tun. Das werden wir heute hören. Darüber werden wir miteinander staunen und das wollen wir zusammen feiern. Wir beginnen im Namen des Vaters, des Sohnes und des Heiligen Geistes. Amen

Lied

Psalmgebet (s. o.)

Lied: Du verwandelst meine Trauer

Erzählung
(Eine Mitarbeiterin nimmt die Stabpuppe Ester:)
Hallo Kinder, heute ist für mich ein riesengroßer Freudentag! In mir kribbelt es, tanzt es, singt es, jubelt es, weil unser Gott so groß ist! Ich will euch erzählen, was ich und mein ganzes Volk mit Gott erlebt haben:
  Erinnert ihr euch an den schlimmen Befehl des Königs? An das Fasten und unsere vielen Gebete? „Herr, erbarme dich!", haben wir im letzten Kindergottesdienst gesungen. Unser Volk sollte getötet und vernichtet werden, alle – Jung und Alt, Männer, Frauen und Kinder, alle an einem Tag, der durch das Los bestimmt war.
  Erinnert ihr euch auch an meine schwere Aufgabe? Ich sollte zum König gehen und ihn bitten, unser Volk doch zu verschonen. Doch keinem war es erlaubt, ungefragt zum König zu gehen. Ihr erinnert euch: Es ging um mein Leben. Ich hatte furchtbare Angst.
  Trotzdem entschied ich mich, mein Leben für mein Volk einzusetzen. Ich wollte es schlau anstellen und so machte ich einen Plan. Schritt für Schritt wollte ich vorgehen und nichts überstürzen. Denn ich wusste: Überraschungen liebte der König nicht. Dann wurde er böse und wütend. So entschied ich mich, den König mit Haman zum Essen einzuladen. Ich lud die beiden auch noch ein zweites Mal ein.
  Zwischen den beiden Festgelagen war einiges los am Königshof: Haman ärgerte sich wieder über Mor-

dechai, weil er Jude war und sich nicht vor ihm verbeugte. Aus Ärger baute er in seinem Garten einen Galgen: „Daran werde ich dich aufhängen, du frecher Hund!", rief er voller Hass. Gleichzeitig aber erfuhr Ahasveros aus den königlichen Nachrichten etwas ganz anderes: Mordechai ist ein guter Mann! Mordechai hat zwei Leute entdeckt, die den König umbringen wollten, und er hat es verhindert.

„Mordechai hat mir das Leben gerettet!", rief der König. „Ist Mordechai für diese große Tat überhaupt schon richtig belohnt worden? Ich möchte ihn auszeichnen. Er soll eine hohe Stellung an meinem Königshof bekommen." Und er beauftragte ausgerechnet den zornigen Haman, Mordechai zu ehren. Haman musste Mordechai königliche Kleider anziehen und ihn auf einem geschmückten Pferd durch die Stadt führen. Alle Leute sollten sehen, wie berühmt Mordechai jetzt war. Haman spürte, dass seine Zeit am Königshof vorbei war.

Als der König, Haman und ich das zweite Mal beim Essen saßen, war meine Stunde gekommen. „Du darfst dir etwas wünschen, Königin Ester?", sagte der König. „Sei es auch das halbe Königreich. Ich will es dir geben." Jetzt oder nie!, dachte ich. Ich fasste Mut und bat: „Rette mich und mein Volk vor dem Tod! Das ist mein einziger Wunsch." „Wer hat denn beschlossen, dich und dein Volk zu vernichten?", fragte der König. „Es war Haman", sagte ich. „Weil Mordechai sich nicht vor ihm verbeugt hat, hat er diesen Hass auf unser Volk." Haman erschrak. Er flehte mich an, doch sein Leben zu retten.

Doch der König war so wütend auf ihn, dass er ihn an dem Galgen aufhängen ließ, den Haman eigentlich für Mordechai gebaut hatte. Ab jetzt war Mordechai der oberste Hofbeamte des Königs.

Da fasste ich noch einmal Mut und bat den König: „Nimm doch den Befehl zurück, der in alle deine Länder ausgegangen ist, und rette mein Volk, dass es nicht ums Leben kommt!"

Bald schon waren Reiter unterwegs, die die rettende Botschaft des Königs in alle Länder brachten: „Alle Juden sollen leben! Jeder, der am ausgelosten Tag das Leben eines Juden auch nur anstastet, darf getötet werden." Da waren die Leute fröhlich. In allen Städten wurde gesungen, gejubelt, gelacht und gefeiert. Und die Menschen hatten Achtung vor den Juden, denn sie spürten: „Der Gott der Juden ist wirklich ein großer Gott!"

So will ich auch euch jetzt einladen, mit mir zu feiern. Ihr seht: Der Tisch ist schon vorbereitet in den königlichen Farben weiß und blau …

(Ester wird mit in die Runde gestellt. Es ist Zeit, mit den Kindern zu essen, zu trinken, zu singen und zu spielen, s. ergänzende Vorschläge zur Vertiefung.)

Lied: Heut ist ein Tag

Schlussgebet
Guter Gott,
du bist wirklich groß und wunderbar!
Wir freuen uns mit Ester,
dass du sie und ihr Volk gerettet hast.
Wir bitten dich:
Gib uns Vertrauen wie Ester!

Schenk uns schlaue Ideen und ganz viel Mut, dass auch wir uns für Menschen in Angst und Not einsetzen können.
Danke, dass du unser Gebet hörst und bei uns bist an jedem Tag.
Amen

Vaterunser/Segen

Ergänzende Vorschläge zur Vertiefung der Estergeschichte

Schlau-Hut-Quiz „Was weißt du über Esters Volk?"
Auf einem großen Tuch in der Mitte des Stuhlkreises liegen verstreut Karten aus Tonkarton mit vielen Stichworten aus dem Alten und Neuen Testament: David, Ägypten, Prophet, Jerusalem, Abraham und Sara, Tempel, See Genezareth, Arche Noah, Samariter ...
Die Kinder ziehen herum und lesen die Stichworte auf den Karten. Danach setzen sie sich wieder auf ihren Platz. Ein Hut wird im Kreis weitergegeben, der Schlau-Hut. Jedes Kind hat die Möglichkeit, ihn aufzusetzen, eine der Karten zu nehmen und das Stichwort zu erklären. Hat es das Wort passend erklärt, bekommt es einen Schlau-Punkt und gibt den Schlau-Hut im Kreis weiter. Wer hat zum Schluss die meisten Schlau-Punkte?

Spiele rund um den Königshof

Wächterspiel
Der Königshof ist Tag und Nacht gut bewacht ... In der Mitte eines großen Kreises sitzt ein Kind mit verbundenen Augen. Zwischen seinen Beinen liegt ein Schlüsselbund, den es nicht berühren darf, den es aber gut bewachen muss. Ein Kind aus dem Stuhlkreis schleicht sich leise an, um ihn zu stehlen. Hört es der Wächter, greift er schnell nach seinem Schlüsselbund. Hat das Kind ihn erwischt, ist es in der nächsten Runde der Wächter.

Koffer packen für die Königin
Die Königin geht auf Reisen. Wir packen ihr den Koffer mit schönen Kleidern, der Krone, Ohrringen, Wimperntusche, Haarspangen ...
Jedes Kind nennt der Reihe nach die Gegenstände, die bereits im Koffer sind, und packt etwas Neues dazu.

Die Königin hat Kopfweh
Ein Kind ist die Königin. Ihm werden die Augen verbunden. Rechts und links neben der Königin sind je drei Plätze frei. Die Königin hat starkes Kopfweh und ist deshalb geräuschempfindlich. Die anderen Kinder sitzen in einiger Entfernung. Auf Kopfnicken der Spielleitung hin versucht jeweils ein Kind vorsichtig einen der 6 frei gelassenen Plätze neben der Königin zu besetzen. Hört die Königin einen Laut im Raum, ruft sie: „Au!" Das Kind muss zurück auf seinen Platz. Sind alle 6 Plätze besetzt, ist ein anderes Kind Königin. (Rechte für dieses Spiel: Amt für Gemeindedienst Nürnberg, aus: Kinderbibelwoche „Elia", 3. Aufl. 1993)

Elisabeth Reinhard

22. Februar 2009

Monatlicher Kindergottesdienst im Februar
Ester, die Schönste wird Königin, Ester 2,1–18

Die Kinder feiern Karneval, haben Lust auf Verkleidung. Daran knüpft die Geschichte vom „Schönheitswettbewerb" um die Position der Königin an. Es geht um den Konflikt zwischen Herkunft und neuer Lebenswelt. Wie bleibt man dem Glauben treu?
Mithilfe der Stabfigur Waschti wird in die Erzählung eingeführt. „Waschti war mutig und hat Nein gesagt." – „Waschti muss weg. Eine andere, Bessere soll Königin werden". (S. 46) Weiter wird mit der Stabpuppe Ester erzählt (S. 50). Im Gespräch kann angesprochen werden, dass Ester sich als Frau aus dem jüdischen Volk in Gefahr begibt. Ihr Glaube an Gott und ihr Vertrauen helfen ihr in dieser Situation. Sie wird später viel für die Rettung ihres Volkes tun können.
Zur Vertiefung der Geschichte und zur Freude der Kinder werden Kronen gebastelt (Vorlage S. 52). Dann verkleiden sich alle Kinder als König oder Königin. Wer ist der/die Schönste, das schönste Königspaar? (S. 51) Es können auch Königsfiguren aus Pappe gestaltet werden (Vorlagen S. 52) Auf Fotos werden die Aktionen festgehalten. Auf S. 62 finden sich Spiele rund um den Königshof.

Jona

Zeichnung: Silvia Ehrlich

Lied: Ich lobe meinen Gott, der aus der Tiefe mich holt, EG regional, LJ 560, LfK1 A18, KG 112, LZU 45

Liturgischer Text: Übertragung von Psalm 103 (s. S. 68)

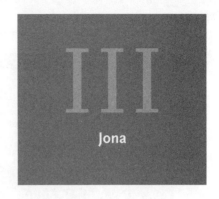

Jona

Sonntag	Text/Thema	Art des Gottesdienstes Methoden und Mittel
1.3.2009 Invokavit	Jona 1 und 2 Unausweichlich – Gottes Auftrag an Jona	Gottesdienst mit Kindern; Erzählung, Gespräch, Sprechblasen beschriften, Beten mit Jona, Fisch aus Tonpapier
8.3.2009 Reminiszere	Jona 3 Unglaublich – Ninive ändert sich	Gottesdienst mit Kindern; gestaltete Mitte mit Wollfäden, Stein und Jonafigur, Erzählung, Gespräch, Wortstreifen
15.3.2009 Okuli	Jona 4 Unmöglich – Gott ist gnädig und barmherzig	Gottesdienst mit Kindern; Erzählung, Gespräch, Puzzle, Tanz, fröhliches Festmahl

Monatlicher Kindergottesdienst im März
Wenn Gnade vor Recht geht, Jona 4   S. 79

1. März 2009

Invokavit

Jona 1 und 2

**Unausweichlich –
Gottes Auftrag an Jona**

Lieder: Der Gottesdienst soll fröhlich sein, EG 169, KG 187, Jona, Jona, auf nach Ninive, EG Niedersachsen/Bremen 581, (Kehrvers s. S 69)

Liturgischer Text: Psalm 103,1–3.8.13 (Übertragung s. S. 68); Psalm nach Jona 2 (Übertragung s. S. 71)

Zum Text

Unausweichlich bleibt Gott bei seinem Auftrag an Jona. Er lässt nicht locker. Jona, Prophet und typischer Vertreter Israels, soll die Menschen in Ninive warnen. Ihre Rettung und ihr Leben sind Gott genauso wichtig, wie die seines Volkes. Das muss Jona noch lernen. In der heiteren Lehrerzählung wird jedermann in Israel und überall, der Gottes Barmherzigkeit für sich selbst beanspruchen und anderen nicht gönnen will, auf humorvolle Weise der Spiegel vorgehalten.

Das Jonabuch wurde vermutlich um 400 v. Chr. geschrieben. Israel war aus dem babylonischen Exil zurückgekehrt. Wie so oft in ihrer Geschichte hatten die Israeliten Gottes Barmherzigkeit und Güte erfahren. Sie hatten Gottes Vergebung erlebt und die Chance zum Neuanfang bekommen. Doch sie beanspruchten diese nur für das eigene Volk. Die Botschaft, dass Gottes Erbarmen auch den Fremden und Andersgläubigen gilt, war ihnen ein Ärgernis.

„Ninive", der Name der einstigen Hauptstadt des Assyrer-Reiches war für die Israeliten damals Inbegriff für Grausamkeit, Sitten- und Gottlosigkeit. Tarsis lag Ninive gegenüber am anderen Ende der damals bekannten Welt, in Spanien. Wie ein bockiges Kind benimmt sich Jona. Er flieht vor Gottes Auftrag in die entgegengesetzte Richtung. Er lässt es sich etwas kosten, dem Herrn aus den Augen zu kommen. Er bezahlt für die fast ein Jahr lang dauernde Schiffsreise ein Vermögen. Doch es geht bergab mit ihm: Er geht *hinab* nach Tarsis, steigt *hinunter* in das Schiff, wird als Schuldiger in die *Tiefe* des Meeres geworfen und schließlich von dem Fisch verschluckt.

Doch noch in seinem Trotz und Scheitern führt er die Matrosen von ihren Göttern weg zum Glauben an den Gott Israels. Gottes Herrlichkeit in der Völkerwelt leuchtet auf. Gott kommt mit allen zu seinem guten Ziel.

Aus der Tiefe und in seiner Angst ruft Jona zu Gott und er antwortet ihm. Gott lässt seinen ungehorsamen Propheten nicht untergehen, sondern rettet ihn und gibt ihm eine neue Chance. Jona wird, auf Gottes Bestellung hin, von dem großen Fisch in drei Tagen „kostenlos" zurückgebracht an den

Ausgangspunkt und empfängt Gottes Auftrag von Neuem.

Der Text und die Kinder

Kinder können sich mit Jona leicht identifizieren. Auch sie drücken sich gern vor Aufträgen, die ihnen zu schwer erscheinen oder auch sind und die sie nicht mögen. Sie haben einen ausgeprägten Sinn für Gerechtigkeit und kennen das innere Drängen, dem anderen zu sagen, was böse oder nicht in Ordnung ist. Zugleich wissen sie aus Erfahrung, dass es schwer sein kann, jemandem die Wahrheit zu sagen. Vielleicht haben sie schon erlebt, dass das Gegenüber dann „zurückschlägt".

Das eigentliches Motiv Jonas für die Flucht vor dem Auftrag erfahren wir erst in Jona 4. Insofern behalten wir die Spannung bis zum 3. Kindergottesdienst bei und berichten erst dann darüber. Vielleicht hat die Kinder schon die Frage beschäftigt, ob man sich vor Gott verstecken kann. Die Erzählung von Jona beantwortet die Frage auf humorvolle Weise. Kinder haben einen Sinn für Humor. Die heitere Erzählart verhindert, dass das wundersame Überleben im Bauch des Fisches zu viel Gewicht bekommt, denn auf das Ende der Geschichte kommt es an.

Wie Jona können die Kinder in Angst und Sorge zu Gott rufen. Die vorgeschlagenen Gebetstexte dienen als Anregung und sollten durch aktuelle Dinge, die den Kindern gerade Angst machen, ergänzt oder ersetzt werden.

Zeichnung: Silvia Ehrlich

Jona

Gestaltungsvorschlag für jüngere und ältere Kinder

Vorbereitung
Die Stühle werden im großen Halbkreis um den Altar gestellt und in der Mitte wird Platz für das Bodenbild eingeplant. Folgendes ist vorzubereiten:
- Zettel in Form von Sprech- bzw. Denkblasen, Stifte
- zusätzlich bereits ausgefüllte Sprechblasen mit den vermuteten Einwänden Jonas, um die Erzählung nicht zu unterbrechen
- Unterlage aus Stoff oder Tonpapier
- eine Figur für Kind und Jona, Wegweiser (s. Zeichnung)
- vergrößerter Fisch aus Tonpapier geschnitten, mit aufgemaltem Jona und Psalmwort. Der könnte später, im Raum aufgehängt, an den Gottesdienst erinnern. (s. Zeichnung) Oder: Stoff als Unterlage und Wollfaden für die Umrisse des Fisches, Jona und Psalmwort aus Papier zum Auflegen
- Gebetstexte, Klebestift
- Teelichte

Begrüßung und Beginn
(Ein Kind darf die Kerze anzünden, bzw. in die Mitte stellen.)
Guten Morgen, herzlich Willkommen! Wir feiern den Gottesdienst im Namen Gottes, des Vaters und des Sohnes und des Heiligen Geistes. Amen

Lied: Der Gottesdienst soll fröhlich sein

Eingangsgebet
Lieber Gott, wir danken dir, du warst in der vergangenen Woche bei uns. Sei uns auch jetzt nahe. Hilf uns verstehen, was du uns sagen willst. Das bitten wir durch Jesus Christus. Amen

Psalm
Ich will mich über Gott freuen.
Ich will ihm von ganzem Herzen danken.
Er verzeiht mir, wenn ich von ihm weggelaufen bin.
Er nimmt mich in seine Arme und es wird wieder gut.
Barmherzig und freundlich ist der Herr,
geduldig und reich an Güte.
Wie sich ein Vater liebevoll um seine Kinder kümmert,
so kümmert sich der Herr um alle, die ihn ehren.
(nach Psalm 103)

Lied: Jona, Jona, auf nach Ninive (Melodie des Kehrverses lernen, ohne Text, mehrmals summen, flöten usw.)

Glaubensbekenntnis nach KG, S. 331

Einstieg
„Das ist gemein! Das ist ganz gemein!! – Das muss ich ihm sagen", denkt Marlene. Was war passiert? Friedrich hatte sich wieder über Erika lustig gemacht und sie wegen ihres unmodernen Kleides vor allen ausgelacht. Fast jeden Tag ärgert er sie und lässt seine schlechte Laune an ihr aus. Erika wird immer stiller und unsicherer. Dabei kann sie nichts dafür, dass ihre Eltern keine Arbeit haben und ihr nicht so tolle Sachen kaufen können. Erika ist zwar nicht gerade Marlenes Freundin, doch Marlene spürt in ihrem Herzen den Auftrag für sie einzutreten und mit Friedrich zu reden.

1. März 2009

(aus dem Lied „Jona, auf nach Ninive; Text und Melodie: Eberhard Laue. Das ganze Lied findet sich in Die Mundorgel 1968 und EG 581, Niedersachsen/Bremen.)

Kurzes Gespräch mit Aktion
Was meint ihr? Wird Marlene den Mut dazu haben? Was könnte sie daran hindern, mit Friedrich zu reden? Die Zettel in Form von Denkblasen werden an die Kinder ausgeteilt und diese schreiben darauf, was Marlene hindern könnte, mit Friedrich zu reden. Die beschriebenen Denkblasen werden mit der Figur in die Mitte auf eine Unterlage gelegt (s. Zeichnung). Es wird deutlich: Manchmal fällt es schwer, die Wahrheit zu sagen.

Erzählung
Die Bibel erzählt uns von einem Mann, der von Gott einen wichtigen Auftrag bekam:
„Mach dich auf und geh!", sagte Gott zu Jona. „Geh in die große Stadt Ninive und sage dort allen Leuten: So wie ihr lebt, kann es nicht weitergehen! Ich kann nicht mehr zusehen! Ihr tut so viel Böses: Ihr lügt und betrügt, ihr streitet und schlagt euch, ihr raubt und tötet. Und die Reichen lassen die Armen hungern. Jona, geh nach Ninive und sage dort den Menschen: Hört auf damit! Ändert euch! Sonst wird die schöne Stadt zerstört."

Da machte sich Jona auf. Er ging los. Aber nicht nach Ninive! Nein, er lief in die entgegengesetzte Richtung. (Wegweiser in die Mitte legen, die Figur steht für das Kind und für Jona) Der Auftrag passte ihm nicht. „Nach Ninive gehen, in diese fremde, riesige, gefährliche Stadt? – Dort von Gott erzählen? – Nein, das mache ich nicht! Das will ich nicht!" (Sprechblase zur Figur legen) So lief Jona hinab nach Jafo an den Hafen. Dort fragte er, ob ein Schiff nach Tarsis fahren würde. Und er hatte Glück. Es fuhr eins. Jona bezahlte viel für die weite Schifffahrt nach Tarsis. Fast ein Jahr würde sie dauern. „Dann bin ich weit weg von Gott und seinem Auftrag!", dachte Jona. Er wollte vor Gott fliehen. Er wollte ihm aus den Augen kommen. So stieg er hinunter in das Schiff und legte sich schlafen.
Aber Gott ließ einen starken Wind kommen. Der blies auf das Meer und machte hohe Wellen. Das Schiff schaukelte gefährlich auf den Wellen, sie hoben es nach oben und ließen es wieder nach unten fallen. Alles flog durcheinander auf dem Schiff. Dazu blitzte, donnerte es und regnete in Strömen. Die Matrosen

Jona

Zeichnung: Silvia Ehrlich

hatten große Angst. Sie meinten, das Schiff könnte zerbrechen durch die starken Wellen. Sie warfen die Ladung des Schiffes ins Meer, damit es leichter würde. Sie schrieen um Hilfe. Und da sie Gott nicht kannten, riefen sie ihre Götter an. Nur einer betete nicht. Das war Jona. Der Kapitän trat zu ihm, weckte ihn und sagte: „Was schläfst du? Steh auf, rufe deinen Gott an! Vielleicht wird er uns helfen, damit wir nicht untergehen." Und ein Matrose sagte: „Kommt, wir wollen losen. Wir wollen herausfinden, wer schuld ist. Vielleicht hat einer etwas Böses getan und darum geht es uns so schlecht." Das Los traf Jona. Und sie fragten ihn: Wer bist du? Und woher kommst du? Und Jona sprach: „Ich bin vom Volk Israel. Ich glaube an Gott, der Himmel und Erde, das Meer und das Trockene gemacht hat. Gott hat mich nach Ninive gesandt. Ich soll die Menschen dort warnen.

Aber das will ich nicht. Ich bin vor Gott ausgerissen. Darum bin ich hier." Da fürchteten sich die Leute sehr und fragten Jona: „Warum hast du das getan? Was sollen wir denn mit dir tun, damit das Meer wieder still wird und wir nicht untergehen? Jona sagte: „Nehmt mich und werft mich ins Meer, so wird es still werden. Ich weiß, ich bin schuld. Es ist alles wegen mir so gekommen." Die Matrosen versuchten durch Rudern das Schiff an Land zu bringen. Doch es ging nicht. Der Sturm und das Meer tobten immer mehr. Da riefen sie zu Jonas Gott: „Ach, Herr, lass uns nicht untergehen und rechne es uns nicht an! Wir wissen keinen anderen Rat." Und sie nahmen Jona und warfen ihn ins Meer. Da wurde das Meer still. Und die Leute glaubten an den Gott Jonas und ehrten ihn.

Nun war Jona in dem tiefen, dunklen Meer. Allein in Wellen und

Meer und kein Land in Sicht! Bald würde er keine Kraft mehr haben zum schwimmen und dann??? Aber Gott ließ seinen ungehorsamen Boten nicht untergehen. Er schickte einen großen Fisch. Der verschlang Jona. Und da, eingeschlossen im Fisch, drei Tage und drei Nächte, in der Tiefe des Meeres, da fing Jona wieder an mit Gott zu reden. Da rief er zu Gott in seiner Angst und Gott antwortet ihm. Und Gott befahl dem Fisch und er brachte Jona kostenlos zurück an den Ausgangspunkt. Dort spuckte er ihn ans Land.

Und Gott sagte zum zweiten Mal zu Jona: „Mach dich auf, geh in die große Stadt Ninive und predige dort, was ich dir sage!"

Beten mit Jona
Das Bild von Jona im Fisch wird in die Mitte des Sitzkreises neben das Bild mit dem Wegweiser gelegt. Die Gebetstexte könnten von einzelnen Kindern gelesen und nach jedem Gebet könnte von allen der Kehrvers: „In meiner Angst rief ich zu Gott und er antwortete mir" (Jona 2,3) gesprochen werden. Die Gebetstexte werden danach in den Fisch gelegt. Mit dem Kehrvers kann jeweils als Zeichen, dass Gott antwortet, ein Teelicht angezündet und auf den Gebetstext gestellt werden.

Lasst uns jetzt mit Gott reden, wie Jona:

1. Kind: Jona ruft zu Gott im Bauch des Fisches: Ich wollte nicht nach Ninive gehen. Ich bin vor dir, mein Gott, davongelaufen und wäre beinahe ertrunken in der Tiefe des Meeres. Deine Wogen und Wellen gingen über mich.
In meiner Angst rief ich zu Gott und er antwortete mir.

2. Kind: Ich war zu feige für meine Mitschülerin einzutreten. Ich hatte Angst, dann auch ausgelacht und geärgert zu werden.
In meiner Angst rief ich zu Gott und er antwortete mir.

3. Kind: Ich bin verzweifelt, meine Eltern streiten sich fast jeden Tag. Ich möchte, dass sie zusammen bleiben und sich wieder lieb haben.
In meiner Angst rief ich zu Gott und er antwortete mir.

4. Kind: Ich habe Angst vor der nächsten Mathearbeit. Wenn ich wieder eine 6 schreibe, muss ich die Klasse noch einmal wiederholen.
In meiner Angst rief ich zu Gott, und er antwortete mir.

Vaterunser

Lied: Jona, Jona, auf nach Ninive (Kehrvers, 2x)

Segen
Der Herr segne dich und behüte dich; der Herr lasse sein Angesicht leuchten über dir und sei dir gnädig; der Herr hebe sein Angesicht über dich und gebe dir Frieden. Amen

Brunhilde Börner

8. März 2009
Reminiszere

Jona 3

Unglaublich –
Ninive ändert sich

Lieder: Ins Wasser fällt ein Stein, EG regional, KG 151, LJ 569, MKL 55, LfK1 C16; Jona, Jona, auf nach Ninive (nur den Kehrvers! s. S. 69)

Liturgischer Text: Psalm 103 (Übertragung s. S 68)

Zum Text

Unglaublich, eine ganze Stadt wird in Bewegung versetzt, – nicht von einer Welle des Hasses und der Gewalt, wie es so leicht geschieht, – nein, von einer Welle der Einsicht, der Trauer über die schlechten Taten, der Reue und der Hinwendung zu Gott. Dabei gilt gerade diese Stadt in den Augen vieler Frommer als hoffnungslos böse und verdorben.

Wer oder was hat diese unerwartete Wende bewirkt? Ein kleiner Prophet, den Gott gerade selbst erst zurechtgebracht hat. Er steht im Zentrum der unheimlich großen und bösen Stadt Ninive und droht im Auftrag Gottes Strafe an. Von dort aus breitet sich die Botschaft nach allen Seiten wie ein Lauffeuer aus: „Noch vierzig Tage und Ninive ist zerstört". Jona erfährt, welche dynamische Kraft das Wort Gottes hat. Weil Gott selbst durch ihn spricht, werden Menschen in ihrem Innersten berührt. Sie hören hin und nehmen das Wort Gottes ernst. Sie wenden sich als heidnisches Volk dem Gott Israels zu. Sie setzen ihr Vertrauen in Gott.

Gott lässt das Strafgericht nicht sofort eintreffen. In seiner Geduld gibt er den Niniviten mit vierzig Tagen zwischen Vorankündigung und Eintritt einen befristeten Raum, der Änderung ermöglicht. Die Niniviten zeigen mit ihrem Verhalten, wie ernst es ihnen mit der Umkehr ist. Sie lassen ein Fasten ausrufen und als äußeres Zeichen der Demut ziehen sie, vom Größten bis zum Kleinsten, grobe, härene Trauergewänder an. Allen voran der König. Dennoch, das wissen die Niniviten, kann dies ihre Taten und die Folgen daraus nicht ungeschehen machen. Darum sagen sie: „Wer weiß? Vielleicht bedauert es Gott noch einmal ..." Sie wagen zu hoffen und ehren zugleich Gottes Freiheit. Er allein kann die Entscheidung zu ihrer Rettung fällen.

Als aber Gott ihr Tun sieht, wie sie sich abwenden von ihrer Bosheit, da wendet er sich ab von seinem Zorn und bedauert das Übel, das er ihnen angekündigt hatte, und tut es nicht.

Der Text und die Kinder

„Das wird nicht anders! Du änderst dich nie!" – solche Reden kann man leider öfter hören. Kinder wie Erwachsene neigen dazu, anderen Mitmenschen oder Menschengruppen einen Stempel aufzudrücken und sie auf ihr schlechtes Verhalten hin festzulegen. Dagegen spricht dieser Text. Änderung ist möglich! Gott liebt die Menschen mit all ihren Schwächen. Immer wieder lädt er durch sein Wort dazu ein, von falschen Wegen umzukehren und gibt die Chance zum Neuanfang. So sollten Kleine und Große auch einander immer neu eine Chance geben.

Bei Ninive brauchte es allerdings einen starken Anstoß. Erst die Androhung des Gerichtes bringt die Wende. Auch bei Kindern ist es zuweilen nötig, konsequent Grenzen zu setzen, wenn gutes Zureden nicht hilft.

Gestaltungsvorschlag für jüngere und ältere Kinder

Vorbereitung

Die Stühle werden im großen Kreis aufgestellt. Vor Beginn des Gottesdienstes wird in die Mitte ein Stein gelegt und mit Wollfäden werden die Kreise um den Stein dargestellt (s. Zeichnung). Folgendes ist außerdem vorzubereiten:
– Schriftstreifen
– Jonafigur mit gelber Papierscheibe darunter

Begrüßung und Beginn
Guten Morgen, herzlich Willkommen! Wir feiern den Gottesdienst im Namen Gottes, des Vaters und des Sohnes und des Heiligen Geistes. Amen

Was ist denn hier heute los? In der Mitte liegt ein Stein und darum sind Kreise gelegt? Habt ihr eine Idee, was das sein könnte? (Die Kinder sprechen über ihre Einfälle und erzählen von ihren Erlebnissen, wie sie einen Stein ins Wasser geworfen haben und dies Kreise entstehen ließ.)

Lied: Ins Wasser fällt ein Stein (Str. 1)

Eingangsgebet
Lieber Gott, wir danken dir. Wieder können wir zusammen sein, von dir hören, singen und beten. Sei bei allen, die jetzt Gottesdienst feiern. Sei bei allen Menschen, besonders bei den Kranken, die nicht zum Gottesdienst gehen können. Das bitten wir durch Jesus Christus. Amen

Psalm: Übertragung von Psalm 103, von einem Kind gelesen (s. S. 68)

Lied: Jona, Jona, auf nach Ninive (Kehrvers, 2x)

Glaubensbekenntnis nach KG, S. 331

Erzählung
Gott sprach zum zweiten Mal zu Jona: „Mach dich auf, geh in die große Stadt Ninive und predige ihr, was ich dir sage!" Da machte sich Jona auf. Er floh nicht mehr. Er ging in die unheimlich große, böse Stadt. Er war allein, aber er ging hin, im Auftrag Gottes.

Drei Tage brauchte man, um Ninive von einem Ende bis zum anderen zu durchwandern. Jona wanderte einen Tag bis in die Mitte der Stadt. Dort im Zentrum rief er ganz laut, was Gott ihm aufgetragen hatte: „Noch vierzig Tage, dann wird Ninive untergehen. – So wie ihr lebt, geht es nicht weiter! Gott kann nicht mehr zusehen! Ihr tut so viel Böses! Ihr seid auf falschem Weg! – Noch vierzig Tage, dann ist es aus!"

Jona

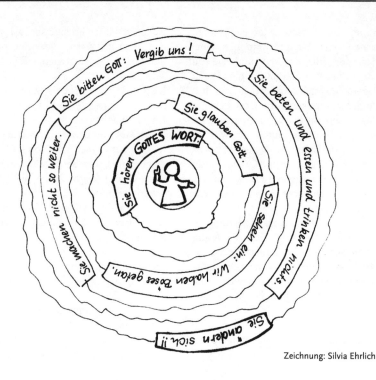

Zeichnung: Silvia Ehrlich

Die Leute von Ninive hörten das und erschraken. Sie glaubten Gott und nahmen sein Wort ernst. „Ja, wir haben Böses getan! Wir haben gelogen und betrogen, geraubt und getötet und die Armen hungern lassen." Das sahen sie jetzt ein. Sie bereuten ihre Taten und ließen ausrufen: „Keiner soll essen und trinken!" Und alle, Große und Kleine, zogen sich grobe raue Trauerkleider an. Der König stieg herunter von seinem Thron. Er legte sein Prachtgewand ab und hüllte sich auch in ein raues, dunkles Trauergewand. Er setzte sich auf die Erde, in den Staub, wo sonst nur die Armen sitzen. Er ließ ausrufen: „Befehl des Königs: Kein Mensch und kein Vieh, weder Rindvieh noch Kleinvieh, soll Nahrung zu sich nehmen und Wasser trinken. Menschen und Tiere sollen in Trauerkleidern zu Gott schreien. Betet um Vergebung! Wir haben Böses getan. Keiner mache so weiter, wie bisher! Jeder kehre um und lasse seine bösen Taten sein! – Wer weiß? Vielleicht bedauert es Gott noch einmal. Vielleicht lässt er ab von seinem Zorn. Vielleicht wird unsere Stadt gerettet."

Gott aber sah, wie sie umkehrten von ihrem bösen Weg. Er sah, wie sie sich änderten. Da wendete er sich ab von seinem Zorn. Er bedauerte das Übel, das er ihnen angekündigt hatte. Und er tat es nicht.

Gespräch
Der/Die Mitarbeiter/in nimmt still den Stein aus der Mitte und legt die Jona-

figur auf den gelben Untergrund an diese Stelle. Sie/Er wartet ab, was die Kinder dazu sagen. Unglaublich, wer hätte das gedacht! Jona steht im Zentrum der großen, bösen Stadt. Er sagt den Menschen, was Gott ihm aufgetragen hat. Und die ganze Stadt kommt in Bewegung. Sagt, was in Ninive passiert! (Die Kinder erzählen, welche Auswirkungen die Predigt von Jona in Ninive hat, was sich daraufhin ändert. Dabei werden die entsprechenden Schriftstreifen auf die Kreise gelegt.) Es wird deutlich, Gottes Wort zieht Kreise. Gott verändert die Menschen.

Lied: Ins Wasser fällt ein Stein (Str. 1)

Aktuelle Fürbitten, Vaterunser

Segen (s. S. 71)

Brunhilde Börner

15. März 2009
Okuli

Jona 4

Unmöglich – Gott ist gnädig und barmherzig

Lieder: Singt das Lied der Freude, EG 306; Ins Wasser fällt ein Stein, EG regional KG 151, LJ 569, MKL 55, LfK1 C16

Liturgischer Text: Psalm 103 (Übertragung s. S. 68)

Zum Text

Das Jonabuch wird in Israel am Nachmittag des Versöhnungstages als Propheten-Lesung gelesen. So verkündigt und hört Israel immer wieder neu: Gottes Liebe und Barmherzigkeit schließt alle Völker ein.

Jona könnte sich eigentlich freuen. Seine Predigt hat große Wirkung erzielt. Die Menschen in Ninive kehrten um von ihren bösen Wegen und wendeten sich zu Gott hin. Aber Jona ist wütend und macht seinem Zorn vor Gott Luft: „Ich wusste, dass du gnädig, barmherzig, langmütig und von großer

Güte bist und deine Drohungen zurücknimmst." Das war der Grund, weshalb er vor Gottes Auftrag fliehen wollte. Jetzt sagt er es frei heraus. Er wusste, Gott lässt Gnade vor Recht ergehen, denn sein Ziel ist nicht Vernichtung und Tod, sondern Leben und Neuanfang.

Dieses Leben, diese Barmherzigkeit Gottes gönnt Jona der fremden Stadt Ninive nicht. Sie sollen bekommen, was sie verdient haben. Er ist so verärgert, dass er sich den Tod wünscht. Gott aber fragt ihn: „Ist es richtig, dass du zornig bist?" Mit seiner Frage lädt Gott den Trotzkopf zur sachlichen Selbstprüfung ein. Jona verlässt Ninive und baut sich außerhalb der Stadt eine Hütte. Auf Beobachtungsposten in sicherer Entfernung, erwartet er immer noch das Strafgericht für die Stadt.

Das Strafgericht schickt Gott nicht, aber er kümmert sich um seinen verbitterten Propheten. Er lässt für ihn einen Rizinusstrauch wachsen, der Schatten spendet. Jona freut sich sehr über die Pflanze und vergisst seinen Ärger. Doch nicht lange. Ein Wurm sticht die Staude und sie verdorrt. Jona brennt die Sonne auf den Kopf. Enttäuscht, zornig und matt wünscht er sich den Tod. Gott fragt ihn: „Dich jammert die kurzlebige Staude, um die du dich nicht bemüht hast, die du nicht aufgezogen hast und mich sollte die Stadt Ninive nicht jammern mit mehr als 120 000 Menschen und Tieren?"

Das Buch endet mit dieser offenen Frage. Jona kann eigentlich nicht anders, als seinem Gott, der so viel Mitleid mit ihm hatte, auch die verzeihende Liebe den Fremden gegenüber zuzugestehen. Doch die Frage soll jeder Leser oder Hörer der kunstvoll gestalteten Erzählung für sich selbst beantworten. Sie lädt ein, Unmut und selbstsüchtiges Gerechtigkeitsdenken loszulassen und sich Gottes zu erfreuen. Wie viel Ausdauer und Liebe haben wir selbst von Gott erfahren?!

Der Text und die Kinder

Die Kinder können Jonas Wut sicher nachvollziehen. Manchmal sind sie in ihrem ausgeprägten Gerechtigkeitsdenken unbarmherzig konsequent und ärgern sich, wenn Eltern bei den Geschwistern eine Strafe aussetzen. Andererseits nehmen sie es für sich selbst gern in Anspruch, wenn Eltern oder Lehrer Gnade vor Recht ergehen lassen.

Der letzte Kindergottesdienst zu Jona soll von der Freude über Gott, der alle Menschen liebt und ihnen eine Chance zum neuen Anfang gibt, geprägt sein.

Gestaltungsvorschlag für jüngere und ältere Kinder

Vorbereitung

Eine Festtafel wird vorbereitet mit Blumen, Kerzen, Servietten, Obsttellern, Saft, verschiedenen Puddingsorten oder Kuchen, usw.
Die Stühle werden aber zunächst noch nicht an die Festtafel, sondern im Kreis aufgestellt. Folgendes ist außerdem vorzubereiten:
– Verkleidung für eine Frau oder einen Mann aus Ninive
– Puzzle (Zeichnung S. 64)
  Das Puzzeln könnte in Gruppen geschehen, dann sollte das Bild auf

A4 oder A3 mehrmals kopiert werden. Es könnte auch jedes Kind ein kleines Puzzle bekommen. Die Kinder könnten es dann mit nach Hause nehmen, aufkleben und ausmalen. Je nach Alter der Kinder, sollten es 6 – 15 Teile sein.

Begrüßung und Beginn
(Ein Kind darf die Kerze anzünden bzw. in die Mitte stellen.)
Guten Morgen, herzlich Willkommen! Wir feiern den Gottesdienst im Namen Gottes, des Vaters und des Sohnes und des Heiligen Geistes. Amen.

Ein Überraschungsgast erzählt
(Eine Mitarbeiterin oder ein Mitarbeiter, verkleidet als Frau oder Mann aus Ninive, tritt ein.)
Guten Morgen! Ich bin eben hier vorbeigekommen und habe gehört, hier wird ein Fest gefeiert? Das passt gut. Mir ist gerade zum Feiern, Singen und Tanzen zumute. Ich bin so glücklich! Stellt euch vor, vor kurzem sah alles noch ganz anders aus. Ein Bote Gottes sagte uns: „Noch vierzig Tage und eure Stadt wird in Schutt und Asche liegen. So wie ihr lebt, geht es nicht weiter! Gott kann nicht mehr zusehen! Ihr tut so viel Böses! – Noch vierzig Tage, dann ist alles aus!"

Ihr könnt euch vorstellen, wie wir erschraken. Wir wurden ganz still und traurig. Wir sahen es ein, wie viel Böses wir getan hatten. Wir hörten auf zu essen und zu trinken. Auch unsere Tiere bekamen nichts. Wir zogen uns dunkle Trauerkleider an. Sogar unser König stieg von seinem Thron und setzte sich in den Staub zu den Armen. Wir beteten Tag und Nacht zu Gott: „Bitte verzeih uns, was wir getan haben. Bitte lass unsere Stadt nicht untergehen!"

Und nun – freut euch mit uns! Unsere Stadt lebt! Gott war uns gnädig. Er hat uns vergeben. Wir dürfen ganz neu beginnen. Und es ist richtig schön bei uns! So war es noch nie! Ihr müsst uns unbedingt besuchen kommen! Alle Fremden werden jetzt bei uns freundlich empfangen. Nachbarn, die dickste Feinde waren, reden wieder miteinander. Keiner muss mehr hungern in unserer Stadt. Reiche teilen mit den Armen. Und alle Arbeiter bekommen mehr Lohn für ihre Arbeit, damit sie ihre Familien ernähren können. Ich muss jetzt weiter. Aber das wollte ich euch erzählen. Jetzt habt ihr noch mehr Grund zum Feiern. Freut euch mit uns über so einen Gott! Er verzeiht und schenkt uns einen neuen Anfang!

Lied: Singt das Lied der Freude, der Freude über Gott (Kehrvers und Str. 3, für „Hoheit" können wir „Gnade" oder „Liebe" einsetzen.)

Psalm: Übertragung von Psalm 103 (s. S. 68), von allen gemeinsam gesprochen

Lied: Singt das Lied der Freude (Str. 3)

Glaubensbekenntnis, nach KG, S. 331

Erzählung
Es hat sich viel verändert in Ninive, wie wir eben gehört haben. Vielleicht denkt ihr, da konnte sich Jona aber freuen. Seine Rede in Gottes Auftrag hatte so eine große Wirkung in

der Stadt. Aber Jona freute sich nicht. Im Gegenteil, er war wütend. „Du bist viel zu gut!", sagte er zu Gott. „Erst soll ich sagen, in vierzig Tagen wird die Stadt zerstört. Und dann machst du deine Drohung nicht wahr! Du bist gnädig, barmherzig, geduldig und von großer Güte. Ich wusste es, du würdest ihnen verzeihen! Darum wollte ich nicht nach Ninive gehen. Darum bin ich geflohen. Es hat ja alles keinen Sinn. Am liebsten möchte ich tot sein." Gott aber fragte Jona: „Meinst du, es ist richtig, dass du so zornig bist?"

Jona ging aus der Stadt und baute sich etwas entfernt eine Hütte. Er setzte sich in den Schatten vor die Hütte und beobachtete die Stadt. „Mal sehen, was passiert!", dachte er. Gott aber machte Jona ein Geschenk. Damit wollte er ihm helfen, von seinem Zorn wegzukommen. Er ließ für Jona eine Rizinusstaude wachsen. Der Rizinus wächst sehr schnell und hat große Blätter. Die spendeten Jona Schatten. Jona freute sich sehr über die Pflanze. Er machte es sich gemütlich darunter und vergaß wirklich seinen Ärger.

Aber am Morgen, als die Sonne aufging, ließ Gott einen Wurm kommen. Der stach die Rizinusstaude und sie verdorrte. Sie sah ganz jämmerlich aus. Jona war traurig. Dazu ließ Gott einen heißen Wind aus der Wüste kommen und die Sonne stach ihm auf den Kopf. Da hatte er alles satt und sagte: „Ich möchte lieber tot sein, als leben."

Gott aber fragte ihn wieder: „Ist es richtig, dass du zornig bist wegen der Staude, Jona?" „Ja, mit Recht bin ich zornig", antwortete Jona. Gott sprach: „Dich jammert die Staude, um die du dich nicht bemüht hast. Du bist traurig, weil sie verwelkt ist. Du hast sie nicht gepflanzt. Du hast sie nicht begossen. Sie ist in einer Nacht gewachsen und in einer Nacht wieder vergangen. Und mich sollte die Stadt Ninive nicht jammern? Ich sollte die große Stadt mit mehr als 120 000 Menschen und vielen Tieren nicht verschonen?"

Gespräch
Ich frage mich, was Jona darauf geantwortet hat? Was meint ihr?

Puzzle (S. 64)
Jona wollte in seiner Wut Ninive am liebsten in Schutt und Asche sehen, als zerstörte Stadt. Ich habe hier ein Bild mit Jona und der schönen Stadt in zerschnittenen Teilen. Gott aber will, das Ninive lebt. So könnt ihr jetzt das Bild zusammenpuzzeln.
Die Kinder setzen das Bild zusammen und erzählen, was sie darauf erkennen.

Lied: Singt das Lied der Freude (Str. 3)

Festmahl
Miteinander essen, trinken und erzählen.

Tanz
Ins Wasser fällt ein Stein,
im Kreis stehen und pantomimisch den Stein in die Mitte werfen
Ganz heimlich, still und leise,
an den Händen fassen und zusammen in die Mitte hocken
und ist er noch so klein,
er zieht doch weite Kreise.
auseinandergehen, Arme dabei nach oben und unten bewegen, Wellen

15. März 2009

Wo Gottes große Liebe in einen Menschen fällt,
Arme über der Brust kreuzen
da wirkt sie fort, in und Tat und Wort, hinaus in unsre Welt.
nach außen drehen, Arme heben

Segen
Der Herr segne dich und behüte dich; der Herr lasse sein Angesicht leuchten über dir und sei dir gnädig; der Herr hebe sein Angesicht über dich und gebe dir Frieden. Amen.

Brunhilde Börner

Monatlicher Kindergottesdienst im März
Wenn Gnade vor Recht ergeht, Jona 4

Die Kinder kennen, dass „Verfehlungen" bestraft werden und erwarten dies auch für das, was sie von dem Leben und Treiben in Ninive und Jona erfahren. Aus der Perspektive der Rizinusstaude in Jona 4 ist es möglich, auf die Geschichte zurückzublicken, auf die Stadt und die Menschen. Der Bau einer Stadt z.B. in einem Sandkasten bietet sich an. Dabei soll anschaulich werden, dass es Gott um Barmherzigkeit geht.

Die rückblickende Erzählung eines Bewohners von Ninive (S. 77) führt in die Geschichte ein. Die weitere Erzählung (S. 77) zeigt die Probleme des Propheten Jona mit Gott auf, der Ninive verschont. Gottes Gnade und Barmherzigkeit machen ihn zornig. Das Puzzlebild (S. 64) kann je nach Alter der Kinder in 6 – 15 Teile zerschnitten sein. Es bietet die Perspektive der Rizinusstaude auf Jona und die Stadt Ninive. Mit den Bewohnern Ninives kann getanzt (Tanz S. 78) und gefeiert werden.

„Zeichen am Kreuzweg Jesu" – Passion nach Matthäus

Zeichnung: Silvia Gützkow

Lied: Jesus trägt unsere Krankheit, s. S. 90

Liturgischer Text: Psalmgebet „Geborgen ist mein Leben in Gott", LJ 692, Bei dir 34, Sagt Gott I 104, II 70, LH 105

IV

„Zeichen am Kreuzweg Jesu" – Passion nach Matthäus

Sonntag	Text/Thema	Art des Gottesdienstes Methoden und Mittel
22.3.2009 Lätare	Das Salböl Matthäus 26,6–13	Gottesdienst mit Kindern; Erzählung mit Figuren oder Mitspielgeschichte, Tücher, Holzkegelfiguren, Gespräch, Salböl herstellen, Salbungshandlung
29.3.2009 Judika	Der Kelch Matthäus 26,17–30	Gottesdienst mit Kindern; Erzählung mit Bild, Kelch aus Pappe, Steinchen auf den Kelch legen, Kelch mit Saft
5.4.2009 Palmarum	Die Dornenkrone Matthäus 27,(1–2) 11–30	Gottesdienst mit Kindern (und Erwachsenen); Einzug mit Passionssymbolen, Kyrie und Gloria mit Dornen aus Tonpapier, Kreuz, Erzählung, Gespräch, CD bemalen, Dornen-/Königskrone gestalten
10.4.2009 Karfreitag	Das Kreuz Matthäus 27,31–61	Gottesdienst mit Kindern; Erzählung mit gestalteter Mitte, Tuch, Kerze, Korb mit Steinen, Steine mit Wachsmalstiften bemalen, Segenshandlung

„Zeichen am Kreuzweg Jesu" – Passion nach Matthäus

22. März 2009
Lätare

Das Salböl

Matthäus 26,6–13

Lieder: Unser Leben sei ein Fest, EG regional, LJ 616; Das wünsch ich sehr, LH 86; Da berühren sich Himmel und Erde, LH 27; Voller Hoffnung sei das Leben, LH 55; Wie in einer zärtlichen Hand, KG 196; Gib uns Ohren, die hören, KG 195, Amen 2, LH 25; Du verwandelst meine Trauer in Freude, KG 198, MKL2 26, LH 64, LJ 508

Liturgischer Text: Psalmgebet „Geborgen ist mein Leben in Gott", Sagt Gott I 104, II 70, LJ 692, Bei dir 34, LH 105

Zum Text und zum Thema

Mit der Salbung in Betanien beginnt die Passionsgeschichte bei Matthäus. Sie ist der Auftakt zum Leidensweg Jesu, der dann kommt: Verrat durch Judas, Gefangennahme, Kreuzigung. Betanien liegt am Ölberg. Während seines Aufenthaltes in Jerusalem nimmt Jesus dort Nachtquartier – wahrscheinlich im Hause Simons „des Aussätzigen".

Versetze ich mich in die Geschichte hinein, spüre ich die Spannung, die in der Luft liegt. Eine Spannung, die ich auch als Christin in meinem Alltag kenne. Da ist einerseits der ethische Anspruch: Nicht auf Kosten anderer leben, sich für die Benachteiligten dieser Welt einsetzen. Auf der anderen Seite steht Gottes Einladung, das Leben zu feiern, seine guten Gaben zu genießen, sich selbst und anderen Gutes zu gönnen.

Jesus bezieht in dem Konflikt eine klare Position. Es geht nicht um ein Entweder-Oder. Aber es gibt Zeiten, in denen Unterschiedliches wichtig ist. Dieser Augenblick, in dem Jesus noch da ist, ist kostbar und wertvoll. Er ist wertvoller als alles Geld der Welt. Die Salbung durch die Unbekannte deutet Jesus selbst als Vorzeichen seines Todes. Die letzte Ehre, die einem Toten mit wohlriechenden Salben und Ölen erwiesen wird, erhält Jesus schon jetzt, vor seinem Tod.

Die Frau legt in das Öl all ihre Liebe zu Jesus. Das kostbare Öl (im Markusevangelium ist sogar von 300 Denaren die Rede, das ist der Jahresverdienst eines Arbeiters) drückt aus, wie viel Jesus ihr bedeutet. Ihre Liebe tut ihm gut. Das duftende Öl auf seinem Körper ist wie eine Stärkung, bevor der Leidensweg beginnt. Wer in so einer Situation nur rechnet – und sei es mit den besten Absichten – verpasst unter Umständen, was die Liebe gebietet.

Doch noch etwas anderes schwingt in dieser Salbung mit: Gesalbt wurden in Israel Könige und Priester bei ihrer Amtseinsetzung. Jesus selbst wird der Messias = „der Gesalbte" genannt. Eine unbekannte Frau zeigt hier, was Jesus nach Gottes Willen ist: ein König! (Siehe auch die Einheit X zum Thema Salbung S. 195)

22. März 2009

Das Thema und die Kinder

Salbungsrituale werden den meisten Kindern fremd sein. Aber sie kennen in der Regel angenehme Cremes und Körperöle, sie kennen Heilsalben auf wunden Körperstellen, sie haben möglicherweise auch erlebt, dass die Mutter einen teuren Duft geschenkt bekommt. Und manches Kind hat vielleicht schon einmal selbst sein ganzes Taschengeld eingesetzt, um Eltern oder Großeltern eine Freude zu machen – ohne nachzurechnen, was noch übrig bleibt.

Zu der Deutung Jesu: „Sie hat mich zu meinem Begräbnis gesalbt" – werden die Kinder keinen unmittelbaren Zugang haben. Aber sie verstehen, dass die Frau Jesus etwas Gutes tun möchte – vielleicht sogar, weil sie ahnt, was ihm bevorsteht.

Ein gemeinsames Salbungsritual am Schluss der Kinderkirche kann diesen Aspekt liebevoller Nähe aufnehmen: Wir zeichnen uns gegenseitig ein Kreuz auf Hand oder Stirn und sagen uns dazu einen guten Wunsch. Dabei sollte unbedingt respektiert werden, wenn ein Kind so viel Nähe nicht möchte.

Gestaltungsvorschlag für jüngere und ältere Kinder

Symbole der Passionsgeschichte

Zu Beginn des Kindergottesdienstes sollte mit den Kindern besprochen werden, welche „Kirchenjahreszeit" jetzt dran ist – falls vorhanden mit einer Kirchenjahresuhr. Passion heißt Leiden – es geht darum, was Jesus bis zu seinem Tod erlebt hat. Auf dem Kindergottesdienst-Altar sind die vier Symbole der Passionsreihe aufgebaut. Ich erkläre, dass sie jeweils für eine Passionsgeschichte stehen, die heute und an den folgenden Sonntagen erzählt werden soll. Ich nehme die Flasche mit dem Salböl (auf gut riechendes Öl achten!), gebe sie geöffnet herum, so dass jedes Kind daran riechen kann und sage, dass es in der heutigen Geschichte um diese Flasche mit Öl geht.

Mitspielgeschichte für ältere Kinder

Im Folgenden wird nur der 1. Teil der Geschichte ausgeführt. Der Schluss kann entsprechend der Erzählung für jüngere Kinder (ab S. 85) als Mitspielgeschichte gestaltet werden.
Benötigt werden ein/e Erzähler/in und Mitarbeiter/innen, die die Sprechrollen übernehmen; für kleinere Sprechrollen lassen sich auch ältere Kinder einsetzen (vorher absprechen!). Alle anderen Kinder können als Jünger und ggf. weitere Gäste des Simon mitspielen. Einfache Verkleidungen mit Tüchern oder Bettlaken helfen zum Hineinfinden in die Rollen. Das Haus des Simon kann einfach mit einem langen Seil auf dem Boden markiert werden. Ein langes Tuch auf dem Boden deutet den Tisch an. Darauf stehen Becher und ein Wasserkrug. Alle Kinder sollten daran Platz finden.

Erzähler/in: Es war ein langer, heißer Tag in Jerusalem gewesen. Seit einigen Tagen schon sind Jesus und seine Jünger in der Stadt. Heute waren sie im Tempel. Jesus hat dort lange mit ihnen gesprochen. Gut, dass sie jetzt die Stadt verlassen können. Jeden Abend tun sie das. Denn sie dürfen Gäste bei Simon sein und dort übernachten. Simon wohnt in Betanien, einem Dorf in der Nähe von Jerusa-

„Zeichen am Kreuzweg Jesu" – Passion nach Matthäus

lem. Jesus hatte ihm einmal sehr geholfen. Simon erwartet sie schon an der Tür:
Simon: Endlich kommt ihr! Wie war der Tag in Jerusalem? Aber kommt erstmal rein, Rebekka hat schon das Essen bereitet.
Jesus: Simon, sei gegrüßt! Ja es war ein langer Tag! Wir freuen uns auf das Essen mit dir.
(Jesus, die Jünger und ggf. weitere Gäste ziehen die Schuhe aus, waschen sich die Hände in einer Wasserschüssel und treten ins „Haus". Sie setzen sich um den Tisch herum.
Simons Frau Rebekka bringt Fladenbrot und stellt es auf den Tisch.)
Rebekka: Jesus, du siehst müde aus! Hier, das Brot ist frisch gebacken. Und nehmt euch zu trinken!
Jesus: Vielen Dank, Rebekka.

Simon: Sprichst du ein Tischgebet, Jesus?
Jesus: Gerne! (spricht ein den Kindern bekanntes Tischgebet)
Simon: (reicht das Brot herum) Was habt ihr in der Stadt erlebt?
1. Jünger: Wir waren mit Jesus im Tempel. Er hat lange gesprochen. Es waren viele Menschen da, die zugehört haben.
2. Jünger: Die Stadt ist richtig voll vor dem Passafest. Und so viele arme Leute haben wir gesehen! Das ist richtig bedrückend. Ich bin froh, jetzt hier zu sitzen.
Simon: (bietet wieder das Brot an) Dann stärkt euch! Bitte, greift noch einmal zu.
(Alle essen und trinken. Auf einmal öffnet sich die Tür, eine Frau betritt vorsichtig den Raum.)

Frau: Ich habe gehört, dass Jesus hier ist. Ob das wohl stimmt? Ich muss ihn unbedingt sehen! – (tritt näher) Oh ja, da ist er!
(Die Erzählung als Mitspielgeschichte in gleicher Weise fortsetzen, vgl. die Erzählung für jüngere Kinder, s. u.)

Gespräch

Mögliche Impulse: Ihr habt ja miterlebt, was eben passiert ist, ihr wart ja als Jünger oder als andere Gäste von Simon dabei. Wie fandet ihr das, was die Frau gemacht hat? (Das können die Kinder und Gäste auch bereits während des Spiels gefragt werden.) Was wollte die Frau wohl zeigen? Warum hat sich Jesus über das gefreut, was sie getan hat?

Erzählung mit Figuren (für jüngere Kinder)

Vorbereitung: Braune Tücher für den Weg zwischen Betanien und Jerusalem auf den Boden legen. Bauklötze am einen Ende stehen für Jerusalem; am anderen Ende lege ich ein Tuch für Simons Haus in Betanien aus. Ein Stück Karton ist der Tisch, wer mag, kann weitere Requisiten z.B. aus selbst härtendem Ton/Knete (Efa-Plast) herstellen.

Als Figuren verwende ich größere Holzkegel (erhältlich beim Verlag Junge Gemeinde oder im Bastelgeschäft), die mit etwas Stoff leicht in Jesus, Frau etc. verwandelt werden können (s. Foto)

(Simon steht am Eingang, Rebekka im Haus, Jesus und Jünger vor Simons Haus.)
Es ist Abend. Einen ganzen langen Tag ist Jesus mit seinen Jüngern dort in Jerusalem gewesen. Jetzt sind alle müde. Gut, dass sie bei Simon übernachten dürfen. Simon ist ein Freund. Jesus hat ihm einmal sehr geholfen. Simon wohnt in Betanien, einem kleinen Dorf draußen vor der Stadt.

Er erwartet sie schon. „Endlich kommt ihr!", ruft er. „Wie war der Tag in Jerusalem? Kommt herein, Rebekka hat schon Essen vorbereitet."
(Ich lade die Kinder ein, jeweils eine Jünger-Figur in Simons Haus an den Tisch zu setzen. Falls mehr Kinder da sind, habe ich weitere Figuren bereit:) „Simon hat auch noch andere Gäste eingeladen. Wer möchte noch einen Gast an den Tisch setzen?"

Rebekka stellt duftendes Fladenbrot auf den Tisch. „Ihr seht müde aus", sagt sie. „Ihr habt bestimmt Hunger. Hier – das Brot ist ganz frisch. Und nehmt euch zu trinken!"

„Vielen Dank", sagt Jesus. „Ja, der Tag war anstrengend. Wir freuen uns, das wir jetzt hier sein dürfen!" Dann spricht er das Tischgebet.

Simon reicht Brot herum. Er möchte wissen, was seine Gäste in Jerusalem erlebt haben. Die Jünger erzählen vom Tempel. Jesus hat dort lange gesprochen. Viele haben ihm zugehört. Und überhaupt, die Stadt ist voller Menschen, weil ein großes Fest bevorsteht.

„Und du glaubst nicht, wie viele Arme und Bettler wir wieder gesehen haben", ruft Johannes aus. „Das ist wirklich bedrückend, wie schlecht es vielen Leuten geht." Als sie noch so erzählen, öffnet sich auf einmal die Tür. Vorsichtig blickt eine Frau um die Ecke.
(Eine Figur für die Frau hinstellen.)
„Was will die denn hier?", ruft einer der Jünger.

„Ich habe gehört, dass Jesus hier ist", sagt die Frau leise. „Ich muss ihn unbedingt sehen!" (Die Frau zu Jesus stellen.) Jesus hat sich überrascht zu der Frau umgedreht. Da fällt sie vor ihm auf die Knie und ergreift seine Hände.

„Jesus!", ruft sie. „Verzeih mir, dass ich hier einfach so eindringe. Aber – ich verdanke dir so viel, deshalb ... Ich möchte dir gern etwas Gutes tun!"

Aus ihrer Tasche holt sie ein kleines Fläschchen hervor. Es ist eine Flasche mit Öl. Sie öffnet sie. (Hier kann zugleich die Salbölflasche vom Altar [s. o.] genommen und geöffnet neben die Szene gestellt werden.) Und dann – dann gießt sie Jesus einfach das Öl über den Kopf und verteilt es vorsichtig mit ihren Händen. Ein wunderbarer Duft erfüllt den ganzen Raum. (Ich gieße etwas von dem Öl in ein Schälchen.)

Jesus lächelt. Ja, es sieht so aus, als würde er das richtig genießen. Aber die Jünger, die die Frau beobachtet haben, machen zunehmend finstere Gesichter. Schließlich hält es einer von ihnen nicht mehr aus.

„Das gibt's doch nicht!", ruft er. „Das ist kostbarstes Nardenöl! Wisst ihr, wie teuer das ist? Um so was bezahlen zu können, muss ein Arbeiter ein ganzes Jahr lang arbeiten!"

„Und das gießt die so einfach über den Kopf aus!"; empört sich ein anderer. „Was für eine Verschwendung! Warum hat sie das Öl nicht lieber verkauft? Denkt doch mal an die ganzen Armen in der Stadt: Die würden von dem Geld einen ganzen Monat lang satt werden!" „Genau!" „Unglaublich!" „Simon, wer ist diese Frau überhaupt? Wie kann die hier so einfach reinkommen und Jesus belästigen?" So geht es hin und her.

Die Frau guckt schon ganz ängstlich und verschreckt. Gleich wird sie anfangen zu weinen. Da steht Jesus auf. Mit einem Schlag sind alle still. Sie sehen sich an. Was wird Jesus tun? Bestimmt fand er das auch unmöglich, was die Frau gemacht hat!

Aber Jesus guckt überhaupt nicht böse oder ärgerlich. „Moment mal, Freunde!", sagt er. „Warum regt ihr euch so auf? Merkt ihr nicht, dass ihr diese Frau ganz traurig macht? Dabei hat sie mir etwas Gutes getan. Arme Menschen gibt es immer. Ihr könnt ihnen noch oft helfen. Aber ich werde bald nicht mehr da sein. Vielleicht muss ich bald sterben. Diese Frau war so liebevoll zu mir. Das hat mir gut getan! Ich bin sicher: Später wird man immer von ihr erzählen."

Alle sind ganz still. Zunächst weiß keiner, was er sagen soll. Aber ich glaube, später haben sie sich noch lange darüber unterhalten.

Die Kinder ins Gespräch ziehen

„Wir können die Figuren jetzt noch mal sprechen lassen. Ihr könnt ihnen eine Stimme geben." Zur Orientierung die einzelnen Figuren nochmals benennen und ein Beispiel geben, z.B. Rebekka hochhalten: „Ich bin Rebekka, und ich fand die Frau ganz schön mutig." Jünger: „Ich finde immer noch, das war Geldverschwendung." Jesus: „Das Öl war sehr angenehm für mich." – Dabei ist wichtig, dass die Kinder die Aussagen gegenseitig achten und stehen lassen.

Kreative Vertiefung
Bei genügend Zeit können die Kinder sich selbst ein Öl mit einer Duftnote nach Wunsch herstellen.

> **Salbölrezept:** Auf 10 ml Basisöl (z.b. Sonnenblumen-, Mandel-, Jojobaöl) einen Tropfen ätherisches Öl zufügen. Nur gute biologische Pflanzenöle verwenden, keine Öle aus Petroleum.

Liturgischer Abschluss
Das restliche Salböl aus der Geschichte wird in ein Schälchen gegossen. Jede/r darf dem/der Nachbar/in ein kleines Kreuz auf die Hand oder (wer es mag) auf die Stirn zeichnen und einen guten Wunsch oder ein Segenswort dazu sagen.

Annette Baden-Ratz

29. März 2009
Judika

Der Kelch

Matthäus 26,17–30

Lieder: Jesus trägt unsere Krankheit, s. S. 90; Danket, danket dem Herrn (Tischkanon), EG 336, LJ 195, LfK1 B14

Liturgischer Text: Übertragung nach Psalm 103 (s. S. 88)

Zum Text

Jesus beauftragt als Hausvater seine Jünger mit der Vorbereitung des Mahles. Die Israeliten feiern das Passamahl in Erinnerung des Auszugs der Kinder Israel aus Ägypten. Auch der Verräter gehört zur Tischgemeinschaft. Er wird als Werkzeug Gottes gesehen, doch mit großem Ernst wird seine eigene Verantwortung hervorgehoben. Auf die Frage des Judas erfolgt die ruhige Antwort Jesu. Das verdeutlicht, dass Jesus die Sünde in bitterem Leid und großer Liebe trägt. Das Brechen und Teilen des Brotes mit einem Segensspruch gehörte zur Mahlzeit als Zeichen lebendiger Tischgemeinschaft. Dass alle aus demselben Becher trinken, nicht jeder aus dem eigenen, entspricht nicht jüdischer Tischsitte, unterstreicht hier aber den gemeinsamen Anteil am Leiden und Sterben Jesu und damit am neuen, ewigen Bund zwischen Gott und der Welt.

Der Text und die Kinder

Besonders jüngere Kinder reagieren auf den Leidensweg Jesu mit Betroffenheit. Ihnen hilft es, wenn sie die Zeichen am Kreuzweg als Zeichen der Liebe und Nähe Jesu verstehen lernen. Deshalb lege ich nach der Erzählung des Textes einen stilisierten Kelch – aus Pappe geschnitten – in die Mitte unseres Stuhlkreises neben die Kerze.

Im Zusammenhang mit dem Trinken aus einem Kelch müssen wir damit rechnen, dass die Kinder das ablehnen. Selbst in der Familie wird es oft nicht praktiziert, aus einem Gefäß zu trinken. Es kommt darauf an, das Besondere zu erkennen, das darin liegt, beim Abendmahl aus einem Kelch zu trinken. Wir sind alle miteinander und mit Jesus verbunden. Es ist zu überlegen: Wo nehmen auch Kinder Anteil am Leid anderer?

Gestaltungsvorschlag für ältere und jüngere Kinder

Begrüßung
Wir feiern Gottesdienst,
denn Gott ist unser Vater,
Jesus Christus ist unser Helfer,
der Heilige Geist ist unser Begleiter.
Amen

Lied: Jesus trägt unsere Krankheit

Gebet (nach Psalm 103)
Ich will dem Herrn von ganzem Herzen danken
und niemals seine Freundlichkeit vergessen!
Er hat mir alle, meine Fehler vergeben,
von aller Krankheit hat er mich geheilt.
Durch seine Gaben sorgt er für mein Leben
und schenkt mir neue Kraft.
Voll Güte und Erbarmen ist der Herr,
voll grenzenloser Liebe und Geduld.
Er straft uns nicht, obwohl wir es verdienten,
er lässt uns nicht für unser Unrecht büßen.
So unermesslich groß der Himmel ist,
so groß ist Gottes Güte zu uns Menschen.
Der Herr liebt alle, die ihn ehren,
so wie ein Vater seine Kinder liebt.
Ehr sei dem Vater und dem Sohn
und dem Heiligen Geist.
Wie es war im Anfang, jetzt und immerdar
und von Ewigkeit zu Ewigkeit.
Amen

Benötigtes Material: Bild „Jesus reicht den Kelch" von Kees de Kort (aus: Neukirchener Kinder-Bibel, S. 251; Bibelbilderbuch Band 5, S. 64, oder Das Große Bibelbilderbuch, Dt. Bibelgesellschaft, S. 295), eine Kerze, ein ausgeschnittener Kelch aus Pappe, eine Schale mit kleinen Steinen, ein Becher/Kelch mit Saft

Erzählung
Der Evangelist Matthäus sagt uns, dass Jesus uns Menschen liebt. Davon möchte ich euch jetzt erzählen: Endlich war es so weit, und die Jünger

hatten das Festmahl vorbereitet. Die Mahlzeit konnte beginnen. Auf dem Tisch stand ein festliches Essen mit Lammfleisch, Kräutern und Soße, mit einem flachen Brot und einem großen gefüllten Becher. Die Jünger saßen um den Tisch. Sie sahen voller Erwartung auf Jesus. Jesus war traurig. Er sagte: „Das ist die letzte Mahlzeit, die ich mit euch esse. Bald werde ich nicht mehr bei euch sein. Einer von euch wird mich an meine Feinde verraten. „Da waren die Jünger sehr erschrocken. Jesus verraten? Unmöglich erschien ihnen das! Wen meinte Jesus? „Herr", fragten sie einer nach dem anderen. „Meinst du mich?" Judas sagte: „Doch nicht ich?" Jesus sagte zu ihm: „Du bist es."

Dann nahm Jesus das Brot, dankte Gott, brach es, gab es seinen Jüngern und sprach: „Nehmt und esst, das ist mein Leib, der für euch gegeben wird." Danach nahm er auch den Becher, dankte Gott, gab ihn seinen Jüngern und sprach: „Trinkt alle daraus! Das ist mein Blut, das für euch vergossen wird zur Vergebung der Sünden." (Hier kann das Bild „Jesus reicht uns den Kelch" von Kees de Kort in die Mitte gelegt werden.) Die Jünger horchten und staunten. Das waren nicht die Worte, die sonst beim Passamahl gesprochen wurden. Das waren neue Worte! Sie sprachen von ihrem Herrn und seinem nahen Tod. Schweigend nahmen die Jünger das Brot aus seiner Hand, dazu den Becher mit Wein. Sie aßen und tranken. Sie spürten: Alles war anders bei dieser Mahlzeit. Sein Leben wollte Jesus für sie opfern, für sie und für Judas. Für alle, die aus diesem Becher – dem Kelch – miteinander trinken, würde Jesus sterben. (Erzählung des Textes in Anlehnung an die Neukirchener Kinder-Bibel)

Vertiefende Gedanken

Darüber staune ich immer wieder, wenn ich das Abendmahl im Gottesdienst feiere. Jeder darf kommen. Jeder, der spürt und weiß: Jesus, dass du mich lieb hast, das ist ganz wichtig für mich. Jeder, der aus dem Becher trinkt, darf wissen, Jesus ist für mich da. Er hilft mir, wenn ich traurig bin; wenn ich es wieder einmal nicht geschafft habe, die Eltern, Geschwister, Freundinnen und Freunde froh zu machen. Der Becher – der Kelch – ist das Zeichen dafür: Jesus hilft mir, wenn ich etwas wieder in Ordnung bringen möchte und lässt es mir gelingen.

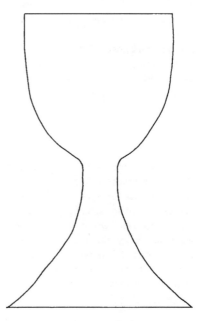

Zeichnung: Silvia Gützkow

Jesus trägt unsere Krankheit

Text und Melodie: Dietrich Mendt　　Rechte: Evangelische Verlagsanstalt GmbH, Berlin ²1989

2. Jesus trägt unsere Schmerzen
3. Jesus trägt unsere Trauer
4. Jesus trägt unsere Einsamkeit

5. Jesus trägt unsere Angst
6. Jesus trägt unser Sterben
Was trägt wohl Jesus noch für uns?

Aktion
In unserer Mitte liegt ein Kelch, in der Schale daneben viele kleine Steine. Wer von euch erzählen möchte, was er schwer allein schafft, worüber er traurig ist und wofür er sich Hilfe wünscht, kann einen Stein nehmen und auf den Kelch legen. Er kann sagen, woran er dabei denkt. Er kann es aber auch still tun und Jesus um Hilfe bitten.

Lied: Jesus trägt unsere Krankheit

Gebet
Lieber Herr Jesus Christus, für deine Liebe möchten wir dir danken. Wir staunen darüber. Wir wissen, dass viele Menschen traurig sind und ihnen das Leben schwer ist. Du hast Freude, wenn wir versuchen, ihnen zu helfen. Das kann unser Dank sein für deine Liebe. Amen
Jetzt kann ein Becher mit Saft im Kreis weitergereicht werden. Jedes Kind kann einen Schluck daraus trinken.

Lied: Danket, danket dem Herrn, denn er ist sehr freundlich, seine Güt und Wahrheit währet ewiglich. Der Becher wird jetzt mit in den Kreis gestellt. Wir stehen auf und reichen uns die Hände. Dabei beten wir das Vaterunser und empfangen den Segen.

Segenswort
Jesus Christus segne dich.
Er halte seine Hände über dir.
Jesus Christus segne dich. Amen

Lied zum Schluss: Danket, danket dem Herrn

Zum Mitnehmen erhält jedes Kind eine Kopie des Bildes „Jesus reicht uns den Kelch" von Kees de Kort.

Barbara Fuhrmann

5. April 2009
Palmarum

Die Dornenkrone

Matthäus 27,(1–2)11–30

Lieder: Jesus zieht in Jerusalem ein, LJ S.173; LZU 54; EG 314; Mein Gott, das muss anders werden, KG 194; MKL 24; LJ S.598; Selig seid ihr, EG regional, LJ 608, KG 127, MKL 96 oder ein bekanntes Glorialied, z.B. Lobet und preiset ihr Völker, EG 337, KG 190, LJ 196

Liturgischer Text: Übertragung von Psalm 24 (s. S. 93)

Zum Text

Trotz römischer Besatzung gab es eine gewisse jüdische Selbstverwaltung: Der „Hohe Rat" bestand aus 70 Mitgliedern: Priester, Laien und Schriftgelehrte. Den Vorsitz hatte der Hohepriester inne. Dieser vertrat auch das Volk gegenüber dem Statthalter Pontius Pilatus. Die Versammlung beschließt, Jesus an Pilatus zu überstellen. So wird aus dem religiösen Prozess ein politischer.

Im folgenden Bericht des Matthäus steigt die Spannung von Szene zu Szene. Jesus bleibt trotz seines Schweigens der Mittelpunkt des Geschehens. Es war wohl während der

Amtszeit von Pilatus üblich, dass sich Menschen an Gerichtstagen im Prätorium versammelten. Dieses „Richthaus" war der Amtssitz des Pilatus und lag wahrscheinlich in Jerusalem in der Burg Antonia in der Nähe des Tempelplatzes. Nur hier bei Matthäus wird der zweite Gefangene „Jesus Barrabas" genannt, auch verschweigt er dessen Untaten. Indem Pilatus auf dem Richterstuhl Platz nimmt, beginnt die entscheidende Phase der Verhandlung.

Dass sich die Frau des Pilatus in die Verhandlung einmischt, ist angesichts der hohen Stellung der Frau im Haus bei Juden und Römern nichts Ungewöhnliches. Matthäus stellt so den im Traum beschriebenen Willen Gottes dem des Hohen Rates gegenüber. Die Hohenpriester nutzen die dadurch entstehende Pause, um das Volk aufzuwiegeln, damit es Jesu Tod fordert.

Es folgt die spannende Verhandlung zwischen Statthalter und Volk. Pilatus versucht, Jesus zu schützen und spricht sich selbst schließlich von aller Schuld frei. Das Volk aber fordert die Freilassung des Barabbas und die Kreuzigung Jesu. Hier bricht die Szene ab! Matthäus berichtet als Einziger, dass Pilatus sein Scheitern einsieht und mit der Geste des öffentlichen Händewaschens Jesu Unschuld betont. Dieses Händewaschen war jüdischer Brauch, der für bestimmte Situationen sogar gesetzlich festgelegt war. So sollte die Unschuld an begangenem oder drohendem Unrecht bezeugt werden. Ich denke, die Kinder spüren sehr deutlich, dass der große Staatsmann und Richter Pilatus sich vor der Entscheidung drückt! Die Geißelung war eine Sklavenstrafe und gehörte nach römischem Brauch zu einer Kreuzigung.

Eine neue Szene: Im Innern des Prätoriums krönen die Soldaten Jesus zum König der Juden: Ein scharlachroter Mantel vertritt den purpurnen Königsmantel, ein Dornenkranz den Ehrenkranz, ein Rohr das elfenbeinerne Zepter. Diese drei Gegenstände bilden die Insignien königlicher Würde. Dem Hohn der Krönung folgt die Rohheit der Misshandlung.

„Sein Blut komme über uns und unsere Kinder" ist einer der biblischen Verse, die als Begründung für die Judenverfolgung (nicht nur) während des Nationalsozialismus missbraucht wurde. Man kann diesen Satz nicht ohne ausführliche Begründung übernehmen. Bei einer Erzählung muss dringend der Eindruck vermieden werden, dass „die Juden" schuld seien am Tod Jesu!

Der Text und die Kinder

Die Kinder können viele Aspekte der Geschichte nachvollziehen: „Der da ist schuld!" Kinder sind schnell mit einem Pauschalurteil bei der Sache, vor allem, wenn sie eine Schuld von sich selbst weisen wollen. „Ich wasche meine Hände in Unschuld" – Vor allem die größeren Kinder schauen schon mal weg, wenn Unrecht geschieht, sei es aus Selbstschutz oder fehlender Zivilcourage. Dies wird ihnen leider von uns Erwachsenen nur allzu oft vorgelebt.

Viele Kinder haben schon einmal erlebt, wie es ist, verspottet und gedemütigt zu werden. Manche standen schon einmal im Mittelpunkt eines solchen Geschehens, andere haben dabei aktiv mitgemacht.

5. April 2009

Bausteine für einen Gottesdienst mit Kindern und Erwachsenen

In dem Mittelgang der Kirche liegen vor Beginn des Gottesdienstes große (Palm-) Blätter aus grünem Tonpapier. Lesung des Palmsonntags ist der Einzug Jesu in Jerusalem. Bei gemeinsamem Beginn des Gottesdienstes für Erwachsene und Kinder ziehen die Kinder während des Psalms in die Kirche ein. Sie tragen vorweg eine Dornenkrone, dazu einen Umhang aus dunkelrotem Pannesamt und ein Rohr.

Eine Übertragung von Psalm 24

Alle: *Machet die Tore weit und die Türen in der Welt hoch,*
dass der König der Ehre einziehe!
Eine: Die Erde gehört Gott und alles, was auf ihr lebt.
Denn Gott hat alles geschaffen.
Alle: *Machet die Tore weit ...*
Eine: Nur der darf Gott gegenübertreten, der unschuldige Hände und ein reines Herz hat.
Gott hilft solchen Menschen und schenkt ihnen seinen Segen.
Alle: *Machet die Tore weit ...*
Eine: Wer ist der König der Ehre? Es ist Gott, der starke und mächtige.
Er ist der König der Ehre.
Alle: *Machet die Tore weit ...*

Lied: Jesus zieht in Jerusalem ein

Gestaltungsvorschlag für jüngere und ältere Kinder

Kyrie und Gloria

Vorbereitung: Ein schwarzes und ein gelbes Tonpapier werden aufeinandergeklebt. Dann werden Dornen und ein schwarzes Kreuz aus Tonpapier ausgeschnitten. (s. auch Gestaltungsvorschlag in GoKi 2007, S. 72)
Die Kinder sitzen im Stuhlkreis. Ein Kreuz liegt in der Mitte. Die Kinder tragen schlimme Ereignisse zusammen, die in der vergangenen Woche passiert sind. Während des Gebets werden die schwarzen Dornen um das Kreuz gelegt. (s. Zeichnung)

Gott, in der vergangenen Woche sind viele schlimme Dinge passiert:
(Gemeinsam mit den Kindern vorher zusammengetragen. Die Mitarbeitenden erzählen, was sie an Nachrichten in der Zeitung gelesen haben:)
Im Kindergarten wurde ein Kind von einem anderen bedrängt und gehauen.
In der Schule wurde einer bestohlen.
Erwachsene haben sich gestritten.
Ein Kind wurde von seinen Eltern misshandelt.
...
Gott, wir bitten dich:
Lied: Mein Gott, das muss anders werden (oder ein anderes bekanntes Kyrie-Lied)

„Zeichen am Kreuzweg Jesu" – Passion nach Matthäus

(Die schwarzen Dornen werden umgedreht, s. Zeichnung)

Jesus hat den Versuchungen der Macht widerstanden. Er hat die Liebe gelebt.
Jesus sagt uns: Selig sind die Sanftmütigen, denn sie werden das Erdreich besitzen.
Lied: Selig seid ihr (oder ein bekanntes Glorialied, z.B. Lobet und preiset ihr Völker den Herrn)

Gesprächsimpulse
(Vor der Erzählung werden die Königsinsignien für alle sichtbar hingelegt:) Wisst ihr, was Krone, Umhang und Zepter für eine Bedeutung haben? (Sie sind alle Insignien für die Krönung eines Königs: Die Krone – lateinisch: corona = Kranz – steht für die Herrschaftswürde, das Zepter als Herrschaftsstab für die Macht, und der Mantel hebt seinen Träger nicht nur aus der Masse hervor, sondern symbolisiert auch den Übergang vom weltlichen in den geistlichen Stand.) Was macht einen guten König aus?

Erzählung
Der Hohe Rat war vollständig versammelt, um Jesus zu verurteilen. Schon bald stand der Rechtsspruch fest: Todesstrafe! Der Grund: Jesus behauptet von sich, er sei der König der Juden. Jesus wird gefesselt und zu Pontius Pilatus gebracht. Dieser war der Vertreter des römischen Staates, der das Land besetzt hatte. Er soll das Urteil bestätigen. Pilatus befindet sich gerade in Jerusalem. Er wohnt in der Burg Antonia oben auf dem Tempelberg.

Die Stadt ist voller Menschen. Das Passafest steht bevor. Pilger aus vielen Ländern sind nach Jerusalem gekommen. Sie sind neugierig: Eine Gerichtsverhandlung? Das wird sicher spannend. Pontius Pilatus ist in der Stadt? Den Mann wollte man doch schon immer einmal sehen! Die Menschen drängen hinter den Soldaten, um mitzubekommen, was dort vor sich geht.

Jesus wird in den Innenhof der Burg geführt. Pilatus sitzt bereits auf seinem Richterstuhl. Er mustert den Gefangenen eindringlich. Die Menge muss von den Soldaten zurückgedrängt werden. Jeder will den besten Platz haben. Wann hat man schon mal die Gelegenheit, live bei einer Gerichtsverhandlung dabei zu sein? Pilatus gibt dem Gerichtsdiener ein Zeichen. Dieser ruft laut: „Ich bitte um Ruhe. Hört den ergebenen Statthalter Pontius Pilatus." Endlich geht's los. Alle sind mucksmäuschenstill. Was wird dem Gefangenen wohl vorgeworfen?

Pilatus sieht Jesus an. Er stellt ihm nur eine einzige Frage „Bist du der König der Juden?" Stille – Dann antwortet Jesus mit fester Stimme: „Du sagst es!" Kein Wort mehr, keine große Verteidigungsrede. Nur diese drei Worte. Da rufen die Hohenpriester und Ältesten viele Beschimpfungen und Anklagen gegen Jesus. Aber Jesus bleibt stumm. Pilatus versteht Jesus nicht: „Hörst du nicht die ganzen Anschuldigungen? Warum sagst du nichts dazu? Das ist jetzt deine letzte Gelegenheit, dich zu rechtfertigen. Wenn du dich nicht verteidigst, kann ich auch nichts für dich tun!" Aber Jesus sagt weiterhin kein Wort.

Was soll Pilatus tun? Irgendwie hat er das Gefühl, dass Jesus unschuldig ist. Aber er kann ihn doch jetzt nicht einfach freilassen. Wie würde das Volk reagieren? Da hat er eine Idee: Zum Passafest war es üblich, einen Gefangenen zu begnadigen. Und das Volk durfte mitentscheiden. Pilatus ruft einen Soldaten heran: „Da sitzt doch noch dieser Schwerverbrecher Barabbas in seiner Zelle. Bring ihn her. Aber nimm dir Verstärkung mit!"

Der Soldat geht zusammen mit zwei Kollegen in den Gefangenentrakt. Sie holen Barabbas aus seiner Zelle und bringen ihn in den Innenhof. Pilatus zeigt auf den Platz neben Jesus. Barabbas muss sich neben ihn stellen. Pilatus schaut das Volk an und sagt: „Wen wollt ihr? Wen soll ich begnadigen: Jesus oder Barabbas? Pilatus wartet. Da beugt sich einer der Soldaten zu Pilatus und flüstert ihm in das Ohr: „Ich soll dir etwas von deiner Frau ausrichten: Sie hatte heute Nacht einen Traum: Du darfst diesen Jesus nicht verurteilen!"

Pilatus wundert sich. Die Menschen tuscheln miteinander. Wie werden sie sich entscheiden? Pilatus ruft den Menschen zu: „ Wen von diesen beiden soll ich frei lassen?" In der Zwischenzeit waren einzelne Mitglieder des Hohen Rates durch die Menge gegangen: „Wählt Barabbas!" „Nehmt auf keinen Fall Jesus!" „Lasst Barabbas frei!" „Lasst Jesus verurteilen!" Da geht ein Ruck durch die Menge. Die ersten rufen: „Barabbas!" Und dann immer mehr: „Barabbas!" „Ja, lass Barabbas frei!" „Wir wollen Barabbas!"

Damit hatte Pilatus nicht gerechnet. Was soll er jetzt tun? Er spricht: „Was soll ich mit Jesus machen, von dem gesagt wird, er sei der Christus?" Und die Menge ruft noch lauter: „Lass ihn kreuzigen!" Pilatus gibt auf. Er kann nichts mehr tun, wenn er keinen Aufruhr verursachen will. Also lässt er sich eine Schüssel mit Wasser bringen. Er wäscht sich öffentlich seine Hände als Zeichen dafür, dass er mit dem Tod von Jesus nichts zu tun hat. Pilatus wäscht seine Hände in Unschuld. Dann gibt er den Befehl, Barabbas freizulassen und Jesus abzuführen.

Die Soldaten führen Jesus in das Prätorium. Sie legen ihm einen Purpurmantel um und setzen eine Dornenkrone auf sein Haar. Sie geben ihm ein Rohr als Zepter in die Hand. Dann verbeugen sie sich vor ihm und verspotten ihn: „Wir grüßen dich, König der Juden!"

„Zeichen am Kreuzweg Jesu" – Passion nach Matthäus

Gespräch und Aktion mit älteren Kindern

Was ist Jesus für ein König? Er bleibt während aller Anschuldigungen ruhig und souverän. Auch wenn es nicht den Anschein hat, behält er „das Zepter in der Hand". Er nutzt seine Macht nicht aus, sondern bleibt „der andere König". Auf einen roten Tonkarton werden die Umrisse eines Mantels gemalt. Die älteren Kinder schreiben positive Eigenschaften eines Königs hinein.

Kreative Gestaltung

Durch die Dornenkrone scheint das Licht der Auferstehung

Alte CD-roms sammeln. Auf die glänzende Seite Dornenkronen malen: brauner Filzstift für die Äste und Dornen, grüner Filzstift für die Blätter. Wenn man sie anschließend unter eine Lichtquelle hält und vorsichtig hin und her bewegt, spiegelt sich das Licht in allen Regenbogenfarben.

Dornenkrone – Königskrone

Eine Krone aus gelbem, goldenem oder weißem Tonkarton wird auf der einen Seite als Dornenkrone bemalt, auf der anderen Seite als Königskrone bemalt oder beklebt. Die Dornenkrone zeigt mit den „Dornen" nach unten, die Königskrone mit den Zacken nach oben („Die Machtverhältnisse sind auf den Kopf gestellt."). Die Krone wird entsprechend der Zeichnung durch Einhaken verschlossen.

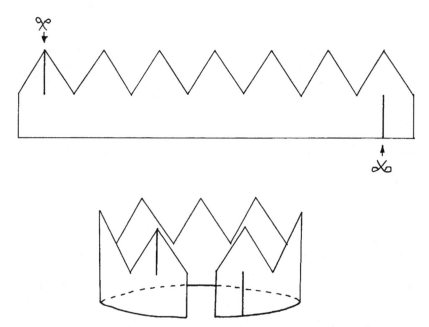

Zeichnung: Silvia Gützkow

Segensgebet

(Alle stehen im Kreis und halten sich an den Händen)
Alle: Gott, steh mir bei und segne mich!
Eine: Wenn andere mich ärgern und verspotten.
Alle: Gott, steh mir bei und segne mich!
Eine: Wenn ich erleben muss, wie andere beleidigt werden.
Alle: Gott, steh mir bei und segne mich!
Eine: Wenn irgendwo Unrecht geschieht und ich nicht helfen kann.
Alle: Gott, steh mir bei und segne mich!
Eine: Sei gewiss, Gott steht dir bei, was immer du auch erlebst. Amen

Birgitt Johanning

10. April 2009
Karfreitag

Das Kreuz
Matthäus 27,31–61

Lieder: Ich möcht', dass einer mit mir geht, EG 209, KG 211, LJ 137, LfK1 A27, MKL 82; Herr, gib du uns Augen, EG 649 Bayern/Thüringen; Halte zu mir, guter Gott, EG regional, KG 8, LJ 549, LZU 39, LH 82

Liturgischer Text: Psalmgebet „Geborgen ist mein Leben in Gott", LJ 692, Bei dir 34, Sagt Gott I 104, II 70, LH 105

Zum Thema

In der Passionszeit erinnern wir uns an die Leidenszeit Jesu, die zur Hinrichtung am Kreuz führte, der damals bei den Römern üblichen Todesstrafe. Indem wir dem Leidensweg Jesu nachspüren, können wir etwas von der großen Liebe Gottes zu uns Menschen erahnen. Gott selber – in Gestalt von Jesus – trägt sein Kreuz, leidet wie ein Mensch, d.h. er – der unendlich ferne, allmächtige Gott – kommt uns Menschen „unendlich" nah, indem er nicht nur als Mensch lebt und uns von seiner Liebe erzählt, sondern auch als Mensch leidet und stirbt. Dieser Tod aber hat eine ganz neue Qualität. Gott nimmt damit unsere Schuld auf sich. Er rettet uns aus dem Tod zum ewigen Leben.

Durch den Kreuzestod wurde das Kreuz zum charakterisierenden Symbol des Christentums, das 431 durch das Konzil von Ephesos offiziell eingeführt wurde. Das Kreuz an sich war schon seit der Steinzeit aufgrund seiner geometrischen Form ein Kultgegenstand:

Die horizontale Linie steht symbolisch für die Erde, so wie die vertikale Linie auf den Himmel deuten lässt. Die Verbindung dieser beiden Linien zu einem Kreuz symbolisiert somit die gleichmäßige Verbindung von Himmel und Erde.

Als christliches Symbol lässt es sich vielseitig deuten. Der vertikale Balken symbolisiert die Beziehung zwischen Gott und dem Menschen, der horizontale die Beziehung der Menschen untereinander. Fährt man die senkrechte Linie mit dem Kopf ab, zeichnet sich Gottes „Ja" zu uns Menschen ab, welches das „Nein" des Menschen (horizontale Linie) „durchkreuzt": Aus dem „Minus" des Menschen macht Gott sein „Plus". Im Alltag ist das Kreuz oft nur ein nettes Schmuckstück oder das dunkle Symbol für den Tod: Straßenkreuze erinnern an den Unfalltod von Menschen, Kreuze in Todesanzeigen und auf Gräbern stehen für den Sterbetag. Diese verkürzte Wahrnehmung gilt es zu erweitern. Das Kreuz steht für das Leid und den Tod Jesu, mit dem er alles menschliche Leid auf sich genommen hat. Es weist aber darüber hinaus auf den Sieg des Lebens über den Tod hin und wird so zum Heils- und Hoffnungszeichen.

Das Thema und die Kinder

In der katholischen Kirche hat der Kreuzweg Jesu traditionell schon immer eine bedeutende Stellung. In jeder Kirche hängen die 14 Stationen des Kreuzweges (manchmal erweitert um eine 15. mit der Darstellung der Auferstehung). In der Fastenzeit (Passionszeit) werden diese bei Kreuzwegandachten bedacht. In zahlreichen Veröffentlichungen für die Arbeit mit Kindern werden „Kinder-Kreuzwege" angeboten. Sie sollen negative Erfahrungen der Kinder in ihrem Alltag in Verbindung bringen mit dem, was Jesus erlebt und erlitten hat. Dabei können sie erfahren, dass Jesus ihnen wie ein Freund ganz nah ist, sie lieb hat und sie in ihrem Leben begleiten möchte, denn: Jesus lebt und ist immer bei uns. Charakteristisch für solche Kreuzwege ist der Aufbau nach einem festen Schema, z.B.: Betrachtung der jeweiligen Kreuzwegstation oder eines Symbols, gemeinsam gesprochener Leitvers, kindgerechte Erzählung der Station, Übertragung auf mögliche Erfahrungen der Kinder, Gebet. Wer am Karfreitag einen solchen Kreuzweg mit Symbolen oder Kreuzwegbildern durchführen möchte, dem sei z.B. empfohlen: M. Tomberg, G. Schrör, Wir gehen mit dir – Ein Kreuzweg für Kinder, Herder, Freiburg i. Br. 2001; G. Lorenz (Hg.), Kinderkreuzwege, Herder, Freiburg i. Br. 2003. Zu entscheiden wäre dann, ob man alle Stationen nimmt oder nur einige ausgewählte. Hilfreich sind in jedem Fall die angebotenen Texte, die Raum lassen für eigene Akzente.

Im folgenden Gestaltungsvorschlag steht der Spruch „sein Kreuz tragen" im Mittelpunkt. Das Kreuz steht dabei für das, was Menschen niederdrücken kann: schwierige Situationen, Enttäuschungen, Krankheiten, Schicksalsschläge, Schuld, Tod. Auch Kinder kennen solche Situationen. Sie sollen erfahren, dass Gott sie auf ihrem Weg begleitet und ihnen Menschen zur Seite stellt, die sie unterstützen. Das Kreuz wird ihnen zwar nicht abgenommen, aber sie müssen es nicht alleine tragen (auch Jesus durfte diese Erfahrung mit Simon von Kyrene machen).

10. April 2009

Gestaltungsvorschlag für jüngere und ältere Kinder

Material
Zeichen der vorangegangenen Sonntage: Salbölgefäß, Kelch, Dornenkrone
Kindergottesdienstkerze
großes schwarzes Tuch
Korb mit größeren Steinen
Holzkreuz, weißes Tuch
zwei grüne Zweige (z. B. Buchsbaum)
Wachsmalstifte

Ein Stuhlkreis ist vorbereitet. Die Zeichen der drei letzten Sonntage (Salböl, Kelch, Dornenkrone) stehen auf einem kleinen Tischchen eingereiht im Stuhlkreis. (Sollten die Symbole noch nicht eingeführt worden sein und dieser Gottesdienst als Monatsgottesdienst gefeiert werden, so werden diese einfach weggelassen.) In der Mitte liegt ein großes schwarzes Tuch, darauf steht die brennende Kindergottesdienstkerze.
Die Kinder setzen sich in den Stuhlkreis und erhalten Gelegenheit, sich zu den Symbolen zu äußern.

Begrüßung
Wir feiern unseren Kindergottesdienst im Namen des Vaters, der uns unser Leben gab und immer bei uns ist,
und im Namen seines Sohnes Jesus, der mit uns gelebt und der gelitten hat,
und im Namen des Heiligen Geistes, der uns am Leben hält.
Amen

Eingangslied: Ich möcht', dass einer mit mir geht (Str. 1–3)

Hinweis zum Singen von neuen Liedern mit jüngeren Kindern

Strophe für Strophe: einmal die Strophe vorsingen (wenn möglich, mit Instrumentenbegleitung); Zeile für Zeile vorsprechen und im Chor nachsprechen lassen (bei Verständnisproblemen kann man direkt darauf eingehen); Zeile für Zeile vorsingen und im Chor nachsingen lassen; die ganze Strophe singen; evtl. zum Schluss (je nach Alter der Kinder) das ganze Lied singen. Durch diese Methode werden die Strophen natürlicherweise mehrmals wiederholt. Die Melodie und der Inhalt (!) prägen sich gut ein.

Verkündigung und Aktion
Stummer Impuls: Die Leiterin stellt einen Korb mit Steinen auf das Tuch in die Mitte, neben die Kerze. Die Kinder äußern sich dazu. Jeder versucht, den Korb zu heben. (Dieser sollte so schwer sein, dass größere Kinder ihn nur schwer heben können.) „Der Korb mit den Steinen ist sehr schwer. Wir können ihn kaum heben. Wir kommen kaum vorwärts mit dem schweren Korb. Das ist eine schwere Last.
Als die Soldaten Jesus die Dornenkrone aufsetzten und ihn auslachten, da war das wie eine schwere Last für ihn.
Als die Soldaten Jesus das schwere Kreuz aufluden, da war das eine wirklich schwere Last für ihn.
Als die Soldaten Jesus zwangen, den steinigen Weg mit dem schweren Kreuz zu gehen, da brach er fast unter dieser Last zusammen."

Die Leiterin legt auf das Tuch (neben den Korb und die Kerze) ein möglichst großes Holzkreuz.
„Jesus hat das Kreuz getragen. Er hat eine schwere Last getragen. Auch wir tragen manchmal eine schwere Last.

„Zeichen am Kreuzweg Jesu" – Passion nach Matthäus

Wenn uns jemand ausgelacht hat, sind wir ganz niedergeschlagen. Wenn wir uns streiten, fühlen wir uns ganz bedrückt. Ich lade euch jetzt ein, einen Stein aus dem Korb zu nehmen und zu überlegen, wann es einmal für euch schwer war. Wer möchte, kann davon erzählen und den Stein dann auf das Kreuz legen."
Die Kinder nehmen sich jeweils einen Stein aus dem Korb. Die Leiterin achtet darauf, dass genug Zeit zum Überlegen ist. Sie entfernt den Korb. Dann beginnt sie mit „Ich war einmal ganz niedergeschlagen, als ..." und legt ihren Stein auf das Kreuz. Nacheinander sind die Kinder eingeladen, es ebenso zu tun.

Lied: Ich möcht', dass einer mit mir geht (Str. 1 – 4)

„Das Kreuz ist schwer beladen mit unseren Steinen. Jesus geht den Weg mit dem Kreuz. Er trägt diese schwere Last. Aber er schafft es nicht allein. Die Soldaten merken, dass Jesus kaum noch vorwärts kommt. Da rufen sie einen Mann herbei, Simon von Kyrene. Den zwingen sie das Kreuz mit zu tragen. Es ist gut, dass Jesus das Kreuz nicht allein tragen muss. Es ist gut, wenn wir unser Kreuz, unsere Last nicht allein tragen müssen.
Deshalb wollen wir jetzt einen Stein vom Kreuz nehmen. Nicht unseren eigenen Stein, sondern den Stein eines anderen. Wir teilen unsere Lasten, unser Kreuz. Dann ist unser Kreuz nicht mehr ganz so schwer. Wir helfen uns beim Kreuztragen."

Lied: Herr, gib du uns Augen (Str. 1, 2, 4)

„Jesu Kreuz liegt in unserer Mitte. Jesus und Simon von Kyrene tragen es hinauf auf den Berg. Die Soldaten nageln Jesus ans Kreuz. Dort am Kreuz stirbt er (Kerze ausblasen, neben das Tuch stellen). Es wird dunkel (Kreuz mit dem schwarzen Tuch einschlagen). Jesus ist tot. Die Freunde nehmen den toten Jesus vom Kreuz herunter und legen ihn in ein Felsengrab (weißes Tuch über das eingeschlagene Kreuz legen).
Jesus ist am Kreuz gestorben. Doch er ist nicht im Tod geblieben. Gott hat ihn auferweckt. Wir freuen uns auf Ostern. An Ostern feiern wir, dass Jesus auferstanden ist (zwei grüne Zweige in Kreuzform auf das weiße Tuch legen, Kerze wieder anzünden). Das Kreuz ist zum Zeichen für Jesus geworden. Es ist für uns zum Hoffnungszeichen geworden. Es verbindet uns Menschen mit Gott, es verbindet uns Menschen untereinander.

Steine mit einem Kreuz bemalen

Das Kreuz ist unser Pluszeichen. Deshalb wollen wir jetzt auf unsere Steine ein buntes Kreuz als Zeichen der Hoffnung malen. Wachsmalstifte werden verteilt. Nachdem alle Kinder ihre Steine bemalt haben, stellen sie sich um die Mitte im Kreis auf.

Gebet

Jesus, du bist einen schweren Weg gegangen und hast das Kreuz getragen.
Du stehst uns bei in schweren Zeiten. Hilf, dass auch wir anderen beistehen in schweren Zeiten.
Jesus, du bist am Kreuz gestorben. Doch du bist nicht im Tod geblieben. Du bist auferstanden.

Danke, dass du unsere große Hoffnung bist.
Wir beten gemeinsam: Vater unser

Segen (mit Bewegungen)
Zum Schluss wollen wir uns mit dem Zeichen des Kreuzes unter Gottes Segen stellen.
(Die Leiterin öffnet die Hände zur Schale, zeichnet dann mit der rechten Hand ein Kreuz in die Luft, von oben nach unten, von links nach rechts, und legt zum Schluss die Hände vor die Brust. Sie fordert die Kinder auf, es ebenso zu tun – kurze „Übungsphase".)
(Hände zur Schale geformt)
Es segne und behüte uns der allmächtige Gott,
(rechter Arm von oben nach unten)
der Vater, der in Liebe auf uns schaut,
(rechter Arm von links nach rechts)
der Sohn, der alles mit uns teilt,
(Hände vor die Brust)
und der Heilige Geist, der immer bei uns ist. Amen.

Schlusslied: Halte zu mir guter Gott

Elke Sonntag

„Freut euch: Ich bin bei euch!" Die Ostergeschichte nach Matthäus

Kommt her und seht!

Zeichnung: Sabine Meinhold

Lied: Geht, ruft es von den Bergen (Refrain, geänderter Text: Der Herr ist bei euch, s. S. 112)

Liturgischer Text: Psalmgebet, Sagt Gott I 66, II 90 mit Lied: Wir wollen alle fröhlich sein, EG 100,1–2 u. 5

„Freut euch: Ich bin bei euch!"
Die Ostergeschichte nach Matthäus

Sonntag	Text/Thema	Art des Gottesdienstes Methoden und Mittel
12./13.4.2009 Ostern	Matthäus 28,1–10 „Kommt her und seht!"	Gottesdienst mit Kindern (und Erwachsenen); Kreuz mit Buchszweigen, Blumen, Steinen schmücken, Erzählung (mit Bodenbild), Stein, Kerzen, Kreuze aus Holzstäbchen, Tücher, Orff-Instrumente
19.4.2009 Quasimodogeniti	Matthäus 28,16–20 „Geht hin und sagt!"	Gottesdienst mit Kindern; Erzählung, Kerzen, Ostersonne, Sonnenstrahlen beschriften und gestalten, Tauferinnerung

Monatlicher Kindergottesdienst im April
Das Kreuz des Lebens, Matthäus 27,31–61 und 28,1–10   S. 113

← **Lösung des Zahlenrätsels:** Zwei Frauen am Grab und der Engel

„Freut euch: Ich bin bei euch!" Die Ostergeschichte nach Matthäus

12./13. April 2009
Ostern

Matthäus 28,1–10

„Kommt her und seht!"

Lieder: Seht das Zeichen, seht das Kreuz, s. S. 105; Eine freudige Nachricht breitet sich aus, EG regional, LJ 372, MKL 117, LfK1 B29; Wir wollen alle fröhlich sein, EG 100, LJ 78; KG 65; Du verwandelst meine Trauer, LJ 508; KG 198, LH 64, MKL 9

Liturgischer Text: Psalmgebet (Sagt Gott I 66, II 90) und Lied: Wir wollen alle fröhlich sein, EG 100, Str. 1.2.5

Zum Text

Bei Matthäus, wie bei den anderen Evangelisten auch, gehen zwei Frauen zum Grab: Maria Magdalena und die andere Maria. Da der Sabbat am Abend nach etwa 18 Uhr endet, der erste Tag der Woche somit am Samstagabend anbricht, gehen die beiden in die Nacht hinaus, eine ungewöhnliche Zeit für einen Friedhofsbesuch. Deshalb kann die Dämmerung am frühen Sonntagmorgen gemeint sein. Nur bei Matthäus erleben jedoch die Frauen die Beseitigung des Steines durch ein gewaltiges Erdbeben. Dieser Zug hat deutlich verteidigende (apologetische) Absicht gegenüber Vorwürfen der Gegner der Urgemeinde. Die Jünger hätten wohl schon selbst dafür gesorgt, dass Jesu Grab leer sei. Außerdem ist ein Erdbeben auch sonst in der Bibel ein Zeichen der Gotteserscheinung. Matthäus allein berichtet von den Wachen, die Pilatus vor dem versiegelten Grab postiert hat. Ihnen bleibt lediglich der Blitz in Erinnerung, durch den sie im entscheidenden Moment die Fassung verlieren. Sie kommen erst wieder zu sich, als alles vorbei ist.

Die beiden Frauen gehen zum Grab, um zu trauern, und erleben gleich ihren heilsamen Schock: Der Engel führt sie behutsam von der Trauer zur hellen Freude. Die Botschaft des Engels lautet auch bei Mt: „Er ist nicht hier, denn er ist auferweckt worden." Doch er schickt sie nach Galiläa, zurück in ihre Heimat. Was sie sehen und hören, verwandelt sie durch und durch. So werden sie zu den ersten und wichtigsten Trägerinnen der Botschaft vom auferstandenen Jesus. Noch auf dem Rückweg begegnet ihnen der Auferstandene selbst und bestätigt alle Worte des Engels.

Der Text und die Kinder

Der Text nach Matthäus ist weniger bekannt als die anderen Ostertexte, trotzdem ist die Botschaft gleich: Jesus ist auferstanden. Die wundersamen Zeichen sind voller theologischer Absichten und für Kinder schwer verständlich. Da auch hier das Geheimnis bleibt, wie Jesus auferstanden ist, möchte ich nicht näher darauf eingehen. Angeknüpft werden muss an Karfreitag und die Trauer über Jesu Tod. Vermutlich

12./13. April 2009

kennen viele Kinder die Geschichten, aber ein Rückblick ist trotzdem gut, um das Unglaubliche auszudrücken. „Man kann über Ostern nicht reden, man muss es feiern", habe ich gelesen und dem kann ich nur zustimmen. Durch die gemeinsame Feier mit fröhlichen Liedern, mit Essen und Trinken beim Osterfrühstück kann die Osterfreude mit allen Sinnen erfasst werden.

Gottesdienst mit Kindern und Erwachsenen

Ostern feiern

Wenn in der Gemeinde kein Kindergottesdienst an Karfreitag war, ist ein stiller Beginn mit Rückblick auf die Kreuzigung unerlässlich. Ein (liegendes) großes Kreuz im Altarraum oder in der Mitte des Kreises ist zu Beginn Mittelpunkt der Betrachtung. Es wird verwandelt in ein lebendiges Kreuz. (Im Kindergottesdienst, s. u., gestaltet jedes Kind sein Kreuz.)

Seht das Zeichen, seht das Kreuz

Text und Melodie: Hanni Neubauer
Religionspädagogische Praxis 1980/1, S. 46
Rechte: RPA-Verlag GmbH

2. Alles, was uns Sorgen macht,
dürfen wir dir bringen.

Du bist da, du hältst zu uns,
darum woll'n wir singen: ...

„Freut euch: Ich bin bei euch!" Die Ostergeschichte nach Matthäus

Material: Buchszweige, Blumen, bunte Steine

Votum und Begrüßung
Wir beginnen diesen Gottesdienst im Namen Gottes des Vaters, der uns geschaffen hat, im Namen seines Sohnes Jesus Christus, der gekreuzigt wurde und auferstanden ist und im Namen des Heiligen Geistes, der uns ansteckt, fröhlich zu sein. Amen
Ich begrüße euch und Sie alle sehr herzlich zu unserem Ostergottesdienst.
Wir wollen miteinander feiern, dass Jesus auferstanden ist, aber auch das Kreuz betrachten und uns daran erinnern, dass er es getragen hat. Er versteht, wenn wir traurig sind, kennt unsere Not und teilt mit uns unseren Schmerz.
Deshalb singen wir nun gemeinsam:

Lied: Seht das Zeichen, seht das Kreuz

Zeichnung:
Sabine Meinhold

Gebet
Jesus, danke, dass du dein Kreuz getragen hast.
Danke, dass du auch mit uns gehst, wenn wir traurig sind oder Leid tragen.
Lass uns spüren, dass du uns immer nahe bist, auch in diesem Gottesdienst. Amen

Erzählung
siehe S. 107 ohne Gestaltung des Bodenbildes, nur die Osterkerze wird entzündet und zum Kreuz gestellt.

Lied: Eine freudige Nachricht breitet sich aus

Aktion: Schmücken des Kreuzes
Kinder verwandeln das Kreuz in einen Lebensbaum mit Buchszweigen und Blumen, bunten Steinen ...

Psalmgebet mit Lied: Wir wollen alle fröhlich sein

Fürbitten, evtl. mit Lied: Du verwandelst meine Trauer

Vaterunser, Segen

Lied: Er ist erstanden EG 116 (mit Orff-Instrumenten)

Anschließend gibt es ein **Osterfrühstück** für alle.

Gestaltungsvorschlag für jüngere und ältere Kinder

Eine Osterkerze für den Kindergottesdienst wird mitgebracht. Sie wird vor dem Gottesdienst auf den Altar gestellt, aber nicht entzündet. Vielleicht wird diese Kerze die Kindergottesdienstkerze, die bei gemeinsamem Beginn mit den Erwachsenen an der Osterkerze in der Kirche entzündet wird, bevor die Kinder gehen.

Der **Rahmen, Ablauf** und **Gebete** wie oben

Material für die Erzählung: Kerzen für Jünger, zwei andere Kerzen für die Frauen, schwarzes Tuch, Kreuz aus Holzstäbchen (für jedes Kind), Tücher für den Weg, graues Tuch (Grab), davor ein großer Stein oder Pappscheibe (= Rollstein)
Nach der Erzählung gestaltet jedes Kind sein Kreuz. Dafür werden Buchszweige und Blüten benötigt.

Erzählung
(Kerzen für Jünger stehen im Kreis auf einem schwarzen Tuch und brennen nicht, in der Mitte des schwarzen Tuchs ist ein Kreuz aus Holzstäbchen gelegt, ein Weg aus Tüchern führt zu einem Grab, aus grauem Tuch gelegt, davor ein großer Stein, oder Pappscheibe/Rollstein, dahinter die Osterkerze, noch nicht brennend.)
Maria Magdalena und Maria haben die Nacht in einem Raum in Jerusalem verbracht. Es ist dunkel, kurz vor Sonnenaufgang. „Maria, bist du schon wach?", fragt die andere Maria leise. „Ja, ich habe heute Nacht wieder nicht geschlafen", antwortet sie. „Ich auch nicht. Ich musste immer wieder an Jesus denken und wie schrecklich es ist, dass er gestorben ist", sagt Maria Magdalena traurig und fängt an zu weinen.

„Erinnere mich nur nicht daran! Wie einen Verbrecher haben sie ihn behandelt! Die Soldaten haben sogar unter seinem Kreuz um seine Kleider gewürfelt", antwortet Maria wütend.
„Ja, es war einfach fürchterlich, dabeizustehen und Jesus nicht mehr helfen zu können", sagt Maria Magdalena und weint leise. „Aber ich bin froh, dass ich nicht davongelaufen bin wie viele andere. So wissen wir wenigstens, wo sie Jesus begraben haben." „Du hast recht", pflichtet ihr Maria bei. „Ich habe mir die Stelle auf dem Friedhof genau gemerkt, damit wir das Grab wiederfinden und Jesus wenigstens noch einbalsamieren können." „Auf was warten wir eigentlich noch?", fragt Maria Magdalena plötzlich. „Die Sonne geht auf. Es ist gleich Tag. Komm, wir gehen mit unseren Salben zum Grab und balsamieren Jesus ein, bevor andere kommen und uns vielleicht wegschicken." (Die Osterkerze hinter dem Grab entzünden und den Rollstein auf die Seite rollen. Zwei Kerzen für die zwei Frauen auf den Weg stellen.)
Die Frauen machen sich mit ihren Salbgefäßen auf den Weg. Schweigend gehen sie durch die menschenleeren Gassen von Jerusalem, hinaus zum Friedhof. Jede ist mit ihren eigenen Gedanken beschäftigt. (die zwei Frauen/Kerzen langsam in Richtung Grabhöhle bewegen)
Als sie in der Nähe des Friedhofs sind, fragt Maria plötzlich: „Wer rollt uns eigentlich den Stein vom Grabeingang weg? Der ist so schwer, dass viele Männer mit anpacken mussten, um das Grab zu verschließen. Dann schaffen wir zwei es bestimmt nicht,

„Freut euch: Ich bin bei euch!" Die Ostergeschichte nach Matthäus

ihn wegzurollen." „Du hast recht", stimmt Maria Magdalena zu. „Wir hätten zu den Freunden von Jesus gehen sollen und einige Männer bitten, dass sie uns helfen", fügt sie noch hinzu. Inzwischen sind sie am Grab angekommen, schauen plötzlich auf und trauen ihren Augen nicht. „Schau", flüstern sie sich entsetzt zu, „das Grab ist offen! Es wird doch nicht jemand …?" Sie trauen sich nicht den Gedanken zu Ende auszusprechen und gehen langsam auf die Öffnung zu. „Maria – schau, die Wachen schlafen. Und wer sitzt denn da auf dem Stein?" (die Frauen ganz nahe an die Öffnung stellen)

Da spricht sie der Fremde an: „Warum schaut ihr so entsetzt? Ihr sucht sicher Jesus von Nazareth, den sie gekreuzigt haben." Die Frauen nicken stumm. „Er ist nicht mehr hier. Er lebt. Er ist auferstanden, so wie er es gesagt hat. Kommt her und seht! Schaut rein ins Grab. Es ist leer." (die Osterkerze als Symbol für den Auferstandenen neben das Grab stellen)

„Auferstanden? – Nicht hier?", murmeln sie. So etwas hatten sie noch nie gehört. Ein Toter sollte wieder lebendig sein? Aber so langsam keimt in ihnen die Hoffnung: Wenn das wirklich wahr wäre, dass Jesus lebt! Dass er ist nicht mehr tot ist. Und dann wieder diese Stimme: „Geht schnell zu seinen Freunden, sagt ihnen: Jesus lebt, er wird euch ganz nahe sein, wenn ihr zurückgeht nach Galiläa, an den See in eure Dörfer." Gedankenversunken gehen sie weg. „Wenn Jesus lebt, dann können wir ihm wieder begegnen", findet Maria Magdalena als Erste ihre Sprache wieder. „Er soll uns ja nahe sein", fährt die andere Maria fort. „Komm schnell", sagt Maria Magdalena, „das müssen wir den anderen erzählen. Die Frauen machen kehrt und laufen zurück zu den anderen." (die Frauen in Richtung dunkles Tuch bewegen)

Sie wissen nicht, sollen wir uns freuen oder ist das Ganze ein Albtraum, da geschieht das Unglaubliche. (Osterkerze auf den Weg stellen) Jesus steht vor ihnen und sagt: „Fürchtet euch nicht. Ich bin's! Seid gegrüßt! " Da fallen die beiden vor Jesus auf die Knie. Sie sind fassungslos. Aber Jesus spricht schon weiter: „Geht schnell zu euren und meinen Freunden. Sagt ihnen, dass ich lebe. Ich will euch ganz nahe sein, wenn ihr zurückgeht nach Galiläa, an den See in eure Dörfer. Sagt allen: Dort will ich euch sehen!" (Kerzen der beiden Frauen an der Jesuskerze entzünden) Den beiden Frauen ist klar: Wir träumen nicht. Jesus ist uns ganz nahe gekommen. Er will uns sehen. Schnell machen sie sich weiter auf den Weg. „Ob die anderen uns glauben, dass Jesus lebt?", fragt Maria. „Ich weiß es nicht. Wir gehen trotzdem hinein und erzählen ihnen, was wir gesehen und gehört haben", antwortet Maria Magdalena und klopft bereits an die Tür. „Wer ist draußen?", hören sie Petrus fragen. „Wir sind es, Maria Magdalena und Maria, macht schnell auf! Wir haben euch etwas Wichtiges zu sagen. Jesus …" „Pst!", zischt es auf der anderen Seite. „Macht doch nicht einen solchen Krach. Ihr wisst doch, wie gefährlich es ist, von Jesus zu reden, jetzt wo er tot ist", hören sie die Stimme, während die Tür geöffnet wird. (Die Kerzen der Frauen auf das schwarze Tuch stellen.)

108

„Das ist es ja gerade", sprudelt es aus Maria Magdalena. „Jesus ist nicht tot. Er lebt!" „Ich glaube, du träumst noch", sagt Petrus als erster. „Ihr habt doch selbst gesagt, dass ihr gesehen habt, wie Jesus gestorben ist." „Haben wir auch", fährt Maria fort. „Aber heute Morgen, als wir mit unseren Salbgefäßen zum Grab gingen und uns Gedanken machten, wer uns wohl den Stein wegrollt, da war das Grab offen. Wir schauten hinein und es war leer. Wir vermuteten das Schlimmste, als uns plötzlich jemand gefragt hat, warum wir einen Lebendigen bei den Toten suchen. Jesus sei nicht hier. Das haben wir ja auch mit eigenen Augen gesehen. Dann hat er gesagt: Jesus lebt, er wird euch ganz nahe sein, wenn ihr zurückgeht nach Galiläa, an den See in eure Dörfer. Und als wir zurück sind, ist Jesus selbst uns begegnet und hat uns gesagt: Geht zurück nach Galiläa, dort will ich euch sehen. Dort will ich euch begegnen und euch nahe sein." Ob die Männer den Frauen geglaubt haben, wissen wir nicht. Aber Hoffnung keimte auf und sie waren neugierig und haben sich auf den Weg zurück in ihre Heimat gemacht. (grüne Zweige, Blumen zum Holzkreuz in die Mitte legen)

So sind die Frauen die Ersten, die erfahren haben, dass Jesus lebt und die Ersten, die anderen diese freudige Nachricht erzählt haben.

Lied: Eine freudige Nachricht breitet sich aus

Gestaltung
Jedes Kind gestaltet sein eigenes Holzkreuz mit Buchszweigen und Blüten.

Schluss wie oben, S. 106

Gerlinde Tröbs

„Freut euch: Ich bin bei euch!" Die Ostergeschichte nach Matthäus

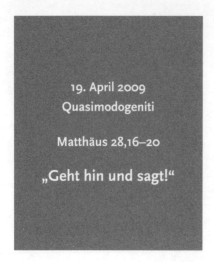

19. April 2009

Quasimodogeniti

Matthäus 28,16–20

„Geht hin und sagt!"

Lieder: Du verwandelst meine Trauer, LJ 508; KG 198, LH 64, MKL 9; Eine freudige Nachricht breitet sich aus, EG regional, LJ 372, MKL 117, LfK1 B29; Geht, ruft es von den Bergen, LJ 322, LfK2 26, MKL 126 (nur Refrain, mit geändertem Text: Der Herr ist bei euch, siehe S. 112 in der Erzählung); Ja, Gott hat alle Kinder lieb, LJ 572, Amen 60, MKL 20, LZU 50; Komm, sag es allen weiter, EG 225; LJ 142; KG 204, MKL 56; Wir wollen alle fröhlich sein, EG 100; LJ 78; KG 65

Liturgischer Text: Psalmgebet (Sagt Gott I 66 , II 90) mit Lied: Wir wollen alle fröhlich sein, EG 100, Str. 1.2.5

Zum Text

Die Jünger und Jüngerinnen befolgen den Auftrag, den Jesus hat ausrichten lassen. Sie gehen nach Galiläa und dort begegnen sie Jesus auf dem Berg, wohin er sie bestellt hat. Der Abschied Jesu von seinen Jüngern wird für sie zum Neubeginn. Der Auferstandene, dem bereits alle Vollmacht „im Himmel und auf Erden" gegeben ist (28,16), bevollmächtigt seine Jünger. Sie sollen von Jesu Taten und Worten erzählen und in seinem Namen (28,19) Menschen aus allen Völkern hineintaufen in die Heilsgeschichte Gottes mit den Menschen. Ihn sollen sie aller Welt verkündigen als den gekreuzigten Gottessohn, den der Vater auferweckt hat. Angesichts dieses globalen Auftrags bekommen manche Jünger „weiche Knie", sie zweifeln an sich selber. Aber nun bevollmächtigt sie der Auferstandene und verspricht ihnen: „Ich bin bei euch bis zum Ende der Welt" (28,20) Dieses Versprechen macht sie mutig und gewiss.

Der Text und die Kinder

Manchen mag der Text bekannt sein, weil er bei Taufen meist gelesen wird. Aber er ist für Kinder sehr abstrakt. Deshalb möchte ich den Gedanken des Abschieds und der Zusage in den Mittelpunkt stellen. Abschiede kennen Kinder, sie haben sicher unterschiedliche Erfahrungen, aber dass Abschiede immer ein wenig traurig sind, ist ihnen sicher bekannt. Dann ist es gut, wenn einer da ist, der etwas verspricht, etwas Gutes wünscht oder ein Erinnerungsstück dalässt. Unter diesem Aspekt soll die Geschichte erzählt und gestaltet werden.

Gestaltungsvorschlag für jüngere und ältere Kinder

Psalmgebet mit Lied: Wir wollen alle fröhlich sein, Str. 1.2.5

Material für die Erzählung: Osterkerze, Kerzen der Jüngerinnen und Jünger (am besten für jedes Kind eine), Sonnenstrahlen aus gelbem Tonpapier (möglichst groß, damit sie gestaltet werden können)

Erzählung

Lied als Einstieg: Eine freudige Nachricht breitet sich aus

Jesus lebt. (Jesuskerze entzünden) Diese Nachricht hat sich unter seinen Freundinnen und Freunden verbreitet. Er ist wieder da, mitten unter ihnen ist er. Das ist eine Freude! (Kerzen der Jüngerinnen und Jünger, am besten für jedes Kind eine, an der Jesuskerze anzünden und in einen Mittelkreis stellen)

Als ihnen bewusst wird, dass er da ist, gehen sie dahin, wohin er sie bestellt hat: zurück in ihre alte Heimat, zurück in ihre Dörfer an den See Genezareth. Aber sie wissen auch, dass er ihnen oft wichtige Dinge auf einem Berg gesagt hat, so steigen sie den Berg hoch. Sie freuen sich auf dieses Zusammensein mit Jesus. Es ist ein schöner sonniger Tag. Sie sehen unten im Tal den See und ihre Dörfer, aber auch weiter hinten Felder und Bäche und noch weiter die Wüste. Während alle den schönen Blick genießen, sagt Jesus: „Schaut euch um. Schaut in dieses Land. Erzählt dort den Menschen, dass ich am Kreuz gestorben und auferstanden bin. Erzählt ihnen, dass ich lebe und den Tod besiegt habe. Ihr habt viel mit mir erlebt und viel von mir gehört. Geht hin, ruft es von den Bergen, erzählt den Menschen, was ich euch erzählt habe. Sagt ihnen, dass keine und keiner allein sein muss. Verbreitet diese freudige Nachricht! Und alle die euch diese Nachricht glauben, alle die zu euch gehören wollen, die Gemeinschaft mit euch und mit mir haben wollen, die sollt ihr taufen. Und die sollen es wieder weitererzählen und wieder die taufen, die dazugehören

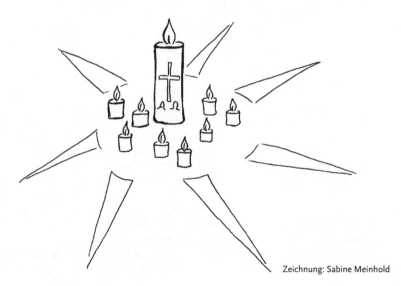

Zeichnung: Sabine Meinhold

„Freut euch: Ich bin bei euch!" Die Ostergeschichte nach Matthäus

wollen und so weiter. So soll sich die freudige Nachricht über Berge und Täler ausbreiten.

Lied: Geht, ruft es von den Bergen über die Hügel ins weite Land, geht, ruft es von den Bergen: Der Herr ist bei euch.

Einige von seinen Freundinnen und Freunden bekommen weiche Knie und fragen sich: „Ob wir das können, von Jesus erzählen?" Dann fährt Jesus fort: „Ich will bei euch und bei allen Menschen sein, auch wenn ihr mich nicht mehr sehen könnt. Haltet so zusammen wie wir immer zusammengehalten haben, bleibt eine Gemeinschaft!" – „Das klingt ja wie ein Abschied", denkt Petrus. Aber Jesus spricht schon weiter: „Ich bin bei euch alle Tage, auch wenn ihr meine Nähe mal nicht spürt. Ich gebe euch die Kraft, damit ihr Mut bekommt, um zu den Menschen zu gehen und ihnen von mir zu erzählen. Ich bin bei euch jeden Tag und an jedem Ort."

Dann geht Jesus zu jedem Einzelnen hin, legt ihm oder ihr die Hände auf den Kopf und sagt: „Petrus, Maria Magdalena, Johannes, Maria... ich bin bei dir und ich werde bei dir sein bis zum Ende der Welt. Du sollst anderen Menschen von mir erzählen und ich will dich begleiten." Sie spüren ganz intensiv seine Nähe. Als er bei jedem war und jede/n gesegnet hat, stehen alle einen Moment noch ganz still da. Und als sie aufsehen, ist Jesus weg. Aber sie spüren, dass er ihnen nahe ist. Danach haben sie Jesus nicht mehr gesehen. Sie haben aber trotzdem gespürt, dass Jesus in ihrer Mitte ist, strahlend wie die Ostersonne.

Aktion

Sonnenstrahlen zu den Kerzen legen und sagen: Jesus sagt: ... (die Namen

Zeichnung: Sabine Meinhold

19. April 2009

der Kinder nennen) ich bin bei dir. Wenn möglich, können die Kinder für ihre Nachbarin den Sonnenstrahl hinlegen und den Satz sprechen. Die Sonnenstrahlen können auch von den Kindern beschriftet und bemalt oder beklebt und am Ende mitgenommen werden. Wenn sich eine Tauferinnerung anschließt, dann nur die Sonnenstrahlen hinlegen, die Zusage erfolgt dann am Taufstein.

Ja, oft haben sie seine Nähe gespürt. Und sie haben die freudige Nachricht weitererzählt und haben Menschen getauft, bis heute ist das so. Die Taufe ist das Zeichen, dass Gott uns liebt und uns begleitet. Deshalb singen wir nun gemeinsam:

Lied: Ja, Gott hat alle Kinder lieb

Evtl. kann sich eine Tauferinnerung anschließen. Am Taufstein versammeln sich die Kinder, obige Zusage wird in Verbindung mit einem Wasserkreuz auf Stirn oder Hand ausgesprochen.

Schlussgebet
Gott,
du schenkst uns die Taufe.
Sie verbindet uns mit dir.
Sie verbindet uns miteinander.
Du hast uns versprochen, dass du jeden Tag bei uns bist.
Dafür wollen wir dir danken.
Du bist nicht nur bei uns, sondern bist allen Menschen nah.
Deshalb bitten wir dich:
Gib Frieden denen, die unter Krieg leiden.
Lass uns gerecht miteinander umgehen.
Schenke uns deinen Frieden. Amen

Vaterunser

Segen

Gerlinde Tröbs

Monatlicher Kindergottesdienst im April
Das Kreuz des Lebens, Matthäus 27,31–61 und 28,1–10

In der Passions- und Osterzeit steht das Kreuz im Mittelpunkt der Betrachtung. Kinder kennen es oder werden damit konfrontiert. Hier geht es darum, das Kreuz zu „verwandeln" zum Baum des Lebens.

Für den monatlichen Gottesdienst eignet sich zunächst die **Aktion** „Wir legen Steine für das, was uns beschwert, auf das Kreuz", die für den 10.4.2009 (Karfreitag) vorgesehen ist (S. 99). Dann kann dem Gestaltungsvorschlag für Ostern (S. 104) gefolgt werden: **Erzählung mit Bodenbild**, das **Kreuz** wird geschmückt, **Psalmgebet mit Osterlied** „Wir wollen alle fröhlich sein" (S. 104). Jedes Kind gestaltet sein **Kreuz** aus Holzstäbchen mit grünen Zweigen und Blüten, ein **Osterlied** wird mit Orff-Instrumenten begleitet, es wird fröhlich Ostern gefeiert. Am Schluss wird von allen Kindern der **Segensspruch mit Gebärden** nachgezeichnet (S. 101).
Hinter dem **Zahlenrätsel** (S. 102) verbergen sich die Frauen am Grab Jesu und der Engel.

Jesus predigt auf dem Berg

Zeichnung: Sabine Meinhold

Das Bild kann zum **Suchbild** werden: Wo ist ein Baby, wo sind Tiere zu sehen, Kinder, Alte, Gegenstände?

Lied: Suchet zuerst Gottes Reich in dieser Welt, LJ 128, EG 182

Liturgischer Text: Psalm 36, LJ 663 oder LJ 706 (Seligpreisungen)

VI
Jesus predigt auf dem Berg

Sonntag	Text/Thema	Art des Gottesdienstes Methoden und Mittel
26.4.2009 Misericordias Domini	Die Seligpreisungen Matthäus 5,1–12	Gottesdienst mit Kindern; Bilder von armen Menschen, Erzählung mit Stationen und Aktion, Rucksack mit Utensilien, Geschenkkarton, Decke, Hirtenfigur gestalten, Kleber, Stoff
3.5.2009 Jubilate	Ihr seid das Salz! Ihr seid das Licht! Matthäus 5,13–18	Gottesdienst mit Kindern; Vorbereitete Geräusche, Salz, Erzählung, Gespräch, Interview, Mobile aus Salzmännchen und Transparentsonnen, Klebstoff
10.5.2009 Kantate	Sorget nicht! Matthäus 6,25–34	Gottesdienst mit Kindern; Spiel, Chips zum „Einkaufen", Gespräch, Erzählung, Spruchkarte mit Vogel gestalten
17.5.2009 Rogate	Das Vaterunser Matthäus 6,5–13	Gottesdienst mit Kindern; gestaltete Mitte: Berg, Erzählung mit Holzfiguren, großer Briefumschlag, Stifte, Briefe mit Bitten an Gott schreiben oder malen

Monatlicher Kindergottesdienst im Mai
Das Vaterunser, Matthäus 6,5–13   S. 139

26. April 2009
Misericordias Domini

Die Seligpreisungen

Matthäus 5,1–12

Lieder: Gott, dein guter Segen, KG 220, LJ 382, LfK2 138, LZU 31, Amen 84; Gott, weil er groß ist, EG 411; Selig seid ihr, EG regional; Herr, erbarme dich, EG 178.11

Liturgischer Text: Psalm 36 (LJ 663) oder LJ 706 (Die Seligpreisungen)

Zum Text

Die Seligpreisungen bilden den Beginn der Bergpredigt und gehören zu den grundlegenden biblischen Texten des Neuen Testaments. Die Bezeichnung der Rede Jesu, die sich über drei Kapitel (Mt 5–7) erstreckt, leitet sich aus der Bemerkung Mt 5,1 her. Betrachtet man diese Notiz isoliert, könnte aus ihr der Schluss gezogen werden, dass Jesus sich vom Volk zurückzieht und die folgende Rede nur seinen Jüngern hält. Im Zusammenhang einer Bemerkung am Ende der Bergpredigt (Mt 7,28) wird aber deutlich, dass das Volk Jesus offenbar auf den Berg folgt und neben den Jüngern Adressat der Predigt ist.

Die Seligpreisungen sind acht Sätze, die jeweils mit der Formel „Selig sind ..." beginnen. Für diese Einleitungsformel der Sätze gibt es verschiedene Übersetzungen: „selig sind" (Luther, Einheitsübersetzung); „Freuen dürfen sich alle" (Gute Nachricht); „Glücklich sind" (Hoffnung für alle); „Glückselig" (Elberfelder Bibel). Für das moderne Verständnis der im griechischen Urtext stehenden Vokabel makarios ist die Übersetzung mit „glück-

lich" am treffendsten, wobei an ein umfassendes, anhaltendes Glücksgefühl zu denken ist. Es geht nicht um ein schnelles, blitzlichtartiges Glück. Das hier beschriebene Glück reicht, wie die erste und die letzte Seligpreisung betonen, über das irdische Leben des Menschen hinaus in das Himmelreich. Wie sind diese Sätze nun zu verstehen? Drei Ansätze sind erkennbar: Man kann das von Jesus am Beginn seiner Bergpredigt Gesagte als Zuspruch hören. Das wird deutlich, wenn es um die geistliche Armut oder das Leid geht. Herauszuhören sind auch ethische Ermahnungen, wenn von Barmherzigkeit oder Frieden stiften die Rede ist. Schließlich kann man auch so etwas wie eine Ordnung für das Leben des oder der Einzelnen (Seligpreisungen 1 bis 4) und der Gemeinde (5 bis 8) heraushören.

So vielschichtig wie das allgemeine Verständnis der Seligpreisungen ist auch manche Nuance der einzelnen Aussagen. Was soll man unter den „geistlich Armen" der ersten Seligpreisung verstehen? Von den verschiedenen Möglichkeiten kann es sich nicht um die intellektuellen Voraussetzungen von Menschen handeln, sondern eher um eine Lebenshaltung, die man mit Demut beschreiben kann. Diese Auslegung ergibt auch einen Sinn im Hinblick auf die letzte Seligpreisung, in der von den um der Gerechtigkeit willen Verfolgten die Rede ist. In diesem Zusammenhang kann bei den Leidtragenden in der zweiten Seligpreisung nicht nur an eine aktuelle Lebenssituation gedacht werden, sonder wieder eher an eine Einstellung zum Leben: Es geht um das Leiden an den Zuständen der vorfindlichen Welt, das den Christen erfasst, wenn er die Differenz zwischen dieser Welt und dem Reich Gottes sich vergegenwärtigt.

Die Rede vom Himmelreich setzt die Predigt Jesu dem Vorwurf aus, die Menschen würden auf das Jenseits vertröstet. Dagegen stehen die Aussagen in der dritten bis fünften Seligpreisung, die einen ganz klaren Bezug zur jetzigen Welt haben. Aber andererseits ist auch deutlich, dass Christsein, ein Leben mit Gott, nicht nur Perspektiven in der Welt haben kann (6. Seligpreisung, Mt 5,8). Dies wird noch einmal dadurch unterstrichen, dass das Bemühen um Frieden den Menschen nicht nur in Beziehungen zur Welt, etwa in Gestalt der anderen Mitmenschen, setzt, sondern dass der Mensch als Friedensstifter gerade ein Kind Gottes wird.

wahrzunehmen. Andererseits wissen Kinder in der Regel mit dem Begriff „Glück" etwas anzufangen, wenngleich natürlich nicht in der Breite, in der uns der Begriff hier entgegentritt.

Nicht unwichtig ist es, die Seligpreisungen in den Kontext des Kirchenjahres zu stellen. Von Karfreitag und Ostern her steht uns der Kontrast von Trauer und Freude deutlich vor Augen. Die Freude, um die es zu Ostern geht, ist eine Freude, die über das irdische Leben hinausreicht. Dagegen ist das Leiden zu Karfreitag ein Ereignis, das mitten in der Welt stattfindet und von den Kindern je nach Alter zum Leiden der Menschheit in Beziehung gesetzt werden kann.

Der zweite Sonntag nach Ostern (Misericordias Domini: „Der Herr ist mein Hirte") verbindet ebenfalls von seinem Schwerpunkt her die irdische Welt mit der Welt Gottes: Der von Gott auferweckte Christus erweist sich als der gute Hirte seiner Gemeinde in der Welt.

Wir empfehlen, zu den Seligpreisungen eine Stationsweggeschichte abzugehen und zu erzählen, um die verschiedenen Schwerpunkte deutlich werden zu lassen.

Der Text und die Kinder

Die Seligpreisungen beschreiben in einer sehr gedrängten Form die Verheißungen, Ansprüche und auch Rahmen, in denen sich ein Leben als Christ oder Christin vollzieht. Die Drängung der Aussagen macht es für Kinder schwer, den gesamten Bogen des Gesagten

Gestaltungsvorschlag für jüngere und ältere Kinder

Vorbereitungen: Stationen 1–4 und Material
Im Raum (auch Gang, Wiese, Haus ...) sind drei Stationen vorbereitet mit jeweils einem Bild und einem Text. Für die Beschaffung der Bilder kann man sich u. a. an die Medienzentralen der Landeskirchen wenden (z.B. EMZ Magdeburg, Tel. 0391/5346-405).

Jesus predigt auf dem Berg

Zeichnung: Sabine Meinhold

Station 1: Bild eines Bettlers oder von hungernden Kindern
Text: Schaut nur, ihr habt alle satt zu essen. Sicher seid ihr heute Morgen von einem reich gedeckten Frühstückstisch aufgestanden. Ich habe nichts zu essen und nur schlechtes Wasser zu trinken. Ich habe solchen Hunger. Manchmal tut er richtig weh und ich wünsche mir nichts anderes, als nur ein Stückchen Brot.

Station 2: Bild eines Obdachlosen im Winter
Text: Ihr glaubt gar nicht, wie kalt mir ist. Jede Nacht krieche ich in einen Pappkarton mit Lumpen. Aber der Wind und der Schnee und Regen kriechen durch alle Ritzen. Meine Hosen haben Löcher und meine Schuhe fallen bald ganz auseinander. Meine Mütze haben sie mir letzte Woche gestohlen. Wenn ich doch nur etwas Warmes bekäme ...

Station 3: Bild eines einsamen Menschen/einsamen Kindes
Text: Ich bin so allein. Keinen habe ich zum Erzählen oder Liebhaben. Alle wenden sich von mir ab. Ja ihr – ihr habt euch, eure Gruppe, eure Eltern, Geschwister, Freunde und sicherlich mindestens ein Kuscheltier. Und ich? Ich hätte auch gern jemanden ...

Außerdem muss folgendes **Material** vorbereitet werden:
Rucksack mit Brot, einigen Jacken der Kinder und einem Kuscheltier

Station 4: Geschenkkarton/Kiste mit Gebäck und Süßigkeiten, warmen Decken, kleine Figuren aus Holz (größere Holzspielfiguren) oder Pappe zum Gestalten. An den Figuren ist ein kleines Pappkärtchen mit der Aufschrift „Ich bin der gute Hirte" befestigt (s. Zeichnung).
Bastelmaterial zum Gestalten der Figuren (Stifte, Klebstoff, Stoffreste ...)
Zettel mit den Liedern

Begrüßung der Kinder

Lied

Lesung der Seligpreisungen (in übertragener Form, z.B. Gute Nachricht, Kinderbibel)

Aktion und Erzählung
Wir wollen heute im Kindergottesdienst eine kleine Wanderung unternehmen. Was müssen wir da in einem Rucksack mitnehmen? (Essen, Kleidung, Kuscheltier einpacken.)
Wir machen uns auf den Weg. Ich bin gespannt, wem wir alles auf unserer Wanderung begegnen. (Die Fragen bei den Stationen sind als Gesprächsimpulse zu verstehen.)

Station 1: Bild anschauen; ein älteres Kind liest den Text vor.

Können wir hier helfen, können wir etwas machen, haben wir etwas mit, was die Not lindern kann? (Brot) Aber wenn wir das Brot weggeben, dann haben wir selbst nichts mehr ... Dafür aber kann sich der Hungrige endlich einmal satt essen. (Brot ablegen)
Gesang: Herr, erbarme dich
Lasst uns nun weitergehen, denn wir haben noch einen weiten Weg vor uns.

Station 2: Bild anschauen; ein älteres Kind liest den Text vor.
Ist das nicht schrecklich? Können wir hier helfen? Haben wir etwas abzugeben? (Jacken und Schuhe) Können wir das machen? Wird uns selbst dann nicht kalt werden? Vielleicht werden wir auch ein bisschen frieren, aber wir können das sicher besser aushalten, als der Obdachlose, der jeden Tag frieren muss.
Gesang: Herr, erbarme dich
Lasst uns nun weitergehen. Wir haben noch einen weiten weiten Weg vor uns.

Station 3: Bild anschauen; ein älteres Kind liest den Text vor
Es ist wirklich nicht schön, einsam zu sein. Stellt euch vor, ihr wärt ganz allein, hättet keinen zum Erzählen, keinen zum Ankuscheln, keinen, der euch etwas zum Essen macht. Wollen wir dem Kind das Kuscheltier aus unserem Rucksack schenken? Seid ihr einverstanden?
Gesang: Herr, erbarme dich
Jetzt sind wir so weit gelaufen. Nun haben wir selbst Hunger, ein bisschen kalte Füße und eigentlich wäre es ja auch ganz schön, wieder bei den Eltern zu sein. Unser Rucksack ist leer, alles haben wir abgegeben. Aber dort steht ja noch etwas.

Station 4: Kiste öffnen lassen, zum Vorschein kommen Brot, warme Decke(n), Figuren
Aktion: Alle setzen sich auf die Decke(n) und essen etwas zusammen. Hier hat einer gut für uns gesorgt: Wir haben etwas zum Essen und Decken zum Wärmen. Und dann sind da noch kleine Begleiter für jeden und jede von uns. Eben noch hatten wir das Gefühl, gar nichts mehr zu haben, weil wir alles fortgegeben hatten. Und nun bekommen wir etwas geschenkt – das ist fast wie im Märchen vom Sterntaler (ggf. auf das Märchen mit den Kindern eingehen), das auch erst alles verschenkt hatte und dann reich beschenkt wurde. Darüber können wir uns freuen. Hören wir noch einmal, was Jesus den Menschen gesagt hat. (Die Seligpreisungen werden noch einmal gelesen.)

Aktion: Gestalten der Figuren
Gott sorgt für uns wie ein guter Hirte, auch dann, wenn wir manchmal das Gefühl haben, allein zu sein, unglücklich oder nicht verstanden. Er ist immer für uns da. (Die Figuren können nun mit Farben oder Stoff usw. gestaltet werden.)

Gebet: Gott, dein guter Segen (Strophe 1)

Lied zum Abschluss: Gott, dein guter Segen

Elisabeth und Karsten Müller

3. Mai 2009
Jubilate

Ihr seid das Salz!
Ihr seid das Licht!

Matthäus 5,13–18

Lieder: Kommt alle her, halli hallo, KG 185; Kindermutmachlied, KG 150, LJ 624, MKL 100, LH 26, Amen 62; Gott mag Kinder, große und klein, Du bist Herr Kids 58; Ihr seid das Salz dieser Erde, Kirchentagsliederheft 2003; Ihr seid das Salz der Erde, s. S. 125

Liturgischer Text: Psalm 66,1–9

Zum Text und zum Thema

Der Sonntag Jubilate hat das Thema „Loben und Danken". Der vorgeschlagene Text vom Salz und Licht wirkt darin erst einmal fremd. Er schließt unmittelbar an die Seligpreisungen an und ist ebenfalls Teil der Bergpredigt. Drei Punkte sind mir wichtig:
1. Die Bergpredigt stellt eine Zusammenfassung und Verdichtung christlicher Ethik dar und sagt darin etwas über den Wert der Menschen und ihr Handeln aus. Wie soll man sich verhalten, was tun, was lassen und das ganz konkret und umsetzbar? Hier geht es nicht um Theorie und Gedankenwelten sondern um Sichtbares und Nachlebbares.
2. Der Zuspruch: „Ihr seid das Salz! Ihr seid das Licht" richtet sich an alle Menschen: große und kleine, bedeutsame und unbedeutsame, reiche und arme, dicke und dünne ..., und nicht nur an einige besonders gute „Vorzeige-Christen".
3. Der Zuspruch: „Ihr seid das Salz! Ihr seid das Licht!" ist eine positive Aussage! Unabhängig von Tun und Leistung steht die Aussage: Du bist o. k. Erst im zweiten Schritt kommt die Ermutigung, sich auch so zu verhalten.

In dem Text werden Bildworte verwendet, eine Vorform des Gleichnisses. Wenn es heißt: „Ihr seid das Licht der Welt", dann meint das, wie eine Stadt auf einem Berg nicht verborgen sein kann, weil sie ganz offensichtlich oben gut sichtbar ist, kann auch Licht nicht verborgen sein. Licht kann nicht „nichtleuchten". Licht leuchtet und ist sichtbar oder es ist kein Licht. Die Bilder Salz und Licht kommen in der Bibel häufig vor und haben eine tiefere Bedeutung.

Salz: Für den antiken Menschen hatte Salz religiöse Bedeutung: Es wurde wegen seiner erhaltenden, bewahrenden, reinigenden und würzenden Kraft zu einem Symbol für Dauer und Wert und daher Gott zugeordnet. Was mit Salz bestreut wird, vergeht und verwest nicht. Bereits im alten Testament wird Salz zu den Grundbedürfnissen des menschlichen Lebens gerechnet. Seit ältester Zeit gewann man es in Fülle am Toten Meer. Es war ein Hauptbestandteil des Binnenhandels in Palästina und darin wertvoll und aus dem öffentlichen Leben nicht wegzudenken. In unserer Textstelle ist es ein Bildwort für den besonderen Wert, der den Menschen innerlich auszeichnet und dessen Verlust ihn allen Wertes berauben würde.

Licht: Licht ist der Gegensatz zu Finsternis und die physische Ursache, dass uns etwas sichtbar wird. Im ethischen Sinn steht Licht für alles, was dem Bösen/Schlechten/der Sünde abgewandt oder entgegengesetzt ist, also für Gerechtigkeit, Wahrheit, Glück, Freude, Wärme, Erlösung.

Die Gefahr des Bildwortes liegt meines Erachtens darin, den ermutigenden Zuspruch (Ihr seid Salz und Licht) als eine erdrückende Forderung nach zusätzlicher Leistung zu verstehen – was auch dem Thema des Sonntags Jubilate widersprechen würde. Das Schöne, Befreiende und Lustmachende soll keine Bürde sein. Salz soll die Suppe würzen aber nicht versalzen und Licht soll leuchten aber nicht blenden.

Der Text, das Thema und die Kinder

Ihr seid das Salz! Ihr seid das Licht! Kinder können Lob und positiven Zuspruch nicht oft genug hören. Hast Du mich lieb? War ich gut? Ja! Die Kinder leben in einer Welt, die zunehmend komplexer und verunsichernder wird und immer früher hohe Anforderungen an die Leistungsfähigkeit der Kinder stellt und vordiktiert, was sie alles haben müssen, um dazuzugehören. Umgekehrt machen Kinder aber auch die Erfahrung, aus dem System zu fallen, nicht mithalten zu können. Da kann die positive Aussage: „Ihr seid etwas, ihr seid Salz und Licht!" eine wohltuende Gegenerfahrung zu der Leistungs- und Konsumgesellschaft sein.

Kinder brauchen die Bestätigung und Ermutigung, immer wieder neu: Du bist angenommen, du bist wertgeschätzt, du bist gut – du bist Licht und Salz. Je konkreter und je direkter desto verständlicher: Du, Lisa, bist Licht; du Anton, bist Salz ...

In dem Konkreten des Bildes bekommen auch jüngere Kinder einen leichten Zugang zu dem Bildwort. Salz und Licht gehören beide in den Bereich der Sinneswahrnehmung (Geschmack und Sehen), der Kindern von klein auf vertraut ist. Pommes ohne Salz schmecken halt nicht und ein noch so kleines Licht am Bett verscheucht die Angstträume der dunklen Nacht. Darin bekommt der Sonntag Jubilate, zwischen Ostern und Himmelfahrt, mit seinem Thema Loben und Danken seine Kraft. In einem zweiten Schritt soll dann darüber nachgedacht werden, was „Salz und Licht sein" in der Umsetzung konkret bedeuten kann.

Gestaltungsvorschlag für jüngere und ältere Kinder

Benötigtes Material und Vorbereitung

Salz, Tuch, Kerze
vorbereitete Geräusche, Trommel, Regenmacher
Tonpapier, rotes und gelbes Transparentpapier
Einladen verschiedener Berufsgruppen/ Ehrenämter

In der Mitte des Sitzkreises liegt ein Tuch mit einer leuchtenden Kerze und einer Schale Salz oder einem Salzstein.

Lied zum Eingang: Kommt alle her, halli hallo

Jesus predigt auf dem Berg

Psalmgebet (nach Psalm 66; im Wechsel sprechen:)
Halleluja, jubelt Gott zu!
Singt zur Ehre seines Namens,
lobt ihn mit eurem Gesang!
Halleluja, jubelt Gott zu!
Wie groß sind deine Taten!
alle sollen dir singen,
dich mit ihren Liedern preisen!
Halleluja, jubelt Gott zu!
Kommt her und seht, was Gott getan hat!
Er hat die Welt geschaffen.
Er hilft uns in der Not.
Er ist da. Wenn wir ihn brauchen.
Darüber freuen wir uns!
Er erhält uns am Leben und schenkt uns Freude.
Amen

Erzählung
Ihr seid das Salz, Ihr seid das Licht! Ich möchte Euch eine Geschichte erzählen, in der Kleines, fast so klein wie ein Salzkorn, bedeutsam ist und Großes zusammenhält!

Die kleine Schraube
Es gab einmal in einem riesigen Schiff eine ganz kleine Schraube, die mit vielen anderen ebenso kleinen Schrauben zwei große Stahlplatten miteinander verband. Diese Schraube fing an, bei der Fahrt mitten im Indischen Ozean etwas lockerer zu werden und drohte herauszufallen. Da sagten die nächsten Schrauben zu ihr: „Wenn du herausfällst, dann gehen wir auch." Und die Nägel unten am Schiffskörper sagten: „Uns wird es auch zu eng, wir lockern uns auch ein wenig." Als die großen eisernen Rippen das hörten, da riefen sie: „Um Gottes Willen bleibt; denn wenn ihr nicht mehr haltet, dann ist es um uns geschehen!" Und das Gerücht vom Vorhaben der kleinen Schraube verbreitete sich blitzschnell durch den ganzen riesigen Körper des Schiffes. Er ächzte und erbebte in allen Fugen. Da beschlossen sämtliche Rippen und Platten und Schrauben und auch die kleinsten Nägel, eine gemeinsame Botschaft an die kleine Schraube zu senden, sie möge doch bleiben; denn sonst würde das ganze Schiff bersten und keine von ihnen die Heimat erreichen. Das schmeichelte den Stolz der kleinen Schraube, dass ihr solch ungeheure Bedeutung beigemessen wurde, und sie ließ sagen, sie wolle sitzen bleiben. (Rudyard Kipling)

Lied: Gott liebt Kinder, große und kleine

Phantasiereise
Fünf verschiedene Geräusche (Meeresrauschen, Staubwind, Sprengung im Bergwerk, Förderband/rieselndes Salz, Salzstreuer) werden einzeln vorgespielt.

Erzähler: Habt ihr das Salz gehört? Wisst ihr, woher das Salz kommt? Hört noch einmal genau zu. Wir erzählen euch was dazu ...

Meeresrauschen (Tonaufnahme oder z.B. Regenmacher)
Das große weite Meer. Urlaub am Strand. Wir springen in die Fluten. Die Wellen kommen auf uns zu. Wir schwimmen hinaus. Eine große Welle kommt. Sie schwappt in den Mund. Das schmeckt salzig, sehr salzig. Und dann am Strand sehe ich es und fühle es auf der Haut. Das Salz vom Meer auf meiner Haut. Woher kommt das Salz? Es fing mit dem Meer an.

Staubwinde (Tonaufnahme oder Wind pusten)
Vor 200 Millionen Jahren wurden riesige Gebiete mit Salzseen bedeckt. Sie hatten keinen Abfluss. Wenig Regen und viel Wind ließen das Wasser nach und nach verdunsten. Eine Salzkruste blieb zurück. Darüber setzten sich andere Bodenschichten ab. So entstand in Mitteleuropa ein großes Salzlager, das von Heilbronn bis in die Schweiz reicht. So kam das Salz aus dem Meer in die Erde.

Sprengung im Bergwerk (Tonaufnahme oder lauter Trommelschlag)
In unserer Phantasie reisen wir jetzt in die Erde, oder – wie die Bergleute sagen – unter Tage. Wir besuchen ein Salzbergwerk. Über 200 Meter müs-

Ihr seid das Salz der Erde
Text und Melodie: Jürgen Grote (2007)

1. Seid auf dem Berg die Stadt, die alle sehen können. Zeigt andern, was ihr tut, und seid so meine Boten.

2. Lasst strahlen euer Licht,
es soll den andern leuchten.
Seid Vorbild für die Welt,
so wie ich es mir wünsche.

3. Drum liebt einander so,
wie ich euch alle liebe.
Versöhnlich reicht die Hand,
wenn Hass und Streit sich brüsten.

4. Geht hin in alle Welt
und sammelt meine Jünger.
Bis an der Welten End
will ich euch stets begleiten.

(In Anlehnung an ein gleichnamiges Lied der Jesus-Bruderschaft Gnadenthal)

sen wir in die Tiefe fahren, um an die Salzschichten zu gelangen. Das, was wir gehört haben, war eine Sprengung. Jetzt liegen da die Brocken wie Geröll, lauter Salzsteine.

Förderband/Rieselndes Salz (Tonaufnahme oder Sand rieseln lassen)
„Weißes Gold" hatte man das Salz früher genannt. So wertvoll war das Salz. Aus der Tiefe der Erde wird das Salzgestein mit langen Förderbändern ans Tageslicht gebracht. Aber wie sieht das Salz bei Tageslicht aus? Es ist gelb und schmutzig. Da ist viel Dreck drin. Also muss das Ganze, wie am Anfang im Meer, in angelegten Wasserseen aufgelöst werden. Die Schmutzteilchen setzen sich dann ab, das Salzwasser – die Sole – wird abgepumpt. Und daraus wird endlich unser reines, weißes, herrliches, schmackhaftes Salz gewonnen.

Salzstreuer (Tonaufnahme oder Salz)
Was ist das für ein Geräusch? In Wirklichkeit hört man es kaum. Da streut jemand Salz mit einem Salzstreuer über das Essen. Ein leises Rieseln. Viele weiße Salzkörner rieseln auf die Pommes frites. Hmmm lecker, das schmeckt gut!

Lied: Ihr seid das Salz der Erde

Salz-Gebet (zu den fünf Geräuschen)
Im Laden zahle ich wenige Cent für das Salz. Da merkt man gar nicht, wie wertvoll das ist. Dass es Salz auf der Erde gibt, ist ein richtig schönes Geschenk. Ein Geschenk von Gott. Dafür möchte ich mit euch danke sagen:

Gott, du hast uns wunderbar gemacht.
Du hast die weiten Meere gemacht.
Wir freuen uns am Wasser, an den Wellen.
Wir schmecken das Salz in den Fluten. (Meeresrauschen)

Du hast das Land gemacht.
Du hast das Meer getrocknet, damit wir leben können.
Du hast das Salz in der Tiefe der Erde verborgen, damit wir Schätze finden können. (Staubwinde)

Du hast uns Kraft, Ideen und Verstand gegeben.
Wir können die Welt gestalten und finden, was wir zum Leben brauchen.
Den ganzen Reichtum hast du uns anvertraut. (Sprengung im Bergwerk)

Menschen arbeiten in der Tiefe der Erde und heben die Bodenschätze ans Tageslicht.
Sie müssen hart arbeiten.
Bewahre sie vor Gefahr und Unfall. (Förderband)

Du gibst uns das Salz.
Du schenkst, dass das Essen schmeckt.
So sorgst du für uns, guter Gott.
Wir danken dir dafür. (Salzstreuer)
Amen

„Prominenten"-Talkrunde: Salz sein, Licht sein
Hier sollen Menschen aus unterschiedlichen Berufen und Ehrenämtern (z.B. freiwillige Feuerwehr, Schuster, Hausfrau/-mann, ...) interviewt werden.
   Einen kleinen Salzstreuer hochhaltend: Seht Ihr den Minisalzstreuer? Habt Ihr gewusst, was diese winzigen kleinen Salzkörnchen alles können? Das ist ein Wunder! Sie können würzen, bewahren, mithelfen, dass ihr im

3. Mai 2009

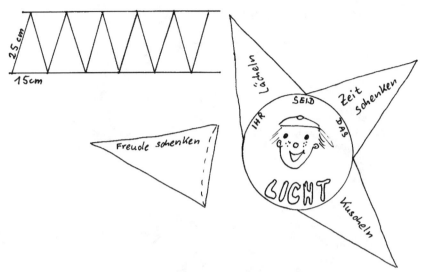

Winter nicht ausrutscht. Sie sind wichtig wie die kleine Schraube, durch die das Schiff zusammengehalten wurde. Bewahren, würzen, etwas tun, mithelfen, dass andere nicht auf die Nase fallen. Das können Menschen auch. Und ein kleiner Lichtstrahl kann bewirken, dass die Dunkelheit durchbrochen wird und wir uns orientieren können. Durch Licht wird es hell und warm. Wir sind Salzmenschen, wir sind Lichtmenschen! Und ein paar Salzmenschen und Lichtmenschen haben wir heute eingeladen.

Interview
Wer sind Sie? Was machen Sie?
Wie sind Sie dazu gekommen sich zu engagieren?
Warum machen Sie das? Das ist doch anstrengend!
Was ist Ihnen wichtig an Ihrer Arbeit/Aufgabe?
Was ist bei Ihrer Arbeit das Salz in der Suppe?
Wie sind Sie Licht für andere?

In welchem Bereich sind Sie eine „Leuchte"?

Lied: Kindermutmachlied

Vertiefende Gestaltungsvorschläge

Gespräch
Wie könnt ihr Licht sein?

Mobile
Ihr seid das Licht! Menschen brauchen Licht und Wärme zum Leben. Deshalb ist die Sonne ein Ursymbol der Menschheit. Wir wollen für unseren Raum eine große Sonne als Mobile basteln, um uns daran zu erinnern, dass und wie wir Licht für die Welt sein können. Schneidet aus gelbem Fotokarton einen großen Kreis (40 cm Durchmesse) aus, dann entsprechend viele Strahlen (s. Zeichnung oben). Schreibt auf die Sonnenstrahlen, wie ihr Licht sein könnt (z.B. helfen, Streit schlichten, Rücksicht auf andere nehmen, Kranke besuchen, freundlich sein ...).

Jesus predigt auf dem Berg

Klebt dann die Strahlen an den Kreis, aber alle von der gleichen Seite! Um die Sonne mit einem Faden von der Decke baumeln zu lassen, müsst ihr die Strahlen beidseitig beschriften und einen zweiten Kreis gleicher Größe auf die Rückseite kleben. Dann hängt ihr an die unteren Sonnenstrahlen die Salzmännchen und die Transparentsonnen.

Salzmännchen
Schneidet die auf dickem weißem Papier aufgemalten Umrissfiguren (siehe Vorlage) aus und bemalt sie bunt und fröhlich. Anschließend bestreicht ihr die Figur mit Klebstoff und bestreut sie mit Salz.

Transparentpapiersonne
Erst legt ihr rotes Transparentpapier auf den schwarzen Strahlenkranz der Sonne. Die innere und äußere Linie sollt ihr dann mit Kuli durchpausen. Schneidet nun sorgfältig die Innenfläche der Transparentsonne heraus, dann die Außenränder und klebt gelbes Transparentpapier hinter die Öffnung. Der rote ausgeschnittene Transparentkern wird etwas kleiner rund ausgeschnitten und in die Mitte der Sonne geklebt. Die Transparentsonnen können auch an die Fensterscheibe geklebt werden.

Segensgebet
(Hände reichen)
Gott segne uns mit der Weite des Himmels,
damit wir frei atmen können.
Gott ermutige uns mit der Kraft der Erde,
damit wir wie Salz der Welt die Würze geben.
Gott beflügele uns mit dem Geist der Hoffnung,
damit wir Licht sein können in dem Leben, das du uns geschenkt hast.
Amen

Claudia Glebe

10. Mai 2009
Kantate

Sorget nicht!
Matthäus 6,25–34

Lieder: Gottes Liebe ist so wunderbar, KG 146, LZU 32, Du bist Herr Kids 60; Die Spatzen kaufen niemals ein, s. S. 131

Liturgischer Text: Die Welt ist schön (s. S. 128)

Zum Text

Unser Text gehört zur sogenannten Bergpredigt. Das ist eine lange Rede, in der viele Inhalte zur Sprache kommen. In dieser Länge und Themenvielfalt hat Jesus sie nicht gehalten. Vielmehr sind Worte Jesu über unterschiedliche Themen zu einer großen Rede komponiert worden. In Mt 6,19–34 geht es um unseren Umgang mit allem, was wir besitzen. In den unserem Text vorausgehenden Versen 19–24 wendet sich Jesus an die Reichen, die nie genug bekommen können und ihr Leben durch Gier und Egoismus vergiften. Wer sein Herz an den Reichtum hängt, kann Gott nicht lieben.

Unser Text (die Verse 25–34) wendet sich an die Armen, für die die Beschaffung von Nahrung und Kleidung ein Problem ist: Was werden wir essen, was werden wir trinken, womit werden wir uns kleiden? Arme gab es viele. Da waren die Arbeitslosen der damaligen Zeit, die Tagelöhner. An jedem Tag mussten sie neu versuchen, eine bezahlte Beschäftigung zu finden. War es ihnen gelungen, bekamen sie so viel

Lohn, dass eine Familie für einen Tag davon leben konnte. Gelang es ihnen nicht, kehrten Not und Elend ein. Jesus will den Armen helfen und verweist auf die Vögel und die Blumen, für die Gott sorgt und die er mit aller Schönheit ausstattet. Dabei zeigt Jesus sich nicht als Naturschwärmer, der idyllische Bilder malt und nichts von den Grausamkeiten in der Natur ahnt. Er will auch keine schlüssigen Beweise liefern. Aber er will die Menschen erinnern: Gott umsorgt mit großer Liebe auch die kleinen Dinge in der Natur und verleiht ihnen Schönheit und Auskommen. Wie sollte er da für uns nicht auch sorgen. Jesus will Vertrauen in Gottes Liebe wecken, das uns hilft, ernstlich mit ihm zu rechnen – an jedem Tag neu. Dann werden wir frei, unsere Sorgen loszulassen und die Menschen neben uns zu sehen mit all ihren Nöten (V. 33) Dann werden wir frei, uns ihnen zuzuwenden. So wächst ein Stück des Reiches Gottes.

Der Text und die Kinder

Hört man auf die Statistik, so begreift man, dass der Text für die Kinder eine hohe Bedeutung hat: Die Kinderarmut in Deutschland steigt beängstigend an. Zwar muss kaum eines der Kinder allein aus Geldmangel hungern und frieren, aber arme Kinder sind von vielem ausgeschlossen. Der Sozialstaat müht sich zwar, eine schlimme Schieflage zu verhindern, aber es gibt Kinder, die z.B. nie in den Urlaub fahren, kein Schwimmbad oder Kino besuchen können, an Klassenfahrten nicht teilnehmen können, Kleidungsprobleme haben usw. Das alles führt zur Außenseiterstellung und schmerzt die Kinder.

Dazu kommt als Problem das Kaufverhalten unserer Zeit. Seitdem die Werbung die Kinder entdeckt hat, steigen Kinderwünsche in unerschwingliche Höhen. Markenkleidung wird zum Prestigeobjekt. Wer sie sich nicht leisten kann, ist out. Man darf die Notwendigkeit, ausgewachsene und „unmoderne" Kleidung tragen zu müssen, nicht bagatellisieren. Betroffene Kinder machen diskriminierende Erfahrungen der Ausgrenzung und Geringachtung.

Die Botschaft des Textes für die Kinder ist: Gott hat uns lieb. Er sorgt für uns. Deshalb brauchen wir uns keine Sorgen zu machen. Deshalb können wir sogar anderen helfen. Dann wird die Welt so schön, wie Gott sie haben will.

Wir wollen die Predigt Jesu zu einer Erzählung erweitern, indem wir zwei Predigthörer einführen, die das, was sie hören, auf ihre Situation beziehen. Amos und Tobias sind junge Männer, die beide eine Familie zu versorgen haben. Ihre Probleme sind zwar schwerwiegender als unsere Sorgen heute, aber unsere Situation kann durchaus durchschimmern (z.B. Arbeitslosigkeit). Und deshalb kann die Lösung auch heute hilfreich sein.

Gestaltungsvorschlag für jüngere und ältere Kinder

Lied: Gottes Liebe ist so wunderbar

Gebet
Die Welt ist schön.
Vögel fliegen in der Luft.
Die Sonne scheint.
Bunte Blumen blühen.
Mein Herz ist fröhlich.
Du, Gott, bist bei uns.

10. Mai 2009

Die Welt ist dunkel.
Es gibt Kriege.
Menschen leiden Hunger.
Manche sind krank.
Mein Herz ist traurig.
Bist du, Gott, bei uns?
Wir bitten dich darum.

Einstieg und Gespräch

Wir spielen „einkaufen". Dafür haben wir vorher aus Katalogen Waren ausgeschnitten (technische Dinge, Kleidung, Süßigkeiten, Bücher usw.), die für Kinder erstrebenswert sein könnten (das sind für jüngere Kinder andere als für ältere). Aber auch Grundnahrungsmittel sollten dabei sein. Wir gestalten eine Auslage, die die Kinder bewundern und aus der sie auswählen dürfen. Dafür stehen ihnen 2 Chips zur Verfügung – d.h. sie dürfen sich zwei Dinge „kaufen".

Anschließend sprechen wir mit ihnen über die getroffene Auswahl und über ihre Einkaufswünsche im Alltag. Dabei können wir auch feststellen, dass die Grundnahrungsmittel bei unseren Wünschen kaum eine Rolle spielen.

Erzählung

Bei uns sind die Geschäfte voller Waren. Manchmal sind wir traurig, dass wir uns nicht alles kaufen können, was wir uns wünschen. Als Jesus lebte, waren die Menschen viel ärmer als wir heute. Da ging es nicht um Fahrräder, Computer, Anziehsachen oder Süßigkeiten. Da ging es um Esswaren gegen Hunger und Durst.

Ich will euch heute zwei Männer vorstellen, die zusammen mit Jesus lebten – Tobias und Amos. Beide haben eine Frau und beide haben Kinder. Beide sind kräftig und gesund. Aber sie haben keine Arbeit. Und es gibt für sie und ihre Familien keine Unterstützung, damit sie nicht hungern und dürsten müssen. Das war damals nicht üblich. Das war hart.

Jeden Morgen stehen Amos und Tobias auf dem Marktplatz und hoffen, dass jemand kommt, der ihre Arbeitskraft braucht. Manchmal haben sie Glück, dann kann sich am Abend die ganze Familie satt essen. Manchmal finden sie keine Arbeit. Dann müssen alle hungrig ins Bett gehen.

Auch heute Morgen stehen Amos und Tobias nebeneinander auf dem Markt. Heute hat Amos Glück. Gleich am Morgen kommt ein Mann, der braucht ihn für seinen Garten, in dem es gerade viel zu ernten gibt. Tobias aber geht leer aus, obwohl er den ganzen Tag wartet und hofft. Niemand braucht ihn. Bedrückt macht er sich am Abend auf den Weg nach Hause. Denn dort sitzt die Familie und erwartet etwas zum Essen. Aber seine Hände sind leer. Da sieht er von weitem Amos, der ihm fröhlich zuwinkt und zu ihm kommt. „Du, Jesus ist hier in der Gegend. Alle laufen zum Berg, um dort eine Predigt von ihm zu hören. Kommst du noch mit, bevor du nach Hause gehst?", fragt er. „Kann ich machen. Ich bringe ja sowieso nichts mit nach Hause. Diese Enttäuschung kommt noch früh genug", antwortet Tobias traurig.

Viele Menschen sind unterwegs. Sie setzen sich auf den Boden und warten darauf, dass Jesus zu den Menschen spricht. Jesus sieht die Menschen freundlich an. „Ihr habt Sorgen", sagt er, „ich sehe es euch an. Ihr wisst nicht, was ihr essen und trinken sollt. Ihr wisst nicht, was ihr anziehen sollt." „Der versteht uns", denkt Tobias, „der weiß, wie uns zu Mute ist. Der weiß, wie weh der Hunger tut. Wie gut das tut, ihn zu hören." „Aber", so fährt Jesus fort, „das habt ihr doch überhaupt nicht nötig. Um das alles braucht ihr euch nicht zu sorgen!"

Tobias ist entsetzt. „Was redet der denn da jetzt? Wieso haben wir das nicht nötig? Wir haben es bitter nötig. Oder sollen wir unsere Hände in den Schoß legen? Sollen wir unsere Familien verhungern lassen?" Er blickt zu Amos hinüber. Auch Amos sieht zornig aus. Auch Amos ist offensichtlich enttäuscht von Jesus. „Ihr sollt nicht dauernd grübeln, was ihr essen und trinken werdet", wiederholt Jesus noch einmal. „Guckt euch doch einmal die Vögel an. Sie fliegen fröhlich am Himmel, sie säen nicht, sie ernten nicht, sie sammeln auch keine Vorräte für die nächste Zeit. Und Gott ernährt sie doch. Wenn Gott schon für die Vögel sorgt, wird er sich um euch doch noch viel mehr sorgen. Denn er liebt euch von Herzen."

Und Jesus fährt fort: „Sorgt euch auch nicht, was ihr anziehen sollt. Seht euch die Blumen an. Wie wunderschön sind sie in all ihren bunten Farben. Blumen arbeiten nicht, sie nähen auch nicht. Und doch sehen sie viel schöner aus als ein reicher König in seinem Prachtgewand. Wenn die Blumen gepflückt sind, leben sie nur noch kurze Zeit. Sie verwelken und werden weggeworfen. Und doch gibt sich Gott so viel Mühe mit ihnen. Und ihr meint, er kümmert sich nicht genug um euch Menschen? Gott weiß genau, war ihr braucht. Und er will es euch geben. Ihr braucht euch keine Sorgen zu machen."

„Der hat gut reden", flüstert Tobias dem Amos zu. „Wenn das so einfach wäre!" Aber Jesus ist mit seiner Predigt noch nicht fertig. „Kümmert euch um einander. Achtet darauf, dass niemand leer ausgeht. Dann wird die Welt so schön, wie Gott sie haben will."

Auf dem gemeinsamen Weg nach Hause sind Amos und Tobias sehr still. Endlich sagt Tobias: „Es war schön, was Jesus erzählt hat – von den Vögeln und Blumen, von Gottes Liebe zu uns. Ich würde das ja so gern glauben. Aber nun komme ich mit leeren Händen nach Hause. Was soll ich meiner Familie erzählen?" Amos geht schweigsam neben ihm. Nach einer Weile sagt er: „Du sollst ihr erzählen, dass ihr alle heute Abend zu uns zum Essen eingeladen seid. Ich habe ja heute etwas verdient. Wir werden es miteinander teilen. Und wir werden alle satt werden."

Gespräch
Einstiegsimpuls: Über Amos können wir nur staunen!

Gemeinsam singen wir mit den Kindern ein
Lied zum Bibeltext: Die Spatzen kaufen niemals ein

Kreative Gestaltung
Wir gestalten mit den Kindern eine Karte, die sie verschenken oder selbst behalten können. Die Karte soll die Kinder fest machen in dem Vertrauen, dass sie und alle Menschen von Gott geliebt sind (Bastelanleitung s. Anhang S. 133).

10. Mai 2009

Die Spatzen kaufen niemals ein

Text (Str. 1 u.2): Hein Meurer Text (Str. 3) und Melodie: Kurt Grahl
Rechte: Verlag Ernst Kaufmann GmbH, Lahr   Rechte beim Verfasser

2. Die Blumen wachsen ganz allein,
sie tragen bunte Kleider,
und immer sind sie hübsch und fein,
sie brauchen keinen Schneider.
Gott sorgt für sie,
kennt alle Blumen in der Welt,
wenn sie nur blühen wie er will
und wie es ihm gefällt.
Gott sorgt für sie –
so wie es ihm gefällt.

3. Und nur wir Menschen glauben nicht,
dass Gott uns hält und trägt,
dass er sich um uns Sorgen macht,
denn er hat uns erwählt.
Gott sorgt für uns,
füllt unser Leben bis zum Rand,
uns alle und die ganze Welt
hält er in seiner Hand.
Gott sorgt für uns –
hält uns in seiner Hand.

Jesus predigt auf dem Berg

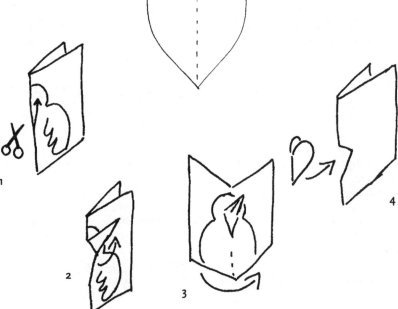

Gebet

Guter Gott,
wir haben viel zu essen und zu trinken – zum Frühstück, zum Mittagessen und zum Abendbrot. Es geht uns gut. Wir danken dir.
Guter Gott,
wir haben viel anzuziehen – Hosen, Pullover, Kleider. Manches gefällt uns nicht so gut. Anderes ziehen wir gern an. Es geht uns gut. Wir danken dir.
Guter Gott,
du sorgst für uns wie für die Vögel und die Blumen. Du hast uns lieb. Es geht uns gut.
Wir danken dir. Amen

Anne-Dore Bunke

Bastelanleitung für eine Vogelgrußkarte mit beweglichem Schnabel

Für zwei Karten die Vorlage 2x kopieren, untereinander kleben und auf DIN A 4 vergrößern. Dieses „Doppelmuster" mit zwei Bildern nach Bedarf auf festeres weißes Papier kopieren und auseinanderschneiden (1 Kopie = 2 Karten).
Jede Karte in der Mitte falten (Dreiecksmarkierungen), so dass das Bild auf der Außenseite ist, der Bruch liegt links.
Den Schnabel von der Spitze bis zum Punkt (0) einschneiden (Bild 1)
Den Schnabel entlang der gestrichelten Linie nach rechts oben falten (Bild 2).
Den Schnabel wieder nach unten klappen, die Faltbrüche glattstreichen, die Karte nun umgekehrt (Bildhälfte auf Bildhälfte) zusammenlegen, dabei den Schnabel vorsichtig nach oben führen (Bild 3).
Auf der Außenseite ist nun eine rautenförmige Lücke entstanden. Diese wird mit einem roten aufzuklebenden Papierherz geschlossen, das die Innenseite des Schnabels bildet (Bild 4). Die Karte kann jetzt flach ausgelegt und ausgemalt werden.

Zeichnung und Anleitung:
Andrea Cowan

Jesus predigt auf dem Berg

17. Mai 2009
Rogate

Das Vaterunser

Matthäus 6,5–13

Lieder: Der Gottesdienst soll fröhlich sein, EG 169,1–2, KG 187,LJ 114; Gott hört dein Gebet/Wenn die Last der Welt (mit neuem Text, s. S. 137); Vater unser im Himmel, KG 192, EG regional, LJ 422, MKL 30, Bei dir 47

Liturgischer Text: Psalm 36, LJ 663 oder LJ 706 (Seligpreisungen)

Zum Thema und zum Text

Beten – können wir uns erinnern, wann wir zum ersten Mal gebetet haben? Vielleicht abends vorm Einschlafen, zunächst zuhörend, dann mitbetend mit Mutter oder Vater, später auch schon selbst. Und erinnern wir uns noch daran, wann uns das Beten erstmalig problematisch erschien? Bei Lukas fragen die Jünger Jesus nach einer Gebetsanleitung, aber die Jünger waren Erwachsene, vielleicht junge Erwachsene, jedenfalls keine Kinder. Wenn wir einen Kindergottesdienst zum Vaterunser vorbereiten, müssen wir uns vor Augen halten: Das Vaterunser ist ein Gebet, das für Erwachsene formuliert wurde. Auch sein Hauptinhalt, das Kommen der Königsherrschaft, ist zunächst kein Kinderthema. Typische Kindergebete liegen thematisch meist im Bereich der Brotbitte und der Bitte der Bewahrung vor dem Bösen, schon das Thema Vergebung erfordert große Sensibilität, obwohl oder gerade weil auch schon Kinder Verletzungen erfahren und sich als „schuldig" erleben.

Das Vaterunser ist Teil der Bergpredigt. Es geht wahrscheinlich auf Jesus selbst zurück. Die Anrede „Vater" (Abba) ist vertraute aber auch respektvolle Anrede in aramäischer Sprache, der Sprache des Volkes. Ehe Jesus bei seinen Zuhörern allerdings zum Gebet selbst kommt, wehrt er zunächst zwei Arten zu beten ab. Zuerst das „Schaubeten": Seht her, ich kann's am besten! Ich halte das für eine Gefahr, die eher Erwachsene betrifft, und heute, wenn überhaupt, dann in frommen Gebetsgemeinschaften und nicht an der Straßenecke anzutreffen ist. Angabe und Sich-wichtig-machen auf Kosten anderer kennen aber auch schon die Kleinsten. So könnte dies ein Detail für das Erzählen sein. Ein wenig anders ist es bei den „plappernden Heiden". Richtig verstanden ist das Vaterunser also nicht als Auswendiglernstoff, als Aufsagegebet zu behandeln. Denn „auswendig Plappern" von Gebetsformeln nach dem Motto „viel hilft viel" hielt Jesus nicht für erstrebenswert. Was er anbietet, ist nicht ein Standardgebet zum Nachsprechen, sondern es sind die Hauptinhalte, die das Beten seiner Nachfolger bestimmen sollten.

Der Text und die Kinder

Jesus hat die Menschen gelehrt, Gott mit „Unser Vater im Himmel" anzureden. Die Fürsorglichkeit war ihm wichtig: Euer Vater im Himmel sorgt für euch (Mt. 5, 25–26). Deshalb bietet es sich an, gerade diese Anrede und was sie Kindern bedeuten kann, zum Hauptthema im Kindergottesdienst zu machen.

Wir müssen damit rechnen, dass die Kinder das Vaterunser gerade als solches Formelgebet kennenlernen, als immer wiederkehrendes Gottesdienstgebet, das sie mitsprechen, noch ehe sie Worte wie Reich, Sünde, Versuchung zu füllen verstehen. Da auch darin Chancen liegen, sollten wir auch diesen Teil des Textes nicht vertiefen.

Zusammenfassend meine ich, dass vorwiegend die Nähe zu Gott, die die Anrede im Vaterunser zum Ausdruck bringt, ein Thema sein kann für Schulkinder aber auch schon für Kinder im Kindergartenalter.

Gestaltungsvorschlag für jüngere und ältere Kinder

Für den Kindergottesdienst versuche ich die Perspektive eines Kindes bei der Bergpredigt. Es waren sicher Kinder dabei, so wie heute in vielen Gemeinden am Anfang des Gottesdienstes. Man kann dazu die Szene gestalten mit einem Berg in der Mitte, Holzklötzern/ Holzfiguren und Tüchern als Menschen (Jesus vielleicht in weiß, Magda bunt, Jojakim grün, der Nachbar grau oder braun). Die Kinder sitzen im Kreis, in der Mitte ist schon der Berg der Bergpredigt aufgebaut, oben steht vielleicht eine Kerze.

Begrüßung
(Erinnerung an die vorigen Geschichten aus der Bergpredigt)

Lied: Der Gottesdienst soll fröhlich sein

Gebet
(Dank für die Geschichten aus der Bibel, Bitte, dass wir etwas von Gott mitbekommen.)

Erzählung: Magda und das Papaunser

Ich bin Magda, ich bin fünf Jahre alt – und bin schon ziemlich groß. Darum bin ich heute mitgerannt, als alle raus auf den Hügel vorm Dorf sind, um diesen Rabbi Jesus zu hören. Ihr wisst doch, was ein Rabbi ist? So was wie bei euch ein Pfarrer oder Lehrer. Jesus ist ein ziemlich berühmter Rabbi. Er macht Leute gesund, und Böse macht er gut, aber heute hat er nur geredet. Weil ich so klein bin, konnte ich bis ganz nahe heran, damit ich ihn auch richtig sehe und höre. (nachspielen) Allerdings, ehrlich gesagt, viel habe ich nicht verstanden, wisst ihr, er hat sehr lange gepredigt. Da bin ich irgendwann eingeschlafen. (hinlegen) Schlaft ihr auch manchmal ein, wenn wer lange redet? Plötzlich ruckelt mich Jojakim an, mein großer Bruder, und sagt (mit der Figur spielen): „Hörst du, das ist lustig, der Jesus redet von unserem Nachbarn!" Da hab ich mir gleich unseren Nachbarn vorgestellt, wie der da immer an der Straßenecke steht und – wisst ihr, was der macht, der betet da, dass die Wände wackeln, (an dieser Stelle kann ein seriös gekleideter Holzklotz den Nachbarn übernehmen) ja, der kann das, alle sagen das, auch meine Mutter, aber ein bisschen denke ich, gibt er auch an mit seinem Beten. Na, in Wirklichkeit redet Jesus nicht direkt von unserm Nachbarn, er sagt irgendwas in der Art wie, die Leute sollen keinen Wettbewerb machen, wer am schönsten beten kann. Könnt ihr euch das vorstellen, einen Betwettbewerb? Wer da wohl bei euch gewinnen würde?

Und dann hat Jesus aber noch was gesagt, das habe ich verstanden: Wir sollen nicht plappern, meine Mutter sagt auch immer, ich soll nicht so viel plappern, das geht ihr auf die Nerven, dabei erzähl ich gar nicht so viel. Ob man Gott auch auf die Nerven gehen kann? Hört mal, was Jesus sagt (Holz/Figur sprechen lassen): Wenn ihr betet, sollt ihr nicht viel plappern wie die Menschen, die Gott nicht kennen, denn sie meinen, sie werden erhört, wenn sie viele Worte machen." Ehrlich gesagt, ich schlaf abends immer ein beim Beten, ich sag immer „Gute Nacht!" zu Gott – und schon bin ich weg und träume. Aber ich glaub nicht, dass Jesus meint, man könnte Gott auf die Nerven gehen mit vielen Worten. Der kann doch mehr aushalten als meine Mama. Aber jetzt hört mal zu, was der Jesus meint, wie man richtig beten könnte. (Jesus spricht)

„Unser Papa im Himmel!
Dein Name werde geheiligt.
Dein Reich komme.
Dein Wille geschehe wie im Himmel so auf Erden.
Unser tägliches Brot gib uns heute.
Und ergib uns unsere Schuld, wie auch wir ergeben unsern Schuldigern.
Und führe uns nicht in Versuchung, sondern erlöse uns on dem Bösen.
Denn dein ist das Reich und die Kraft und die Herrlichkeit in Ewigkeit. Amen."

Magda: Uff, das sind doch auch ganz schön viele Worte, für mich jedenfalls. Kennt ihr das „Unser Papa im Himmel"? (Kinder kennen nur das „Vaterunser") Wieso soll daran was falsch sein? Nein, wirklich, so hat er's gesagt! Ach, ihr meint, der Jesus hat was anderes gesagt, das heißt nicht „Unser Papa"? Da seid ihr aber falsch gewickelt! Nein, ganz bestimmt, der Jesus hat Papa gesagt, oder Vati oder Daddy, in unserer Sprache Abba, Abbuni, das klingt doch schon so wie Papa. Und wisst ihr was, den Rest hab ich gar nicht mehr richtig gehört, das mit dem Papa, das merk ich mir aber. Wollt ihr wissen, warum?

Weil ich früher immer gedacht habe, zu Gott müsste man: „Sehr geehrter Herr!" oder so sagen. Der ist doch der Größte, da oben im Himmel oder wo, über allem, der Schöpfer von der ganzen großen Welt. Da kann man, dachte ich, doch nicht einfach so sagen: Hej du, Gott, hör mir mal zu! Aber das mit Papa, Leute, das versteh ich, Papa ist für mich auch der Größte. Und der Papa im Himmel, der ist himmelgroß, aber trotzdem mein Papa.

Der Papa, der Mann von meiner Mama, hört auch, wenn ich mal schreie, und hilft mir dann oder macht mir ein Pflaster drauf. Aber jetzt ist mein normaler Papa z.B. gerade Fische verkaufen in der Stadt, da kann ich natürlich schreien, so viel ich will, das hört er nicht. Aber der Papa im Himmel, der geht nie Fische verkaufen, der hört mich überall, das ist

17. Mai 2009

Gott hört dein Gebet

Ursprünglicher Text: Christoph Zehendner
nach dem englischen „He will listen to you"
von Mark Heard 1983,
Melodie: Mark Heard 1983

Rechte:
Musikedition Discoton, Berlin

Neuer Text: Benigna Carstens

1. Ob du glück-lich bist, o-der trau-rig bist, Gott hört dein Gebet, wenn dein bes-ter Freund fer-ne von dir ist, Gott hört dein Gebet.

Refrain
Er hört dein Gebet, hört auf dein Gebet. Er versteht, was sein Kind be-wegt, Gott hört dein Gebet.

2. Ob du bärenstark oder ängstlich bist,
Gott hört dein Gebet,
wenn du denkst, dass alle Welt dich vergisst,
Gott hört dein Gebet.

3. Ob du Mädchen oder ein Junge bist,
Gott hört dein Gebet,
was du keinem sagst, weil es peinlich ist,
Gott hört dein Gebet.

4. Ob am Morgen früh oder in der Nacht,
Gott hört dein Gebet,
denn der Vater im Himmel ist immer wach,
Gott hört dein Gebet.

prima. Und so stelle ich mir vor, wenn ich heute Abend ins Bett gehe, dann sag ich: „Gute Nacht, unser Papa im Himmel". Und weil er auch mein Papa ist, dann erzähl ich ihm noch schnell, was ich heute erlebt habe, wie ich auf den Berg gerannt bin und von dem dicken Nachbarn und vom Plappern und von Jesus, der mir das mit dem Papa beigebracht hat, und dann bitte ich noch, dass er mich und alle gut behütet – und das restliche Gebet von dem Jesus, da frag ich morgen mal noch meine große Schwester, die hat sich das ja vielleicht gemerkt.

Gesprächsrunde

Wie redet ihr euren Vater an? Erstaunlich: Früher gab es Familien, da mussten die Kinder „Herr Vater" und „Sie" sagen, die haben dann aber vielleicht auch nie auf dem Schoß gesessen, diese Väter haben nie gespielt mit ihren Kindern. Sie haben nie Drachen gebaut noch sind sie mit ihnen Fahrrad gefahren, die waren immer weit weg und ins Arbeitszimmer durften die Kinder normalerweise nicht rein. Darum haben sie sich dann auch Gott so vorgestellt, Gott Vater: Der sitzt weit weg von uns und hat viel zu tun, da kann man nicht einfach so hin. Jesus dagegen sagt „Papa", zu einem Papa darf man mit allem kommen.

Kreative Vertiefung

Ein vorbereiteter großer Briefumschlag (C 4) wird in die Mitte gelegt. Schulkinder dürfen dann die Adresse: Unser Papa/ Vater im Himmel mit farbigen Stiften gestalten, Absender: Kinder aus .... Und dann malt/schreibt jede/r, was ihm/ihr besonders wichtig ist, Gott zu bitten. Es geht um das vertrauensvolle Bitten, dabei ist es jetzt mal nicht wichtig, ob wir die Bitten so im Vaterunser wiederfinden. Bitten, wie „Die Lehrerin soll weg", sollten natürlich diskutiert werden. Der Briefumschlag mit den Bitten der Kinder kann auf den Altar oder zum Kreuz gelegt werden.

Lied

Es gibt eine ganze Reihe Vaterunserlieder. Ich habe kein geeignetes für jüngere Kinder gefunden und schlage daher das recht einfache Lied vor: „Gott hört dein Gebet" mit neuem Text (s. S. 137).

Benigna Carstens

Monatlicher Kindergottesdienst im Mai
Das Vaterunser, Matthäus 6,5–13

Das „Gebet des Herrn" gehört wesentlich und zentral zur Bergpredigt und ist Kernstück des Gottesdienstes. Es kann in vielfältiger Weise gestaltet, erlebt und „einverleibt" werden. Es gehört zur christlichen Identität und unverzichtbar ins Gepäck des Glaubens.

Für jüngere und ältere Kinder eignet sich die Erzählung „Magda und das Papaunser" (S. 135) zur Anrede Gottes als Vater. In Gruppen können die Kinder gemeinsam Erklärungen (ihre Gedanken) zu je einer der sieben Bitten aufschreiben (vgl. die Gestaltung eines Wochenkalenders zu den Bitten des Vaterunsers in GoKi 2006, S. 132f).

Das Vaterunser mit Gebärden in einfacher Form:
Vater unser im Himmel *(zur Mitte schauen, Hände falten)*. Geheiligt werde dein Name *(Arme langsam nach oben)*. Dein Reich komme *(Bewegung des Kommens)*. Dein Wille geschehe, wie im Himmel *(Hand zeigt nach oben)*, so auf Erden *(Hand nach unten)*. Unser tägliches Brot ... *(Hände geöffnet als Schale)*. Und vergib uns unsere Schuld *(Hände über der Brust kreuzen)*, wie auch wir vergeben ... *(Hände nach rechts und links zum Nachbarn ausstrecken)*. Und führe uns nicht in Versuchung *(Hände überkreuz ausstrecken)*, sondern erlöse uns von dem Bösen *(mit Schwung Hände nach unten werfen)*. Denn dein ist das Reich *(mit beiden Händen die Erde zeichnen)* und die Kraft *(beide Hände überkreuz zusammendrücken)* und die Herrlichkeit in Ewigkeit *(Hände nach oben)*. Amen *(Hände falten)*.

Die Zeichnung S. 114 kann die Situation der Predigt Jesu auf dem Berg vor Augen führen und regt an, kreativ damit umzugehen: ausmalen; Personen, Gegenstände, Tiere suchen; die Szene weitermalen.

Sanfter Wind, Sturm und Heiliger Geist

Zeichnung: Sabine Meinhold

Lied: Gottes Geist kommt oft ganz leise, KG 72, MKL2 44

Liturgischer Text: Psalm 104,24.30–31.33; Psalmgebet zu 2. Timotheus 1,7, Sagt Gott II 92, Er gebe uns ein fröhlich Herz 48

VII
Sanfter Wind, Sturm und Heiliger Geist
Von der Kraft, die Leben schafft

Sonntag	Text/Thema	Art des Gottesdienstes Methoden und Mittel
21./24.5.2009 Christi Himmelfahrt/Exaudi	Gottes Geist, sanft wie ein Hauch 1. Könige 19,9–15	Gottesdienst mit Kindern; Erzählung mit Handpuppe, Gespräch, Bildbetrachtung: Elia am Horeb (Sieger Köder), Klangschale, Seifenblasenlauge, Bilder zu Lärm/Stille, Collage
31.5./1.6.2009 Pfingsten	Gottes Geist, stürmisch und begeisternd Apostelgeschichte 2,1–13	Gottesdienst mit Kindern; Gespräch, Erzählung, Windrad aus Tonkarton basteln, Flügel beschriften, Marmeladengläser, dicke Plastikstrohhalme mit Knick, Sand, Kopfstecknadeln, Perlen, Knete
7.6.2009 Trinitatis	Gottes Geist, verbindend in Kraft und Liebe 2. Timotheus 1,7	Gottesdienst mit Kindern; Befragung von Erwachsenen, Erzählung mit Erzählfigur, Gespräch, Armband mit Holzperlen auffädeln

Vorüberlegungen zu dieser Einheit

Die gesamte Textreihe ist von Pfingsten bestimmt. In vergleichenden Bildern wird von Gottes Geist (Heiliger Geist) geredet. Er ist wie ein sanfter zarter Hauch (vgl. Elia), Gottes Geist ist aber auch wie ein starker Wind, wie loderndes Feuer. An allen drei Sonntagen geht es um Menschen, die verzagt und mutlos sind. Elia bekommt durch den Geist Gottes neue Kraft. Die Jünger werden aus ihrer Ängstlichkeit zu begeistertem Zeugnis entflammt. Timotheus wird an seine einstige Begeisterung erinnert, um seine Verzagtheit hinter sich zu lassen. So nimmt ihr Leben eine neue Wendung.

Außerdem wird deutlich, dass Gottes Geist sich je nach der Situation des Menschen in anderer Weise zeigt. Elia, der ausgebrannt ist und lieber sterben als leben würde, erlebt Gott nicht in gewaltigen Erscheinungen wie im Sturm, im Feuer, im Erdbeben. Er erfährt in dem sanften Säuseln die ihm gemäße Gottesbegegnung. In der Stille bekommt er die Kraft für seinen nächsten Auftrag. Anders in der Pfingstgeschichte: Die Jünger haben den Auferstandenen erlebt. Sie kennen ihren Auftrag, aber es fehlt ihnen die Begeisterung, um sich an ihre Arbeit zu machen. Was sollte da sanftes Säuseln bewirken? Pfingsten sind die Elemente Feuer und Sturm ein Bild für Gottes Kraft, das die Jünger in Bewegung setzt und begeistert. Bei Timotheus ist es das Wort des Apostels, das ihn stärken soll.

Brigitte Donath

21./24. Mai.2009
Himmelfahrt/Exaudi

Gottes Geist, sanft wie ein Hauch

1. Könige 19,9–15

Lieder: Ich will auf das Leise hören, Go-Ki 2008, andere Melodie: KG 200; Behutsam will ich dir begegnen, MKL2 11; Wie in einer zärtlichen Hand, KG 196, MKL2 26; Ich lobe meinen Gott, der aus der Tiefe mich holt, LJ 560, KG 112, EG regional; Im Stillesein, im Lauschen, was + wie, Kinder religionspädagogisch begleiten Heft 2/2007, S. 63

Liturgischer Text: Psalm 104,24.30–31.33

Der Text und das Thema

Textzusammenhang: Elia ist Prophet um das Jahr 800 v. Chr. Das Großreich Davids ist zerfallen. Die Israeliten leben in zwei getrennten Staaten. Das Nordreich heißt Israel, Hauptstadt wird Samaria, das Südreich heißt Juda mit der Hauptstadt Jerusalem. Im Nordreich wohnen verschiedene kanaanäische Stämme mit eigenen Sitten und Religionen. Ihre Götter sind Fruchtbarkeitsgötter. In der Bibel heißen sie Baal und Aschera. Die Kulte sind sinnenfreudiger als die israelischen. Der Glaube an den Gott Jahwe (Ich bin für euch da), droht immer mehr ins Abseits zu geraten. Doch das Wohlergehen Israels hängt ab von der Treue zu Gott, der sie einst aus der Knechtschaft in Ägypten herausgeführt hat. Eine der Frauen des israelischen Königs Ahab ist Isebel. Sie ist eine kanaanäische Prinzessin und fanatische Anhängerin ihrer Fruchtbarkeitsreligion. Sie kennt keine Toleranz gegenüber dem Glauben der Israeliten. Sie lässt die Priester verfolgen und umbringen.

Elia kämpft ebenfalls kompromisslos gegen die fremde Religion. In Kap. 18 kommt es zu einer Auseinandersetzung zwischen Elia und den 450 Baalspriestern, eigentlich zwischen den fremden Göttern und dem Gott Israels, bei der Israels Gott seine Stärke zeigt. Elia lässt die Baalspriester töten, muss aber fliehen, weil Isebel sich rächen wird (Kap. 19,2). Trotz der Demonstration Gottes am Karmel (Kap.18), ist nichts entschieden. Elia ist voller Resignation und macht Gott Vorwürfe. Warum geht Gott nicht dazwischen? Er hat doch alle Möglichkeiten. Elia ist am Ende seiner Kräfte. Er geht in die Wüste. Dort will er sterben. Doch Elia wird von einem Engel mit Brot und Wasser gestärkt und auf den Berg Horeb geführt. Hier begegnet ihm Gott auf ganz unerwartete Weise.

An diesem Sonntag liegt die Betonung auf der stillen, sanften Seite Gottes. Aus dem Text erfahren die Kinder, dass Gottes bevorzugte Zeichen nicht Feuer, Erdbeben, Taifun sind. Die drei ersten Erscheinungen, die Elia am Horeb erlebt, sind verbunden mit Lärm und Schrecken. Elia, der selbst durch seine Erlebnisse voller Angst und Zweifel ist, spürt in dieser Situation nichts von Gottes Gegenwart. Erst im sanften, schwebenden Hauch kommt Elia zur Ruhe. Er kann sich Gott öffnen und neue Kraft gewinnen.

Der Text und die Kinder

Obwohl 2007 vier Texte zum Thema Elia (GoKi S.198ff) behandelt wurden, werden wir kaum etwas bei den Kindern voraussetzen können. Deshalb müssen wir so erzählen, dass die Situation Elias deutlich wird. Warum greift Gott nicht ein? So fragen Kinder auch bei bedrückenden Dingen in ihrem Alltag und den vielen schrecklichen Bildern in den Medien. Sie selbst haben kaum Möglichkeiten etwas dagegen zu tun und fühlen sich den Dingen ausgeliefert. Das macht sie wütend. Wo ist Gott, vielleicht gibt es ihn gar nicht? Wie Elia wünschen sie, dass jemand mit Gewalt eingreift und die Bösen vernichtet. Sie verehren ihre Fernsehhelden, die so handeln. Wenn sie selbst gewalttätig reagieren, bekommen sie den Rat, das nächste Mal bis zehn zu zählen, um nicht in ihrer Wut Schaden anzurichten. Vielleicht zählt Gott auch. Was würde geschehen, wenn er in Wut gerät?

Der Schwerpunkt bei Elia liegt nicht in der Aktion, sondern in der Stille und im Hören. Ich möchte den Kindern nahe bringen, welche Bedeutung Stille für sie haben könnte. Wir leben heute in einer lauten Welt. Zu viele Bilder und Töne dringen auf unsere Kinder ein. Stille erleben sie selten. Allerdings werden heute mitunter in Kindergärten und Schulen Stilleübungen durchgeführt. Bei den jüngeren Kindern möchte ich eine Geschichte von einem Mädchen erzählen, in der es um Erfahrungen mit Lärm und Stille geht. Die Erzählung kann auch mit einer Handpuppe im Dialog gestaltet werden.

Auch ältere Kinder brauchen Orte der Stille, an die sie sich zurückziehen können. Das sind Orte zum Träumen, aber auch zum Nachdenken über ihr

Sanfter Wind, Sturm und Heiliger Geist

Zusammenleben mit anderen. Mit älteren Kindern möchte ich eine Bildbetrachtung zu dem Bild „Elia am Horeb" von Sieger Köder durchführen, Postkarte für jedes Kind (Rottenburger Kunstverlag Ver Sacrum, Schulergasse 1, 72108 Rottenburg/Neckar, www.versacrum.de). Das Bild findet sich in der Kinderbibel mit Bildern von Sieger Köder, Schwabenverlag, S. 69 und in: Die Bilder zur Bibel von Sieger Köder, S. 49.

Gestaltungsvorschlag für jüngere Kinder

Lied: Ich will auf das Leise hören

Einstieg

Laut und leise in Geräuschen. Die Kinder nennen eigene Erfahrungen. Geräusch des Sturmes gemeinsam nachahmen. Leisen Hauch auf der Hand erspüren. Mit geschlossenen Augen eine Flaumfeder in die Hand gelegt bekommen. Laut und leise als Gegensätze in Bildern erleben. Laute und leise Bilder (Zeitungsausschnitte oder Fotos) vorlegen. Die Kinder äußern sich. Abschließend als Übergang zur Erzählung eine Klangschale anschlagen.

Erzählung

(als Gespräch zwischen einer Handpuppe XY und der Erzählerin)
E.: XY kann euch etwas über laut und leise erzählen. Erinnerst du dich an das letzte Wochenende, als wir auf dem Markt waren? (XY fuchtelt aufgeregt mit den Armen)
E.: Auf dem Marktplatz waren viele Stände aufgebaut und die Händler verkauften ihre Waren.
(Gespräch der Erzählerin mit der Handpuppe weiterführen über das Marktgeschehen mit Marktschreiern, Gedränge, Radau und Musik)
E.: Ich kaufte schnell noch ein Brot und dann ...
XY: Dann gingen wir in die Stille.
E.: Ihr müsst wissen, in der Nähe des Marktplatzes steht unsere schöne Marktkirche. Dorthin wollten wir gehen. Ich öffnete die große Kirchentür und schloss sie leise hinter uns. Wir setzten uns in die letzte Bank.
XY: Es war wirklich sehr still in der Kirche. Ein klein wenig konnte ich die Marktmusik noch hören, wenn ich mir Mühe gab. Da waren noch andere Leute. Niemand sprach ein lautes Wort.
E.: Wir kuschelten uns aneinander. Und dann hörten wir leise Musik. So blieben wir noch ein Weilchen sitzen. Das tat gut. Dann gingen wir aus der Kirche und machten die große Kirchentür leise zu. Wir wollten die anderen Menschen nicht stören.
XY: Ja, und dann habe ich dich gefragt, ob es in einer Kirche immer so still ist.
E.: Nun Kinder, was meint ihr? (Die Kinder erinnern an Familiengottesdienste, Gemeindefeste u. a.). Ja, das ist auch schön, aber trotzdem muss man in einer Kirche auch Stille finden können. Da kann man besser nachdenken über Gott, mit ihm reden und seine Nähe spüren wie einen sanften Hauch, wie ein zärtliches Streicheln. (Die Klangschale wird angeschlagen.)

Die Stille hören

Danach wird die Klangschale von einem Kind zum anderen gegeben. Dabei muss die Schale auf der ausgestreckten Hand liegen. Sie darf beim Weitergeben nur am unteren Teil berührt werden und wird dort entgegengenommen. Der Anschlag ist sanft.

Lied

Vertiefung

Ein „stilles" Bild malen (z.B. ein Mandala).

Wer kann Kirchenmemory spielen ohne zu reden?

Ein Windspiel oder Mobile aus Tonkarton erfordert leichten Windhauch.

Seifenblasen herstellen (wegen des sanften Hauches, starkes Pusten zerstört die Seifenblase).

Rezept: Seifenblasenlauge für Riesenseifenblasen

250 g Zucker in 1/2 l warmem Wasser auflösen, 1/2 l Spülmittel mit 1/2 l Wasser vermischen. Dann beide Lösungen vermischen und 40 ml Glyzerin (Apotheke) dazu. Dann noch einmal mit 2 l Wasser vermischen und ein paar Stunden durchziehen lassen. Drahtreifen von 15 cm Durchmesser am Holzstab befestigen für große Blasen.

Gestaltungsvorschlag für ältere Kinder

Lied

Einstieg

In der Mitte liegen Fotos oder Zeitungsausschnitte mit lauten oder leisen Motiven. Die Kinder wählen ein Bild aus, das ihnen gefällt. Es wird den anderen vorgestellt. Dann werden die Bilder sortiert. Manche Bilder erscheinen als still, andere als laut.

Bildbetrachtung: Elia (Sieger Köder)

Wir geben die Postkarten aus. Seht euch das Bild eine Weile an, dann wollen wir zusammentragen, was wir sehen. Der Blick wird angezogen von der Gestalt in der Mitte des Bildes. Ist das eine Frau oder ein Mann? Man erkennt es an den Händen. Der Mann kauert auf dem Boden und hat sich fast vollständig in einen roten Umhang gehüllt. Die Finger der rechten Hand drücken das Tuch gegen die Augen, die nichts sehen sollen, von dem was sich ringsum abspielt. Der Mann ist in sich versunken. Welche Bilder mag er vor seinen Augen sehen und was wird er in sich hören? Nimmt der Mann von seiner Umwelt überhaupt noch etwas wahr? Will er etwas wahrnehmen? Seine linke Hand hält er nicht unter dem Tuch, sondern die nach oben weit geöffnete Hand ruht auf seinem rechten Bein.

Nun wollen wir erzählen, was um den Mann herum geschieht. Die Kinder zählen auf: Er sitzt vor einer Höhle, oder ist es ein Brunnen? Die Steine haben tiefe Risse. Was ist passiert? Die dicken Baumstämme an seiner linken Seite sind geknickt wie auch die Bäume im Hintergrund. Was ist passiert? Ein Wald brennt lichterloh.

Wer ist der Mann, von dem das Bild erzählt? Der Maler Sieger Köder erzählt uns mit diesem Bild etwas über das Leben des Propheten Elia. Ich werde ein rotes Tuch um mich legen. Damit will ich versuchen, mich in die Situation des Elia zu versetzen. (Nach der Verkleidung könnte die Klangschale angeschlagen werden.)

Erzählung

Ich bin Elia und bin ein Prophet Gottes. Unser König Ahab aber lässt es zu, dass seine Frau Isebel zu fremden Göttern betet. Überall hat sie ihre Götterbilder aufgestellt: für den Donnergott, die Göttin der Fruchtbarkeit, den Gott des Regens und viele andere. Das Schlimmste ist: Sie will, dass keiner mehr in unserem Land den wahren Gott kennen soll. Wir Israeliten sollen unseren Gott vergessen, der so viel für uns getan hat. Wir sollen die stummen Steinbilder anbeten. Es schüttelt mich, wenn ich daran denke. Was mich am meisten erschüttert, dass die meisten Menschen tun, was Isebel will. Sie feiern in den fremden Tempeln die fremden Götter. Da gibt es mehr „action" als bei uns.

In solch einer Zeit ist es schwer, Prophet zu sein. Gott hat mich erwählt, damit ich die Menschen an Gott erinnere. Sie sollen die Gebote halten. Eines der wichtigsten Gebote lautet: Ich bin der Herr euer Gott, keiner von euch soll anderen Göttern nachlaufen. Und ein anderes Gebot sagt: Macht euch keine Bilder von Gott und betet die Bilder nicht an. Aber die Menschen hören nicht auf mich.

Ich war beim König. Er lässt seine Frau Isebel schalten und walten. Ahab gehört doch zu uns, er kennt Gott. Ich wusste, dass das ein gefährlicher Schritt war. Isebel war mächtiger als der König. Ich trat vor den König und sprach: „Mich schickt unser Gott, dem du einstmals vertraut hast. Wenn du die fremden Tempel und Bilder nicht verbietest, wird es hier nicht mehr regnen, bis ich es sage." Doch Ahab änderte sich nicht und alles blieb, wie es war. Isebel verfolgte die Propheten unseres Gottes. Sie wurden aus dem Land getrieben, viele wurden getötet.

Auch ich musste eines Tages fliehen. Mein Leben war in höchster Gefahr. Ich rannte, so weit ich konnte, bis ich die Wüste erreichte. Ich war am Ende mit meinen Kräften. Alles war vergeblich gewesen und ich wollte nur noch sterben. Aber für Gott war das nicht das Ende. Er schickte mir einen Boten, der brachte mir Brot und Wasser. Danach schlief ich wieder ein. Doch der Bote kam noch einmal und er sprach: „Steh auf und iss, denn du hast einen weiten Weg vor dir." Ich aß und trank, fühlte mich wunderbar gestärkt und machte mich auf den Weg. Vierzig Tage wanderte ich bis zum Berg Horeb. Hier war damals Gott dem Mose erschienen. Vielleicht würde er auch mir nahe kommen. Ich fand eine Höhle am Berg, dort wollte ich in der Nacht schlafen. Da kam Gottes Stimme zu mir, die sprach: „Was machst du hier, Elia?" Was für eine Frage, dachte ich? Aus Vergnügen bin ich nicht hier! Mit einem Feuereifer habe ich für dich, Gott, gekämpft, weil sie deine Altäre zerstört haben und deine Propheten mit dem Schwert getötet haben. Und mir trachten sie nun auch nach dem Leben. Warum hast du nichts dagegen getan? Zeig dich ihnen in deiner ganzen Macht und Stärke. Zittern sollen sie vor dir und gehorchen.

Da sagte Gott zu mir: „Tritt vor die Höhle. Du wirst meine Nähe erleben und merken, was ich von Gewalt und Vernichtung halte." Ich trat vor die Höhle. Da ging ein gewaltiger Sturm über den Berg. Die Bäume neben mir brachen. Aber Gott spürte ich nicht im Sturm. Danach erbebte die Erde. Die Felsen bekamen Risse, überall Zerstörung. Doch Gott war nicht im Erdbeben. Dann kam das Feuer mit seiner verheerenden Kraft. Aber auch im Feuer war Gott nicht.

Nun breitete sich Stille aus und in der Stille spürte ich ein sanftes Säuseln. Wie ein leichter Hauch war es, der zart mein Gesicht berührte. Ich wusste: Gott ist da. Ich verhüllte mein Gesicht mit meinem Tuch. Ich war tief in mich versunken. In der Stille sprach Gott zu mir: „Ich will das Leben für mein Volk und nicht das Verderben. Darum geh zurück. Ich habe eine Aufgabe für dich. Sei mein Bote. Mein Volk wird zu mir zurückkehren und ich werde euch nie verlassen."
(Pause)
Ich werde jetzt gehen und tun, was Gott mir aufgetragen hat. Eines habe ich begriffen: In der Stille, die wir manchmal mit Langeweile gleichsetzen, ist Gott uns näher als im Lärm und in der Hektik unseres Alltags. Gott segne euch.
(Die Klangschale wird angeschlagen. Wenn der Ton verklungen ist, lege ich das Tuch ab.)

Ausklang

Wir sehen auf das Bild. Eventuelle Fragen der Kinder werden aufgenommen. Meine Frage: Ist das nun ein stilles oder ein lautes Bild? Elia hat nicht erzählt, dass er die Hand unter dem Umhang nach draußen geschoben hat. Warum hat der Maler das so gemalt? Er hat auf diese Weise den sanften Hauch dargestellt, der ein grünes Blatt auf die Hand geweht hat. Hätte er auch eine weiße Feder malen können? (Grün ist die Farbe der Hoffnung, Hoffnung für Elia, für das Volk und für Gott.)

Lied: Im Stillesein, im Lauschen

Vertiefung

Eine Collage zum Thema gestalten: Gott ist wie ein stiller sanfter Hauch. Die stillen Bilder vom Beginn und die Postkarte verwenden. (Leise Musik einspielen) Die Kinder werden angeregt, in der Woche nach weiteren Bildern zu suchen, selber zu malen oder nach Fotomotiven Ausschau zu halten.

Brigitte Donath

31. Mai/1. Juni 2009
Pfingsten

Gottes Geist, stürmisch und begeisternd

Apostelgeschichte 2,1–13

Lieder: Gottes Geist kommt oft ganz leise, KG 72; MKL2 44; Am hellen Tag kam Jesu Geist, LJ 342, MKL 114, EG regional, LfK2 102; Ein Licht geht uns auf, LJ 344, EG regional, KG 25, MKL 123, Amen 45, LfK1 A1; Komm, heilger Geist, mit deiner Kraft, KG 70, EG regional; Sag, wer kann den Wind sehn?, in: was + wie 2007/2, S.58; Zu Ostern/Pfingsten in Jerusalem, KG 74, LH 68, LJ 340, EG regional

Liturgischer Text: Psalmgebet zu 2. Timotheus 1,7, Sagt Gott II 92, Er gebe uns ein fröhlich Herz 48

Zum Text und zum Thema

Pfingsten ist ein beliebtes Fest. Es liegt in einer angenehmen Jahreszeit. Die ganze Natur ist im Aufbruch und wer Augen dafür hat, kann sich daran begeistern. Die Kinder haben ein paar Tage Ferien. Manche nutzen sie zu einem Kurzurlaub. Fragt man nach dem Grund des Festes, herrscht meist Schweigen. Die Sache mit dem Heiligen Geist ist für viele zu kompliziert. Leichter fällt es da, Pfingsten als den Geburtstag der Kirche zu feiern. In der Situation der Jünger aber spielt er eine große Rolle. Nach Leiden und Sterben ihres Meisters, erfahren die Jünger die Osterbotschaft von der Auferweckung Jesu. Immer mehr wird ihnen diese Botschaft zur Gewissheit. Dann lässt Jesus sie zurück mit dem Auftrag, in aller Welt sein Evangelium weiterzusagen. Gott wird sie dazu befähigen durch die Kraft des Heiligen Geistes, der sie durchdringen wird.

Aber: Können die Jünger dem Auftrag gerecht werden? Sie sind einfache Menschen: Handwerker; Fischer, Zöllner. Wie gefährlich ist dieser Auftrag? Noch tief sitzt der Schock über die Hinrichtung Jesu in ihnen. Wird es ihnen gelingen, die Menschen mit ihrer Botschaft zu erreichen? So sitzen sie beieinander, die Jünger und Jüngerinnen, betend, sich erinnernd, wartend in einem Haus in Jerusalem. Draußen in der Stadt herrscht reges Leben, die Straßen sind voller Menschen. „Pentekoste", das Erntefest wird gefeiert. Juden aus vielen Ländern sind gekommen, um im Tempel an den Feierlichkeiten teilzunehmen. Es ist ein ausgelassenes, fröhliches Fest.

Die Jünger und Jüngerinnen von Jesus sind nicht dabei. Sie sind alle zusammen an dem einen Ort. Was dann passiert, können sie später nur in Bildern wiedergeben. Ein Brausen durchweht den Raum, wie von einem starken Wind hervorgebracht. Züngelnde Feuerflammen setzen sich auf einen jeden von ihnen. Der Wind beflügelt sie, sie werden angetrieben. Ihre verschlossenen Türen öffnen sich. Es treibt sie hinaus zu den Menschen. In sich spüren sie eine Begeisterung. Alle Mutlosigkeit ist verflogen, weggeblasen von dem Windsturm. Sie sind Feuer und Flamme für ihren Auftrag. Sie beginnen durch Gottes Kraft zu reden. Die Worte kommen ihnen mühelos von den Lippen. Die Menschen hören zu, und sie verstehen, was sie hören. Da wissen sie: Gottes hat sein Versprechen wahr gemacht. Heute ist der Tag, an dem wir die Kraft des Heiligen Geistes bekommen haben. Nun sind wir für unseren Auftrag ausgerüstet.

Der Text und die Kinder

Jüngere Kinder setzen Geist oft mit Gespenst gleich. Gespenster werden dargestellt als teils sichtbare teils unsichtbare Gestalten.

Der Heilige Geist ist keine Person, sondern er ist eine Kraft, die von Gott ausgeht. Dieser Geist Gottes bewirkt etwas bei den Menschen. Das sollen die Kinder erfahren. Vom Heiligen Geist kann in Bildern gesprochen werden (wie ein stilles Säuseln, wie ein Sturm, wie Feuerflammen) und so kann der unsichtbare Geist Gottes auch auf Bildern dargestellt werden. Am Beispiel des Windes können Kinder ein Gespür dafür bekommen, was in der Pfingstgeschichte mit Worten vor Augen gemalt wird. Der Wind selbst ist nicht sichtbar, aber sein Wirken ist deutlich zu spüren und zu sehen. So ist es mit Gottes Heiligem Geist: Er ist unsichtbar, aber höchst wirksam. Jüngere Kinder zeigen oft ein großes Interesse an den Phänomenen in der Natur. Sicherlich macht es ihnen Spaß, über ihre Erfahrungen mit Luft und Wind zu reden und kleine Experimente durchzuführen.

Die Verse 5–13 haben in meiner Erzählung kaum Bedeutung. Die Erzählung hat ihr Ziel in der begeisterten Rede des Petrus, die die Menschen verstehen. Sie schließt mit der Taufe von vielen Menschen und damit der Entstehung der ersten christlichen Gemeinde. In der Erzählung für jüngere Kinder verwende ich die Bilder zur Pfingstgeschichte im „Großen Bibelbilderbuch" (Dt. Bibelgesellschaft) von Kees de Kort. Es wäre allerdings besser, diese Bilder in größerem Format zu zeigen (Dias oder Poster). Mit den älteren Kindern möchte ich über den Begriff Begeisterung nachdenken. Was könnte euch so richtig begeistern? (sportliche Ereignisse, Fernsehhelden, Bücher, Autos, Erlebnisse in den Ferien). Woran haben andere gemerkt, dass ihr begeistert wart? (Worte der Begeisterung nennen)

Die Erzählung erfolgt, wenn möglich, in der Ich-Form. Es wäre gut, wenn den Einstieg jemand anders übernehmen könnte (Mutter, Vater, Konfirmand oder Jugendlicher). Wenn am Ende noch Zeit ist, könnte überlegt werden, ob jede Begeisterung etwas mit dem Geist Gottes zu tun hat. Bei einem Fußballspiel z.B. kann das durchaus sein (faires Spiel, Achtung vor der anderen Mannschaft). Oft erleben wir aber auch einen bösen Geist (Beschimpfungen, Hass, Gewalt). Erstaunlich für die Kinder ist, dass die Jünger von Jesus begeistert sind, und dass Petrus sich zu reden traut vor so vielen Menschen.

Gestaltungsvorschlag für jüngere und ältere Kinder

Einstieg

(für jüngere Kinder) Was wäre, wenn der Wind nicht wäre? Wie sieht der

Wind aus? Was tut er? Windhauch: für Seifenblasen, Windspiel. Kräftiger Wind: für Luftballon aufblasen, Windräder aus Tonpapier, Wattepusten; er bringt Töne hervor, er treibt Windmühlen an, Windräder erzeugen Strom, Rückenwind bringt uns in Schwung beim Laufen oder Radfahren, beim Surfen; Schwungtuch.

(für ältere Kinder) **Spiel: Wortraten**
Der erste Buchstabe ist bekannt, die fehlenden Buchstaben müssen herausgefunden werden. Mögliche vorkommende Buchstaben werden nacheinander von den Kindern genannt. Ein richtiger Buchstabe wird an die Stelle im Wort gesetzt. Für jeden falschen Buchstaben wird ein Zählstein ausgegeben. Gesucht wird das Wort BEGEISTERUNG. Nach wie vielen Steinen ist das Wort entstanden? Das Spiel kann auch in zwei verschiedenen Gruppen um die Wette gespielt werden. Meistens wollen die Kinder mehrere Runden spielen. Das kann gegen Ende des Kindergottesdienstes erfolgen mit Begriffen aus der Pfingstgeschichte.

Gespräch
Was hat euch in letzter Zeit begeistert? Die Kinder erzählen. Woran haben andere gemerkt, dass ihr begeistert wart?

Erzählung
(Petrus kommt dazu; als Erzählfigur oder Erzähler mit Tuch) Ihr werdet mich nicht erkennen. Ich bin Petrus. Ich höre, ihr redet von Begeisterung. Das macht sich gut, gerade heute zum Pfingstfest. Dazu kann ich auch etwas sagen. Damals in Jerusalem, das war ein Tag, der zweitgrößte Tag in meinem Leben. Aber ich will von vorn beginnen, sonst versteht ihr gar nichts. Der größte Tag in meinem Leben war, als Jesus mich gerufen hat, dort am See Genezareth. Ich sollte sein Mitarbeiter werden, ich, ein ungebildeter Fischer. Ich bin mit ihm gegangen, weil ich gemerkt habe: Dieser Jesus ist wichtig für mein Leben. Etwa drei Jahre lang sind die anderen Jünger und ich durch das Land gezogen, und wir haben seine Kraft gespürt. Wir merkten, dass der Geist der Liebe Gottes in ihm war. Er hat das Leben vieler Menschen zum Guten verändert. Aber ihr wisst, dass seine Gegner ihn gekreuzigt haben. Und ihr wisst auch, wie feige ich war. Aber seine Feinde haben nicht gesiegt. Wir, seine Jünger, haben Ostern erfahren, dass Gott Jesus ein neues Leben gegeben hat. Bevor Gott ihn in seinen Himmel aufgenommen hat, gab er uns den Auftrag, in aller Welt von ihm zu erzählen. Da gab es viele Fragen für uns: Wer waren wir denn, einfache Fischer, Handwerker? Ja, wenn wir ein paar kluge studierte Männer dabei gehabt hätten! Wie sollten wir zu den Menschen reden? Außerdem war es auch verboten, von Jesus zu reden. Sie hatten ihn doch umgebracht, um nichts mehr von ihm zu hören. Drohte uns nicht das Gleiche?

So saßen wir in Jerusalem in einem Haus beieinander. Aus Angst vor den Soldaten hatten wir unsere Türen verschlossen. Unsere Stimmung war in einer Flaute. Draußen in den Gassen, auf den Plätzen, in unserem herrlichen Tempel herrschte fröhliches Leben. Eines der großen Erntefeste wurde gefeiert. Menschen aus vielen Ländern waren zu Gast im Tempel. Und wir saßen hinter verschlossenen Türen und bliesen Trübsal.

Pfingsten

Gottes Geist ist wie Wind und Feuer

bringt Begeisterung   verändert Menschen   macht mutig   treibt zum Handeln

schafft Gemeinschaft

Doch auf einmal lag ein Brausen in der Luft, Wind durchwehte den Raum, stürmisches Wehen, frischer Wind. Er trieb uns von unseren Plätzen. Gleichzeitig spürte ich eine Kraft in mir, wie ich sie vorher nie gespürt hatte. Eine Begeisterung durchwehte mich. Diese Begeisterung erfasste uns alle. Sie war sichtbar, als wären kleine Feuerflämmchen auf unseren Köpfen. Der Sturmwind schlug gegen die Türen. Sie öffneten sich. Der Wind in unserem Rücken schob uns ins Freie. Wir riefen immer wieder einander zu: „Jesus lebt". Leute kamen herbeigelaufen. Die einen waren verwundert, andere erschrocken, wieder andere lachten und machten Witze. Immer mehr Leute standen um uns herum. Da spürte ich wieder diese Kraft in mir. Meine Angst war wie weggepustet. Es war ein Feuer der Begeisterung in mir. Ich musste zu den Menschen reden. Die Worte sprudelten aus mir heraus wie das Wasser aus einer starken Quelle. Alles, was ich mit Jesus erlebt hatte, erzählte ich den Menschen. Und sie hörten zu, wollten auch zu Jesus gehören und ließen sich taufen. War das ein Tag zu Pfingsten in Jerusalem! Noch oft sprachen mich Leute an. „Petrus", sagten sie, „wir bewundern dich, du warst mutig, ein echter Held mit deiner zündenden Rede." Jedes Mal sagte ich dann: „Lobt nicht mich, lobt Gott! Er hat mir etwas von seinem Heiligen Geist geschenkt. Das hat mich stark und mutig gemacht. So konnte ich von Jesus reden. Mit Gottes Kraft war ich stark und mit Gottes Kraft könnt auch ihr stark sein."

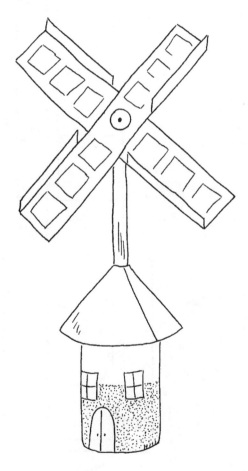

Sanfter Wind, Sturm und Heiliger Geist

Lied

Vertiefung
Worte sammeln, die beschreiben, was Pfingsten geschehen ist und auf Papierstreifen schreiben (s. S. 151).

Lied: Komm, heilger Geist, mit deiner Kraft

Windmühle basteln
Material: Marmeladenglas mit Sand, Türen, Fenster, Dach (Kreis) aus buntem Tonpapier, dicker Plastikstrohhalm mit Knickvorrichtung.
Vor der Montage der Flügel könnten in die Quadrate Worte aus der Pfingstgeschichte geschrieben werden. Die Flügel werden zu einer Flügellänge von 15 cm vergrößert und kopiert, dann ausgeschnitten und überkreuz aufgeklebt. In der Mitte wird das Flügelkreuz mit einer Kopfstecknadel und einer Perle vor und nach dem Flügel durch den Halm (über dem Knick) gesteckt. An der Nadelspitze wird eine Kugel aus Knete an-

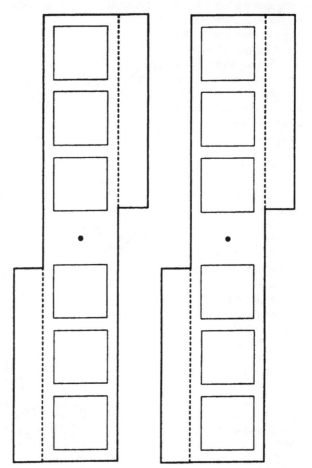

aus: was + wie, Heft 2, 2007
Rechte: Gütersloher Verlagshaus, Gütersloh, in der Verlagsgruppe Random House GmbH, München

gebracht. Durch die Knickvorrichtung des Strohhalms können die Flügel später schräg gestellt werden. Wenn die Flügelseiten abgeknickt sind, bringt schon ein kleiner Luftzug die Flügel in Bewegung. Kräftiges Blasen mehrerer Kinder bringt viel Schwung und Begeisterung. (Anleitung nach der Zeitschrift was + wie 2007/2, S. 50)

Jüngere Kinder können ein **einfaches Windrad** aus einem Papierquadrat herstellen. Das Papier wird an den vier Ecken eingeschnitten, zur Mitte gefaltet und mit Draht und Perlen an einem langen Stab befestigt.

Brigitte Donath

---

7. Juni 2009

Trinitatis

Gottes Geist, verbindend in Kraft und Liebe

2. Timotheus 1,7

Lieder: Du verwandelst meine Trauer in Freude, LJ 508, MKL 9, LH 64, KG 198; Ich lobe meinen Gott, der aus der Tiefe, LJ 560, LfK1 A18, KG 112, LZU 45, EG regional

Liturgischer Text: Psalmgebet zu 2. Timotheus 1,7, Sagt Gott II 92, Er gebe uns ein fröhlich Herz 48

Zum Text und zum Thema

Um eine Erzählung zu gestalten, müssen wir fragen: Wer ist Timotheus? In welcher Situation befindet er sich? Auf seiner ersten Missionsreise kommt Paulus nach Lystra. Wahrscheinlich hat er dort schon die Familie des Timotheus kennengelernt. Als er auf der zweiten Missionsreise wieder dorthin kommt, macht er den jungen Timotheus (Apg 16,1) zu seinem Mitarbeiter. Timotheus wird sein Begleiter und auch Mitabsender einiger anderer Paulusbriefe.

Timotheus leitet zur Zeit des Briefes die Gemeinde in Ephesus. Paulus macht sich Sorgen. Er merkt sehr wohl, dass die Begeisterung seines Mitarbeiters für die Sache Jesu auf sehr kleiner Flamme brennt. In V. 6 fordert Paulus Timotheus auf, das Feuer der Begeisterung wieder „zur hellen Flamme zu entfachen" (wörtliche Übersetzung der Textstelle). Zu Grunde liegt das Bild vom Feuer, das unter der Asche glüht und sich nun wieder zur hellen Flamme entfalten soll. Paulus deutet einige Dinge an, die Timotheus belasten und ihn mutlos machen. Die Trennung von Paulus macht ihm zu schaffen. Er ist wahrscheinlich eher schüchtern und braucht immer wieder Ermutigung. In der Gemeinde gibt es Schwierigkeiten mit Irrlehrern und Menschen, die die Gemeinde verlassen. So sind seine Verzagtheit, seine Furcht durchaus verständlich. Vielleicht ist er aufgrund seiner Jugend in der Gemeinde weniger anerkannt. Er fühlt sich überfordert und der Aufgabe als Gemeindeleiter nicht gewachsen. Paulus sagt: Diese Verzagtheit gehört nicht zu den Gaben des Geistes Gottes. Wie man ihr entkommt, wird in den Versen vorher gesagt. Paulus weist Timotheus auf dessen Glauben hin, der stark war, als sie beide eng zusammenarbeiteten. Die wichtigste Hilfe für Timotheus kann sein, dass Gott selbst es war, der ihn mit Gaben für seine Arbeit ausgestattet hat, damals, als Paulus ihn durch die Auflegung seiner Hände segnete. Gott hat Timotheus mit dem Geist der Liebe und der Kraft beschenkt. Durch die Erinnerung daran soll Timotheus die Glut des Feuers der Begeisterung, die jetzt am Erlöschen ist, wieder entflammen.

Das Thema und die Kinder

Wohl jeder Mensch hat Erfahrungen wie Timotheus gemacht. Da sieht sich jemand gefordert, eine schwierige Situation zum Guten zu verändern. Trotz aller Bemühungen muss er sich eingestehen: das schaffe ich nicht. Die anfängliche Begeisterung für die Aufgabe ist erloschen, weil der Erfolg sehr gering ist. Da spürt man Enttäuschung und Mutlosigkeit.

Die Situation, in der sich Timotheus befindet, können mitunter auch Mitarbeiter/innen des Kindergottesdienstes nachempfinden. Es gibt so viele gute Ideen, aber die Praxis bietet dann immer wieder Enttäuschungen. Verzagtheit macht sich breit, und mancher gibt dann schließlich auf. Das ist eine sehr verständliche Reaktion, und wer das selbst schon erlebt hat, wird sich im Verurteilen zurückhalten. Es kann mir helfen, meiner Verzagtheit zu entkommen, wenn ich meine Erfahrungen, die ich mit Gott gemacht habe, mir immer wieder in Erinnerung rufe. Und auch die Erfahrungen von Menschen der Bibel können mir Mut machen oder von Menschen, die sich heute für beinahe aussichtslose Dinge einsetzen. Es macht sie stark, wenn sie sich untereinander in diesem Geist der Liebe und Kraft verbinden. Die Kinder, die zum Kindergottesdienst kommen, erleben häufig, dass sie nur wenige sind. Die Enttäuschung der Mitarbeiterin bleibt ihnen nicht verborgen. Natürlich kann es dann auch für die wenigen ein schöner Kindergottesdienst werden. Aber sollte nicht die Mitarbeiterin mit den älteren Kindern einmal über diese Situation reden? Solch eine Offenheit könnte die Kinder ermutigen, ebenfalls über ihre Gefühle zu reden. Wir hören, dass es schon im Anfang der Kirche beides gegeben hat: Freude und Enttäuschung, Mut und Angst, von Jesus zu reden. Timotheus ist ein Beispiel dafür. Wir tragen zusammen, was ihm geholfen hat. Was können wir tun, damit unser Kreis größer wird? Warum laden wir nicht einfach einen Freund oder eine Freundin ein? Was könnte uns dabei ermutigen bzw. Kraft geben? (sich erinnern, was wir hier schon alles erlebt haben, anderen davon erzählen, zu zweit eine Einladung überbringen u. a.). Auf diesem Hintergrund gewinnt der Vers für den Sonntag vielleicht einen Bezug zur Lebenswirklichkeit für die Mitarbeitenden und die Kinder.

Gestaltungsvorschlag für jüngere Kinder

Einstieg

Sicher habt ihr das schon einmal erlebt. Ihr habt euch auf etwas gefreut und dann ist daraus nichts geworden: auf einen Ausflug – es hat geregnet; auf einen Urlaub – Vati hat keinen Urlaub bekommen; Oma und Opa wollten zu Besuch kommen, aber die Oma ist krank geworden. (Kinder erzählen von eigenen Erfahrungen mit Enttäuschungen). Zusammenfassung: Es dauert dann eine Weile, bis die Enttäuschung vorbei ist. Das kostet richtig Kraft. Ich will euch dazu eine Geschichte erzählen.

Erzählung

Für jüngere Kinder kann eine Geschichte aus dem Umfeld der Kinder erzählt werden, die hier zusammengefasst wiedergegeben ist.
Inhalt der Erzählung: eine schwierige Situation innerhalb der Familie. Eine Familie erwartet ein Baby. Das Baby kommt mit einem Herzfehler zur Welt und muss operiert werden. Die Geschwister sind enttäuscht, die Eltern traurig und verzagt. Nachdem sie sich von dem ersten Schreck erholt haben, bedenken sie, wie viel Gutes Gott ihnen bisher in ihrem Leben geschenkt hat. Darum wollen sie auf Gott vertrauen. Sie überlegen, wie sie sich jetzt gegenseitig helfen können. Der Vater erinnert sich an seinen Taufspruch: „Gott hat uns nicht den Geist der Mutlosigkeit gegeben, sondern den Geist der Kraft und der Liebe." Der Vater sagt: „Gott hat es bisher gut mit uns gemeint. Wie viel Schönes haben wir miteinander erlebt. Gott wird uns Kraft geben, auch Schwierigkeiten zu ertragen. Wenn wir uns gegenseitig helfen und trösten, dann ist sein Geist der Liebe in uns."

Das Baby kommt nach Hause. Die Operation ist gut verlaufen. Jeder kann jetzt etwas für das Baby tun, damit es spürt, dass es alle vier sehr lieb haben. In der Erzählung wird eine Puppe und ein Bettchen oder Körbchen gebraucht, mit dem die Kinder nach der Erzählung spielen können.

Lied: Du verwandelst meine Trauer in Freude

Vertiefung

Kinder spielen mit der Puppe und dem Körbchen, wie es mit Tim und seinen Geschwistern weitergeht. Auch eine Nachuntersuchung beim Arzt wäre eine Spielszene.

Gestaltungsvorschlag für ältere Kinder

Vorausgesetzt wird, dass Kinder und Erwachsene den Gottesdienst gemeinsam beginnen. Vor dem Gottesdienst befragen Mitarbeitende und Kinder den Pfarrer und Gemeindeglieder. Wie viele Besucher erwarten Sie im heutigen Gottesdienst? (es könnten mehr sein, aber…) Die Antworten werden notiert und mit in den Kindergottesdienst genommen.

Lied

Einstieg

Erinnern an den Pfingstsonntag. Das war ein Gottesdienst! (Vielleicht hat ein Chor gesungen.) Da waren mehr Leute als heute da. Stimmung bei der Befragung. Pfarrer XY wäre auch froh, wenn die Kirche voller wäre. Ich würde mich auch freuen, wenn ein paar Kinder mehr in unserem Kreis sitzen. Manchmal bin ich doch recht mutlos und verzagt. Ja, wenn ich an die Geschichte

Sanfter Wind, Sturm und Heiliger Geist

von Pfingsten denke, da war noch etwas los in Jerusalem: viele Taufen, erste Gemeinde. Da machte die Arbeit so richtig Spaß. Aber schon in den ersten christlichen Gemeinden gab es nicht nur Erfolg, sondern oft auch Schwierigkeiten und Enttäuschungen. Ich will euch davon erzählen.

Erzählung (mit einer Erzählfigur)

Das erste Pfingstfest ist schon etwa 25 Jahre her, seit die Jünger es gewagt haben, vor vielen Menschen von Jesus zu reden und sie einzuladen, zu Jesus zu gehören. Ihr wisst, viele haben sich an diesem Tag taufen lassen. Da gab es dann die erste Christengemeinde in Jerusalem. Seitdem ist viel geschehen. In vielen Ländern wurde von Jesus erzählt. Paulus hat mehrere große Reisen unternommen und in vielen Orten Gemeinden gegründet.

Eines Tages kam Paulus nach Lystra. Das liegt in der heutigen Türkei. Dort trifft er Timotheus. Seine Mutter und seine Oma lassen sich taufen. Sie sind begeisterte Gemeindeglieder. Auch Timotheus ist Feuer und Flamme für den Glauben an Jesus. Ja, er wird sogar Mitarbeiter des Paulus und begleitet ihn auf seinen Reisen. Von Paulus lernt er eine Menge über die Arbeit in einer christlichen Gemeinde. Voller Begeisterung erzählt er von Jesus (Die Erzählfigur Timotheus wird in aufrechter Haltung, ein Arm erhoben, in die Kreismitte gestellt). Seht, wie er dasteht, aufrecht voller Kraft, den Arm erhoben, als wollte er sagen: Hört her, ich habe euch etwas Wichtiges zu sagen.

Nach einer Weile wird er selbst Gemeindeleiter in Ephesus. Paulus reist weiter und Timotheus vermisst seinen Rat sehr. Denn Timotheus ist noch jung, und manche in der Gemeinde sagen: „Was will der uns schon beibringen?" Es gibt Leute in der Gemeinde, die streiten sich über den richtigen Glauben. Da gibt es dann oft Ärger. Vielleicht ist Timotheus deshalb so oft krank. Wenn doch Paulus hier wäre, dann wäre für ihn alles leichter. Ja, Paulus hat ihm schon einen Brief geschrieben. Aber das ist doch nicht das gleiche, als wenn er hier bei ihm in Ephesus wäre. Timotheus hat Angst, dass immer weniger Leute zum Gottesdienst kommen. „Was ist nur mit Timotheus los?", fragen die Leute, „seht ihr, wie bedrückt er aussieht?" (Die Kinder versuchen, die Körperhaltung des Timotheus pantomimisch darzustellen. Die Kinder werden auf die Figur hingewiesen, sie muss verändert werden, weil sie nicht mehr dem jetzigen Timotheus entspricht). Paulus hat davon gehört und er schreibt einen zweiten Brief an Timotheus. Dabei spricht er auch die Sorgen an, die Timotheus in der Gemeinde hat. Wir wollen ein paar Sätze aus dem Brief hören (evtl. aus gestalteter Schriftrolle vorlesen).

Gespräch

Die Kinder tragen zusammen, was Timotheus helfen könnte. Hat der Brief den Timotheus ermutigt? Wie könnte seine weitere Arbeit verlaufen sein? Die Kinder äußern ihre Vermutung. Ergänzung: In einem anderen Brief lesen wir eine kurze Bemerkung (Hebräer 13,23): „Ich kann euch mitteilen, dass Timotheus wegen seiner Arbeit für Jesus im Gefängnis saß. Jetzt aber ist er freigelassen. Wenn er bei mir eintrifft, werden wir euch besuchen." Was bedeutet das für unsere Fragestellung? Seht auf die Figur. So kann sie nicht stehen bleiben.

7. Juni 2009

Brieftext

Lieber Timotheus, ich denke oft an dich. In Gedanken sehe ich dich vor mir. Als wir Abschied nahmen, konntest du deine Tränen nicht zurückhalten. Ich danke Gott für die Zeit, die wir gemeinsam unterwegs waren, um von Jesus zu erzählen. Wie viel haben wir gemeinsam erlebt. Ich weiß auch, dass es Schwierigkeiten in deiner Gemeinde gibt. Das macht dir sehr zu schaffen. Ich habe den Eindruck, du bist einfach mutlos und verzagt. Das Feuer deiner Begeisterung für die Sache Jesu ist fast am Erlöschen. Wie kann ich dir aus der Ferne helfen? Ich bin oft mit meinen Gedanken bei dir und deinen Problemen. Ich bitte Gott täglich, dass er dir beisteht. Es kann dir auch helfen, wenn du auf die Menschen siehst, die in deiner Gemeinde mit dir im Vertrauen auf Jesus zusammenkommen. Du bist ja nicht allein. Gemeinsam könnt ihr euch helfen und stärken. Vor allem aber erinnere ich dich, wie groß dein Glaube war, als ich dich bat, mein Mitarbeiter zu werden. Damals habe ich dich gesegnet und damit zu deiner Arbeit bevollmächtigt. Gott hat dir an diesem Tag ein Geschenk gemacht. Er hat dir etwas von seinem Heiligen Geist geschenkt. Ich glaube, das hast du gespürt, und dann bist du mit Feuereifer ans Werk gegangen. Es war ja nicht ein Geist der Furcht und Verzagtheit, den Gott dir gegeben hat. Nein, Gottes Geist ist ein Geist der Kraft und der Liebe. Vertrau darauf, dann wird die Glut deines Glaubens wieder zu einer lodernden Flamme werden. Denke daran: Durch die Liebe zu Jesus sind wir Christen untereinander verbunden. Das gibt uns Kraft und macht uns stark.
In diesem Sinne grüßt Dich
Dein Paulus.

Die Erinnerung an Gottes Geist der Kraft und Liebe hat Timotheus stark gemacht. (Die Erzählfigur wieder in die erste Position bringen.)

Vertiefendes Gespräch

Was hat die Geschichte eigentlich mit uns zu tun? An die Befragung im Gottesdienst erinnern. Die Stimmung war etwas mutlos. Auch was ich über den Kindergottesdienst gesagt habe, klang so. Was könnten wir tun, damit mehr Kinder kommen? Ich könnte Kinder einladen und ihr könntet das auch. Warum ist das so schwer für euch? Was hindert euch daran? Austausch im Gespräch. Was könnte euch helfen? Sich erinnern, was wir Schönes im Kindergottesdienst erlebt haben, warum wir selbst gern gehen. Eine Einladung mitnehmen oder eine Bastelei. Zu zweit ein anderes Kind einladen. Das Kind am Sonntag abholen, damit es nicht allein gehen muss.

Lied

Kreative Gestaltung

Jedes Kind fädelt sich aus Holzperlen ein Armband, an dem eine Perle fehlt. Wenn die Gruppe mit ihrer Einladung Erfolg hat, bekommt jeder die fehlende Perle. Das neue Kind bekommt dann ebenfalls ein Armband.
Alternativ: Es wird eine Briefrolle angefertigt, die den Bibelvers 2. Timotheus 1,7 enthält: „Gott hat uns nicht den Geist der Furcht gegeben, sondern den Geist der Kraft und der Liebe und der Besonnenheit."

Brigitte Donath

Begleitet und behütet wunderbar – Tobias und sein Engel

Rembrandt van Rhijn: Tobias und der Engel

Lieder: Mögen Engel dich begleiten, s. S. 160; Segne uns, o Herr, EG regional, LJ 418

Liturgischer Text: Psalm 91 (LJ 670)

VIII
Begleitet und behütet wunderbar
Tobias und sein Engel

Sonntag	Text/Thema	Art des Gottesdienstes Methoden und Mittel
14.6.2009 1. Sonntag nach Trinitatis	Tobias (1,1–3,6); 4,1–6. (7–19).20–22; 5,1–29 „Ein guter Engel geleitet ihn" (5,29) Tobias findet einen Begleiter für seine Reise	Gottesdienst mit Kindern; Spiel, Gespräch, Erzählung mit drei Erzählfiguren, aus Naturmaterialien gestalteter Reiseweg, Reisebündel mit Spruch basteln, Stoff, Wollfaden, Nadel, Stöckchen
21.6.2009 2. Sonntag nach Trinitatis	Tobias 6–8 „Geschützt von Gottes Erbarmen" (8,17) Tobias gewinnt Sara zur Frau und heilt sie	Gottesdienst mit Kindern; Erzählung mit Bodenbild, Gespräch, Tücher in schwarz und gelb, Seil, gelbe Papierstreifen, Tanz
28.6.2009 3. Sonntag nach Trinitatis	Tobias 9–12 „Preist Gott in Ewigkeit!" (12,18) Die Reise des Tobias nimmt ein gutes Ende	Gottesdienst mit Kindern; Erzählung mit vier Erzählfiguren und gestaltetem Weg (s. 14.6.), Gespräch, Tanz, Würfelspiel

Monatlicher Kindergottesdienst im Juni
Engel als Begleiter, Tobias 5,29 u. a.   S. 175

Zum Text der ganzen Einheit

Beim Buch Tobias/Tobit handelt es sich um ein apokryphes Buch des Alten Testaments, d.h. es wurde nicht in den jüdischen Kanon aufgenommen. Die älteste griechische Übersetzung des Alten Testaments, die Septuaginta, enthält jedoch das Buch Tobias. Von katholischen und orthodoxen Christen (nicht von Protestanten!) wird es darum als fester Bestandteil der Bibel angesehen. Martin Luther meinte: „Die Apokryphen sind der Heiligen Schrift nicht gleich gehalten und doch nützlich und gut zu lesen." Daher kommt auch die unterschiedliche Bezeichnung des Buches. Manche Lutherbibeln enthalten zusätzlich die Apokryphen. Dort findet man das Buch unter seiner lateinischen Bezeichnung „Tobias" (Vater und Sohn tragen hier denselben Namen). In allen anderen gebräuchlichen Bibelübersetzungen findet man das Buch unter seinem griechischen Namen „Tobit". Hier heißt der Vater Tobit und der Sohn Tobias. Auch inhaltlich unterscheiden sich die verschiedenen deutschen Übersetzungen in vielen Details bis hin zur Verszählung. Ich werde mich in meinen Ausführungen, was den Namen als auch die Verszählung betrifft, an die Übersetzung halten, wie sie in der Lutherbibel wiedergegeben ist.

Das Buch Tobias ist eine erbauliche Erzählung. Mit geschichtlichen Ereignissen wird sehr frei umgegangen, ebenso mit geographischen Gegebenheiten. Dem Verfasser des Buches kommt es vielmehr darauf an, Glaubensüberzeugungen zu vermitteln. Er möchte den Lesern deutlich machen, dass jeder Israelit in den Nöten der Zerstreuung die rettende Hilfe Gottes erfahren kann, wenn er in Treue zu diesem Gott und seinen Geboten lebt.

Elke Hasting

2. Ihre Hände werden halten,
wenn ins Stolpern du gerätst.
Manchmal werden sie sie falten,
wo du in Gefahren schwebst.

3. Ihre Füße wirst du sehen,
in den Spuren neben dir.
Sei getrost auf deinen Wegen,
öffne deine Herzenstür.

4. Flügel müssen sie nicht haben,
nur ein freundliches Gesicht,
dass du weißt, du bist getragen,
in die Irre gehst du nicht.

5. Du sollst nicht alleine gehen,
wir sind alle für dich da.
Woll'n als Engel zu dir stehen,
sagen zu dir alle: Ja.

> **14. Juni 2009**
> **1. Sonntag nach Trinitatis**
>
> Tobias (1, 1–3,6); 4,1–6. (7–19).20–22; 5,1–29
>
> **„Ein guter Engel geleitet ihn" (5, 29)**
> Tobias findet einen Begleiter für seine Reise

Lieder: Wer auf Gott vertraut (Denn er hat seinen Engeln befohlen über dir), Sein Ruhm, unsere Freude 1, Feiern und loben 419; Auf Händen getragen, Du bist Herr Kids 5; Lieber Gott, schick uns deine Engel, KG 115; Segne uns, o Herr, EG regional, LJ 418; Zieht in Frieden eure Pfade, EG 258; Mögen Engel dich begleiten, s. S. 160

Liturgischer Text: Psalm 91 (LJ 670)

Zum Text

Es wäre zu umfangreich, die ganze Vorgeschichte des Vater Tobias zu erzählen, zumal der Schwerpunkt dieses Sonntages auf den Reisevorbereitungen des jungen Tobias liegt und darauf, dass der Engel Rafael sein Reisebegleiter wird. Einiges muss jedoch erwähnt werden, weil es für den späteren Verlauf der Geschichte bedeutsam ist. Dazu gehören:
- die Frömmigkeit und Gottesfurcht des Vater Tobias (deshalb dringt sein Gebet an die Ohren Gottes)
- die Hinterlegung des Silbers bei Gabaël in Rages
- die Erblindung des Vater Tobias.

Das lange Wechselgespräch des Vater Tobias mit dem Engel, bei dem es um die Herkunft des Engels geht, kann ebenfalls weggelassen werden. Es ist zwar für den Vater Tobias von Bedeutung, weil er einen „ordentlichen" Begleiter für seinen Sohn sucht, aber für den Fortgang der Geschichte sowie für die Kinder von geringem Interesse. Der Engel Rafael spielt in der Geschichte als Reisebegleiter eine wichtige Rolle und lenkt den Lebensweg des jungen Tobias in eine entscheidende Richtung: Er führt ihn mit Sara zusammen und verhilft ihm zur Heirat mit ihr.

In der Bibel kommen Engel in verschiedenen Funktionen vor:
- Sie haben liturgische Funktion, umgeben den Thron Gottes als himmlischer Thronstaat und stimmen den Lobpreis Gottes an.
- Sie sind Boten Gottes: Wichtige Mitteilungen werden durch sie übermittelt (Verkündigung an Maria, Lukas 1,26ff.; Verkündigung an die Hirten, Lukas 2,8ff). Menschen werden durch sie davon abgehalten, falsche Wege zu gehen (Bileam, 3. Mose 22,22ff).
- Sie erscheinen als Wächter und Begleiter: Michael schützt Gotteskinder vor dem Drachen (Offenbarung 2,7); Rafael begleitet Tobias auf seiner Reise.

Engel sind keine eigenständigen Wesen. Sie haben keine Bedeutung an sich, sondern nur in Verbindung mit Gott, auf den sie hinweisen und von dem sie ausgesandt sind. Engel dürfen nicht losgelöst werden von dem, der hinter ihnen steht. Verselbständigen sie sich, werden sie zu Götzen. So wird auch Rafael von Gott als Bote ausgesandt (3,24.25), weil Gott die Gebete des Vater Tobias und Saras erhört. Und am Ende wird Rafael nicht müde immer und immer wieder darauf hinzuweisen, wer für den glücklichen Ausgang der Geschichte verantwortlich ist: „Preist Gott!", sagt er immer wieder (12,6.17.18.20). So wird die Dankbarkeit vom jungen Tobias und vom Vater Tobias in die richtige Richtung gelenkt.

Der Text und die Kinder

Es ist zu erwarten, dass Engel für die Kindern etwas Vertrautes sind. Sie kennen sie aus bekannten biblischen Geschichten (Weihnachtsgeschichte). Auch in vielen Abendliedern und -gebeten kommen Engel in Form von Schutzengeln vor. Vielleicht haben sie auch schon einmal jemanden sagen hören: „Da hast du aber einen Schutzengel gehabt!" So werden Engel von den Kindern sicherlich durchweg als gute Wesen gesehen, die helfen, beschützen und begleiten, vor denen man sich nicht zu fürchten braucht.

Eine Gefahr sehe ich in anderer Hinsicht: Seit einiger Zeit ist es zu einem regelrechten Engel-Boom gekommen. Engel sind „in" in jeder Hinsicht und sehr oft gerade bei Menschen, die mit Gott und dem Christentum gar nichts anfangen können. Engel werden als praktische Maskottchen verkauft, die man ins Auto hängen oder in die Handtasche legen kann. Wahrsager hantieren mit Engelskärtchen und verteilen persönliche Schutzengel an alle, die sich dafür interessieren. Das alles hat mit dem biblischen Engelsbild nichts mehr zu tun. Hier werden die Engel missbraucht. Ihre Verbindung zu Gott wird gekappt. Sie verkommen zu kleinen Götzen, denen man Mächte zuschreibt, die sie gar nicht besitzen.

Einer solchen Sichtweise muss in jedem Fall entgegengesteuert werden. Den Kindern muss deutlich werden: Nicht der Engel als Person ist wichtig, sondern Gott, der den Engel sendet, Gott, der uns im Engel nahekommt.

Gestaltungsvorschlag für jüngere und ältere Kinder

Lied: Wer auf Gott vertraut

Spiel: Ich packe meinen Koffer
Reihum nennt jedes Kind einen Gegenstand, den es für die Reise in seinen Koffer packt. Die schon genannten Gegenstände der Vorgänger müssen dabei in der richtigen Reihenfolge immer wieder mit genannt werden. Wer etwas durcheinanderbringt oder vergessen hat, muss ausscheiden.

Gespräch
Worauf kommt es an, wenn man sich auf eine lange Reise macht? Es ist nicht nur wichtig, genügend Verpflegung und Kleidung und dergleichen mitzunehmen. Genauso wichtig ist es, dass Gott uns auf dem Weg durch seine Engel begleitet. Darum können wir vor jeder Reise im Gebet bitten.

Erzählung
(mit Erzählfiguren/Egli-Figuren oder anderen einfach gestalteten Figuren)
Vorbereitung: Auf einem langen Tisch oder zwei aneinandergerückten Tischen wird ein Reiseweg mit Naturmaterialien gestaltet. Für den Ausgangspunkt sowie den Endpunkt kann aus einfachen Holzbauklötzen eine Stadt

angedeutet werden. Es empfiehlt sich, wenn möglich, die gestaltete Landschaft nach dem Kindergottesdienst aufgebaut zu lassen, weil am dritten Sonntag noch einmal darauf zurückgegriffen wird.

Vater Tobias (VT): Ich heiße Tobias. Schon viele Jahre wohne ich mit meiner Frau und meinem Sohn hier in Ninive. Aber jetzt bin ich alt geworden. Meine alten Knochen, die wollen nicht mehr so recht. Überall zwickt und zwackt es. Jeder neue Tag ist mühsamer als der vorherige. Und seitdem das mit meinen Augen noch dazu gekommen ist ... Ihr müsst nämlich wissen: Ich bin blind, ich kann nichts mehr sehen! Ach, das war nicht immer so. Früher, da waren meine Augen in Ordnung, aber dann geschah diese Sache mit den Schwalben. Ich bekam Schwalbenkot in die Augen. Es brannte fürchterlich, und dann konnte ich auf einmal nichts mehr sehen. Der Schwalbendreck hatte meine Augen kaputt gemacht.

Früher, als ich noch jünger war, da war Gott mit mir und schenkte mir Gunst und Ansehen beim König. Ich musste weite Reisen für ihn machen und verdiente gutes Geld. Einmal auf einer Reise durch Medien, da hatte ich so viel Geld bei mir, dass ich zehn Talente Silber einem Mann namens Gabaël anvertraute. Er sollte das Geld für mich aufbewahren. Ja – das waren noch Zeiten!

Und jetzt – dieses Elend! Ach Herr, sieh auf mich herab und erbarme dich! Strafe mich nicht für die Sünden, die ich begangen habe. Du weißt, ich habe mich immer bemüht, deine Gebote zu achten und zu halten. Aber du, Herr, bist gerecht. Tu, was dir gefällt. Lass mich doch sterben. Es ist besser für mich, tot zu sein, als zu leben.

Aber bevor ich sterbe, fällt mir noch etwas ein. Dieses Geld, das ich vor Jahren bei Gabaël aufbewahrte – es ist immer noch dort. Ich will meinen Sohn hinschicken. Er soll das Geld abholen, dann hat er ein großes Vermögen.

Tobias!!! Tobias, ich muss mit dir reden!

Junger Tobias (JT): Ja, Vater. Hier bin ich.

VT: Mein Sohn, bevor ich sterbe, will ich dir etwas anvertrauen. Ich habe auf einer Reise durch Medien einem Mann namens Gabaël viel Geld anvertraut. Mache du dich nun auf den Weg und lass dir das Geld von ihm wiedergeben.

JT: Wenn du das möchtest, Vater, so will ich das tun.

VT: Gut, mein Sohn. Aber es ist besser, wenn du dich nicht allein aufmachst. Die Reise ist lang und gefährlich. Such dir doch jemanden, der dich auf der Reise begleitet.

JT: Ja, Vater, das will ich tun.

So macht sich der junge Tobias auf die Suche. Bald begegnet er einem Mann. Dieser Mann ist der Engel Rafael, den Gott gesandt hat, weil er das Gebet des Tobias gehört hat. Aber der junge Tobias merkt nicht, dass es ein Engel ist.

JT: Hallo, guten Tag! Ich suche jemanden, der mich auf einer Reise begleitet.

Rafael (R): Wohin soll es denn gehen?

JT: Nach Medien. Bist du schon einmal dort gewesen?

R: Ja, ich kenne den Weg dorthin. Ich war schon einmal bei einem gewissen Gabaël zu Gast.

14. Juni 2009

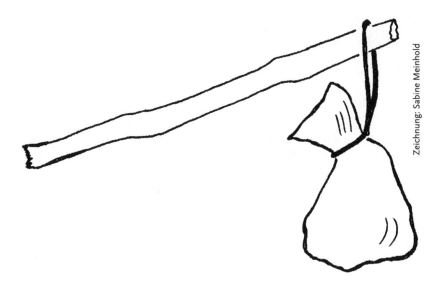

Zeichnung: Sabine Meinhold

JT: Das ist ja toll! Komm, ich möchte dich meinem Vater vorstellen.

JT: Vater, hier habe ich einen Reisebegleiter gefunden, der mit mir nach Medien gehen will.
VT: Ich bin froh, dass mein Sohn dir begegnet ist. Wenn ihr beide gesund zurückkehrt, will ich dir einen guten Lohn geben. Aber nun macht euch fertig zur Reise! Mein Sohn, ich bin gewiss, deine Reise wird ein gutes Ende nehmen, denn ein guter Engel begleitet dich!

Lied: Zieht in Frieden eure Pfade

Gebet
Lieber Gott,
Dankeschön, dass deine Engel als deine guten Boten um uns herum sind.
Wir brauchen sie nicht nur auf langen Reisen, sondern auch auf unserem Weg durch den Tag, wo immer wir auch sind.
Bitte sende sie auch heute zu einem jeden von uns, dass sie uns begleiten und uns deine Liebe spüren lassen.
Amen

Kreative Gestaltung
Ein kleines Reisebündel am Stock wird hergestellt, darin ein Zettel mit der Aufschrift: „Gott hat seinen Engeln befohlen, dass sie dich behüten auf allen deinen Wegen." (Psalm 91,11)
Für das Reisebündel wird aus einem Stoffrest ein großer Kreis (ca. 15–20 cm) ausgeschnitten. Am Rand entlang wird mit einer Nadel ein Wollfaden durchgezogen. Zieht man an beiden Enden des Fadens, so entsteht ein Säckchen, das an einem kleinen Stöckchen festgebunden werden kann.

Lied: Segne uns, o Herr

Elke Hasting

21. Juni 2009
2. Sonntag nach Trinitatis

Tobias 6–8

„Geschützt von Gottes Erbarmen" (8,17)

Tobias gewinnt Sara zur Frau und heilt sie

Lieder: Aus der Tiefe rufe ich zu dir, EG regional, LJ 359, ML B 117; Segne uns, o Herr, EG regional, LJ 418; Von Gottes Engeln behütet sei dein Leben, BF 17

Liturgischer Text: Psalm 91 (LJ 670)

Zum Text

Der Schwerpunkt dieses Abschnittes liegt natürlich auf der Hochzeit des jungen Tobias mit Sara und den ganzen Komplikationen, die damit in Zusammenhang stehen. Dennoch ist die kurze Episode mit dem Fisch (6,1–10) von Bedeutung, denn die Heilmittel, die aus den Innereien des Fisches gewonnen werden, sind wichtig, um den bösen Geist der Sara zu vertreiben und später dem Vater Tobias das Augenlicht wiederzuschenken.

Der Engel ist es, der bewusst vorschlägt, bei Raguël und dessen Tochter Sara einzukehren. Er weiß, dass der junge Tobias derjenige ist, der Sara von ihrem Verhängnis befreien kann. Hinzu kommt, dass der junge Tobias nach dem Gesetz des Mose (4. Mose 36,8.9) verpflichtet ist, Sara zu heiraten, weil er demselben Stamm angehört und somit das Erbteil der Sara dem Stamm erhalten bleibt.

Der junge Tobias bekommt Sara zur Frau und überlebt die Hochzeitsnacht, weil er den Rat des Engels befolgt: Zuerst verbrennt er etwas von der Leber des Fisches und vertreibt so den bösen Geist. Dieser böse Geist wird in der Geschichte fast wie eine Person beschrieben. Er hat einen Namen (3,8), und fast eifersüchtig wacht er darüber, dass Sara keinen anderen Mann bekommt. Der Engel muss ihn gefangen nehmen und binden, um ihn unschädlich zu machen. Diese Fesselung bedeutet für Sara Befreiung und zugleich Heilung.

Danach betet Tobias mit seiner Frau Sara zu Gott und erbittet dessen Segen, bevor sie „als Eheleute einander gehören". Unklar ist, wie lange dieses Gebet dauert. Der Engel und Tobias selbst reden von drei Tagen (6,19ff.;8,4). Aber im Verlauf der Geschichte scheint es sich doch nur um eine Nacht gehandelt zu haben. Auf jeden Fall ist die Freude Raguëls und seiner Frau groß, als Tobias am Morgen noch am Leben ist. Das vorsorglich ausgehobene Grab wird zugeschüttet und ein Festmahl bereitet.

Der Text und die Kinder

Es wird sich als schwierig erweisen, die Vorgänge in der Hochzeitsnacht auf unverfängliche Weise den Kindern nahezubringen. Gerade ältere Kinder verfallen bei einem solchen Thema sehr leicht in Kichereien und Albernheiten. Der Text des Tobias-Buches ist nun aber gerade an dieser Stelle sehr ausführlich, weil es ihm darauf ankommt deutlich zu machen, warum es dem jungen Tobias in der Hochzeitsnacht anders ergeht als seinen sieben Vorgängern. In entschiedener Weise wird alle fleischliche Lust als schlecht und demgegenüber alles Geistige als Gott wohlgefällig dargestellt.

Ebenso schwierig ist es, die sehr mythische Schilderung der Vertreibung des Dämons den Kindern zu erzählen. Allzu leicht gerät die Bibelgeschichte an dieser Stelle in die Nähe eines Märchens. Meines Erachtens müsste es genügen zu sagen, dass Sara wie von einem bösen Geist besessen ist und dass es dem jungen Tobias gelingt, diesen bösen Geist zu vertreiben und Sara zu heilen, indem er mit ihr zusammen in der Hochzeitsnacht lange zu Gott betet. Sie danken Gott füreinander und erbitten seine Barmherzigkeit, bevor sie das Bett miteinander teilen.

Die Episode mit dem Fisch werde ich in diesem Zusammenhang weglassen und erst bei der dritten Erzählung erwähnen, wenn es darum geht, dass der Vater Tobias sein Augenlicht wiedererlangt.

Gestaltungsvorschlag für jüngere und ältere Kinder

Lied: Aus der Tiefe rufe ich zu dir

Erzählung mit Bodenbild
(In die Mitte wird ein zusammengeknülltes schwarzes Tuch gelegt, um das Tuch herum ein dickes Seil. Während der Erzählung werden die Kinder durch Impulse angeregt, sich zu äußern.)

Leiterin: Da ist eine junge Frau. Sie heißt Sara. In Saras Herzen sieht es so aus (auf das schwarze Tuch zeigen). Sara, wie geht es dir? Wie fühlst du dich? Was würde uns Sara wohl darauf antworten?

Kinder (vielleicht)**:** In mir ist es ganz dunkel. Ich bin traurig. Ich habe Angst. ...

Leiterin: Ja, genauso geht es Sara. Eigentlich ist sie meistens ein recht fröhlicher Mensch. Aber manchmal, da ist es, als ob ein böser Geist in ihr wohnte. Da sagt sie Worte, die sie gar nicht sagen will. Hässliche Worte, die anderen weh tun. Und sie tut Dinge, die sie gar nicht tun will. Dinge, die andere verletzen und ihnen weh tun. Und die Leute sagen: Komisch, das ist ja gar nicht die Sara, die wir kennen. Das ist ja, als ob ein böser Geist von ihr Besitz ergriffen hätte. Darüber ist Sara ganz traurig, aber sosehr sie es auch immer wieder versucht, sie kommt einfach nicht an gegen den bösen Geist in ihrem Innern.

Da kommt ein junger Mann. Der möchte Sara gerne heiraten. Sara freut sich, aber in der Hochzeitsnacht stirbt der junge Mann. Es ist, als ob der böse Geist nicht möchte, dass Sara sich freut und glücklich ist. Dann kommt der nächste junge Mann, und es geschieht wieder das Gleiche. Nacheinander kommen sieben Männer. Alle möchten Sara gern heiraten und alle sterben. Sara wird immer trauriger. In ihr wird es immer dunkler. Es ist, als ob ein Seil sich immer fester um sie zusammenzieht und ihr die Luft nimmt. „Ich bringe den Menschen nur Unglück", denkt sie.

„Alle haben Angst vor mir. Niemand will mehr etwas mit mir zu tun haben."
(Die Leiterin legt mit gelben oder hellen Tüchern oder Papierstreifen Strahlen wie von einer Sonne über das schwarze Tuch.)
Leiterin: Was ist denn das? Was passiert denn jetzt mit Sara? – Sara, was ist denn los mit dir? Du bist auf einmal ja ganz verändert?
Kinder (vielleicht)**:** In mir ist es auf einmal ganz hell geworden. Es ist als ob eine Sonne in meinem Herzen scheint. Ich bin froh und glücklich.
Leiterin: Ja, da ist etwas Unglaubliches geschehen. Da ist wieder ein junger Mann gekommen, der Sara heiraten möchte. Sein Name ist Tobias. Und Sara spürt sofort: Es ist nicht wie bei den sieben anderen, dieser Mann ist anders. Es geht etwas von ihm aus, etwas Helles, etwas Warmes. Gott ist mit ihm! Sara bekommt neue Hoffnung. „Vielleicht kann er ja meine Dunkelheit vertreiben?"

Saras Eltern freuen sich, und Tobias darf Sara heiraten. Doch Saras Vater ist misstrauisch. „Es wird werden wie bei allen anderen. Morgen früh ist er tot. Ich werde schon mal eine Schaufel holen und das Grab ausheben."

Am Abend gehen Tobias und Sara in ihr Zimmer. Tobias nimmt Sara in die Arme und sagt zu ihr: „Ich freue mich, dass du meine Frau geworden bist. Ich bin mir sicher, dass wir uns sehr lieb haben werden. Komm, wir wollen Gott danken, dass er uns zueinander geführt hat und uns die Liebe zueinander schenkt." Lange beten Sara und Tobias zu Gott und danken ihm für seine wunderbare Führung. Und Sara spürt, wie es tief in ihr drin immer heller wird, bis schließlich alle Dunkelheit verschwunden ist. Dann legen sich beide zum Schlafen hin.

Am nächsten Morgen sind alle im Haus ganz verwundert: Tobias lebt! Er ist nicht gestorben wie alle anderen! Der böse Geist in Sara ist vertrieben! Sie ist wieder heil, kann lachen und fröhlich sein. Alle freuen sich mit Sara und feiern ein großes Fest. Sie loben und preisen Gott für seine Güte und Barmherzigkeit.

Wir tanzen einen Hochzeitstanz

Auf die *Melodie* des Liedes „In dir ist Freude", EG 398, wird der folgende leichte Kreistanz getanzt. Es kann einfach „la, la, la" gesungen werden, oder die Melodie kann auf einem Instrument gespielt werden. Zur Orientierung beim Tanzen wird der Liedtext hier wiedergegeben. Es ist nicht daran gedacht, das Lied in diesem Zusammenhang zu singen.

(Aufstellung im Kreis mit gefassten Händen)
In dir ist Freude in allem Leide,
abwechselnd nach rechts und links wiegen
o, du süßer Jesu Christ!
Drehung nach rechts mit vier Schritten, dabei Hände lösen.
Durch dich wir haben himmlische Gaben,
abwechselnd nach rechts und links wiegen
du der wahre Heiland bist;
Drehung nach rechts mit vier Schritten, dabei Hände lösen
hilfest von Schanden,
zwei Schritte zur Mitte, dabei die Arme nach oben führen
rettest von Banden.
zwei Schritte wieder zurück, dabei Arme wieder nach unten bewegen

Wer dir vertrauet,
zwei Schritte zur Mitte, dabei die Arme nach oben führen
hat wohl gebauet,
zwei Schritte wieder zurück, dabei Arme wieder nach unten bewegen
wird ewig bleiben. Halleluja.
Drehung nach rechts mit vier Schritten
Zu deiner Güte, steht unser G'müte,
vier Schritte auf der Kreisbahn nach rechts gehen, Hände durchgefasst
an dir wir kleben in Tod und Leben;
vier Schritte auf der Kreisbahn nach links gehen
nichts kann uns scheiden. Halleluja.
Drehung nach rechts mit vier Schritten

Gebet

Lieber Gott,
manchmal ist es auch in mir ganz dunkel.
Ich bin traurig und verzagt.
Bei dir ist Licht und Wärme.
Du kannst es auch in meinem Herzen wieder hell machen.
Du kannst mir helfen, dass ich wieder lachen und fröhlich sein kann.
Hilf mir, das nicht zu vergessen.
Danke, dass du für mich da bist und mich lieb hast. Amen

Lied: Segne uns, o Herr

Elke Hasting

28. Juni 2009
3. Sonntag nach Trinitatis

Tobias 9–12

„Preist Gott in Ewigkeit!"
(12,18)

Die Reise des Tobias nimmt ein gutes Ende

Lieder: Wer auf Gott vertraut (Denn er hat seinen Engeln befohlen über dir), Sein Ruhm, unsere Freude 1, Feiern und loben 419; Mögen Engel dich begleiten, s. S. 160

Liturgischer Text: Psalm 91 (LJ 670)

Zum Text

Während Tobias im Hause seines Schwiegervaters Raguël ausgiebig seine Hochzeit feiert, machen sich seine Eltern zu Hause schon große Sorgen, weil der Sohn so lange ausbleibt. Der junge Tobias scheint dies zu ahnen, und um die Sache nicht noch mehr in die Länge zu ziehen, schickt er seinen Wegbegleiter Rafael zu Gabaël, um das Geld einzutreiben. Als alles erledigt ist, gelingt es Tobias endlich, von Raguël loszukommen und sich mitsamt seiner Frau und deren Mitgift auf den Heimweg zu machen. Warum Rafael Tobias vorschlägt vorauszuziehen und seine Frau mit dem Gesinde und dem Vieh nachkommen zu lassen, wird nicht erklärt. Soll der alte Tobias erst geheilt werden, bevor ihn seine Schwiegertochter zu Gesicht bekommt?

Als der junge Tobias zu Hause eintrifft, ist die Freude und Erleichterung der Eltern groß. Auf Anweisung des Engels hin bestreicht Tobias die blinden Augen seines Vaters mit der Galle des Fisches, woraufhin dieser sein Augenlicht wiedererlangt. Vater und Sohn beraten darüber, wie der treue Weggefährte recht zu entlohnen sei und merken dabei, dass es eigentlich keinen angemessenen Lohn gibt für all das Gute, was dieser ihnen getan hat. Dennoch bieten sie ihm die Hälfte aller mitgebrachten Güter an. Daraufhin lüftet der Engel sein Geheimnis und weist alle Dankesbezeugungen von sich weg auf den hin, der letztlich für alles verantwortlich zu machen ist: Gott. Ihm allein gebühren Dank und Lob in Ewigkeit.

Der Text und die Kinder

Dieser letzte Teil der Geschichte bietet für die Kinder keinerlei Schwierigkeiten. Es ist leicht verständlich, dass Saras Vater seine Tochter nur ungern ziehen lässt, denn wer weiß, wie lange es dauern wird, bis er sie wiedersieht. Große Entfernungen waren damals ja weitaus schwieriger zu bewältigen als heutzutage. Auch die Unruhe und Sorge der Eltern des jungen Tobias ist leicht verständlich, denn immerhin wurde er ja sogar von ihnen losgeschickt auf diese gefährliche Reise. Aber alles nimmt ein gutes Ende. Tobias kommt wohlbehalten an, bringt auch gleich noch eine Ehefrau mit und heilt sogar den alten Vater von seiner Blindheit. Ein schönes Happy-End.

Wichtig ist, dass der Engel all die Dankbarkeit, die ihm entgegengebracht wird, von sich weist und auf Gott hinweist, der letztlich der Geber alles Guten ist. Der Engel selbst hatte nur Boten- oder Mittlerfunktion! Ist es nicht auch in unserem Leben so, dass wir Menschen dankbar sind, die uns trösten und hilfreich zur Seite stehen, und den Dank an den Schöpfer nur allzu leicht vergessen, der diese Menschen zu uns sandte und sie uns hilfreich zur Seite stellte? Gott hat viele Mittel und Wege, seine Liebe und Fürsorge zu uns zu beweisen.

Gestaltungsvorschlag für jüngere und ältere Kinder

Lied: Wiederholung des Liedtanzes (s. S. 168)

Erzählung
(Der aus Naturmaterialien gestaltete Weg und die einfachen Figuren des 1. Sonntags werden wieder verwendet und mit ihrer Hilfe die Erzählung gestaltet.)
JT (in der Stadt auf der einen Seite)**:** Ich bin ja so glücklich, dass ich Sara zur Frau bekommen habe, aber die Hochzeitsfeierlichkeiten dauern jetzt schon so lange ... Ich befürchte, meine Eltern machen sich schon große Sorgen, weil ich noch nicht wieder zurückgekommen bin. Aber Raguël, mein Schwiegervater, will mich einfach nicht gehen lassen. Deshalb habe ich jetzt meinen Reisebegleiter mit dem Schuldschein losgeschickt. Er soll für mich bei Gabaël das Geld holen. Eigentlich müsste er bald zurück sein. Wo er nur bleibt?

VT (in der Stadt auf der anderen Seite)**:** Wo mein Sohn Tobias nur bleibt. Eigentlich müsste er inzwischen schon längst zurück sein. Langsam fange ich an, mir Sorgen zu machen.
Mutter: Ach, mein Mann! Ob Tobias wohl heute endlich nach Hause kommt? Es kann doch nicht sein, dass er so lange braucht! Bestimmt ist ihm etwas Schreckliches zugestoßen! Wir hätten ihn nicht fortschicken sollen. Bestimmt ist er tot und wir sind schuld daran! (weint)
VT: Nun weine doch nicht, meine Liebe. Es wird ihm schon nichts passiert sein. Außerdem hat er doch so einen guten, zuverlässigen Reisebegleiter. Und auch Gott wird seine Hände bestimmt über ihn halten.

JT: Ob mein Reisebegleiter wohl heute zurückkommt? Ob er das Geld wohl bekommen hat? Seht nur dort, tatsächlich, das ist er ja! Wie freue ich mich, mein Freund, dass du wieder da bist! Hattest du Erfolg?
R: Ja, es hat alles geklappt. Gabaël hat mir das Geld freudig zurückgegeben.
JT: Das ist gut! Dann wollen wir uns jetzt aber endlich auf den Weg nach Hause machen. Wir wollen uns nur erst noch von meinen Schwiegereltern verabschieden.

JT: Bald haben wir es geschafft. Es ist nicht mehr weit. Seht, da in der Ferne sieht man schon die Türme meiner Heimatstadt.

Sei gegrüßt, Mutter, sei gegrüßt, Vater, da bin ich wieder.
Mutter: Mein Sohn! Ich hatte schon nicht mehr gehofft, dich lebend wiederzusehen.
VT: Mein Sohn, wie glücklich bin ich, dass du wohlbehalten wieder da bist. Gab es Schwierigkeiten unterwegs? Wurdet ihr aufgehalten?
JT: Nein, Vater. Es ging alles gut. Der Grund für meine Verspätung ist ein freudiger: Ich habe geheiratet. Meine Frau Sara habe ich mitgebracht!
Aber bevor ich sie dir vorstelle, möchte ich noch etwas anderes tun: Ich habe hier ein Heilmittel für deine Augen. Es stammt von einem riesigen Fisch, der mich unterwegs fast gefressen hätte. Aber mein Reisebegleiter hat mir geholfen. Und hier habe ich nun die Galle des Fisches. Mein Reisebegleiter sagte, dass sie deine Augen wieder gesund machen kann. Komm, ich will deine Augen damit bestreichen.
VT: Ja, mein Sohn, wenn es so ist, wie du sagst, wollen wir es tun. – Das ist ja – es ist kaum zu glauben. Es löst sich wie ein Schleier von meinen Augen. Immer deutlicher erkenne ich wieder Licht und Dunkel, Umrisse von menschlichen Gestalten und Farben. Ich kann es kaum fassen. Ich kann wieder sehen! Das ist wunderbar! Gepriesen sei der Mann, der dich auf deinem Weg begleitet hat!
JT: Ja, Vater. Er war es auch, der mich zu Sara führte und der mir geholfen hat, sie zur Frau zu bekommen.
VT: So wollen wir ihm danken und ihn reichlich belohnen!
R: Nein! Nicht mir müsst ihr danken. Ich war nur ein Bote des großen Gottes. Er hat eure Gebete gehört. Er hat eure Tränen und euren Kummer gesehen. Deshalb hat er mich zu euch geschickt. Dankt also nicht mir, sondern preist Gott in Ewigkeit!
VT und JT: Ja, wir wollen Gott loben und preisen. Er hat unsere Wege so geführt, dass alles zu einem guten Ende gekommen ist.

Lied: Wer auf Gott vertraut

Gebet
Lieber Gott,
du hast deinen Engeln befohlen,
dass sie uns behüten auf allen unseren Wegen.
So sind wir gehalten und umgeben von deiner Liebe.
Das macht uns froh und glücklich.
Wir können mutig und gestärkt in die neue Woche gehen. Amen

Würfelspiel
Alle Kinder würfeln einmal reihum. Wenn zwei Kinder die gleiche Zahl würfeln, spielen sie gemeinsam (mit zwei Spielfiguren). Ohne Reisegefährten darf nicht losgegangen werden! Haben alle einen Gefährten gefunden, geht das Spiel los. Die Reisegefährten würfeln gemeinsam mit einem Würfel. Bei einer 6 wird nicht noch einmal gewürfelt.
8: Tobias und sein Reisegefährte befinden sich vor einer engen gefährlichen Schlucht, wo schon viele Reisende von Räubern überfallen wurden. Die einzige Chance ist es, möglichst schnell durchzukommen. Es geht erst weiter, wenn eine 5 oder 6 gewürfelt wurde!
9,10,11,12: Tobias und sein Reisegefährte sind zu langsam durch die gefährliche Schlucht gegangen und sind von Räubern überfallen worden. Bloß schnell wieder zurück nach Hause und

28. Juni 2009

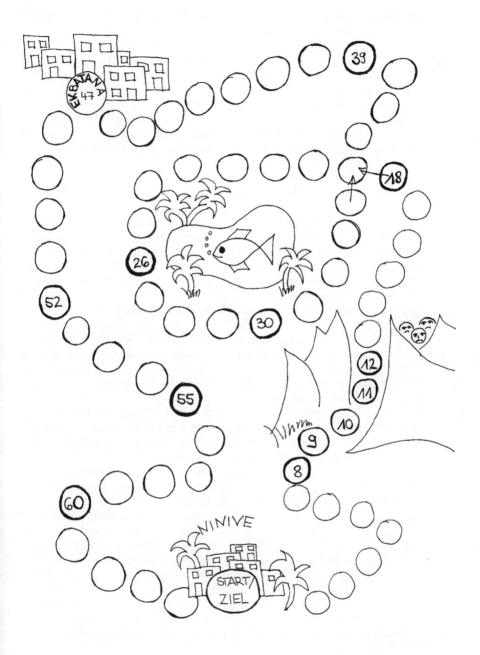

Zeichnung: Elke Hasting

sich gesund pflegen lassen! Tipp: Beim nächsten Mal freiwillig auf Feld 8 stehen bleiben und auf eine 5 oder 6 warten!

18: Hier müssen alle anhalten! Der Weg geht in verschiedene Richtungen weiter! Tobias und sein Reisegefährte überlegen, welcher Weg wohl der richtige ist. Beide Reisende dürfen würfeln.
Ist die gemeinsam erwürfelte Zahl 6 oder weniger: So langsam, wie ihr seid, dürft ihr die Abkürzung nehmen und in der nächsten Runde gleich rechts abbiegen.
Ist die gemeinsam erwürfelte Zahl 7 oder mehr: Ihr seid so schnell, dass ihr ruhig einen Umweg über den See machen könnt. In der nächsten Runde dürft ihr geradeaus weitergehen.

39: Der Engel gibt Tobias den Rat, in Ekbatana, im Hause seines Verwandten zu übernachten und dessen Tochter Sara zu heiraten. Tobias ist unsicher. Er weiß, dass Sara schon sieben Männer hatte, die alle gestorben sind.
Beide Reisegefährten dürfen zweimal würfeln. Sind zwei gleiche Zahlen darunter, zeugt das von großem Vertrauen. In der nächsten Runde dürft ihr weitergehen. Sind nicht zwei gleiche Zahlen darunter, muss in der nächsten Runde nochmal um gleiche Zahlen gewürfelt werden.

47 (Ekbatana)**:** Hier müssen alle anhalten.
Wer als Erster hier ankommt, hat Glück. Er darf die schöne Tochter Raguels heiraten. Alle freuen sich mit und tanzen gemeinsam noch einmal den Hochzeitstanz.
Alle weiteren, die auf das Feld kommen, sind zu spät dran. Die schöne Sara ist schon vergeben. Mitgefeiert darf werden, aber das kostet Zeit. Einmal aussetzen.

52: Der Engel rät Tobias vorauszueilen und Sara mit dem ganzen Gefolge nachkommen zu lassen. Allein geht es schneller vorwärts. Nochmal würfeln.

55: Tobias macht sich Sorgen um Sara. Vielleicht hätte er sie doch nicht allein lassen sollen? Besorgt kehrt er um zum Feld 52.

60: Schon sind in der Ferne die Dächer Ninives zu sehen. Tobias ist froh, dass er es bald geschafft hat, aber auch so erschöpft, dass er noch einmal eine Pause einlegen muss. Erschöpft wartet er, bis alle Mitspieler an ihm vorbeigezogen sind.

65 (Ninive)**:** Tobias und sein Begleiter sind wohlbehalten zu Hause angekommen, die Freude ist groß. Doch hat Tobias das Heilmittel für die blinden Augen des Vaters vielleicht in Ekbatana vergessen? Aufgeregt sucht er in seiner Tasche nach dem Tuch, worin er die Medizin eingewickelt hatte.
Wer kein Taschentuch einstecken hat, muss von Ekbatana aus den Heimweg nochmal antreten. Aber diesmal bitte mit Taschentuch!

Elke Hasting

28. Juni 2009

Monatlicher Kindergottesdienst im Juni
Engel als Begleiter, Tobias 5,29 u.a.

Bald ist Ferien- und Reisezeit. Man braucht Gepäck, Proviant und Begleitung. Schutzengel sind stärker im Bewusstsein denn je. In der Geschichte von Tobias schickt Gott seinen Engel als Begleiter für den Lebensweg. Er gibt sich erst zum Schluss zu erkennen. Es empfiehlt sich, den Anfang der Geschichte ausführlich zu erzählen, den Verlauf der Reise nur zu streifen. Die Erzählung kann liturgisch mit Luthers Morgen- und Abendsegen (Ev. Gesangbuch) und Psalm 91 gerahmt werden.

Der **Gestaltungsvorschlag für den 14.6.2009** (S. 162) eignet sich für einen monatlichen Gottesdienst. Das **Bild** S. 158 „Tobias und der Engel" von Rembrandt van Rhijn kann die Erzählung unterstützen. Der Fortgang der Geschichte des Tobias lässt sich mithilfe des **Würfelspiels** S. 173 erzählen.

Der Tag nimmt seinen Lauf

Zeichnung: Sabine Meinhold

Lied: Er hält die ganze Welt in seiner Hand (neuer Text S. 188), Melodie: KG 143, LJ 517, MKL 45; LfK2 118

Liturgischer Text:
Psalm 104, (1–2,10–12.14.)19–24

IX
Der Tag nimmt seinen Lauf

Sonntag	Text/Thema	Art des Gottesdienstes Methoden und Mittel
5.7.2009 4. Sonntag nach Trinitatis	Guten Morgen, schöner Tag	Gottesdienst mit Kindern; Gespräch, Bild „Guten Morgen, aufstehen", Bildkarten zu Tätigkeiten, Erarbeitung eines Gebetsschemas für ein Morgengebet
12.7.2009 5. Sonntag nach Trinitatis	Der Mittag kommt	Gottesdienst mit Kindern und Erwachsenen; Erzählung, 5 Sonnen aus rotem, gelbem, weißgelbem Tonkarton, Würfel mit Tischgebeten basteln (S. 193)
19.7.2009 6. Sonntag nach Trinitatis	Denn es will Abend werden	Gottesdienst mit Kindern (und Erwachsenen); Erzählung mit Bodenbild, Gespräch, Filzblumen, Steine, Muscheln, Tücher, Naturmaterialien, Teelichte

Monatlicher Kindergottesdienst im Juli
Morgen, Mittag und/oder Abend S. 193

5. Juli 2009
4. Sonntag nach Trinitatis

Guten Morgen,
schöner Tag

Lieder: Heut ist ein Tag, an dem ich singen kann, LJ 555, KG 1, LfK1 C1; Halte zu mir, guter Gott, KG 8, LJ 59, LZU 39, MKL1 52

Liturgischer Text:
Psalm 104, (1–2.10–12.14.) 19–24

Zum Thema

Der immer wiederkehrende Rhythmus von Tag und Nacht ordnet und beeinflusst unser Leben. Nach dieser aufgrund des Sonnenlaufes entstandenen Grundordnung richten wir unseren Tagesablauf. Während die Nacht in der Regel als eine „Phase" des 24-stündigen Tages betrachtet wird, gliedert sich der Tag in mehrere Abschnitte: der Morgen, der Vormittag, der Mittag, der Nachmittag und der Abend. Immer wiederkehrende Abläufe geben dem Leben Struktur. Sie gliedern den Alltag, geben ihm Ordnung und Übersichtlichkeit. Für den Morgen maßgeblich ist der Übergang zwischen Tag und Nacht. Die Phase der Ruhe, der Entspannung und des Kräftetankens wird abgelöst von dem Start in einen neuen Tag, der in der Regel mit dem Einsatz von geistiger und körperlicher Tätigkeit verbunden ist. Dieser Schnittstelle gilt es eine besondere Aufmerksamkeit zukommen zu lassen.

Christen kennen die Tradition des Morgenlobes. Eine große Anzahl von Gebeten und Liedern spiegelt wider, dass dieser Übergang von der Nacht zum Tag von jeher eine besondere Bedeutung hat. Im Alltagsleben ist hiervon jedoch nur noch wenig bekannt und erlebbar. Der Gestaltungsvorschlag möchte den Versuch unternehmen, dem entgegenzuwirken. Mit Hilfe eines Gebets soll zum einen ein kleines Ritual geschaffen werden, dass helfen soll, dem bevorstehenden Tag Ordnung und Übersichtlichkeit zu vermitteln. Zum anderen soll die Nähe und Begleitung Gottes durch den Tag erfahrbar werden.

Das Thema und die Kinder

Seit dem Beginn ihres Lebens sind Kinder mit dem unabänderlichen Rhythmus von Tag und Nacht konfrontiert. Dieser immer wiederkehrende Ablauf schenkt Vertrauen und Sicherheit. Die Nacht dient auch Kindern zum Krafttanken für die körperlichen und seelischen Anforderungen des Tages. Der Morgen verläuft in jeder Familie individuell. Er ist von unterschiedlichen Faktoren wie dem Alter und der Anzahl der Kinder, den beruflichen Verpflichtungen der Eltern, der Betreuungsmöglichkeit der Kinder u. a. abhängig. Verallgemeinernd kann man das Wecken, die Körperpflege, das Frühstück und ein Abschiedsritual als typisch morgendliche Rituale festhalten, die jedoch selten religiös geprägt sind. Die anstehenden Verpflichtungen des Tages sind meist die Ursache dafür, dass der Morgen straff durchorganisiert ist und nur wenig Zeit und Raum für die persönlichen Bedürfnisse lässt. Rituale können hier einen Ausgleich zu Hektik und Gedränge schaffen. Insbesondere jüngeren Kindern helfen sie, Eindrücke oder Erwartungen leichter zu verarbeiten und ihre Wahrnehmung zu strukturieren.

Das Thema des Gottesdienstes lautet „Guten Morgen, schöner Tag". Ein neuer Tag bricht an. Was wird er bringen? Darüber machen sich wohl nur wenige der jüngeren Kinder am Morgen Gedanken. Entweder sind sie noch zu klein, um den Ablauf eines Tages zu überblicken oder der morgendliche „Fahrplan" ist so eng gestrickt, dass er für ein Gespräch und den Austausch von Gedanken keine Zeit vorsieht. Ältere Kinder hingegen wissen sehr wohl, was „ansteht", sei es eine bevorstehende Klassenarbeit, ein Aufeinandertreffen mit bestimmten Personen oder Ähnlichem.

Ein Ritual, das in aufmunternder Weise auf den Tag einstimmt, einen Halt zum Nachdenken setzt und zudem darauf zielt, die Erwartungen an den Tag durch das Verbalisieren zu überblicken und zu strukturieren, soll in Form eines Gebets mit den Kindern im Gottesdienst erarbeitet werden. Die Intention des Morgengebets liegt darin, einen Moment innezuhalten und die Aufmerksamkeit bewusst auf das Kommende zu richten. Dementsprechend sollte man das Gebetsritual in Bezug auf Ort und Zeitpunkt nach den eigenen Bedürfnissen ausrichten: im Bett, am Frühstückstisch, beim Schnürsenkelzubinden ... Es geht darum, zu sich selbst zu kommen, die bevorstehenden Gaben und Aufgaben anzunehmen und sich dabei der Nähe Gottes gewiss zu sein.

Die offene Gebetsform zielt auf ein individuelles und intensives Auseinandersetzen mit dem Kommenden. Die vorgegebene Struktur bildet den Rahmen, um den Einstieg in ein regelmäßiges Morgengebet zu erleichtern. Das Einführen eines bestehenden Gebets birgt die Gefahr, dass es irgendwann nur noch „heruntergeleiert" wird und die damit verbundene Idee verloren geht. Anders verhält es sich bei jüngeren Kindern. Bei ihnen bietet sich ein kurzes, eventuell in Reimform verfasstes Gebet an. Hier vermittelt die immer wiederkehrende Form Halt und Geborgenheit.

Ursprünglich sollten Rituale den Bedürfnissen der Familie entwachsen. Sie müssen zu der jeweiligen Familie und ihrer individuellen Situation passen und sich gut in den Alltag integrieren lassen. Ein im Kindergottesdienst erarbeitetes Ritual in eine Familie zu integrieren, kann zu Problemen führen. Daher ist es ratsam, die Eltern z.B. in Form eines kurzen Elternbriefes zu informieren, der die vorgegebene Struktur des Gebets sowie die damit verbundene Absicht vermittelt.

Gestaltungsvorschlag für jüngere und ältere Kinder

Materialien
Bild „Guten Morgen, aufstehen!" (S. 180)
Kreis und Strahlen aus gelbem Tonkarton

Der Tag nimmt seinen Lauf

Bildausschnitt „Guten Morgen, aufstehen!" aus: Dorothea Tust, Guten Morgen, aufstehen!
Carlsen Verlag GmbH, Hamburg 2006.

Filzstift, Klebstoff
Vergrößerte Kopien der Bildkarten (Symbole für Tätigkeiten)

Einstieg mit Bild
Als Impuls wird den Kindern ein Bild gezeigt, auf dem ein Kind erwacht. Nach einer kurzen Zeit der Betrachtung äußern sich die Kinder spontan dazu. Sicherlich werden sie erkennen, dass das Kind am Morgen erwacht, sich über die überstandene Nacht und auf den bevorstehenden Tag freut. Hierbei wird das Gespräch auf den Ablauf der Kinder am Morgen geleitet. Wer mag, kann dazu erzählen. Die Nennungen werden auf einen Sonnenstrahl geschrieben und das Kind darf diesen dann an die Sonne kleben.

Lied: Heut ist ein Tag
Die besungene Tätigkeit kann jeweils in Bewegung bzw. als Geräusch umgesetzt werden.

Hinführung mit Bildkarten
Ein neuer Tag bricht an. Was wird er bringen? Gemeinsam überlegen wir, was alles passieren kann oder heute noch geschehen wird. Hierzu können die Bildkarten genutzt werden. Die durch ein Symbol abgebildeten Tätigkeiten werden jeweils von einem Kind pantomimisch dargestellt. Vielleicht haben die Kinder auch eigene Ideen und Vorschläge.

Lied: Heut ist ein Tag
Nun werden die eben beschriebenen Tätigkeiten besungen und in Bewegungen umgesetzt.

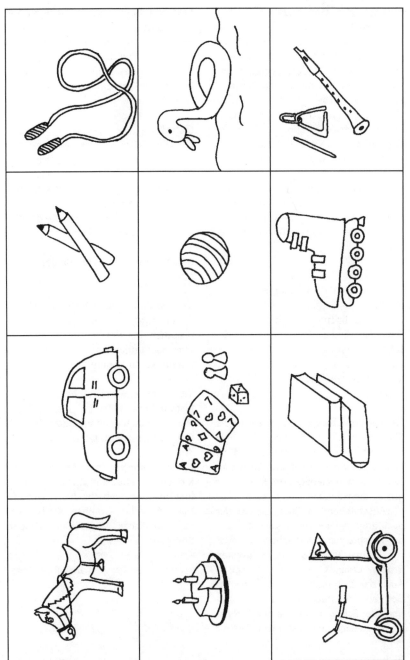

Erarbeitung „Morgengebet"

Das Lied hat bereits verdeutlicht: An einem neuen Tag kann man viel erleben. Manches ist schön und wir freuen uns darauf. Anderes bereitet uns Unbehagen und Angst, dazu Beispiele sammeln. Werde ich das schaffen? Dann ist es gut zu wissen, dass Gott uns begleitet. Wir können ihm unsere Gedanken und Gefühle erzählen. So kann uns ein Morgengebet helfen, die Aufgaben und Dinge eines Tages zuversichtlich anzugehen, weil wir wissen, dass Gott in unsere Nähe ist. Die Struktur des Gebets wird vorgestellt. (Gebetsvorschläge für jüngere Kinder s. u.)

Lieber Gott,
ich freue mich, dass ein neuer Tag beginnt.
Ich danke dir für ...
Ich hoffe, dass ...
Ich bitte dich ...
Behüte und beschütze mich
auch an diesem Tag.
Amen

Gemeinsam überlegen wir, wie man die Sätze beenden könnte. Möglichst viele Ideen sollten hierbei eingefügt und als Gebet gesprochen werden. Zu dieser gemeinsamen Gebetsform fassen wir uns an die Hände.

Abschließend sollten die Kinder dazu angeregt werden, täglich das Gebet zu sprechen. Das geht allein oder mit Mama, Papa, Bruder, Schwester, Bruder, Oma, Opa, Tante, Onkel ... Auch der Zeitpunkt kann variieren: im Bett, am Frühstückstisch, beim Anziehen oder Schnürsenkelzubinden. Wichtig ist es, sich einen Moment Zeit für ein kurzes Gespräch mit Gott zu nehmen.

Lied mit Bewegungen: Halte zu mir, guter Gott
Zur ersten und dritten Zeile kann man die Hände über der Brust kreuzen; während der zweiten und vierten Zeile bilden die Arme und Hände ein Dach über den Kopf.

Gebet

Der/die Leiter/in des Kindergottesdienstes spricht das Gebet in oben genannter Form und versucht dabei, die Gedanken und Gespräche des Gottesdienstes zusammenzufassen.
Die Kinder erhalten eine Kopie des Gebetsschemas für zu Hause.

Gebetvorschläge für jüngere Kinder:

Vom Schlaf bin ich gesund erwacht,
du, Gott, warst bei mir in der Nacht;
bist auch den ganzen Tag bei mir.
Das macht mich froh.
Ich danke dir. Amen

Wo ich gehe, wo ich stehe
bist du, lieber Gott, bei mir.
Wenn ich dich auch niemals sehe,
weiß ich trotzdem: Du bist hier.
Amen
(Weitere Morgengebete finden sich im Kindergesangbuch, im Ev. Gesangbuch und in Kindergebetbüchern wie z.B. Marthel Siering, Greifbare Kindergebete. Christliches Verlagshaus GmbH, Stuttgart)

Bianca Rischbieter

**12. Juli 2009
5. Sonntag nach Trinitatis**

Der Mittag kommt

Lieder: Der Tag ist seiner Höhe nah, EG 457 (in Auswahl); Alle gute Gabe, EG 508 (nur den Refrain); Er hält die ganze Welt in der Hand (neuer Text siehe S. 188), MKL 45, KG 143, LJ 517; Vom Aufgang der Sonne, EG 456, MKL 36; Miteinander essen, das kann schön sein, LJ 599, weitere Lieder s. S. 184

Liturgischer Text:
Psalm 104,19–24,27,33,35b

Zum Thema

Der Mittag kommt. So tritt zum Mahl. Das ist ein schönes Bild. Wie viele Menschen können dies heute bewusst tun? In unserer schnellen Zeit, so spüre ich, wird schnell mal eine Mahlzeit übergangen. Das ist am Mittag gut möglich. Menschen sind unterwegs. Das Mittagbrot wird aus der Tasche ausgepackt oder ein Imbissstand muss herhalten. Kinder haben nach dem Unterricht am Vormittag noch weitere Schulstunden. Da ist eine Mittagspause von 20 Minuten oder einer halben Stunde zu wenig, um innezuhalten, gemütlich zu essen oder sich auszuruhen in der Hitze oder der Höhe des Tages. Mir scheint, dass der Mittag die Tageszeit ist, die am wenigsten bewusst wahrgenommen wird. Dabei ist sie für unseren Körper, unseren Geist, unsere Kraft und Energie wesentlich. Vom Morgen bis zum Abend kann kaum jemand über einen längeren Zeitraum diesen Spannungsbogen ohne Zwischenstopp bewältigen. So ist es notwendig, aufmerksam zu machen, wie wichtig eine Zäsur auf der Höhe des Tages für uns ist. Eine Ausruhzeit für Körper und Seele einzuschieben ist für jeden Menschen heilsam. Andere Länder sind uns da weit voraus. Siesta – so nennt man die Mittagsruhe in den südlichen Ländern. Und es ist so, da ist wirklich Ruhe, das Getriebe des Tages steht still und die Menschen ziehen sich zurück, um zu ruhen und Kraft zu schöpfen.

Ich denke, der Gottesdienst über die Bedeutung des Mittags muss nachvollziehbar verdeutlichen, wie gut es ist, dass wir Pausen machen können, wie wichtig es ist, dass wir essen und wie wir in Gottes großen Zusammenhang vom Ablauf der Zeiten hineingestellt sind. Mit den ausgewählten Versen des Psalms 104 kann ich das nachvollziehbar veranschaulichen.

Das Thema und die Kinder

Mittagsruhe – so was brauchen doch nur die Kleinen, die Babys. Wir sind schon groß. Mittagsschlaf ist für uns passé. So ähnlich könnte die Antwort von Kindern, die bereits zur Schule gehen, auf die Frage nach der Mittagsausruhzeit lauten. Und außerdem habe ich ja gar keine Zeit dazu. Nach der großen

Der Tag nimmt seinen Lauf

Essenspause ist ja gleich wieder Unterricht, oder im Hort, da machen wir dann gleich die Hausaufgaben.
So sieht der Tageslauf in der Woche für Kinder aus. Das ist die herbe Realität. Ich denke, in erster Linie müssen die Eltern darauf achten, dass Kinder zu Mittag etwas essen, dass eine Pause eingelegt wird, wo auch immer das sein kann: zu Hause, in Schule oder Hort. Und es ist wertvoll sich zu versichern und sich zu überzeugen, dass zum einen die Kinder sich daran halten und dass die äußeren Gegebenheiten vorhanden und realisierbar sind. Wenn also der Alltag der Kinder so strukturiert ist, dass kaum eine ausreichende Pause eingelegt werden kann, dann möchte ich die Wochenenden und Ferienzeiten für die Ruhe und das ausgiebige Mahl am Mittag hervorheben.

Gestaltungsvorschlag für Kinder und Erwachsene

Weitere Liedvorschläge: Wie die Blumen auf dem Feld, MKL2 118; Die Reise der Sonne MKL2 115; Schnell eilt der Tag dem Abend zu, MKL2 97; Schenk uns Zeit, MKL2 95; Gott stärke dich, MKL2 42; Ich singe dir mit Herz und Mund, MKL 54, EG 324

Benötigtes Material
je eine Sonne – rot für den Morgen und den Abend, je eine Sonne gelb für den Vormittag und den Nachmittag, eine Sonne weißgelb für den Mittag, etwa im A2-Format, ein Stuhl in der Mitte des Altarraums

Eingangsvotum
Wir feiern diesen Gottesdienst im Namen des Vaters und des Sohnes und des Heiligen Geistes. Unsere Hilfe kommt von dem Herrn, der Himmel und Erde gemacht hat.

Begrüßung, Lied

Aktion zur Einstimmung
„Hier liegen verschiedene Sonnen, kann jemand von euch uns einmal den Tageslauf der Sonne hier zeigen?" (Entweder tut es ein Kind allein, oder man hat fünf Sonnen und der gesamte Lauf der Sonne wird vom Morgen bis zum Abend dargestellt: rot – gelb – weißgelb auf dem Stuhl, gelb – rot, so dass ein schöner Halbkreis entsteht; dazu könnte man den Kanon singen: Vom Aufgang der Sonne bis zu ihrem Niedergang).

Auf Zuruf kann man fragen, was das Wesentliche der jeweiligen Tageszeiten ist. Danach bittet man, dass nur die Mittagssonne stehen bleibt: „In unserem Gottesdienst soll es heute ganz besonders um den Mittag gehen. Am Mittag, wenn die Sonne ihren höchsten Punkt am Tag erreicht hat."

Lied: Der Tag ist seiner Höhe nah

Psalm (angegebene Verse) lesen

Eingangsgebet
Gott, du Schöpfer und Vater alles Lebendigen.
Wir sind heute hier zusammen, um uns wieder neu von dir berühren zu lassen.
Sei uns nahe mit deinem Wort.
Lass uns spüren, wie gut du deine Welt für uns eingerichtet hast.
Danke, dass wir uns darauf verlassen können, dass die Sonne auf- und untergeht und wir uns anstrengen, aber auch ausruhen dürfen.
Amen

12. Juli 2009

Lied

Verkündigung
Wir haben gerade von der weisen Ordnung Gottes gehört. Die Verse des Psalms 104 sagen das ganz wunderbar. Gott hat Sonne und Mond gemacht. Er gibt den Kreislauf vor. Es wird hell und es wird finster. Es wird Tag und es wird Nacht.

Die Nacht gehört eher den Tieren, die dann ganz aktiv sind. Die Löwen brüllen und suchen Speise. Das kann man sich mit diesem Bild ganz gut vorstellen. Und ich denke, da ist es ganz gut, dass ich in meinem Bett bin und nicht auch unterwegs. Ich will ja nicht unbedingt die wilden Tiere oder gar den Löwen treffen.

Der Tag steht dem Menschen zur Verfügung. Er geht an seine Arbeit, er geht in den Kindergarten, er geht in die Schule, er erledigt, was anliegt, die verschiedensten Dinge. Er geht zum Fußball, er geht zum Schwimmen, zur Musikschule, zur Christenlehre, zum Fitnessstudio, zum Reiten und, und, und. So ist das geregelt und es ist gut so. Und weil das alles immer schon so war, machen wir uns gar keine Gedanken mehr darüber. Ich bin froh, dass ich mich ganz auf Gott verlassen kann, dass dies auch so bleibt.

Erzählung
Aber kürzlich ist mir zu Ohren gekommen, dass die Tageszeiten ein sehr eigenartiges Gespräch miteinander geführt haben. Ich denke, ich muss euch das erzählen, denn es hat mich sehr nachdenklich gemacht.

Also fragt mich nicht wie, aber der Morgen, der Mittag und der Abend haben sich auf einer Bank im Stadtpark, oder war es ein Waldesrand – ich weiß es nicht mehr genau – getroffen. Der Morgen, er saß ganz frisch und fröhlich da und er plapperte ganz munter daher, wie er sich freue, dass er die Menschen aufstehen lässt, dass die Sonne nach der langen Nacht wieder das Licht anknipst, und die Menschen sich freuen, dass sie in die Hände spucken können und ihre vielen Sachen regeln können. „Na ja, es gibt natürlich einige Menschen, die nicht so gerne aufstehen und lieber bis zu dir, Mittag, im Bett blieben. Aber das sind nicht so viele und sie müssen ja doch aufstehen, weil die Schule ja morgens beginnt. Ach, ich bin schon toll. Nach mir müssen sich alle richten." Ja, so sprach er und bürstete sich sein kurzes strubbeliges Haar.

Der Abend hatte so eine ganz volltönende Stimme. Er dehnte sich ausgiebig und reckte seine langen Glieder. Und er sprach davon, wie schön es ist, dass die Menschen jetzt gut gelaunt zu Hause sitzen, auf dem Balkon oder im Garten, dass sie sich ausruhen, ein schönes Essen haben, dass sie sich mit ihren Kindern unterhalten, wie der Tag so war. „Sie erzählen sich, was gut geklappt hat und wo es Ärger gab. Sie machen einen Plan, was am nächsten Tag erledigt werden kann. Manche machen auch gar nichts. Sie hören einfach den Vögeln zu, die ja bei mir am Abend mindestens genauso schön zwitschern wie bei dir, Morgen. Und es gibt auch Menschen, die gucken den ganzen Abend in den Fernseher und finden das toll. Na ja, ist mir auch egal. Es kann ja jeder mit seiner freien Zeit machen, was er will. Einige müssen auch arbeiten, weil auch am Abend und in der Nacht mancherlei Arbeit erledigt werden muss. (Wieso ist eigentlich die Nacht heute nicht hier bei uns auf der Bank?) Ja, auch ich finde mich ziemlich toll, denn bei mir gibt es viel schöne Zeit und sehr viele Möglichkeiten, was man miteinander oder allein machen kann. Und wenn man dann endlich müde ist, kann man sich ins Bett kuscheln. Das Bett finde ich übrigens fast die tollste Erfindung der Menschen." Und er strich sich zufrieden über seine warmen Wangen und den runden Bauch.

Ziemlich still in der Mitte der Bank saß der Mittag und ließ den Kopf hängen. Die beiden merkten gar nichts von seinem Niedergeschlagensein. Sie waren ziemlich sehr mit sich selbst beschäftigt und mit ihrer Wichtigkeit. Aber dann konnte es der Mittag nicht mehr aushalten und er fing an zu klagen: „Ach, bei mir ist alles ganz anders. Mich haben die Menschen heute fast ganz vergessen. Früher war es so: Wenn ich kam, da haben sie eine Pause bei der Arbeit gemacht. Um zwölf, da läutete die Glocke im Kirchturm, und da war den meisten klar, so, jetzt ist Mittag. Jetzt gehen wir nach Hause, wir essen etwas, und dann ruhen wir uns ein kleines halbes Stündchen aus. Das war ganz wichtig, damit man dann wieder gut weitermachen konnte. Die Menschen haben gewusst, dass sie einen ganzen Tag ohne eine gute Pause nicht durchhalten können.

Heute ist das ganz anders. Nicht mal die Kinder machen eine richtige Pause, sie haben manchmal bis nachmittags um zwei oder drei Schule. Manche essen kein warmes Mittagbrot, nur ein Pausenbrot und dann schnell, schnell geht es weiter. Die großen Menschen sind sonst wo unterwegs, auf der Arbeit, im Beruf, und was weiß ich nicht noch alles. Ich komme zwar auch zu ihnen, aber sie sitzen gerade in einem Auto, sie fahren mit einem Bus oder Zug, sie sitzen am Computer, oder stehen an einer Kasse im Supermarkt. Ich sage ihnen zwar: Hallo Leute, ich bin jetzt da, die Sonne steht am höchsten, macht Pause, esst etwas, ruht euch ein kleines halbes Stündchen aus! Aber das ist gerade so, als hätte ich nichts gesagt. Manche schauen zwar kurz mal auf die Uhr, und denken vielleicht sehnsuchtsvoll, ach, es ist zwölf. Manche schauen auch mal zum Himmel in die Sonne und merken, dass ihr Schatten jetzt am kürzesten ist, und manche gähnen auch, aber das sind nur ganz kleine Augenblicke und dann geht schon wieder alles weiter im Tempo. Ich bin darüber sehr unglücklich. Ich habe die Menschen lieb und möchte gern, dass sie sich nicht so kaputt machen. Aber ich habe im Moment gar keine Ahnung, was ich dagegen tun kann." Und der Mittag massierte sich die Nasenwurzel und die Stirn, so als müsste er eine gute Idee aus seinem Kopf herauskriegen.

Der Morgen und der Abend saßen da und hörten auf die Klage des Mittags. Sie waren still und nachdenklich geworden. Und ich denke, sie haben gespürt, dass die Klage des Mittags sehr schwer wiegt, denn sie kennen ja auch die Menschen und es ist ihnen nicht egal, was mit ihnen geschieht. Sie rückten beide ein wenig näher an den Mittag heran, um ihm zu zeigen, dass sie ihn verstehen. Aber eine so richtig gute Idee wollte ihnen auf Anhieb auch nicht einfallen. Sollten sie ihm sagen, dass er sich auf das Wochenende freuen soll oder

auf die Ferien und den Urlaub? Oder sollten sie ihm sagen, dass die Menschen in den südlichen Ländern ja eine lange Mittagspause, eine Siesta machen? Sie waren sich sicher, dass das der Mittag selbst wusste, denn er ist ja nicht dumm.
Und noch eines wussten sie sicher. Der Mittag wird jeden Tag wiederkommen, auch wenn er oft unbemerkt vorübergeht. Denn das weiß auch der Mittag: Gottes guter Plan ist so angelegt, dass jede Tageszeit wichtig ist, für die Erde, für alle Lebewesen. Und auch wenn der Job schwer ist, den der Mittag hat, er wird den Plan nicht durcheinanderbringen, indem er sich beleidigt zurückzieht.
Gott, sei Dank dafür. Der Psalm sagt es mit den Worten: Ich will dem Herrn singen mein Leben lang und meinen Gott loben, solange ich bin. Lobe den Herrn meine Seele. Ich sagte ja zu Beginn, dass mich dieses Gespräch sehr nachdenklich gemacht hat. Amen

Lied

Fürbittgebet
Gott, du kennst uns.
Du stellst uns deine Erde für unser Leben zur Verfügung.
Wir danken dir dafür.
Bitte lass uns spüren, wie wir verantwortlich mit ihr umgehen können.
Dazu gehört, dass wir an unsere Mitlebewesen denken,
aber nicht nur um sie sollen wir uns sorgen,
sondern auch um uns selbst.
Wir denken oft, dass wir schon alles schaffen,
Schon die Kinder unter uns haben einen straffen Arbeitstag.

Es wird heute viel verlangt von uns, und manchmal spüren wir,
dass wir an unsere Grenzen kommen.
Bitte, Gott, lass uns Pausen machen, lass uns Kraft sammeln,
damit wir die Schönheit der Schöpfung, die uns umgibt,
und den Reichtum der Tages- und Jahreszeiten
wahrnehmen und schätzen lernen.
Sie sind ein Geschenk
für jede und jeden Einzelnen von uns.
Auch dafür danken wir dir.
Amen
Gemeinsam wollen wir beten,
wie wir es von Jesus kennen:
Vater unser ...

Lied

(Die Mittagssonne wird noch einmal in den Mittelpunkt gerückt, d.h. ein Kind steht mit der Sonne auf dem Stuhl und bleibt während des Segens dort stehen.)

Segen
Gott segne dich
mit der kühlen Frische des Morgens,
mit dem erholsamen Durchatmen des Mittags,
mit der belebenden Kraft des Abends
und mit der heilsamen Ruhe der Nacht.
So segne dich Gott,
der Vater, der Sohn und der Heilige Geist.
Amen

Lied: Vom Aufgang der Sonne (Kanon)

Alternativer Liedtext: Er hält die ganze Welt in seiner Hand (nach der bekannten Melodie)

1. Gott hält die wunderbare Schöpfung in der Hand.
2. Gott hält die Jahreszeiten in der Hand.
3. Gott hält den Morgen und den Mittag in der Hand.
4. Gott hält den Abend und die Nacht in der Hand.
5. Gott hält all unser Tun in der Hand.
6. Gott hält jede kleine Pause in der Hand.
7. Gott hält alle Menschen in der Hand.
8. Gott hält die Welt in seiner Hand.

Carmen Ilse

19. Juli 2009
6. Sonntag nach Trinitatis

Denn es will Abend werden

Lieder: Ein Seil zieht in diesem Kreis seine Runden, s. S. 191; In der Dunkelheit leuchtet uns auf ein Licht, LfK2 63, Sei gegrüßt, lieber Nikolaus 60, Weihnachten ist nicht mehr weit 13; Herr, bleibe bei uns, denn es will Abend werden, EG 483, LJ 278, KG 17; Vom Aufgang der Sonne bis zu ihrem Niedergang, EG 456, KG 169, MKL 36, LZU 90; Heut war ein schöner Tag, LJ 556, LZU 41, KG 18; weitere Abendlieder

Liturgischer Text: Bleibe bei uns (Abendpsalm), Sagt Gott I 115, II 107

Zum Thema „Der Abend"

Der Tag ist die kleinste zyklische Zeiteinheit auf dem Zeitstrahl unseres Lebens. Kein Mensch kann sich diesem 24-Stunden-Zyklus entziehen. Jede Tageszeit hat auch eine symbolische Bedeutung – die jedoch individuell unterschiedlich gedeutet und erfahren wird. Mitten im Juni den Abend zu meditieren und das auch noch an einem Sonntagvormittag (die häufigste Zeit für Gottesdienste mit Kindern), ist ein spannendes Unterfangen. So kann der Abend mal aus der Distanz des Vormittags betrachtet werden, was die Vorteile des distanzierten Draufblicks bietet – aber es wird auch einige Zeit zum Einstimmen benötigt, um sich in den Abend einzufühlen.

Was fällt Ihnen spontan ein zum Thema Abend? Welche Wortkombinationen kommen Ihnen in den Sinn? Entspannung, Müdigkeit, Dunkelheit, Sonnenuntergang – oder beim Spielen mit dem Wort Abend Begriffe wie Feierabend, Abendbrot, Lebensabend, Abendstille, Tanzabend, Abendveranstaltung, Sommerabend, Abendlieder ... – ein Brainstorming, ein Sammeln von Assoziationen zum Begriff und zum Thema Abend kann viele Gedanken und Bilder auslösen (diese hier wurden mir spontan von Kindern und Erwachsenen zugerufen). Ich denke sofort an das kleine Abendritual in unserer Familie (bestehend aus: Lied zu Beginn, Wunschlieder, Dank und Fürbitten, Vater unser, Segenslied), welches wir nach der Geburt unserer drei Kinder als Einschlafritual eingeführt haben und auf welches die Kinder nach wie vor nicht verzichten möchten, auch wenn sie inzwischen schon alle zur Schule gehen.

Wann beginnt eigentlich der Abend? In der jüdischen Tradition beginnt der Abend, wenn man bei Tageslicht einen weißen Faden nicht mehr von einem schwarzen Faden unterscheiden kann. Im Judentum wird der Tag nicht von Mitternacht zu Mitternacht gerechnet, sondern von einem Sonnenuntergang zum nächsten Sonnenuntergang. Der Abend ist nach alter jüdischer Tradition also der Tagesbeginn. Auch der Sabbat beginnt daher am Vorabend des Samstags, am Freitagabend. Die ersten judenchristlichen Gemeinden feierten die Auferstehungsfeier, den christlichen Gottesdienst, am Samstagabend, da dieser bereits als Anfang des ersten Tages der neuen Woche galt. Mittelpunkt dieser Gottesdienste waren die Verkündigung und die abendliche Mahlfeier (daher Abendmahl).

Im Judentum wird jeder Tag und jede Tageszeit als eine Erinnerung an die Heilsgeschichte Gottes mit seinem Volk gedeutet. Die Abendzeit vergegenwärtigt im Judentum den Auszug aus der Sklaverei in Ägypten.

Wie im Judentum haben die einzelnen Tageszeiten auch in der christlichen Tradition eine heilgeschichtliche Bedeutung. Für das Christentum ist der Abend die Zeit, die den Kreuzestod Christi in Erinnerung ruft – während die Nacht die Zeit der Gottesferne und des Kampfes gegen lebensfeindliche Mächte symbolisiert. Eine im Gebet durchwachte und durchkämpfte Nacht hält dagegen an der göttlichen Verheißung fest und wartet auf den Morgen, der die Befreiung vom Tod, die Auferstehung und Vollendung ankündigt. Den Tageszeiten sind im Judentum und im Christentum feste Gebetszeiten zugeordnet, das Abendgebet wird „Vesper" genannt. Im evangelischen Tageszeitenbuch der Michaelsbruderschaft wird für die Vesper folgendes Eingangsgebet vorgeschlagen: „Unser Abendgebet steige auf zu dir, Herr, und es senke sich herab auf uns dein Erbarmen. Dein ist der Tag und dein ist die Nacht. Lass im Dunkel uns leuchten das Licht deiner Wahrheit. Geleite uns zur Ruhe der Nacht und dereinst zur ewigen Vollendung."

Das Thema und die Kinder

In der Kindheit wird die Abendzeit meist zu Hause erlebt. Viele Kleinkinder erleben einen festen Ablauf am Abend und vor dem Einschlafen ein Abendritual, welches das Zubettgehen erleichtert. Die Abendzeit ist eine sensible Phase in den Familien: Viele Säuglinge schreien besonders viel am Abend. Manche Kinder haben das Gefühl, sie würden etwas verpassen, wenn sie schlafen, und wollen nicht ins Bett gehen. Andere Kinder haben Angst vor dem Einschlafen, weil sie unbewusst fürchten, sie könnten nicht mehr aufwachen. Sie fürchten die dunkle Nacht und beängstigende Träume. Aber der Abend ist auch eine Zeit, in der es einem bewusst wird, wie gut es ist, ein Zuhause zu haben. Sobald es draußen dunkel wird, geht drinnen ein Licht an. Für viele, die jetzt draußen stehen, wirken die erleuchteten Fenster anheimelnd und strahlen Geborgenheit aus. „Wenn es dunkel wird, musst du zu Hause sein!" ist nach wie vor eine gängige Regel für Kinder. Aber sobald der Übergang zum Jugendalter beginnt, sind die Abende, vor allem die Samstagabende, gerade die Zeiten, an denen das Abenteuer gesucht wird und die Grenzen der Selbstbestimmung getestet werden. Der Abend und das Zuhause-Sein gehören für die jüngeren Kinder unmittelbar zusammen, für die Älteren entzündet sich an den eigenen Vorstellungen der Abendgestaltung schnell ein Konflikt mit der Familie zu Hause.

Daher wird das Symbol Haus in meinem Gestaltungsvorschlag eine zentrale Rolle einnehmen. Verbinden will ich das existentielle Symbol Haus mit einer theologischen Bedeutung des Abends: Die Erwartung der bevorstehenden Nacht mit ihren Bedrohungen und Finsternissen, mit ihrer Todessymbolik und ihrer Angstbesetztheit. Und gleichzeitig das Vertrauen darauf, dass nach dem Abend wieder ein Morgen, nach dem Tod die Auferstehung kommt. Deutlich angesprochen wird diese Verbindung in folgenden Versen aus Psalm 30:
„Ich will dich rühmen, Herr, denn du hast mich aus der Tiefe gezogen.
Herr, mein Gott, ich habe zu dir geschrien und du hast mich geheilt.
Herr, du hast mich herausgeholt aus dem Reich des Todes.
aus der Schar der Todgeweihten mich zum Leben gerufen.
Wenn man am Abend auch weint, am Morgen herrscht wieder Jubel."

Methodisch greife ich auf die Religionspädagogische Praxis nach Franz Kett zurück und lasse ein Bodenbild entstehen. Die Tücher, die ich einsetze, lassen sich auch durch einfarbige Servietten ersetzen. Als Legematerial werden nur ganz einfache Naturmaterialien (Steine, Muscheln, Schnecken, Strohhalme, Holzstückchen), Holzelemente (wie bunte Holzperlen, Ringe, Holzstückchen in verschiedenen Formen) und Filzblumen angeboten. Zum Abschluss sollte für jedes Kind eine Kerze/Teelicht vorhanden sein.

Gestaltungsvorschlag für jüngere und ältere Kinder *oder* Kinder und Erwachsene

Einstimmung

Alle sitzen im Stuhlkreis, zur Begrüßung wird ein fröhliches Willkommenslied oder Morgenlied gesungen. Um sich miteinander zu einem (Gottesdienst)Kreis zu verbinden, wird langsam *ein Seil aufgerollt und im Kreis herumgegeben.*
Dazu kann folgendes Lied gesungen werden:

Lied: Ein Seil zieht in diesem Kreis seine Runden

Eine andere Möglichkeit, sich zu einem Kreis zu verbinden, besteht darin, dass immer zwei Kinder zusammen ein kleines Seil erhalten und dieses an den Enden jeweils mit einem anderen Seil verbinden. *Das Seil wird abgelegt.* Einige Kinder dürfen nacheinander das Seil so zurechtrücken, dass es schön rund wird. Woran erinnert uns die Form? Was fehlt?

Die Mitte wird gestaltet: *ein braunes rund gefaltetes Tuch kommt in die Mitte, dort wird ein weinrotes als Haus mit Spitzdach gefaltetes Tuch hineingelegt.* Alle dürfen – nacheinander – ihre Ge-

Ein Seil zieht in diesem Kreis seine Runden

Text und Melodie: Knut Neumann (Der Rechtsinhaber ist nicht zu ermitteln.)

danken und Vorstellungen zu dem Bild in der Mitte sagen.

Jedes Kind kann sich nun auch ein Tuch nehmen und *an den äußeren Rand des Seils ein Haus anlegen* (die Häuser können einen ganz unterschiedlichen Grundriss haben!). Mit einer Hand voll *Legematerial* darf jedes Kind sein Haus gestalten – dazu läuft eine leise Musik im Hintergrund.

Eine Schale mit Filzblumen, Muscheln und Steinen geht herum. Die Kinder dürfen etwas von ihrem Haus/ ihrem Zuhause erzählen und dazu die *passenden Symbole in ihr Haus legen:* Filzblumen für Schönes, Muscheln für offene Wünsche, Steine für Belastendes.

Gesprächsrunde „Abendzeit"
Betrachtung des Hauses in der Mitte und Hinführung zum Abend: *Um das braune runde Tuch werden rote Tücher gelegt* – die Sonne geht unter.
Woran denkt ihr, wenn ihr euch die Abendzeit zu Hause vorstellt? Weitere Fragen zur Einstimmung auf das Thema können (je nach Alter und Zusammensetzung der Gruppe) auch folgende Fragen sein: Welche Tageszeiten kennen die Kinder? Welches ist ihre liebste Tageszeit? Was ist am Abend anders als am Tag? Welche Geräusche, Gerüche, Geschmäcker und Gewohnheiten sind mit dem Abend für jeden Einzelnen verbunden?

Erzählung
Hier in diesem Haus in der Mitte wohnt Luisa. Gerade wird sie von ihrer Mutter zum Abendessen gerufen. In der Schule hat sie heute eine schlechte Note bekommen *(Stein ins Haus)*. Morgen ist Sportunterricht und Luisa hat ihren zweiten Turnschuh noch nicht gefunden *(Stein ins Haus)*. Ihre Freundin ist heute mit Max Fußballspielen gegangen anstatt mit ihr Rad zu fahren *(Stein ins Haus)*. Am Abend hatte sie Streit mit ihren Geschwistern und dann auch noch mit ihren Eltern *(Stein ins Haus)*. Draußen wird es dunkel.

Der Tag nimmt seinen Lauf

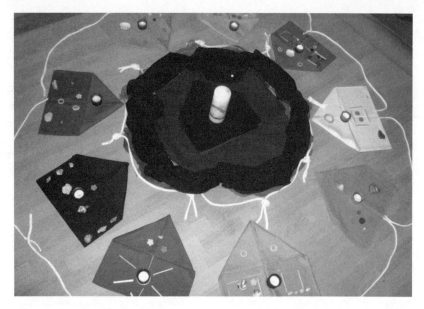

(Über die roten Tücher werden schwarze Tücher gelegt.)
Luisa sitzt in ihrem Zimmer und grollt. Der Ärger grummelt noch in ihrem Bauch herum. Das war ein schrecklicher Tag. Besonders sauer ist Luisa auf ihre beiden kleinen Geschwister, Leander und Leon. Schon der Gedanke an sie bringt sie zur Weißglut.

„Luisa, Schlafenszeit, mach dich jetzt bitte auch fertig fürs Bett!", ruft Luisas Mutter durch die Wohnung. Luisa schaut aus dem Fenster: Es ist schon fast dunkel draußen. Sie hat gar nicht bemerkt, wie die Sonne untergegangen ist.

„Lass die Sonne niemals über einem Streit untergehen", hatte ihr die Großmutter an ihrem Lebensabend mal gesagt. „Sie hat bestimmt Recht", denkt sich Luisa. „Aber soll ich jetzt zu meinen kleinen Brüdern gehen und mich mit ihnen vertragen? – Das wird morgen früh ja wohl auch noch möglich sein! Die schlafen bestimmt schon."

Als Luisa im Bett liegt, kommen die Eltern, um ihr gute Nacht zu sagen. Der Ärger von vorhin ist verflogen. Luisa wünscht sich, dass sie mit ihr ein Lied singen und beten, so wie früher, als sie noch klein war. Die Mutter entzündet eine Kerze *(eine Kerze wird entzündet und in das Haus gestellt)*, der Vater stimmt das Lied an. Da öffnet sich die Tür. Leon und Leander huschen ins Zimmer und kriechen zu Luisa ins Bett. Nun singen sie das Lied im Kanon: Herr bleibe bei uns ... (gemeinsam singen).

Gebet

Luisa spricht ein Gebet. Was könnte Luisa beten? (Kinder schlagen etwas vor).

Ich will auch mit euch beten:

Bleibe bei uns und bei allen Menschen.

Bleibe bei uns am Abend des Tages, am Abend des Lebens, am Abend der Welt ... (Abendpsalm aus: Sagt Gott)

Aktion
Die Kinder gestalten ihr Haus in ein Zuhause am Abend um.
In die Häuser werden Kerzen gestellt. Alle stellen sich im Kreis auf und gehen langsam um die Häuser und das Bodenbild herum. Dabei wird gemeinsam folgendes Lied gesungen:

In der Dunkelheit leuchtet uns auf ein Licht
und für alle Zeit verlöscht dieses Leuchten nicht.
Bis in Ewigkeit hält Gott, was er verspricht,
durch die Dunkelheit führt unser Weg zum Licht.

Angela Kunze-Beiküfner

Zeichnung: Sabine Meinhold

Monatlicher Kindergottesdienst im Juli
Morgen, Mittag und /oder Abend

Die Ferienzeit lädt ein, einmal zu einer ungewöhnlichen, d.h. anderen Zeit als sonst, Gottesdienst zu feiern. Dabei wird die jeweilige Tageszeit mit Liedern, Gebeten und Geschichten sowie Erfahrungen der Kinder mit Morgen-, Mittag- oder Abendritualen in den Blick genommen.

Die Gestaltungsvorschläge „Guten Morgen, schöner Tag" (S. 178), „Der Mittag kommt" (S. 183) und „Denn es will Abend werden" (S. 188) bieten unabhängig voneinander vielfältige Anregungen für einen monatlichen Kindergottesdienst. Den Tageslauf mit unterschiedlichen Tätigkeiten zeigt die Zeichnung S. 176. Der Platz in der Mitte kann von den Kindern gestaltet werden. Nach diesem Gottesdienst könnte ein gemeinsames fröhliches Frühstück, Mittagessen oder Abendessen (vielleicht mit der ganzen Gemeinde) folgen.

Kreative Vertiefung: Morgengebete, Mittags-/Tischgebete oder Abendgebete werden auf einen Gebetswürfel (s. Zeichnung) geschrieben oder geklebt. Der Würfel wird zusammengeklebt. Gebete für Kinder finden sich z.B. im Ev. Gesangbuch, LJ 711/716/717, KG Seite 15f/24–29/31f und in Gebetbüchern für Kinder z.B. in: Albert Wieblitz, Lieber Gott, hör uns mal zu, Gebete von Kindern – Gebete für Kinder, Lutherisches Verlagshaus Hannover 2003.

Salbung – was Leib und Seele gut tut ...

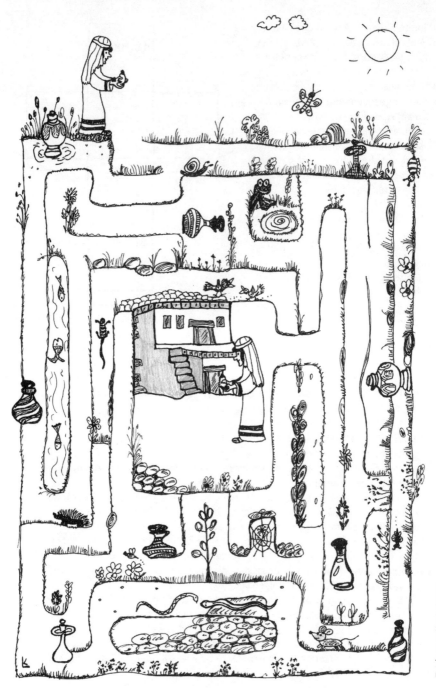

Lied: Lobe den Herrn, meine Seele (Kanon), Unser Liederbuch 18, Feiern und Loben 352, Kirchentagsliederhefte 2005 und 2007

Liturgischer Text: Psalm 23 oder Psalm 103,1–5.8

Salbung – was Leib und Seele gut tut ...

Sonntag	Text/Thema	Art des Gottesdienstes Methoden und Mittel
26.7.2009 7. Sonntag nach Trinitatis	„... und salbest mein Haupt mit Öl" – Gott tut uns Gutes Psalm 23	Gottesdienst mit Kindern (und Erwachsenen); Erzählung, Gespräch, Phantasiereise, Faltblatt mit Psalm gestalten, Psalm schreiben, Collage
2.8.2009 8. Sonntag nach Trinitatis	„Auf mir ruht der Geist des Herrn, weil er mich gesalbt hat ..." – Jesus tut den Menschen Gutes Lukas 4,16–22	Gottesdienst mit Kindern; Bilder oder Fotos, Gespräch, Erzählung, Gestaltung eines Kreuzes mit Schrift „Jesus tut den Menschen Gutes"
9.8.2009 9. Sonntag nach Trinitatis	„... küsste seine Füße und salbte sie mit Salböl" – Eine Frau tut Jesus Gutes Lukas 7,36–50	Gottesdienst mit Kindern und Erwachsenen; Gespräch mit Smily, Erzählung, evtl. Bildbetrachtung, Suchbild, Salbungshandlung
16.8.2009 10. Sonntag nach Trinitatis	„... dass sie über ihm beten und ihn salben mit Öl ..." – Die Gemeinde tut anderen Gutes Jakobs 5,14–15	Gottesdienst mit Kindern; Liedtanz, Lied aus CD „Trommle mein Herz für das Leben (Gerhard Schöne), Sonnenstrahlen aus Pappe, Terminkalender in Posterformat, Aktionen in der Gemeinde planen, Spruchkarte basteln

Monatlicher Kindergottesdienst im August
Du salbest mein Haupt mit Öl, Psalm 23   S. 213

26. Juli 2009
7. Sonntag nach Trinitatis

„... und salbest mein Haupt mit Öl" – Gott tut uns Gutes

Psalm 23

Lieder: Der Herr ist mein Hirte, s. S. 197; Kyrie, EG 180.10; Ich lobe meinen Gott von ganzem Herzen, EG 272, KG 161, LJ 160; Lobe den Herrn, meine Seele (Kanon), Unser Liederbuch 18, Feiern und Loben 352, Kirchentagsliederhefte 2005 und 2007; Gott, der ist mein Hirte, BF 9; Gott ist so gut, LZU 36

Liturgischer Text: Kyrie und Gloria (s. S. 198)

Zum Text

Der Psalm 23 steht im Mittelpunkt des ersten Sonntags in der Reihe, in der miteinander darüber nachgedacht, geredet, gebetet wird, was Leib und Seele gut tut. An diesem Sonntag spielen zwei Aspekte eine wichtige Rolle: 1. Miteinander herausfinden: Was ist das Gute, das Gott für uns bereithält? Wie können wir es entdecken? Was hilft uns dabei? Der zweite Punkt, der nächste Schritt ist: Was mache ich mit dem Guten, wenn ich es entdeckt habe? Welche Bedeutung, welche Auswirkung hat das für mein Leben, für das Leben der Kinder?

Der Psalm 23 ist der bekannteste, der meistgebrauchte, der am meisten übertragene, ganz sicher damit auch der, der schon vielen Menschen in schwierigen Situationen Zuspruch, Hilfe, Trost geschenkt hat. Sicher sind für die große Popularität dieses Psalms seine eindrücklichen Bilder mit verantwortlich:

Hirte: Fürsorge – er ist derjenige, der die Herde dahin bringt, wo sie ihre Nahrung, und somit ihr Lebensgrundlage findet; Schutz – er wehrt Böses, Todbringendes von außen ab

Grüne Aue, frisches Wasser: Wohlfühlen, Erfrischung, Ausruhen

Rechte Straße: Sehnsucht nach dem richtigen Weg

Finsteres Tal: Erfahrungen des Alleinseins, der Ausweglosigkeit, in die Irre gegangen

Stecken und Stab: Halt geben, Führung haben

Bereiteter Tisch: die Fülle haben; mit Freunden und wichtigen Menschen Zeit verbringen und miteinander Nähe erleben, Zuwendung erfahren

Haus des Herrn: einen Ort haben, an dem ich sein kann, wie ich bin, an dem ich angenommen bin, an dem ich das bekomme, was ich zum Leben brauche, an dem ich ausruhen kann

Erfahrungen, gute Erfahrungen, die im Leben weiterführen und Sehnsucht begegnen uns im Psalm 23. Bei der Vorbereitung in einem Team bringt ein Austausch darüber sicher eine ganze Reihe von Erfahrungen zusammen. Das ist natürlich auch für sich allein sinnvoll und wird zu einer Reihe von erstaunlichen Gedanken führen. Es kön-

26. Juli 2009

nen Fragen sein wie: Wo ist mir dieser Psalm schon begegnet? In welcher Situation war mir dieser Psalm schon einmal hilfreich?

Der Text und die Kinder

Wir können davon ausgehen, dass Kinder ähnliche Erfahrungen wie wir gemacht haben: Geborgenheit und Verlassenheit. Wichtig ist, dass beide Erfahrungen aufgegriffen werden, damit Kinder nicht ausgeschlossen sind. Kinder lassen sich sehr leicht und gut auf die Bilder des Psalms ein. Jedoch sollte auch bedacht werden, dass die Bilder des Psalms nicht aus dem Alltag der Kinder sind, z. B: Wie selbstverständlich ist heute noch das Bild des Hirten? Bei wie vielen Kindern verbindet sich das Bild vom gedeckten Tisch sofort mit den oben genannten Gefühlen?

Der Herr ist mein Hirte

Text: M. Geiger (nach Psalm 23) Rechte: J. F. Steinkopf Verlag, Stuttgart
Musik: I. Kindt

Kanon für vier Stimmen

2. Er führt mich zur Weide,
   Halleluja,
   und zum frischen Wasser,
   Halleluja!

3. Und ob ich schon wanderte,
   im finsteren Tal,
   fürcht ich doch kein Unglück,
   Halleluja!

4. Denn du bist stets bei mir,
   Halleluja,
   dein Stab stützt und tröstet mich,
   Halleluja!

5. Ich fürcht keine Feinde,
   Halleluja,
   denn du hilfst mir siegen,
   Halleluja!

6. Gutes und Barmherzigkeit,
   Halleluja,
   die werden mir folgen,
   Halleluja!

7. Und so werd ich bleiben,
   bei dir allezeit,
   in Jesu Namen, in Ewigkeit.

Die Handlung des Salbens ist den Kindern eher fremd, aber in Verbindung mit dem bereiteten Tisch ist sie erklärbar: Gottes Nähe tut gut, er tut uns Gutes.

Gestaltungsvorschlag für Kinder und Erwachsene

Die **Mitte** ist mit einem Tuch und einem Kreuz gestaltet.

Kanon: Der Herr ist mein Hirte, Halleluja

Kyrie
(Bei den einzelnen Kyriebitten kann ein kleines schwarzes Tuch als Symbol für das dunkle Tal in die Mitte zum Kreuz gelegt werden. Das „Herr erbarme dich" wird nach der Melodie von EG 180.10 gesungen.)

Wir sind manchmal sehr allein und wissen nicht, wer uns helfen kann.
Wir bitten dich: *Herr, erbarme dich.*
Wir haben manchmal Angst, dass andere uns auslachen.
Wir bitten dich: *Herr, erbarme dich.*
Wir können nicht immer alles, was andere von uns verlangen.
Wir bitten dich: *Herr, erbarme dich.*

Gloria
(Bei den Aussagen des Vertrauens kann auf die schwarzen Tücher jeweils ein Teelicht gestellt werden.)
Gott, viele Menschen haben schon erlebt, dass du wie ein guter Hirte für uns sorgst.
Deshalb vertrauen wir darauf, dass du auch mit uns bist:
Wenn wir allein sind,
wenn wir Angst haben,
wenn alles zu viel wird.

Du kannst wieder Licht in unser Leben bringen.
Dafür danken wir dir und loben dich:

Lied: Ich lobe meinen Gott

Geschichte zu Psalm 23
(Eine Figur verwenden oder sich selbst z.B. ein Basecap aufsetzen)
Hallo, ich bin Franz, ich hatte heute einen ganz schön chaotischen Tag. Das kennt ihr ja vielleicht auch – wenn früh schon das Suchen anfängt: Sport in der Schule, die Turnschuhe waren nicht in der Tasche – endlich habe ich sie gefunden, natürlich war es dann schon ganz schön spät. Da bin ich losgerannt und bin gerade noch vor dem Lehrer in die Klasse rein. Es ging gleich toll weiter: Hefte raus, hieß es, eine Kurzkontrolle/ein Test. Ich glaube, ich brauche euch nichts weiter zu erzählen, das wird sicher keine Glanznote.
Heilfroh war ich, als endlich die Schule zu Ende war. Nur noch heim, dachte ich und erst mal ein bisschen am Computer entspannen. Ha, denkste, nichts war mit Entspannen, das Ding wollte mal wieder nicht so wie ich. Dann mach ist mir eben erst mal was zu essen in der Mikrowelle warm, sagte ich mir. Was ist passiert? Fällt mir doch der Teller mit dem Essen aus der Hand. Und an den Scherben habe ich mich auch noch geschnitten. Ich hatte die Nase voll, ich wollte mich am liebsten nur noch verkriechen. Da sah grad alles ganz schön dunkel in mir aus. Ich hatte weder Lust noch Kraft, irgendetwas Sinnvolles zu machen.
Meist freue ich mich ja, wenn meine Mutter endlich von der Arbeit

26. Juli 2009

heimkommt – heute war mir alles egal. Ich hatte sogar eher etwas Angst, was sie zu all meinem Mist sagen würde. Ich hörte den Schlüssel, bin aber lieber gar nicht raus. Ich dachte, es ist besser, wenn ich in meiner Verkriechecke bleibe.

Und dann hat sich der Tag doch noch mal ziemlich doll verändert. Mutti war echt gut drauf – ein Glück, wenn die auch noch genervt gewesen wäre. Da wäre das Chaos perfekt gewesen. Sie hat gleich gemerkt, dass ich alles andere als fröhlich bin. Da hat sie sich neben mich gesetzt und mich einfach nur in den Arm genommen. Einfach nur so saßen wir da. Da ging es mir schon ein ganzes Stück besser. Ich fühlte mich nicht mehr so allein, der Frust wurde schon ein bisschen kleiner und ich habe alles erzählt, was mir heute für ein Mist passiert ist. Wisst ihr, was Mutti da gesagt hat: „Komm, wir gehen zusammen in die Küche und kochen gemeinsam was Schönes". Auf meinen kaputten Finger hat sie mir eine Salbe gestrichen. Und dann hat sie mir immer wieder mit der Hand über meinen Kopf gestreichelt. Das war einfach nur schön.

Dann haben wir den Tisch richtig gedeckt und uns viel Zeit genommen, das Essen miteinander zu genießen. Jetzt bin ich im Bett und bin richtig froh, dass da meine Mutti war, die nicht noch geschimpft hat über all das, was mir heute passiert ist. Sie hat gesehen, dass es mir ganz schlecht ging und hat mich einfach nur lieb gehabt. Und das mit der verpatzten Kontrolle/dem Test krieg ich schon auch wieder in den Griff.

Gedanken zur Auslegung/Gespräch

Nicht immer ist ein Mensch in unserer Nähe, so wie hier die Mutti von Franz. Gott aber ist immer in unserer Nähe, ihm können wir auch sagen, was uns traurig macht, wovor wir Angst haben, was wir nicht schaffen. Der Beter im Psalm 23 kann sagen: „Dein Stecken und Stab trösten mich ... du salbest mein Haupt mit Öl und schenkest mir voll ein", so können auch wir Gottes Nähe spüren, wenn wir auf ihn vertrauen. Gutes wird immer wieder auch in meinem Leben sein.

Gebet

Gott, wir danken dir, dass wir dir alles sagen können, was in unserem Kopf und in unserem Herzen ist.
Wir danken dir, denn wir wissen, dass du bei uns sein wirst, auch wenn wir dich nicht sehen.
Lass uns daran denken, wenn es uns schlecht geht.
Wir bitten dich für die Menschen, die ganz allein sind, die niemanden haben, der sie tröstet.
Schicke einen Menschen zu ihnen hin.
Wir bitten dich für die Menschen, die krank sind.
Schenke ihnen Gesundheit, damit sie wieder fröhlich leben können.
Wir bitten dich für die Menschen, die Angst haben.
Zeige ihnen, wie das Leben weitergehen kann.
Wir bitten dich für die Menschen, die traurig sind, weil sie jemanden verloren haben.
Sei du selbst ganz nahe bei ihnen, damit sie sich nicht selbst ganz verloren vorkommen müssen.
Gott, sei mit uns allen.
Amen

Eine **Salbungshandlung** (einen Tropfen Öl in der Handfläche des anderen verreiben oder ein Kreuz mit Öl auf die Handfläche/Stirn zeichnen) mit einem **Segenszuspruch** (z.B. „Der Herr segne dich und behüte dich" oder „Mögest du die Güte Gottes erfahren") kann den Gottesdienst beschließen. Hier können der/die Pfarrer/in oder Mitarbeitende die Kinder und Erwachsenen salben, oder jeder salbt behutsam die Hand seines Nachbarn.

Vertiefende Gestaltungsvorschläge für einen Kindergottesdienst

Mit den Kindern in einer **Phantasiereise** in die Bilder des Psalms hineingehen. Anregungen dazu kann man unter anderem finden in: Petra Mark Zengaffinen, „Das Haus der Stille – Stilleübungen und Phantasiereisen", Patmosverlag Düsseldorf 1998; Gerda und Rüdiger Maschwitz: „Phantasiereisen zum Sinn des Lebens"; Kösel-Verlag 1998.

Kreative Gestaltung
Da Kinder immer wieder in Situationen geraten, wo sie sich allein gelassen fühlen und Zuspruch und Trost brauchen, sollten sie etwas Handgreifliches für solche Zeiten im Leben als Erinnerung mitbekommen.

Für jüngere Kinder: Ein Faltblatt A5 mit einer einfachen Übertragung des **Psalm 23** vorbereiten, worauf noch Platz sein sollte, dass die Kinder etwas darauf malen können.

Vorschlag für den Psalm:

Gott, du passt auf mich auf wie ein guter Hirte.
Auch wenn ich allein oder traurig bin, bist du ganz nah bei mir.
Du vergisst mich nicht,
auch wenn ich das nicht immer merke.
Ich kann mich auf dich verlassen.
Du willst, dass ich fröhlich bin
und dass es mir gut geht.
Dafür danke ich dir.

Für ältere Kinder: Den **Psalm** mit eigenen Worten selbst **schreiben**.
Oder: Bilder aus Zeitschriften, Postkarten und Ähnliches bereitlegen, aus denen die Kinder eine **Collage** zum Psalm 23 gestalten können.

Barbara Rösch

2. August 2009
8. Sonntag nach Trinitatis

„Auf mir ruht der Geist des Herrn, weil er mich gesalbt hat ..." – Jesus tut den Menschen Gutes
Lukas 4,16–22

Lieder: Eines Tages kam einer, LJ 454, KG 45

Liturgischer Text: Psalm 23

Zum Text und zum Thema

Dieser Textabschnitt berichtet vom ersten öffentlichen Auftreten Jesu im Lukasevangelium. Vorausgegangen ist die Taufe Jesu (Lk 3,21–22), in der von Gott bestätigt wird, dass Jesus Gottes Sohn ist, und die Versuchungsgeschichte (Lukas 4,1–13), wo Jesus dem Versucher begegnet und deutlich macht, dass er sich ganz auf Gott verlassen wird. In seiner Heimatstadt Nazareth liest Jesus in der Synagoge den Tagesabschnitt und redet anschließend darüber.

Dieses erste öffentliche Auftreten hat grundlegenden Charakter. Jesus liest einen Text aus dem Jesaja-Buch, Kapitel 61, Vers 1–2a und er bezieht dann in seiner Predigt diesen Text auf sich selbst. Er ist sozusagen sein „Programm", die Leitlinie für sein Wirken unter den Menschen, die dann im Fortgang des Evangeliums von ihm durch seine Worte und Taten ohne irgendwelche Abstriche verwirklicht wird. Der Grund für dieses „Programm" liegt in Lk 4,18: („Der Geist des Herrn ist bei mir"). Jesus weiß sich unmittelbar von Gott berufen. Diese Berufung ist in der Taufe erfolgt. Zugleich ist er aber auch der vom Herrn Gesalbte. Die kultische Salbung verleiht im Alten Testament einer Person (König, Priester, Prophet) eine herausragende Weihe, d.h. sie trennt ihn von der übrigen Welt und stellt ihn ganz in den Dienst Gottes. Dabei bekommt der Gesalbte auch göttliche Kräfte und Vollmachten.

Jesus wurde nun nicht durch die Salbung eines Menschen in den Dienst Gottes genommen, sondern durch Gott selbst. Die Salbung Jesu ist also hier keine gegenständliche, sondern eine spirituelle Salbung. Damit ist sie äußerlich nicht sichtbar, aber sie erweist sich im Leben und Handeln Jesu, wo er sich denen zuwendet, die am Rande der Gesellschaft stehen und ihnen das Heil bringt. Hier kommt die Einmaligkeit und absolute Autorität Jesu zum Ausdruck. Jesus erhebt den Anspruch, der Gesalbte = Messias = Christus zu sein. Das bedeutet aber auch, dass diese Art der Salbung nicht sichtbar gemacht werden kann, sondern allein geglaubt werden muss. Dadurch hebt sich unser Text von den Themen und Texten der anderen drei Sonntage dieser Einheit ab, in denen es ja um Salbung geht, die Leib und Seele gut tut und die auch ganz praktisch erfahren werden kann.

Das Thema und die Kinder

Die Kinder, die am Kindergottesdienst teilnehmen oder auch sonst zu Veranstaltungen mit Kindern kommen, kennen Jesus in der Regel als denjenigen, der sich den Menschen zuwendet, Zeit für sie hat, ihnen hilft, niemanden wegschickt und der von Gottes Reich erzählt. Jesus ist Gottes Sohn und dadurch mit göttlicher Vollmacht ausgestattet. Warum das so ist, darüber wird eigentlich nicht nachgedacht. Für Kinder im Grundschulalter oder auch noch jüngere ist diese Frage auch nicht von Bedeutung. „Jesus tut den Menschen Gutes" – damit können Kinder etwas anfangen, da können sie Geschichten und Begebenheiten aus dem Leben Jesu erzählen. Darum sollen die Kinder in diesem Kindergottesdienst daran erinnert werden, was Jesus alles Gutes getan hat, um dann am Ende auch zu erfahren, dass Jesus im Auftrag und im Geiste Gottes handelt, wenn er sich um die Menschen bemüht.

Anhand von Bildern aus Zeitschriften, die arme Menschen, Kranke mit verschiedenen Behinderungen, Traurige oder Menschen, die Angst haben, zeigen, wird der Text lebendig. Alternativ wären auch Bilder aus Kinderbibeln oder Ähnlichem möglich. Dass die Bilder in Kreisform aufgeklebt werden, symbolisiert unsere Welt und das große Kreuz zeigt, dass Jesus der Herr über unsere Welt ist. Der Querbalken mit der Inschrift verdeutlicht das Wirken Jesu in der Welt (Horizontale), der Längsbalken, dass Jesus seine Vollmacht von oben/von Gott bekommt (Vertikale).

Gestaltungsvorschlag für jüngere und ältere Kinder

Gespräch und Aktion
In der Mitte liegen Fotos aus Zeitschriften oder auch Bilder aus Kinderbibeln auf denen Menschen zu sehen sind, die Hilfe oder Zuwendung brauchen (Arme, Kranke, Behinderte, Kinder; aus der Bibel z.B. Bartimäus, Zachäus, Kindersegnung, Sturmstillung, Heilung des Gelähmten).
Impuls: Sucht euch ein Bild aus und überlegt, was diese Bilder mit Jesus zu tun haben könnten! (Jesus hat sich diesen Menschen zugewendet.) Nach dem Gespräch werden die Bilder kreisförmig auf ein Plakat geklebt, das zunächst in der Mitte liegengelassen wird.

Erzählung
Unsere heutige Geschichte passt zu den Bildern:
Als Jesus ungefähr 30 Jahre alt war, ließ er sich, wie viele andere Menschen auch, im Jordan von Johannes taufen. Und seitdem war er sich sicher, dass er Gottes Sohn war und dass Gottes Geist bei ihm war. Nun zog er durch die Dörfer und kleinen Städte in Galiläa und überall sprach er in den Synagogen, so hießen die Versammlungshäuser. Einmal kam er auch nach Nazareth, wo er aufgewachsen war und wo ihn viele noch kannten. Am Sabbat, dem Ruhetag, ging er wie gewöhnlich in die Synagoge, wo sich viele Menschen versammelt hatten. Jesus sollte aus der großen Schriftrolle vorlesen. Es war die Rolle des Propheten Jesaja. Jesus rollte sie auf und fand die Stelle, die er gesucht hatte. Mit lauter Stimme las er vor:

2. August 2009

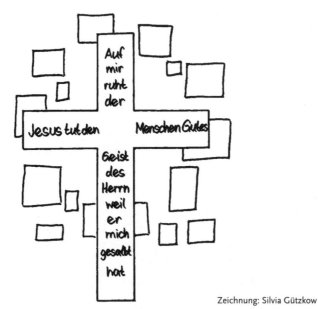

Zeichnung: Silvia Gützkow

Der Geist des Herrn ruht auf mir, denn der Herr hat mich gesalbt. Er hat mich gesandt, damit ich den Armen eine gute Nachricht bringe; damit ich den Gefangenen die Entlassung erkünde und den Blinden, dass sie sehen werden, damit ich die Zerschlagenen in Freiheit setze und ein Gnadenjahr des Herrn ausrufe.

Nachdem er fertig war, rollte er die Rolle wieder zusammen und übergab sie dem Synagogendiener, dann setzt er sich wieder auf seinen Platz. Es war ganz still in der Synagoge und alle schauten Jesus erstaunt und fragend an. Was hatte das zu bedeuten? Das klang ja so, als wäre es nicht ein uralter Text gewesen, den Jesus vorgelesen hatte, sondern als hätte Jesus von sich gesprochen. Aber konnte das sein? Jeder kannte ihn hier, seine Eltern wohnten in Nazareth, Jesus war hier groß geworden. Wann war er denn gesalbt worden? Wie kann er denn behaupten, dass er der Gesalbte Gottes ist? Als Jesus die fragenden Blicke sah, stand er auf und sagte: „Ich weiß, was ihr denkt. Ihr kennt alle diesen alten Text, der vom Messias, dem Gesalbten Gottes spricht, und ich sage euch, dass ihr richtig gehört habt: Ich habe euch den Text vorgelesen, weil Gott mich gesandt hat, diese Aufgabe zu übernehmen. Heute ist der Text in Erfüllung gegangen."

Gespräch

Impuls: Habt ihr etwas von unseren Bildern in dieser Geschichte wiedererkannt? Erinnert euch an den Text, den Jesus aus der Jesaja-Rolle vorliest! (Text evtl. noch einmal lesen)

Wie kommt Jesus dazu, zu sagen: Heute ist dieser Text in Erfüllung gegangen? (Er hat die Vollmacht von Gott, er ist der Gesalbte.)

Tut Jesus auch Gutes für uns?

Kreative Vertiefung

Über die aufgeklebten Bilder wird ein großes gelbes Kreuz als Zeichen für Jesus geklebt. Auf den Querbalken schreiben wir: „Jesus tut den Menschen Gutes", auf den Längsbalken „Auf mir ruht der Geist des Herrn, weil er mich gesalbt hat".

Zusätzlich könnte um die Bilder mit dem Kreuz noch ein bunter Regenbogen durch die Kinder gemalt werden als Zeichen der Zuwendung Gottes.

Utta Lucke

---

9. August 2009
9. Sonntag nach Trinitatis

„... küsste seine Füße und salbte sie mit Salböl" –
Eine Frau tut Jesus Gutes

Lukas 7,36–50

Lieder: Eines Tages kam einer, KG 45, LJ 454; Sei doch mal leise, KG 52; Ich lobe meinen Gott, der aus der Tiefe, EG regional, KG 112, LZU 45, LJ 560, LfK1 A18; Ich wünsch dir Freundinnen und Freunde, KG 118, LH 57

Liturgischer Text: Psalm 23 und Psalm 45,8 und Psalm 133

Zum Thema und zum Text

Jesus nimmt im Laufe seiner Wirkungszeit Kontakt zu verschiedenen Personengruppen auf. Indem wir uns diese biblischen Geschichten ansehen, erfahren wir etwas über den historischen Jesus: den Nazarener, den Prediger, den Freund der Menschen, der andere verändern konnte, indem er Wunderbares an ihnen tat und der mit Menschen in (besondere) Beziehung getreten ist. Dabei spielen Frauen eine wichtige und zentrale Rolle. Jesus betritt die dörflichen Gemeinschaften, die immer aus Frauen und Männern bestehen. Er wendet sich sozial geächteten Frauen (Lk 7,36–50) vorurteilsfrei zu. Er heilt Frauen von körperlichen (Mk 5,25–34; Lk 13,10–17) und seelischen Gebrechen (Lk 8,2). Sie gehören zu seinen Anhängerinnen gleichermaßen wie die Jünger (Lk 8,1–3) und sie erfahren als Erste von der Auferstehung (Mk 16,9).

In Schnittstellen der Jesusüberlieferung treten Frauen auf und erleben Ungewöhnliches. Das zeigt sich auch in unserem Text, nur verschiebt sich die Perspektive, denn Jesus selbst erfährt etwas Außerordentliches und er vergibt Schuld. Dies sollte im Mittelpunkt des Kindergottesdienstes stehen.

Um den Text angemessen wiedergeben zu können, ist es nötig, sich erst einmal die Handelnden anzuschauen. Da ist einmal Jesus, der sich auf dem Weg zu Passion und Kreuz befindet. Das ihm Bevorstehende ahnt er wohl, während seine Jünger die gemachten Ankündigungen nicht verstehen. Im Text befindet er sich im Gespräch mit dem Pharisäer Simon, in dessen Haus er mit seinen Jüngern einkehrt. Die Tischgesellschaft dient dem theologischen Austausch. Der Pharisäer Simon spielt hierbei eine eher untergeordnete Rolle. Er ist empört, doch schreitet er nicht ein. Was miteinander geredet worden ist, erfahren wir erst im Gleichnis, mit dem Jesus versucht, die Handlung der Frau deutlich zu machen.

Die namenslose Frau, eine Sünderin (Prostituierte), nähert sich Jesus in Ehrfurcht und Zurückhaltung. Ihr Tun jedoch verströmt ein unerhörtes Selbstbewusstsein. Als sie das Haus betritt, bricht sie mehrere Tabus. Obwohl das Haus offen gewesen sein muss, ist es nicht üblich, dass eine Frau sich in eine Männergesellschaft begibt, zumal sie nicht die Gastgeberin ist und dazu noch den Anfeindungen der Umstehenden aufgrund ihres Gewerbes ausgesetzt war. Zielstrebig, aber demütig (sie nähert sich ihm mit dem Rücken) sucht sie Jesus, wirft sich vor ihn hin und beginnt ihm die Füße zu salben. Sie bemüht sich mit dieser Handlung um das leibliche Wohlergehen Jesu, weist aber zugleich auf seine Göttlichkeit hin, von der sie Schutz und Erbarmen erbittet. Ein Salbungsritus steht sonst nur Königen, Priestern oder höheren Beamten zu. Hier ist es ein symbolischer Akt, der auf die Göttlichkeit Jesu einerseits und auf die kommende Leidenszeit andererseits hinweisen soll. Das Ganze wird noch dadurch unterstrichen, dass Jesus der Frau ihre Sünden vergibt. Die Handlung ist für die Zuhörer unerhört, weil es nach dem jüdischen Glauben nur Gott zukommt, die Sünden zu vergeben.

Der Text und die Kinder

Kinder wie Erwachsene leben in einem Spannungsfeld von Nähe und Distanz. Einerseits sind Tabuzonen zu beachten (Das tut man nicht! Menschen soll man nicht zu nahe treten.) und andererseits möchten sie jemandem etwas Gutes tun. Dass dies manchmal besonderen Mut oder Überwindung kostet, können Kinder gut nachvollziehen. Jemandem zu zeigen, dass man ihn lieb hat, erfordert auch Mut; die Frau hat diesen gezeigt.

Kinder haben möglicherweise schon erfahren, dass auch Jesus manchmal Grenzen überschritten hat, indem er sich couragiert eingesetzt hat: Er jagte Händler und Geldwechsler aus dem Tempel, er ging zum Zöllner Zachäus, den niemand wirklich leiden konnte. Er half Menschen, die ihn vom Wegrand aus angesprochen haben, und rückte ihr Leben wieder zurecht.

Ungewöhnlich ist nun unser Text, in dem es darum geht, dass Jesus einmal etwas Gutes getan wird. Die Jesusgeschichten erzählen Kindern vom Handeln Jesu. Hier ist er der Beschenkte. Das ist ein interessanter Aspekt und vielleicht neu für die Kinder.

Gestaltungsvorschlag für Kinder und Erwachsene

Liturgischer Anfang

Lied: Eines Tages kam einer

Psalmlesung
Psalm 45,8 als Einstiegsvers und Schlussvers, dazwischen wird Psalm 23 gemeinsam gebetet. Man könnte die drei vorgeschlagenen Psalmtexte in

Auswahl auch im Wechsel beten, da sie die drei Beziehungen verkörpern, in denen sich der Mensch befindet: die Beziehung zu Gott (Psalm 23: Wohltaten, die Gott an uns tut), die Beziehung zum Staat (Gesellschaft, König), von dem man Recht und Gerechtigkeit erwartet (Psalm 45,8: das Öl der Freude und der Ehre) und die Beziehung zu anderen Menschen (Psalm 133: Wohnen und Leben in Eintracht). Alle drei Beziehungen sind für Kinder auch verständlich und machen deutlich, wie Menschen leben.

Einstieg
Ein großes Smily wird gezeigt. Impuls: „Wann tut uns etwas gut und wir freuen uns darüber?" Das Smily wird beim Antworten weitergegeben. Zunächst werden möglichst die Kinder befragt, dann die Erwachsenen. Bei vielen Teilnehmern können sich in den Bänken kleine Gruppen bilden, in denen jeder etwas sagen kann.
(Die Mitarbeiterin achtet auf die Zeit, dieser Teil darf nicht zu lang werden.)

Erzählung
Jesus begegnete einem Mann namens Simon. Simon war ein frommer Mann, d.h. er glaubte an Gott, kannte die Bibel gut und bemühte sich, alle Gebote zu halten. Er war ein Pharisäer. Simon sagte zu Jesus: „Komm in mein Haus, ich möchte mit dir über Gott reden."

In der Stadt lebte eine Frau, die von den Menschen verachtet wurde, weil sie schon viele Männer gehabt hatte. Sie hörte, dass Jesus in der Stadt sei. Da kaufte sie ein schönes Gefäß und ließ wertvolles Körperöl hineingießen. Beides kostete sie viel Geld. Dann machte sie sich auf den Weg zum Haus des Pharisäers Simon. Schon von weitem sah sie, dass die Haustür offen stand. Sie nahm all ihren Mut zusammen und ging schnurstracks ins Haus, dorthin, wo Jesus mit Simon und den Jüngern ein Essen einnahm. Als sie Jesus erblickte, fing sie an zu weinen und ging mit Tränen in den Augen auf Jesus zu. Sie kniete sich vor Jesus nieder und ihre Tränen fielen auf die Füße von Jesus. Da öffnete sie ihr langes Haar und trocknete die Tränen auf den Füßen Jesu mit ihrem Haar. Dann nahm sie das kostbare Körperöl, goss ein paar Tropfen auf ihre Hand und begann damit Jesus die Füße zu salben.

Simon war total verblüfft darüber und fragte sich: „Weiß Jesus denn gar nicht, was das für eine Frau ist, man sagt doch, er sei ein Prophet? Warum weist er sie nicht ab? Diese Frau traut sich einfach hier herein, unter uns Männer, und dann berührt sie Jesus auch noch!"

Jesus ahnte die Gedanken von Simon, deshalb sprach er zu ihm: „Simon, ich möchte dir etwas erzählen." Und nachdem Simon antwortete: „Meister, erzähle", begann Jesus mit einem Beispiel: „Da leben zwei Männer, die sich beide von jemandem Geld geborgt hatten. Der eine Mann borgte sehr viel Geld, dafür hätte er über ein Jahr arbeiten müssen. Der andere borgte sich weniger Geld. Er hätte einen reichlichen Monat für dieses Geld arbeiten müssen. Doch keiner von den beiden konnte das Geld zurückzahlen, es war einfach zu viel. Da hatte der Geldgeber ein Einsehen und schenkte beiden das geborgte Geld. Sag mir Simon", fragte Jesus, „welcher von den beiden wird den freundlichen Menschen mehr lieben?"

Simon erwiderte: „Der Mann, der die große Summe Geld geschenkt bekam." „Da hast du es", sagte Jesus, „nun schau diese Frau hier." Und Jesus beugte sich zu der Frau hinab und richtete sie auf. „Diese Frau hat mir viel Gutes getan. Sie hat mit Tränen meine Füße gewaschen und mit ihrem Haar getrocknet. Das hast du versäumt, Simon, als ich in dein Haus kam. Auch hast du mich nicht besonders herzlich begrüßt, doch diese Frau küsste unentwegt meine Füße und salbte sie mit Öl. Sie hat mir große Ehre erwiesen, diese Frau." Simon wurde nachdenklich. Dann sprach Jesus weiter: „Ich mache dir keinen Vorwurf, Simon, nur bedenke: Die Frau hat viel Falsches getan. Doch sie hat sehr viel Mut gezeigt, als sie hierher kam. Und sie hat eine große Liebe in sich. Das hat sie mir gezeigt. Wer sehr viel liebt, dem wird auch viel vergeben. Du erinnerst dich an die vielen erlassenen Schulden? Nun hat die Frau ihr Leben gründlich überdacht und kann noch einmal ganz neu anfangen. Das ist doch ein Grund zur Freude."

Jesus wandte sich noch einmal der Frau zu und sprach zu ihr: „Deine Sünden sind dir vergeben." Simon und die Jünger am Tisch wunderten sich sehr darüber. Jesus verabschiedete die Frau und sagte: „Du hast auf Gott vertraut. Das hat dich stark gemacht für ein neues Leben. Nutze es gut und geh in Frieden."

Suchbild (S. 194)
(auch für einen Kindergottesdienst)
Die Frau hört, dass Jesus in der Stadt ist und macht sich auf den Weg, um ihm etwas Gutes zu tun, ihn zu salben.

Sucht mit ihr das Haus, in dem Jesus zu Gast ist. Auf dem Weg findet ihr weitere Flaschen mit Salböl. Sammelt sie ein, wie viele sind es? (4)

Es sind auch siebzehn Tiere versteckt. Wer findet sie?

Die Mitarbeiterin könnte das Bild auf A3 oder A2 vergrößern, so dass alle mitsuchen können. Das Bild kann später auch ausgemalt werden.

Bildbetrachtung
Zusätzliche Aktion für Kinder und Erwachsene, wenn das Buch vorhanden ist: Mit den Erwachsenen kann sich eine Bildbetrachtung anschließen. In dem Buch: Haag, Sölle, Kirchberger, Schnieper, Große Frauen der Bibel in Wort und Bild, Herder Verlag Freiburg, 2001, sind auf S. 116 – 123 verschiedene biblische Szenen abgebildet, die das Thema darstellen. Besonders eignet sich das Bild S. 123, weil die Hände der Menschen sehr ausdrucksstark sind. Impuls: Achtet auf die Hände der Personen. Was drücken diese aus? Erzählt

euch die Gedanken, die die Figuren gerade haben.

Liturgischer Schluss

Gebet

Lieber Gott, danke, dass du uns Wege zum Leben zeigst. Du bist da, wenn wir etwas tun, was andere ärgert, du bist auch da, wenn wir miteinander glücklich sind. Du hast uns immer lieb, zu jeder Stunde. Das wollen wir an andere Menschen weitergeben. Du bist freundlich, Gott, das ist toll und macht uns glücklich. Amen

Lied: Ich wünsch dir Freundinnen und Freunde

Salbungshandlung

Die Mitarbeiterin hat eine kleine Schale mit Öl vorbereitet.
Wir singen das Lied, während wir uns gegenseitig als Segenszeichen ein Kreuz mit Öl (Olivenöl oder Körperöl aus der Drogerie) auf die Handinnenfläche machen.
Dies kann familienweise geschehen. Die Erwachsenen sollten auf Kinder, die allein da sind, zugehen und ihnen das Segenszeichen machen.

Katrin Lange

---

16. August 2009
10. Sonntag nach Trinitatis

„...dass sie über ihm beten und ihn salben mit Öl..." – Die Gemeinde tut anderen Gutes.

Jakobus 5,14–15

Lieder: Das will ich mir schreiben in Herz und in Sinn, LJ 487, Sagt Gott I 113; Man kann hören, was andre sagen (aus: Trommle mein Herz für das Leben, CD von Gerhard Schöne)

Liturgischer Text: Psalm 23 *oder* Psalm 103,1–5.8

Zum Text

Wenn ich diese Bibelstelle lese, wird mir wehmütig und zugleich fröhlich ums Herz. Wehmütig, weil es an so vielen Orten und auch in unserer Stadt hier so viele Menschen gibt, die Zuwendung sehr nötig haben und auf Hilfe warten. Weil es oft vorkommt, dass auch in den christlichen Gemeinden bedürftige Menschen zu Randfiguren werden und nicht wirklich im eigentlichen Gemeindeleben vorkommen. Bedingungslose und uneingeschränkte Zuwendung zum Nächsten leben, sich aufgehoben fühlen und sich gegenseitig stärken und schützen. Wie schön wäre es, wenn es an allen Orten solche christlichen Gemeinden gäbe! Vieles wäre leichter. Menschen wären weniger krank oder weniger einsam. Vielleicht würden mehr Menschen optimistischer in die Zukunft schauen.

Fröhlich wird mir ums Herz, wenn ich an die Menschen in den Gemeinden denke, die im festen Glauben an Gott sich um den Mitmenschen bemühen und nach den Weisungen Jesu leben. „Du sollst deinen Nächsten lieben wie dich selbst", heißt es. Die Bibel erzählt immer wieder davon, ausgehend z. B. vom heilenden Handeln Jesu, wie wir Menschen leben sollen. Jesus handelt im Auftrag Gottes. Er überbringt Gottes Liebe. Für uns gilt: Wer Liebe empfangen hat, lebt in ihr und gibt sie weiter. Das ist eine klare Weisung für uns Christen. Eine christliche Gemeinschaft muss andere tragen können. Gott schenkt dazu die Kraft.

Der gesamte Jakobusbrief beschäftigt sich mit Fragen des Glaubens und der hilfreichen Werke, des gerechten Lebens und der Versäumnisse derer, die den Weg und das Wort kennen. Der Verfasser des Jakobusbriefes gibt Anweisungen für persönliche Notsituationen. In Vers 13 lesen wir: Wer leidet, der soll sich in Geduld fassen und beten. Denn Ungeduld vergrößert das Leiden. Wer fröhlich ist, soll Gott loben und danken. Kranke Menschen sollen sich geborgen fühlen, sich des Mitgefühls der ganzen Gemeinde sicher sein und durch deren Glauben gestärkt werden. Ehrliche und echte Zuneigung und Anteilnahme der Gemeinde und ihrer Vertreter erleichtern das Ertragen der Krankheit und nehmen die Angst vor dem Sterben (siehe die Verse 14 + 15). In Vers 16 lesen wir: Auch die umstehenden Leute sollen neben dem Kranken ihre Sünden und Verfehlungen benennen. So entsteht das Gefühl der Gleichheit unter den Gemeindemitgliedern. Herablassung auf der einen und Unterlegenheit auf der anderen Seite bleiben aus. Der Verfasser des Jakobusbriefes sagt uns: Jesus ist zu den Kranken und Bedürftigen gegangen und hat sich ihnen zugewandt. Genauso soll sich nun auch die Gemeinde den Kranken und Bedürftigen zuwenden, sie in ihre Mitte holen und zum Mittelpunkt ihrer Bitten machen.

Das Salben mit Öl ist eine Wohltat für alle Sinne. Die dabei notwendige Berührung signalisiert Vertrautheit und liebevolles Wohlwollen. Zur Zeit des Jakobus war das Salben mit Öl verbunden mit der Hoffnung auf Heilung. Heute ist es Ausdruck der besonderen Zuwendung, der Freude und Körperstärkung von innen heraus. Mit einer Salbung wird außerdem dem Bedürftigen spürbar gemacht: Jesus Christus ist dir nahe. Er steht dir bei und trägt dich durch diese Not hindurch.

Der Text und die Kinder

Das Salben mit Öl praktiziere ich in jedem Jahr in der Kinderkirche vor den Sommerferien. Es soll den Kindern an diesem Tag ein besonderes Zeichen für Gottes Schutz und Begleitung sein. Die Situation wird dadurch eine besondere. Dann herrscht eine ruhige und gespannte Atmosphäre. Das Salben mit Öl sollte meiner Meinung nach eine besondere Art der Zuwendung bleiben und nicht zu oft praktiziert werden. Jeder sollte hier für seine Gruppe selbst entscheiden. Im vorliegenden Gestaltungsvorschlag verzichte ich auf diesen Akt.

Die Kinder erfahren nicht nur in der Schule, sondern auch bei vielen Gelegenheiten im Kirchenjahr, wie Menschen einander helfen und unterstützen können (z.B. Erntedankfest, Martinstag, Weihnachten). Sie hören biblische Geschichten, die von Gottes Liebe erzählen, dass Gott gut ist und gut tut. Meiner Meinung nach fehlt dabei oft die praktische und persönliche Auseinandersetzung damit. Nun laden uns die Bibelverse geradezu ein, Position zu beziehen und Ideen für das Gemeindeleben zu entwickeln.

So könnte ein hier entstehender Terminkalender in Posterformat zur Motivation werden, sich nach Bedürftigen in der Gemeinde und auch außerhalb umzuschauen und auf diese Menschen zuzugehen. Wichtig ist, diese Projekte gemeinsam mit den Kindern zu planen und monatlich bzw. vierteljährlich abzustimmen. Dabei sollte im ganzen Jahr hin und wieder Zeit sein, um die Aktionen vorzubereiten (Basteleien, kleine Programme etc.). Die Aktionen im ganzen Jahr fördern die Kreativität und stärken zugleich den Zusammenhalt unter den Kindern. Sie nehmen sich als wichtigen Teil der Gemeinde wahr und werden auch in der Gemeinde wahrgenommen. Vielleicht lernen sie auf diese Weise Gemeindemitglieder, Seniorenheime, Krankenhäuser, Kinderheime etc. kennen?

Für den Beginn des Kindergottesdienstes habe ich als Symbol für Gottes Liebe die Sonne gewählt. Jeder Mensch empfindet die Sonne als wohltuend, ihre Wärme und das Licht wirken belebend. Wie die Sonne ihre Strahlen zu uns Menschen schickt, so werden wir, also auch die Kinder der Gemeinde, zu bedürftigen Menschen geschickt, um Gutes zu tun.

Das Lied von Gerhard Schöne „Man kann hören, was andre sagen ..." beschreibt diesen Vorgang des Aufeinanderzugehens. Ich verwende das Lied am Anfang und am Ende des Kindergottesdienstes in tänzerischer Form.

Vorbereitung

Sonne mit vielen losen Strahlen
Instrumentalmusik
Terminkalender im Posterformat herstellen oder kaufen
Stifte, CD-Player, Kerze

Gestaltungsvorschlag für jüngere und ältere Kinder

Stuhlkreis
Mitte: gelber Sonnenkreis mit brennender Kerze

Begrüßung, Erklärung des Tanzliedes

(Vorsicht mit der Kerze in der Mitte)

Liedtanz

Man kann hören, was andre sagen,
Hände an die Ohren
man kann fühlen, wie's andern geht,
Hände auf das Herz
man reicht anderen seine Hände
Kinder fassen sich an
und kommt sich näher dann am End.
im Kreis aufeinander zugehen

Gespräch und Aktion

Die Mitarbeiterin fragt die Kinder, was es bedeutet, wenn sich einer dem anderen zuwendet. Sie spricht noch einmal den Text des Liedes. „Zuwendung und Hilfe brauchen viele Menschen in unserer Nähe." Die Kinder bekommen nun die Aufgabe zu überlegen, wie und mit welchen Aktionen man helfen kann. Sie werden aufgefordert, ihre Ideen auf Sonnenstrahlen zu schreiben bzw. zu malen. Während dieser Aktion läuft im Hintergrund leise Instrumentalmusik.

Die Mitarbeiterin bittet nun die Kinder, ihre Ergebnisse vorzulesen und den entsprechenden Sonnenstrahl an den Sonnenkreis in der Mitte zu legen. Sie liest anschließend die Verse 14 und 15 im 5. Kapitel des Jakobusbriefes vor. „Was können Menschen speziell aus einer Kirchengemeinde tun, um anderen zu helfen?" Ihre Ideen schreiben die Kinder nun wieder auf Sonnenstrahlen und legen sie anschließend einzeln vor der Kinderrunde an die Sonne. Die Mitarbeiterin ergänzt die Sonne mit eigenen Gedanken. Nun ist die Sonne fertig.

Kurze Instrumentalmusik

Gebet
Lieber Gott im Himmel:
öffne unsere Ohren,
damit wir einander zuhören.
Öffne unsere Augen,
damit wir einander anschauen.
Öffne unseren Mund,
damit wir miteinander reden.
Öffne unsere Hände,
damit wir einander helfen.
Öffne unser Herz,
damit wir in Frieden leben.
Amen.

Aktionen in der Gemeinde planen
Die Mitarbeiterin legt nun den Posterkalender in die Mitte des Kreises. Sie erklärt ihr Anliegen und bittet die Kinder, ihre Ideen zu benennen. Gemeinsam tragen sie die Ideen in den entsprechenden Monat ein.

Es wird vereinbart, die jeweilige Aktion in der vorangehenden Kinderkirche vorzubereiten.
(Die Mitarbeiterin muss vorher evtl. mit dem Seniorenheim bzw. Krankenhaus etc. Kontakt aufnehmen.)
Anschließend wird der Kalender an eine für alle gut sichtbare Stelle im Raum gehängt.

Ideen für Aktionen der Kinder
– Fürbittengebet für Familiengottesdienst schreiben
– alte und kranke Menschen besuchen
– im Krankenhaus singen
– Seniorenkreis einladen zu Kaffee und Kuchen
– Adventsprogramm im Seniorenheim
– Weihnachtskarten für Gefängnisinsassen basteln
– sich an der Aktion „Weihnachten im Schuhkarton" beteiligen o. Ä.
– Spielzeug sammeln für Aussiedlerheim
– Kuchenbasar für Brot für die Welt
– Adventskalender für Kinderheim basteln und überbringen
– Geld sammeln für bedürftige Familien
– Kleidersammlungen
– Besuch der Tafeln für Bedürftige und dafür sammeln
– Einladung der Aussiedlerkinder zum Kindernachmittag oder Fußballspiel
– Besuch des Obdachlosenheimes
– ???

Ein „Sonnenstrahl" zum Verschenken
Wo eine Jahresplanung nicht möglich ist (Ferienzeit, Urlauberkinder), kann vielleicht gleich ein kleiner Gruß für Kranke oder Einsame gebastelt werden. Er kann selbst verschenkt werden oder dem/der zuständigen Pfarrer/in zum

Salbung – was Leib und Seele gut tut ...

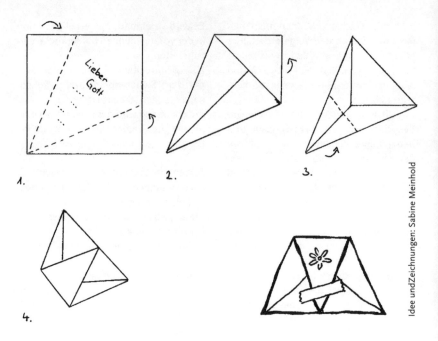

Mitnehmen bei Besuchen gegeben werden.

In ein quadratisches Blatt wird von den Kindern schräg, wie in der Zeichnung sichtbar, ein Gruß, ein Gebets- oder Segenstext (s. u.) geschrieben oder der kopierte Text aufgeklebt. Dann wird das Blatt zu einem Sonnenstrahl gefaltet, verschlossen und verziert.

Liedtanz wiederholen

Segen
(Die Mitarbeiterin bittet die Kinder im Kreis stehen zu bleiben und die rechte Hand in die Mitte zu strecken. Diese Hand wird dabei aufgehalten, um etwas zu empfangen. Die linke Hand wird dem linken Nachbarn leicht auf den Rücken gelegt. Sie soll als Halt und Stärkung empfunden werden.)

Keinen Tag soll es geben, an dem du sagen musst,
niemand ist da, der mich hört.
Keinen Tag soll es geben, an dem du sagen musst,
niemand ist da, der mich schützt.
Keinen Tag soll es geben, an dem du sagen musst,
niemand ist da, der mir hilft.
So segne dich der gütige Gott. Amen

Beate Jagusch

16. August 2009

Monatlicher Kindergottesdienst im August
Du salbest mein Haupt mit Öl, Psalm 23

Der gesamte Psalm bietet eine Fülle von Bildern, die in der Liturgie zur Entfaltung kommen können. Als Höhepunkt kommt das Besondere einer Salbung zum Ausdruck. Einreiben und Salben gehören zur Pflege und sind Zuwendungen, eine Wohltat eben. Der Hirte heilt mit Öl Verletzungen und Wunden bei Schafen. Von Gott gesalbt zu werden, bedeutet Anteilgabe am Heil, an der Fülle von Gottes unerschöpflicher Hingabe und Liebe. Was könnte man also anderes tun, als sich gegenseitig zu salben.

Der Gestaltungsvorschlag für den 26.7.2009 (S. 196) eignet sich für einen monatlichen Kindergottesdienst. In einer abschließenden kleinen **Andacht** könnten auch Erwachsene in die **Salbungshandlung** einbezogen werden. Der Gedanke, die von Gott empfangene Liebe an Bedürftige weiterzugeben, könnte in **Aktionen** der Kinder in der Gemeinde Ausdruck finden (S. 211). So wie Gott und Jesus sich den Menschen zuwenden, so wenden wir uns den Menschen in der Gemeinde zu.

„Wenn diese Steine sprechen könnten"

Foto: Silvia Gützkow

Lied: Gott baut ein Haus, das lebt, KG 71, LZU 30

Liturgischer Text: Psalm 118,19–25(–29), dazu Kehrvers/Kanon: Tut mir auf die schöne Pforte, Die Kerze brennt 20

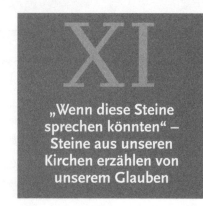

XI

„Wenn diese Steine sprechen könnten" – Steine aus unseren Kirchen erzählen von unserem Glauben

Sonntag	Text/Thema	Art des Gottesdienstes Methoden und Mittel
23.8.2009 11. Sonntag nach Trinitatis	„Hier ist nichts anderes als Gottes Haus!" Steine am Ort der Begegnung mit Gott 1. Mose 28,10–22	Gottesdienst mit Kindern; Gespräch, Stein, Erzählung, Altar „entdecken" und schmücken, Blüten, Kerzen, Metallfolie
30.8.2009 12. Sonntag nach Trinitatis	„Was bedeuten diese Steine?" Steine als Gedenksteine Josua 4,1–5,1	Gottesdienst mit Kindern; Taufstein als Erinnerungsstein, Taufstein „entdecken" und schmücken, Erzählung, Gespräch, Blüten, Fotos, Teelichte, Papierblüten mit Segensspruch
6.9.2009 13. Sonntag nach Trinitatis	„Ihr seid lebendige Steine" 1. Petrus 2,1–10	Gottesdienst mit Kindern (und Erwachsenen); Steine, Erzählung, Schriftrolle, Gespräch, Steine bemalen, Farbstifte, Teelichte, Tücher

Monatlicher Kindergottesdienst im September
„Ihr seid lebendige Steine", 1. Petrus 2,1–10   S. 229

Vorgedanken zum Thema der ganzen Einheit

Urlaub in den Bergen kann begeistern. Hoch türmen sich die Massive der Gebirgsketten, entstanden aus gewaltigen Eruptionen und Verschiebungen von Landmassen. Und dann auf der Wanderung am Wegesrand das: Riesige Felsbrocken, nur mühsam weggeräumt, haben vor noch gar nicht so langer Zeit den Weg hier versperrt. Ein Abbruch gigantischen Ausmaßes lässt den Atem stocken, lässt die Kräfte erahnen, die solche Veränderungen herbeiführen. Erfurcht vor der Schöpfung bestimmt die Gedanken. Ein Kind nimmt einen faustgroßen Stein auf. „Den nehme ich mir mit. Schau Papa, die Maserung, das sind doch tolle Linien, echt cool." Es folgt die Frage „Wie alt ist der eigentlich?" Gute Frage, aber keine eindeutige Antwort „Muss schon eine Ewigkeit her sein." Ein Gespräch kommt in Gang. Demnächst wird der Stein auf dem Regal zuhause an eine schöne Zeit erinnern. Der Stein hat jetzt seine eigene Bedeutung erhalten. Er ist nun zum Schatz erhoben worden.

Immer wieder begegnen Kinder Steinen und begreifen: Da gibt es große und kleinere Kieselsteine – auch Sandkörner sind Steine. Da sind helle, glatte Steine, die wie Schmeichler in der Hand liegen. Aber auch die: graue, raue, kantige Steine, die verletzen. Die Erfahrungen mit Steinen können unterschiedlich sein. Sie liegen als Bedrohung, als Hindernis im Weg, man kann sich hinter ihnen verstecken, findet hinter oder unter Ihnen Schutz. Sie versinnbildlichen negative und positive Erfahrungen – so wie das Leben es nun einmal schreibt. Sie zeugen von Veränderung, aber vermitteln auch gleichsam Zeichen für „Ewiges". Für Kinder im Kindergottesdienst sind Steine in ihrer Doppeldeutigkeit ein willkommenes Symbol, über das man etwas ausdrücken kann: Lastensteine als Zeichen für all das, was so schwer liegt, was bedrückt, aber auch der springende Stein, der bildhaft sein kann für Leichtigkeit und Fröhlichkeit, Übermut.

Nutzen wir also diese Offenheit, um uns gemeinsam mit Kindern in der Kirche mit diesem Thema zu befassen. Für diese Einheit ist es eigentlich unerlässlich, dies in einer Kirche zu tun. Viele Zugänge aus dem kirchenpädagogischen Bereich können dabei gute Dienste leisten. Wo Menschen steinerne Zeugnisse gesetzt haben, erzählen Steine vom Glauben. Wenn Steine sprechen könnten ...

Buchhinweis: Sehr gute Sachinformationen zum Thema bietet Hartmut Rupp, Handbuch der Kirchenpädagogik, Calwer Verlag Stuttgart 2006.

Klaus-Dieter Braun

23. August 2009
11. Sonntag nach Trinitatis

„Hier ist nichts anderes als Gottes Haus!"
Steine am Ort der Begegnung mit Gott
1. Mose 28,10–22

Lieder: Alles, was mich bedrückt, GoKi 2007, LH 80; Wo zwei oder drei, EG regional, LZU 100, KG 182, LJ 470, LfK1 A 37

Liturgischer Text: Psalm 118,19–25(–29)

Zum Text

Jakob hat seine Heimat, das Land der Verheißung, auf Drängen seiner Eltern verlassen. Er ist unterwegs nach Haran zu Laban, einem Verwandten seiner Sippe. Haran war eine bedeutende Stadt im Nordwesten Mesopotamiens. Ein weiter Weg also. Ein Motiv, das Land zu verlassen, ist der Wunsch seiner Eltern, Isaak und Rebekka, dass er sich dort eine der Töchter des Laban zur Frau nimmt (und nicht eine Frau aus dem eigenen Umfeld in Kanaan). Der zweite dringende Beweggrund ist die Angst vor der Rache seines Bruders Esau. Mit List hat sich Jakob den Segen des Erstgeborenen erschlichen und fürchtet sich auch vor Gottes Strafe. Kann er noch Träger des Segens sein? Der Ort, an dem Jakob zur Nachtruhe findet, ist eine alte kanaanäische Kult- und Opferstätte. Jakob sucht sich einen Ruhestein, den er zur Entlastung unter seinen Kopf (besser: unter den Nacken) legen will. Ein Steinkissen war in der Antike nichts Ungewöhnliches – aber es war auch hart. Auf die quälenden Zweifel Jakobs antwortet Gott in der Nacht mit einer Zusage. Die alte Verheißung bleibt bestehen. Im Traum erscheint Jakob eine Treppe, deren Stufen den Zugang zum Himmel vermitteln (daher entwickelte sich der Begriff „Himmelsleiter"). Jakob ist zutiefst betroffen und getröstet zugleich. Der Stein der Nachtruhe wird zum Grundstein. Der Ort der Zusage Gottes soll in Ehren gehalten werden. Beth-el (Bethel – Haus/Wohnung Gottes) nennt er die Stätte. Jakob weiht den Stein mit Öl, ein Ritus, der verdeutlicht: Dieser Stein drückt Gottes Nähe aus. Der Stein soll zur Einkehr einladen. Wie ein Denkstein steht er da, einem Altar gleich. Später wird Bethel zu einem bedeutenden israelischen Heiligtum.

Zum Thema „Altar"

Der Begriff Altar kommt vom lateinischen „altare". Er geht zurück auf „aldora" (Verbrennung). Die Israeliten pflegten sowohl Brandopfer (das ganze Tier wurde Gott übereignet) als auch Räucheropfer (es wurden Fette oder Aromate verbrannt). Gott opfern hieß Gott danken. Zunächst waren Altäre schlichte Erdaufhäufungen oder Anhäufungen unbehauener Steine. Später wurde der Altar kunstvoll behandelt. In frühisraelitischer Zeit erhielten Altäre an allen vier Seiten Hornaufsätze. Der Altar drückt die Gegenwart Gottes aus. Das wird in der Architektur oftmals mit Stufen versinnbildlicht (= Thron, Erhöhung). In den gotischen Kirchen wurde daher der Altarraum auch mit einer Schranke, einem Lettner, als heiliger Ort abgeteilt. Diesen Ort zu betreten, zu berühren, war ausschließlich geweihten Priestern vorbehalten. Hier war Ehrfurcht geboten. Der Altarschmuck wurde immer aufwendiger und reicher, Aufbauten wurden kunstvoll gestaltet.

Die Stellung des Altars in den heutigen Kirchen hebt die lokale Trennung zur Gemeinde auf. Vielmehr soll der Altarbereich als Versammlungsort dienen und die Gemeindeglieder einander näherrücken lassen. Der Altar bildet für die Gemeinde das Zentrum, deutet also die Sinnmitte an. Fast immer ist er im Osten des Raumes in der Apsis angesiedelt (zumeist in romanischen und gotischen Kirchenbauten). Osten mit der aufgehenden Sonne wird als ein Zeichen des nahenden Gottes gedeutet, das aufgehende Licht für die Auferstehung des Herrn, man schreitet der Helligkeit entgegen. Die Form der Altäre hat sich im Laufe der Jahrhunderte immer wieder gewandelt. Es gibt Steinblöcke, die an die Kult- und Opferstätte erinnern und schlichte Tische, die auf das Abendmahl hinweisen.

Zusammenfassung:
- Opferaltar (Brand- und Räucheropfer)
- Thron Gottes (geheiligter Ort)
- Ort der Erinnerung, des Gedächtnisses, der Hoffnung, der Versöhnung, des Gebetes
- Ort der christlichen Gemeinschaft (Tisch des Herrn)

Der Text und die Kinder

Kinder lassen sich gut über begreifbare Mittler zum Inhalt einer Geschichte lenken. Der „Grundstein" ist ein willkommenes Motiv. Steine lassen sich vielseitig ausdeuten. Es bietet sich daher an, die Steine als Ausgangspunkt für die Erzählung zu nehmen. Der Traum der „Himmelsleiter" sollte dabei nicht zu stark im Vordergrund stehen. Schwerpunkt ist die Zusage Gottes, aber auch die schlussfolgernde, ehrfurchtsvolle Handlung Jakobs, durch die der Stein eine besondere Funktion am Platz/Haus Gottes erhält. Von der zeichenhaften Handlung Jakobs lässt sich ein Bogen in die heutige Zeit spannen. Die Kinder können erfahren, dass ein Stein durch seine Geschichte eine besondere Bedeutung erhalten kann, die bis in unsere Zeit hinein wirkt. In diesem Kindergottesdienst steht der Altar im Mittelpunkt als Stein am Ort der Begegnung mit Gott.

Gestaltungsvorschlag für jüngere und ältere Kinder

Hinführung

Wenn möglich, den Altar zuvor leer räumen (Altarschmuck für später zur Seite legen). Die Kinder nehmen im Halbkreis vor dem Altar Platz, ein Stein wird in die Mitte gelegt. „Ich lege diesen Stein hier in die Mitte. Vielleicht denkt ihr, so ein gewöhnlicher Stein?" Der Stein wird wieder aufgenommen. Der Stein wandert, wird von jedem Kind betrachtet, befühlt, kommt zurück. Der Stein wird in die Mitte gelegt. „Jetzt ist es ein besonderer Stein. Es ist unser Stein." Die Kinder bringen ihre Eindrücke ein.

Erzählung

Steine haben Menschen schon immer begleitet. Hört die Geschichte, die von Jakob erzählt:

Jakob ist außer Atem, einen ganzen Tag ist er unterwegs gewesen, immer wieder hat er sich umgeblickt, ob sein Bruder Esau ihn doch noch verfolgt. Zu verstehen wäre das ja, nach dem, was Jakob seinem Bruder angetan hatte. Das war nicht richtig. Betrogen hatte er ihn, um das Erbe des Erstgeborenen gebracht. Den Segen von Vater Isaak hätte sein Zwillingsbruder Esau erhalten müssen. Klar, dass Esau vor Wut kochte. Die Mutter Rebekka war es, die Jakob riet zu gehen. „Sonst passiert hier noch ein Mord, so enttäuscht, wie dein Bruder Esau ist! Geh zu Laban nach Haran, der nimmt dich sicher auf." Jakob ist noch ganz benommen, sein schlechtes Gewissen nimmt mit jedem Schritt zu. Ob Gott ihn für sein Vergehen strafen wird? Oh, diese Zweifel!

Der erste Tag der langen Reise ist vorbei, die Sonne ist nicht mehr da. Jakob ist todmüde. Nichts ist ihm geblieben. Jakob richtet sein Nachtlager ein. Er nimmt einen großen Stein, auf den er seinen Kopf legen kann, mit seinem Mantel deckt er sich zu. Rasch schläft er ein und träumt. Eine große Treppe mit vielen Stufen entsteht vor seinen Augen. Er schaut nach oben, bis zum Himmel geht die Treppe. Engel gehen auf den Stufen auf und ab. Eine Lichtgestalt steht da. Die spricht zu Jakob: „Ich bin der Herr, der Gott deiner Vorfahren Abraham und Isaak. Du hast mich traurig gemacht, aber der Segen deiner Väter soll auch an dir und deinen Kindern bleiben. Das Land, auf dem du liegst, will ich dir und deinen Nachkommen geben. Ich werde bei dir sein, du wirst eines Tages wieder zurückkehren. Verlass dich auf mich!" Jakob erwacht, sein Herz klopft vor Aufregung, der Traum ist noch ganz deutlich in Bildern vor ihm. Dieses Stück Erde hat Gott ihm zugesagt – dieses Land hier soll daher Bethel heißen, das bedeutet „Haus Gottes".

Der Morgen naht. Jakob steht auf und sagt: „Ich will Gott zu Ehren ein Heiligtum bauen." Jakob nimmt den Stein, auf dem er geschlafen hat, er richtet ihn auf, er gießt etwas Öl darüber. „Ich will den Stein allein Gott weihen. Er soll ein Altar sein. Alle, die hier Rast machen, sollen zu Gott rufen. Dieser Stein soll an Gottes Versprechen erinnern: Ich bin da!"

Den Altar entdecken

„Für Jakob ist wichtig: Hier ist Gottes Wohnung. Alle sollen es wissen, der Stein wurde dabei zu einem Grundstein, an dem sich alle an Gott erinnern sollten. In jeder Kirchengemeinde gibt es solch einen wichtigen Grundstein. Kommt, wir gehen zum Eingang!"

– Die Kinder betreten die Kirche noch einmal.
– Sie gehen auf den Altar zu.
– Sie sammeln sich stehend um den Altar. „Dieser Altar ist für die Besucher im Gottesdienst sehr wichtig." (Anmerkung: Ist der Altar aus Holz, ist ein klärender „Umweg" nötig: Tisch des Herrn).
– Der Kenntnisstand der Kinder wird aufgegriffen und ergänzt.
– Details werden entdeckt, gefühlt, eventuell mit Folie abgenommen (Metallfolie/Alufolie auf den Stein drücken und reiben, so dass das

Muster des Steins auf der Folie sichtbar wird) oder dergleichen, der Altar wird mit Blüten, Blättern o. Ä. geschmückt, auch der zurückgelegte Tischschmuck wird nach und nach wieder mit den Kindern gemeinsam aufgelegt: Altardecke, Parament, Kerzen, Altarbibel, Kreuz. Jeder Gegenstand will uns etwas Besonderes sagen:
– Der Altar ist ein Ort der Verehrung und ein Zeichen der Gegenwart Gottes.
– Die Kerzen werden entzündet und ein kurzes Gebet gesprochen.
– Der gemeinsame Stein wird auf den Altar gelegt.

Lied: Alles, was mich bedrückt

– Auf den Altar werden jetzt Abendmahlsgeräte gestellt: Der Altar ist Ort der Erinnerung an den Auferstandenen, als Ort der Hoffnung, der Versöhnung. Menschen begegnen sich am Altar.
– Die Kinder bilden einen großen (Halb-)Kreis um den Altar. Es bietet sich an, mit den Kindern ein kurzes Agapemahl zu feiern.

Lied: Wo zwei oder drei

Erinnerungsfoto (als Gruppe) z. B. für den Schaukasten, Gemeindebrief ...

Klaus-Dieter Braun

---

30. August 2009
12. Sonntag nach Trinitatis

„Was bedeuten diese Steine?"
Steine als Gedenksteine

Josua 4,1–5,1

Lieder: Kommt herbei, singt dem Herrn, LJ 445, EG regional, KG 176; Leben neu entfalten, s. S. 223

Liturgischer Text: Psalm 118,19–25(–29)

Zum Text

Die Themenreihe wird mit den Denk- und Erinnerungssteinen in kirchlichen Räumen fortgesetzt. Vorbilder gibt es in vielen Kulturen und religiösen Bräuchen. Auch im israelitischen Bereich sind sichtbare Zeichen der Erinnerung zu finden. Am bekanntesten dafür sind die zwölf Gedenksteine, die im Gilgal in der Nähe von Jericho standen – im Gedenken an die Heilsbotschaft Gottes um die Errettung des Volkes Israel (Josua 4, 20ff): „Wenn später deine Kinder fragen, was diese Steine bedeuten ..."

Dem voraus steht die gelungene Überquerung des Jordans. Das Volk war nahe am Ziel nach der vierzigjährigen Wanderung. Gott war bei seinem Volk. Er ließ die Wasser des Jordans nicht nachfließen, eine Furt entstand. Mit der Bundeslade voran gelangte das Volk bei Jericho an das andere Ufer. Die Träger der Lade wateten hindurch, bis alle auf der sicheren Seite angekommen waren. Und hier setzt unsere kleine Textpassage ein. Josua wird von Gott angehalten zwölf Männer auszusuchen, die jeweils einen Stein mitnehmen, um ihn zunächst am Nachtlager aufzustellen. Diese Steine waren sicherlich von sehr unterschiedlicher Größe. Wir können sie uns als Hinkelsteine vorstellen, die als wichtiges Zeichen der Zusage Gottes aufgestellt wurden. Das Wunder des Aufbruchs in Ägypten setzt sich mit dem Einzug fort. Man spricht von einem „heilsgeschichtlichen Dreiklang": Aufbruch – unterwegs sein – Ankunft. Zwölf Steine sind gleichbedeutend für die zwölf Stämme Israels. „Zwölf" ist eine symbolische Zahl, die die Ganzheit ausdrückt. Die Frage des Kindes an den Ältesten „Erzähle, wie war es damals ..." ist auch heute noch die Eröffnung beim jüdischen Passamahl. Dankbarkeit und Gedenken sind in der Tradition fest verankert, wenngleich die Hoffnungen und Erwartungen sich nicht erfüllten. Die Steine sollten nicht vergessen lassen, sollten die Sehnsucht nach ausgefülltem Frieden, dem Einssein mit Gott, dem Schalom, wachhalten!

Zum Thema „Taufstein"

Die Steine sollten also für die nachfolgenden Generationen als sichtbare Zeichen des Glaubens stehen: Gott war mit den Seinen im Vergangenen, in Gegenwart und in Zukunft (und in Ewigkeit). Gedenksteine sind auch in unseren Kirchen zu entdecken (Grabsteine, Epitaphe, Grabmäler). Der Taufstein kann durchaus als eine Art Gedenk- und Erinnerungsstein bezeichnet werden. Hier wird der Bund mit Gott durch die Taufe bei jedem einzelnen Menschen gefestigt.

Der Begriff Taufe kommt vom Wort „tauchen". Die ersten Christen wurden meist im fließenden Gewässer mit dem Körper untergetaucht. Dies symbolisiert die ganzheitliche Reinigung, also auch der Seele, aber gleichsam war dies auch ein zeichenhafter Akt des Sterbens. Mit dem Auftauchen ist ein neues Leben angebrochen. Taufsteine gehen auf Taufhäuser, Taufkapellen und Taufbecken zurück. Der Akt des Eintauchens blieb noch erhalten, viele Taufbecken zeugen davon.

Der Taufstein steht in vielen evangelischen Kirchen in der Nähe von Kanzel und Altar. Die Formen der Taufsteine sind vielgestaltig: Einige Taufsteine sind pokalartig dem Kelch angeglichen und ausgestaltet. Andere lagern auf Säulen (= Säulentische), die an das Kreuz erinnern sollen. Es gibt auch mehreckige Formen. Die meisten Taufbecken haben interessantes künstlerisches Beiwerk: Wellen, Taube, Kreuz (meist auf der Deckelschale), Johannes der Täufer, Sprüche ... Dies zu entdecken und zu entschlüsseln ist zunächst Aufgabe des Mitarbeiterkreises, um sich dann gut vorbereitet mit den Kindern gemeinsam auf Spurensuche zu machen.

Das Thema und die Kinder

Kinder kennen Grabsteine auf dem Friedhof, Kriegsdenkmäler oder andere

Gedenksteine. Der Taufstein als Erinnerungsstein kann mit ihrem eigenen Leben in Verbindung gebracht werden und spricht sie emotional an. Darum wird der Taufstein hier in den Mittelpunkt gestellt.

Gestaltungsvorschlag für jüngere und ältere Kinder

Beginn
Die Kinder versammeln sich in einem großen Kreis um den Taufstein.

Psalmgebet

Einstieg
Wir befühlen den Stein, die Taufe, die Schale. (Wo ein Holz-Tauftisch steht, müsste auf die steinernen Vorbilder Bezug genommen werden – evtl. unter Zuhilfenahme eines vergrößerten Fotos). Welche Details sind zu entdecken?
Die Bedeutung der Taufe wird kurz erklärt. Die Kinder erzählen, was sie über die Taufe wissen.

Aktion: Taufe nachempfinden
Wir empfinden und beschreiben mit unserem Körper: unter Wasser sein, die Arme sind verschränkt, die Augen sind zu, wir richten uns auf ... aus dem Wasser wie neugeboren auftauchen. Wir strecken uns.

Lied: Leben neu entfalten

Gespräch
Manche von euch sind getauft. (Eventuell als Aktion Taufbilder der Kinder um das Taufbecken legen, dazu wäre es gut, wenn ein, zwei Sonntage vorher bereits um das Mitbringen solcher Fotos gebeten wurde).

Wasser als Zeichen
Die Taufschale wird mit Wasser gefüllt.

Übergang zur Erzählung
Der Taufstein ist ein Erinnerungsstein, er erinnert uns: Gott schenkt uns Kraft. Gott ist mit uns verbunden, Gott ist bei einem jeden von uns. Solche Erinnerungssteine kannten schon die Menschen früher in Israel. (Die Kinder setzen sich auf Sitzkissen.)

Erzählung
Benjamin will alles genau wissen. Er steht vor einem Stein und bewundert ihn. Da sind noch mehr, insgesamt zwölf, aber der hier, das weiß Benjamin, ist von seinem Vater. „Wie war das damals?", will Benjamin von seinem Vater wissen. Beide nehmen auf einem kleinen Hügel Platz. Der Vater legt den Arm um Benjamins Schulter. „Von dort", der Vater zeigt in Richtung Westen, „kamen wir her. Du weißt ja, wie viele Jahre wir schon unterwegs waren! Müde hatten wir ein Nachtlager eingerichtet. Wir wussten, bald ist es so weit, bald muss das verheißene Land in Sichtweite sein."
„Na, da konntet ihr doch fröhlich einschlafen", meint Benjamin „Ja, doch schon am frühen Morgen rief Josua, unser Anführer, der Nachfolger von Mose: „Los, beeilt euch, wir brechen noch heute auf!" Alle waren voller Vorfreude, aber dann das: Was wir sahen, war ein reißender Fluss, der unseren Weg versperrte. Der Jordan war über sein Ufer getreten! Wohin man auch blickte, es war unmöglich da durchzukommen! Viele fingen an zu murren. „Halt, lasst uns hier Zelte aufbauen und warten!" Wer konnte schon ahnen, dass Gott längst sein Wort an Josua gerichtet hatte. Jetzt

30. August 2009

Leben neu entfalten

Text und Meldodie: Klaus-Dieter Braun   Rechte beim Verfasser

erzählte Josua davon: „Gott wird uns helfen, wie damals am Schilfmeer." „Als die Wasser sich teilten!", ruft Benjamin dazwischen. Er ist voller Stolz, dass er das alles weiß. „Ja, genauso", sagt sein Vater. „Das gab allen Mut. Josua befahl einigen Menschen, die Bundeslage zu tragen, den heiligen, reich geschmückten Kasten, in der unsere Gesetze aufbewahrt waren. Wir alle sollten ihr folgen." „Und dann?", Benjamin rutscht aufgeregt hin und her. „Hab Geduld. Josua sagte uns, wenn die Füße der Ladenträger das Wasser berühren, wird das Wasser des Jordans still stehen.

Nichts wird nachfließen." „Und?" „So kam es. Alle zogen an der Lade vorbei zum anderen Ufer. Keiner hatte nasse Füße. Wir waren gerettet. Gott war mit uns. Alle sangen ein Dankeslied. Du kennst es auch, lass es uns miteinander singen und tanzen!"

Lied: Kommt herbei, singt dem Herrn (mit Bewegung/Tanz)

Fortsetzung der Erzählung: „Puh, jetzt sind wir beide aber ganz schön aus der Puste!" Vater und Sohn setzen sich wieder auf den Hügel. „Aber, was hat das alles mit dem Stein zu tun?", will Benjamin wissen. „Josua hat noch mehr von Gott erfahren. Zwölf Männer von uns sollten jeder einen Stein aus dem Jordan nehmen und ihn dann auf den Schultern tragen, um ihn hier aufzustellen." „Und, das ist deiner!" „Ja, einer von den Zwölfen, der kleinste", sagt der Vater in aller Bescheidenheit. „Aber er sieht besonders schön aus", meint Benjamin. „ Er erinnert mit den anderen gemeinsam daran, dass Gott uns begleitet und gerettet hat, damals, und dass er bei uns ist, heute, jeden Tag, bis in alle Ewigkeit. Bei allen Menschen, die an ihn glauben." Benjamin und sein Vater sitzen noch lange schweigend, aber voller Freude, bis die Sonne untergeht.

Am Taufstein
Nach der Erzählung stehen die Kinder wieder auf und stellen sich um den Taufstein. Der Taufbeckenrand kann auch mit sog. „Zauberblüten" aus Papier (siehe Zeichnung) geschmückt werden. Eine Blüte wird in das Taufbecken gelegt und entfaltet sich.

Gebet
Guter Gott, du hast dein Volk nicht allein gelassen, du warst bei ihm in all den mühsamen Tagen seiner Wanderung in das gelobte Land, jeden Tag. Es tut gut zu wissen, dass du auch uns heute noch nah bist.
Wir wollen dir danken, dass wir hier in Gemeinschaft an dich denken dürfen und miteinander feiern.
Wir bitten für alle Menschen, dass auch sie etwas von Jesus erfahren.
Jeder Tag mit dir, Gott, ist etwas Besonderes. Amen

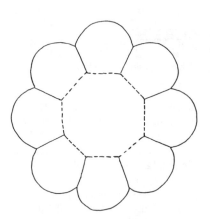

„Zauberblüten" zum Mitnehmen
Jedes Kind erhält eine zusammengefaltete Blüte (mit einem Segensspruch in der Mitte, der nach der Entfaltung zuhause für jedes Kind sichtbar wird).
Alternativvorschlag: Statt Blüten können Teelichte an der Osterkerze angezündet und auf den Rand des Taufsteins (zu den Fotos der Kinder) gestellt werden.

Schlusslied – Segen – Verabschiedung

Klaus-Dieter Braun

6. September 2009

13. Sonntag nach Trinitatis

„Ihr seid lebendige Steine"

1. Petrus 2,1–10

Lieder: Komm, bau ein Haus, das uns beschützt, EG regional, KG 119, LJ 582, MKL 91; Gott baut ein Haus, das lebt, KG 71, LZU 30; Hewenu Schalom, EG 433, KG 131, LJ 244; Unser Leben sei ein Fest, EG regional, LJ 616, MKL 33, LfK1 B13

Liturgischer Text: Psalm 118,19–25(–29)

Zum Text

Der dritte Teil dieser Themenreihe bezieht sich auf einen Text aus dem 1. Petrusbrief mit der Überschrift „Das neue Gottesvolk". Es geht also um Welterneuerung, um Veränderung. Es geht aber auch um bewusstes Leben als Gemeinde im Sinne Jesu. Petrus benutzt Bilder und Schriftstellen aus dem Alten Testament, die sich auf den Hausbau beziehen: die Menschen als die lebendigen Steine Gottes (Vers 4/5).

Die Petrusbriefe sind an die verfolgten Gemeinden in Kleinasien (Osten der heutigen Türkei) gerichtet. Heiden lehnten die Christen ab. Der Brief sollte den Christen Mut machen, sollte aufbauen. Petrus erinnert sie an ihre eigene Verantwortung. Sie selbst sind es, die einen geistigen Tempel errichten (Vers 9). Petrus verweist aber auch auf Jesus als Eckstein (Vers 6). Das war im Tempelbau der wichtigste Stein, nach dem alles ausgerichtet wurde. Gleichsam wurde als Eckstein auch jener Stein im Block bezeichnet, an dem sich jeder stoßen konnte. Jesus – also der „Stein des Anstoßes", Jesus – Anlass zum Ärgernis (Jesaja 8,14). Die Christen sind aufgerufen, im Bauen des geistlichen Hauses Gottes nicht nachlässig zu sein.

Text und die Kinder

Besonders jüngere Kinder haben möglicherweise Schwierigkeiten mit dieser Bildersprache: Ich selbst als lebendiger Stein im Gefüge der Gemeinschaft Christi … Reale Materialien können helfen, einen Zugang zu dieser Bildersprache zu finden. Kindern können durchaus nachvollziehen, was es heißt: Ich gehöre dazu, ich habe in der Gemeinschaft meinen Platz gefunden und nehme ihn ein. Am Leben der Gemeinde beteiligt zu werden, bedeutet eine gewisse Anerkennung. So ist Gemeinde erfahrbar.

Gestaltungsvorschlag für jüngere und ältere Kinder

Vor der Kirche

Die Kinder und die Mitarbeiter/innen treffen sich (soweit möglich) im Halbkreis vor der Kirche, vor dem Eingang.

Die Steine im Bau der Kirche werden betrachtet: Türsteine, Abschlusssteine im Bogen, Sockelsteine und anderes mehr. „Unsere Kirche ist ein Haus Gottes, ein Haus, in dem Gott wohnt. Menschen haben das Haus zu Ehren Gottes gebaut (eventuell Jahreszahl herausfinden). Viele Menschen gehen hier ein und aus, suchen und finden Ruhe und Besinnung, beten, singen und loben Gott. Kirche ist also nicht nur irgendein Haus."

Älteren Kindern kann hier die folgende **Kurzgeschichte** erzählt werden.
Drei Bauarbeiter sind dabei Steine zu behauen. Ein Kind kommt hinzu und fragt den ersten Arbeiter: „Was tust du da?" „Siehst du das denn nicht?", meint der und sieht nicht einmal auf. „Ich behaue Steine." „Und was tust du da?", fragt das Kind den zweiten. Seufzend antwortet der: „Ich verdiene Geld, um für meine Familie Brot zu beschaffen, und die ist groß." Das Kind fragt auch den dritten: „Was tust du?" Dieser blickt hinauf in die Höhe und antwortet leise: „Ich baue einen Dom." (unbekannter Verfasser)

Lied: Komm, bau ein Haus, das uns beschützt

In der Kirche
Die Tür wird jetzt bewusst geöffnet (eventuell sogar mit dem Schlüssel aufschließen).
Wir gehen nun bewusst in die Kirche hinein. „Schaut euch genau um, schaut auf die Steine an den Wänden, in den Säulen, überall ist etwas zu entdecken. Wir haben an jedem interessanten Ort einen kleinen Stein gelegt." (Das setzt voraus, dass der Weg in der Kirche und die interessantesten Stationen von dem Mitarbeiterkreis vorher gemeinsam festgelegt wurden.) Wir versammeln uns mit den Kindern in der Kirche (eventuell vor dem Altar). Dort liegen bereits Steine in unterschiedlichsten Größen auf einem Haufen.

Lied (im Stehen): Gott baut ein Haus, das lebt

Einführung in die Erzählung
Gott baut ein Haus ... Sicherlich sind es Menschen, die bauen, doch es ist wichtig, dass wir nicht vergessen, für wen und warum wir bauen. Ihr erinnert euch doch noch an die kleine Geschichte vorhin am Eingang? Schon früh haben Menschen aus Steinen Mauern und Gebäude gebaut. Erst waren es nur lose Steine, die sie dafür verwendeten. Da, wo nicht genügend zu finden waren, stellten sie Ziegel her, die schichteten sie aufeinander, ganz geschickt, damit alles seinen Halt finden konnte.

Der Apostel Petrus hatte einmal die Menschen mit Steinen verglichen. So, wie die Mauer nur stehen kann, wenn alle Steine zusammenhalten, so ist es auch mit uns, hat er gesagt. Ihr seid lebendige Steine. Kommt, lasst uns einem Gespräch lauschen, das vielleicht zur Zeit des Apostel Petrus so stattgefunden haben könnte. Es ist noch gar nicht so lange her, als Jesus gestorben war. Viele Menschen ließen sich damals taufen und wurden Christen, auch in Kleinasien.

Die Kinder setzen sich im Halbkreis, zwei Mitarbeiter/innen legen sich ein Tuch um die Schulter. Dies erleichtert den Kindern, sich in das Rollenspiel hineinzufinden. Auch eine Schriftrolle (Papierrolle auf zwei kürzere dicke Stäbe gezogen) ist vorbereitet. Der Dialog kann auch von einer Person vorgetragen werden.

Erzählung/Dialog

M (Meschet): „Ach, Siram, wann endlich können wir mit dem Bau eines Hauses zur Ehre Gottes beginnen?"
S (Siram): „Du weißt doch, Meschet, wir Christen haben es schwer, sie reden über uns Böses. Mein Nachbar ist Steinmetz, wie leicht kann der uns Steine beschaffen, aber er weigert sich. Oh, manchmal beneide ich ihn um seinen Beruf. ‚Euch Christen sollten sie alle aus der Stadt jagen', hatte er neulich zu mir gerufen."
M: „Ja, nicht wahr, Siram, er ist eben auch Heide. Wir können froh sein, wenn sie uns Christen nicht vor Gericht bringen."
S: „Hier, Meschet (holt eine Schriftrolle), hier sind Worte von Petrus, dem Gesandten Gottes. Er hat uns geschrieben, er will uns Mut machen. Das Haus Gottes, das sind wir selbst, schreibt er. Jeder von uns ist wie ein wichtiger Stein und alle zusammen sind wie ein Tempel."
S nimmt die Rolle und liest: „Hier steht noch mehr. Petrus schreibt auch, dass Jesus unser Eckstein ist. Alles sollte sich nach ihm ausrichten."
M: „Ja, ja, Jesus, an dem sind schon viele angeeckt. Ich habe gehört, dass die frommen Juden in Jerusalem sich mächtig über ihn ärgern, auch, wenn er nicht mehr am Leben ist. Das, was Jesus gesagt hat, lebt aber weiter – durch uns. Jesus hat vieles verändert. Die haben den Stein Jesus bestimmt nicht gewollt."
S: „Aber Meschet, gerade deshalb ist er für uns etwas besonders Wertvolles geworden. Jesus hat sich für die Armen und Schwachen eingesetzt, hat immer wieder gefragt, ob die strengen Gesetze auch menschlich sind." (rollt die Schriftrolle wieder zu). „Eigentlich ein schönes Bild – das mit den Steinen. Ich stelle mir gerade vor, was für ein Stein ich sein könnte."
M (lächelt): „Vielleicht eher ein runder? Aber mal Spaß beiseite, ich glaube, dass es nicht nur auf das Äußere ankommt, sondern auf das, was jeder von uns kann, welche Gabe ihm Gott gegeben hat."
S: „Dann wäre ich gern ein Stein – (überlegt) in einer Türöffnung. Ja, ich lade doch immer gern zum Gottesdienst zu mir ein."
M: „Na, und ich?" (an S gerichtet)
S: „Du? – Nun, das lass uns mal gemeinsam überlegen. Vielleicht sollten wir nicht alles so festlegen wollen, schließlich baut auch der Geist Gottes am Haus mit …!" (beide legen ihre Utensilien ab)

Steinbetrachtung

Jedes Kind wird nun eingeladen, sich aus einem großen Korb einen (kinderfaustgroßen) weißen Marmorkiesel zu nehmen (vorher waschen!). Anweisung: Nehmt den Stein in die Hand, befühlt ihn, betrachtet ihn. Was hat der Stein, was wir auch haben? (Vergleiche ziehen, nicht nur auf das Äußere bezogen, auch auf die guten Eigenschaften!) Welche Farbe, welches Muster würdet ihr eurem Stein geben?

Aktion: „Kirche lebt durch uns"

Malaktion mit dicken und dünnen farbigen Stiften. Die bunt bemalten Steine werden gemeinsam (auf ein hell-violettfarbenes oder himmelblaues Tuch) zu einem Kirchenumriss gelegt (siehe

„Wenn diese Steine sprechen könnten"

Zeichnung). In den Umriss könnten eventuell Fotos der Kinder (am vorhergehenden Sonntag ankündigen), aber auch gegenseitig auf Papierscheiben gemalte Portraits eingefügt werden. In die Mitte wird eine „Jesus-Kerze" gestellt. Wir stehen auf und stellen uns im Kreis auf, schauen von oben auf das Bild.

„So lebt Kirche – durch uns, durch uns alle. Wir sind es, die die Kirche mit Leben erfüllen." Jedes Kind erhält ein Teelicht (im Behältnis). Eines davon wird vom Licht in der Mitte entzündet. Das Licht wird weitergereicht. Die persönlichen Teelichte finden zwischen Bild und Stein ihren Platz.

Lied mit Bewegung: Hewenu Schalom *oder* Unser Leben sei ein Fest

Gebet
Guter Gott, es ist schön, in der Kirche zu sein und die vielen, schönen Dinge in ihr zu entdecken.
Ich freue mich daran.
Die Kirchen dieser Welt sind dir zur Ehre gebaut worden, mit vielen Steinen – Steinen in den Mauern, in den Fenstern und Türen,
Steinen in den Säulen, die die Decke tragen.
Manche Säulen scheinen in den Himmel zu ragen.
Ich spüre auch die Steine, auf denen ich gehe.

6. September 2009

Guter Gott, du bist auch in mir.
Ich spüre, ich bin in dieser Kirche wichtig, so wichtig wie jeder Stein. Menschen sind wie die Steine in einer Mauer, die zusammenhalten müssen, damit sie fest stehen kann. Guter Gott, lass uns immer daran denken. Amen

Segen

Jeder nimmt seinen Stein mit. Weiß jemand schon einen besonderen Platz bei sich zuhause für diesen Stein?

Baustein für einen Familiengottesdienst

Ein Kirchengebäude mit Menschen bilden

Ein großes graues Tuch (z.B. im Chorraum/Altarbereich ausgebreitet) zeigt zunächst die Größe des Aktionsfeldes an. Eine Moderation („Bauaufsicht" – evtl. mit Bauhelm gekennzeichnet) bittet nun nach und nach Kinder aus der Gemeinde nach vorn und platziert sie entsprechend. Die Haltung mit den Armen oder gegrätschten Beinen symbolisieren Fenster, Türen. Einige Kinder formen mit den Armen nach innen gerichtet ein Dach (Die Hände treffen sich nicht). Ein großer Erwachsener stellt den Turm dar. Freude bereitet es, wenn das Jüngste auf der Schulter die Glocke mimen darf. Das Bild kann vervollständigt werden durch „Bänke" (Größere knien, sich gegenüber positioniert) vor der Kirche, auf der sich Ältere ausruhen dürfen. Auch Bäume (mit ausgestreckten „Zweigen") bereichern das Bild. Reale aus Krepppapier gedrehte Blüten können zur optischen Ausschmückung einen Garten beschreiben.

Es empfiehlt sich einen Ein- und Ausgang einzurichten. So lässt sich mit der übrigen Gemeinde eine Polonaise nach dem Lied „Komm, bau ein Haus" durchs Menschengebäude ziehen. Hier entsteht ein eindrucksvolles Bild, mit allen Sinnen erlebt.

Klaus-Dieter Braun

Monatlicher Kindergottesdienst im September
Ihr seid lebendige Steine, 1. Petrus 2,1–10

Kinder gehören mit zur Kirche Jesu Christi, sie sind „Bausteine" des Hauses Gottes. Dem Kirchengebäude vor Ort kann Aufmerksamkeit gewidmet werden, Kirchenerkundungen und selber bauen legen sich nahe. Jeder einzelne Stein ist wichtig und das Bauwerk am Schluss stärkt das Zusammengehörigkeitsgefühl. Dennoch: Es bleibt eine Baustelle ...

Zunächst werden der **Altar** als „Grundstein" und der **Taufstein** als Erinnerungsstein in der eigenen Kirche „entdeckt" und geschmückt. (S. 219 und S. 222). Der Gestaltungsvorschlag vom 6.9.2009 (S. 225) bietet dann viele Anregungen zum Thema „Ihr seid lebendige Steine". Abschließend könnte in einer **Aktion** mit Kindern und Erwachsenen ein Kirchengebäude aus vielen Menschen gebildet werden (S. 227).

Von Gott geschenkt: „Nimm dein Leben in die Hand!"

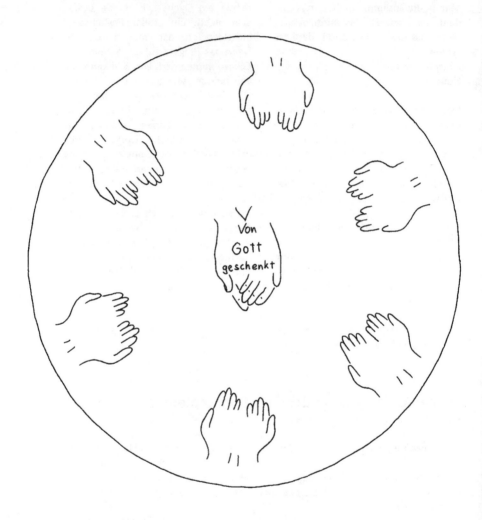

Mandala zum Fertigmalen   Zeichnung: Sabine Meinhold

Lieder: Vertraut den neuen Wegen, EG 395; Vertrauen wagen dürfen wir getrost, EG regional, Meine Lieder 46 (Fritz Baltruweit, tvd-Verlag)

Liturgischer Text: Psalm 8,1.2.4–10

XII
Von Gott geschenkt: „Nimm dein Leben in die Hand!"

Sonntag	Text/Thema	Art des Gottesdienstes Methoden und Mittel
13.9.2009 14. Sonntag nach Trinitatis	„Dein Leben ist reich und vielfältig" Lukas 12,16–21 Der reiche Kornbauer	Gottesdienst mit Kindern; Psalm mit Bildern, Erzählung, Himmelsschatztruhe, Gespräch, Schatzsuche, „Schatztruhe" aus Alufolie gestalten, stumpfe Nadeln
20.9.2009 15. Sonntag nach Trinitatis	„Nimm dein Leben in die Hand" Lukas 13,10–13 Die verkrümmte Frau	Gottesdienst mit Kindern; Körperübung, Gespräch, Erzählung, Lied
27.9.2009 16. Sonntag nach Trinitatis	„Vergiss nicht, wem du dein Leben verdankst" Lukas 17,11–19 Die zehn Aussätzigen	Gottesdienst mit Kindern; Erzählung, Gespräch, Burgspiel, Standbild

13. September 2009
14. Sonntag nach Trinitatis

„Dein Leben ist reich und vielfältig"

Lukas 12,16–21

Der reiche Kornbauer

Lieder: Du hast uns deine Welt geschenkt, Ein frohes Lied 23, EG regional, LJ 502, LZU 14, LfK1 C8

Liturgischer Text: Gebet nach Psalm 104 (s. S. 233)

Zum Thema

Die Menschen haben sich wohl zu allen Zeiten intensiv darum gekümmert, genug zu besitzen und ein gutes Auskommen zu haben. Ist das schlimm? Sicher nicht. Aber, so erzählt die biblische Geschichte vom Kornbauern, es kann gefährlich werden, wenn das Streben des Menschen nach materiellem Reichtum und – so können wir hinzufügen – nach Ehre und Macht zu seinem vorrangigen Lebensthema wird. Wenn der Mensch zum Beispiel im Erfolg und Ertrag seiner Arbeit seine ganze Lebenserfüllung zu finden hofft, sieht er sich am Ende um die Frucht seines Lebens betrogen. Denn er hat nur seinen irdischen Schatz gemehrt, ohne daran zu denken, sich einen unvergänglichen Schatz im Himmel anzulegen (vgl. auch Mt 6,19ff).

Dabei hätte der Bauer nur auf sich selbst zu achten brauchen, um seinen Irrtum einzusehen. Seine Seele nämlich, oder wir können es in diesem Fall auch Gewissen nennen, hat mit ihrer Unruhe angezeigt, dass etwas nicht in Ordnung ist. Der Bauer aber deutet diese Unruhe falsch und meint, seine Seele durch materielle Vorsorge beruhigen zu können. Wenn erst einmal neue Scheunen gebaut sind und all das Erntegut in ihnen gespeichert ist, dann hat die liebe Seele Ruhe. So denkt er. Durch ein Gotteswort wird ihm sein Missverständnis vor Augen gehalten und er wird gezwungen am Ende seines Lebens ein niederschmetterndes Urteil entgegenzunehmen: Sein Leben ist verfehlt. Und das ist nicht mehr zu ändern.

Dieses Gleichnis ist erzählt worden, damit es den Zuhörern nicht so geht wie dem Bauern. Wir werden gewarnt, über den irdischen Gütern nicht zu vergessen, den himmlischen Schatz zu mehren. Was ist damit gemeint? In dem folgenden Textabschnitt Lk 12,22ff ist zu lesen, wie man sich himmlische Schätze erwerben kann: indem der Mensch zum Beispiel von seinem Reichtum anderen etwas abgibt (Lk 12,33). Almosen geben, mit dem, was man hat, anderen Gutes tun, sich um andere kümmern, dies ist der Weg, auf unvergängliche Weise reich zu werden.

Aber nicht nur um Mitmenschlichkeit und Nächstenliebe geht es, sondern, wie es vor allem im Matthäusevangelium zum Ausdruck kommt, auch um Gottesdienst (vgl. Mt 6,24). Der Mensch tut gut daran, Gott für die erhaltenen Gaben und Begabungen zu loben und zu danken. Dies schützt uns vor dem Hochmut, der sich dort schnell einstellt, wo wir glauben, dass wir alles, was wir erreichen konnten, uns selbst zu verdanken haben. Das Wissen um Gottes Beitrag relativiert auf gute Weise den menschlichen Erfolg. Es macht uns nicht klein, streicht unsere Leistungen nicht aus, sondern macht uns, wenn wir uns dankend nach Gott und den anderen Menschen umblicken, beziehungsfähig. Wir sind dann weniger versucht, uns herauszustreichen, sondern wissen uns geborgen in der Gemeinschaft Gottes und unserer Mitmenschen. Diese Gemeinschaft macht unser Leben reicher als Geld, Gut, Ruhm und Ehre es vermögen.

Das Thema und die Kinder

Kinder sind in besonderem Maße von den Zumutungen unserer leistungs- und geldorientierten Gesellschaft betroffen: Sie erleben nicht selten die schulischen Anforderungen als schlecht erträglichen Leistungsdruck, deuten schlechte Noten als Niederlagen, haben Angst in der Achtung ihrer Eltern und Lehrer zu sinken, wenn sie nicht schaffen, was verlangt wird. Sie sind traurig, wenn ihre im Beruf stehenden Eltern zu wenig Zeit für sie haben oder schämen sich dafür, dass ihre Eltern arbeitslos sind und sich die Familie wenig leisten kann.

Die Geschichte vom Kornbauern, in der sich der Geist der Verkündigung Jesu ausdrückt, beantwortet die Frage danach, was im Leben erstrebenswert ist, auf befreiend andere Weise. Sie fordert dazu heraus, darüber nachzudenken, worauf es eigentlich ankommt. Der folgende Gottesdienstentwurf soll die Kinder dazu anregen. Ich möchte diesem Kindergottesdienst die Überschrift geben: „Was unser Leben reich macht."

Gestaltungsvorschlag für jüngere und ältere Kinder

Sonja

Gebet nach Psalm 104
Herr, wie sind deine Werke so groß und so viel! Du hast sie alle weise geordnet, und die Erde ist voll deiner Güter.
Den Mond hast du gemacht, in der Nacht zu scheinen und die Sonne kennt ihren Auf- und Untergang.
Du breitest den Himmel aus wie einen Teppich und hast das Erdreich gegründet auf festem Boden, dass es immer und ewig so bleibt.
Du lässt Wasser in den Tälern quellen, dass es zwischen Bergen dahinfließt und Menschen, Tiere und Pflanzen können trinken.
Du feuchtest die Berge von oben her, du machst das Land voll Früchte, die du schaffst, und Menschen und Tiere können sich laben.
Da ist auch das Meer, darin wimmeln die Fische ohne Zahl. Schiffe ziehen darüber hinweg und drunten schwimmen die Riesen der Meere.
Und es warten alle auf dich, dass du ihnen Speise gebest zur rechten Zeit. Wenn du ihnen gibst, so sammeln sie; wenn du deine Hand auftust, so werden sie mit Gutem gesättigt.

(Während des Sprechens kann die Leiterin das angebotene **Bild zum Psalm** als großes Puzzle zusammensetzen.)

Von Gott geschenkt: „Nimm dein Leben in die Hand!"

 Erzählung Anutk

Einleitender Spruch:
Es war ein reicher Bauer,
der war ein armer Tropf,
denn er hatte leider
sein Geld nicht
im rechten Topf.

Dieser reiche Kornbauer also hatte immer viel zu tun und wenig Zeit. Wenn er zum Beispiel beim Mittagessen saß, dauerte es nicht lange, da sprang er auf, lief zum Fenster und schaute hinaus. „Was ist los?", rief seine Frau. „Ach, das Wetter, das Wetter, liebe Frau! Wird es halten? Was meinst du?" „Das weiß ich nicht, aber schau, dein Essen wird ganz kalt." So war es meistens: Das Essen kümmerte den Bauer nicht, ihn kümmerte das Wetter, denn er fürchtete um seine Ernte.

Nicht viel anders und immer unruhig war er auch, wenn er mit seinen Kindern spielte. Da hielt es ihn nicht lange auf seinem Platz. Bald sprang er auf und rief: „Ach, meine Tomaten, meine Tomaten! Ich muss sie abdecken, bevor es regnet." „Aber Papa", sprachen die Kinder, „es regnet doch gar nicht!" „Noch nicht", entgegnete der Bauer, „aber wer weiß? Es könnte doch regnen. Wenn dann die Tomaten nicht abgedeckt wären, es wäre nicht auszudenken!" Weg war er und die Kinder konnten alleine weiterspielen.

Und wie war es in der Gemeindeversammlung, wenn alle Männer und Frauen zusammensaßen und darüber nachdachten, wie man den armen

Leuten im Dorf helfen könnte? Da saß der reiche Kornbauer immer ganz hinten in einer Ecke. Wenn die anderen sagten: „He, Kornbauer, was willst du für die Armen spenden?", dann antwortete er vorsichtig: „Nun, das kann ich noch nicht sagen, denn ich weiß noch nicht, wie viele Taler meine Ernte bringen wird." Er verschob die Sache auf später und vergaß dann meistens, etwas zu spenden.

In einem Jahr konnte er eine besonders reiche Ernte einfahren. Die Kornsäcke stapelten sich in seiner Scheune bis an die Decke. (Die Kinder stapeln Säcke in die Scheune und stellen fest, dass nicht alle Säcke in die Scheune passen, siehe Zeichnung) „Was wird mir diese Ernte bringen?", dachte der Bauer und sah schon vor sich, wie sich seine Geldtruhe bis zum Rand füllte. Da kamen Leute aus dem Dorf zu ihm und sprachen: „Kornbauer! Du hattest eine gute Ernte. Lobe Gott und gib uns nun eine Spende für die Armen." Der Bauer machte ein betrübtes Gesicht und sprach: „Ach, das tut mir aber sehr leid. Es geht nicht. Schaut, ich habe nicht alle Kornsäcke in der Scheune unterbringen können. Ich brauche mein Geld erst einmal dafür, eine neue Scheune zu bauen. Kommt später wieder."

Und als er die Scheune gebaut, einen Teil der Ernte verkauft und seine Truhe mit Gold gefüllt hatte, da sprach er zu sich: „Nun, liebe Seele, die du immer so unruhig in mir bist, nun hast du endlich Ruhe! Jetzt habe ich genug Geld verdient und brauche mich nicht mehr zu sorgen. Ich kann essen und trinken und es mir gut gehen lassen."

Von Gott geschenkt: „Nimm dein Leben in die Hand!"

In dieser Nacht aber hatte er einen seltsamen Traum. Gott sprach zu ihm: „Du bist ein Narr! Die Schätze, die du angehäuft hast, die kannst du nicht mitnehmen, wenn du stirbst. Hast du auch ewige Schätze für das Himmelreich gesammelt?" Der Bauer antwortete: „Meine Truhen sind alle voll!" Gott entgegnete: „Auch die hier? Mach sie auf und schau nach." Der Bauer öffnete die Truhe (Die Kinder öffnen eine Schatztruhe mit der Aufschrift: Schätze für das Himmelreich.) und ... sie war leer. Da bekam der Bauer einen riesigen Schreck und wachte schweißgebadet auf. Er weckte seine Frau und seine Kinder und erzählte ihnen von der Truhe, die er in seinem Traum leer gefunden hatte. Die ganze Familie überlegte nun, wie diese Truhe zu füllen sei.

Gespräch

Im folgenden Gespräch sollen die Kinder überlegen und herausfinden, was Himmelsschätze sind. Wichtig ist zunächst die Feststellung, dass es sich bei Himmelsschätzen keinesfalls um Geld handelt. Es ist eine andere Art von Schatz. Um die Kinder auf den richtigen Weg zu bringen, kann die Leiterin erst einmal ein Gespräch darüber anregen, was der Bauer falsch gemacht hat, was sich die Frau, die Kinder, die Leute aus dem Dorf wohl von ihm gewünscht hätten. Wie könnte er es besser machen? Wenn er es anders, besser machen würde (Zeit für die Frau und die Kinder hätte, den Armen etwas von seinem Reichtum abgeben würde), wäre das Zusammenleben schöner, man könnte auch sagen „reicher".

Die Kinder erkennen: Himmelsschätze sind Dinge, die unser Leben wirklich reich machen.

Schatzsuche

Die Kinder suchen einen versteckten Himmelsschatz und finden einen Karton, in dem sich zum Beispiel folgende Gegenstände, die Himmelsschätze symbolisieren, befinden:
einen Wecker – Zeit haben füreinander
eine Tüte mit Keksen – miteinander teilen
eine Binde – einander helfen in der Not
eine Einladungskarte – einander einladen und miteinander feiern
ein Taschentuch – einander Trost spenden
Gesangbuch – Gott loben und danken

Die Schätze werden nacheinander ausgepackt, besprochen und (bis auf die Kekse, die natürlich gleich geteilt werden können) in die Himmelsschatztruhe hineingelegt.

Zusammenfassend werden alle Himmelsschätze, die im Spiel waren, noch einmal aufgezählt und von der Leiterin und/oder den Kindern auf ein vorbereitetes und bei der folgenden gestalterischen Arbeit zu verwendendes Blatt aufgeschrieben und nach der Anzahl der Kinder vervielfältigt (oder die älteren Kinder schreiben selbst).

Gestaltung einer Himmelsschatztruhe

In eine doppellagige, zurechtgeschnittene Alufolie (siehe Zeichnung) werden auf der Vorderseite Verzierungen und Text (z.B. Schätze für das Himmelreich) eingeritzt, auf der Rückseite wird der Zettel mit den vorher erarbeiteten Stichpunkten unter der Überschrift „Was unser Leben reich macht" aufgeklebt. Für das Einritzen eignen sich Stricknadeln oder stumpfe Stopfnadeln.

Gebet

Guter Vater im Himmel,
wir danken dir für alles Gute, das du uns durch deine Güte geschenkt hast.
Wir wollen diesen Reichtum mehren, indem wir so leben, wie dein Sohn, Jesus Christus, gelebt hat.
Wir wollen uns umeinander kümmern, Zeit füreinander haben, uns gegenseitig helfen, wenn wir in Not sind, und so ewige und unverderbliche Himmelsschätze sammeln. Amen

Petra Neumann

20. September 2009
15. Sonntag nach Trinitatis

„Nimm dein Leben in die Hand"

Lukas 13,10–13

Die verkrümmte Frau

Lieder: Richte dich auf, s. S. 242; Gott, dein guter Segen, KG 220, LJ 382, LfK2 138, LZU 31, Amen 84; Der Herr segne dich, KG 217, EG regional, LJ 362, LfK1 A30

Liturgischer Text: Wunderbare Welt (nach Psalm 8), Sagt Gott I 19, II 12

Zum Thema und zum Text

Wenn davon die Rede ist „etwas in die Hand zu nehmen" oder häufiger noch „etwas selber in die Hand zu nehmen", dann verdeutlicht diese Redewendung eine gesunde Portion Selbstbewusstsein. Denn es bedeutet ja, dass ich etwas selber erledige, weil ich den Eindruck habe, dass niemand anderes gerade dies so gut machen könnte wie ich. Wenn ich etwas in die Hand nehme, dann übernehme ich aber natürlich auch die Verantwortung dafür, dass am Ende klappt, was ich mir vorgenommen habe.

Es spricht also von Selbstbewusstsein und Verantwortungsgefühl, wenn ich etwas in die Hand nehme. Dann entscheide ich selber, was ich tue und lasse, und ich übernehme die Eigenverantwortung dafür: Ein eventuelles Scheitern kann ich dann nicht mehr andern anlasten. Aber ich weiß eben auch, dass niemand anders mein Leben so gut in die Hand nehmen kann wie ich selber. „Mein Leben in die Hand nehmen" bedeutet also Freiheit und Verantwortung im selbstbewussten Vertrauen darauf, dass ich diesen Anspruch auch einlösen kann auf meinem Lebensweg. Wenn ich „mein Leben in die Hand nehme", mache ich mich damit unabhängig von der Inanspruchnahme anderer. Alles, was ich dann für mich selbst oder für andere tue, tue ich, weil ich es selber für gut und richtig halte, und nicht, weil jemand anderes mir aufträgt, es zu tun.

Die Aufforderung „Nimm dein Leben in die Hand!" ist ein Aufruf dazu, sich aus Abhängigkeiten zu lösen. Damit ist ebenso die Erlangung der Unabhängigkeit von anderen gemeint, die Lösung aus Unterdrückungs- und Knechtschaftsverhältnissen aller Art, wie auch die Lösung von allem, womit sich ein Mensch selber abhängig gemacht hat. Die „verkrümmte Frau" aus Lk 13 bietet dafür ein augenfälliges Bild: Gebeugt unter der Last des Alltags, niedergedrückt von den Abhängigkeiten, in denen ihr Leben stecken geblieben ist. „Nimm dein Leben in die Hand!" ist geradezu ein Aufruf zu Mündigkeit und Emanzipation.

Die Heilungsgeschichte von der verkrümmten Frau fügt dem noch eine wichtige Komponente hinzu: Unabhängigkeit und Selbstbewusstsein allein kann dazu verführen, sich selbst als das Maß aller Dinge zu setzen. Oder dies kann das Missverständnis hervorrufen, dass ich nun alles allein schaffen muss bzw. schaffen kann. Das Gegenbild zu einem „verkrümmten" Menschen, der sich von allem und jedem abhängig macht, ist der hochmütige Mensch, der sich über alle Bedürfnisse seiner Umgebung hinwegsetzt und keine Ordnung außer seiner eigenen duldet.

Doch Jesu Handeln bietet einen „dritten Weg" an, denn er ist es, der die Frau auffordert: „Sei frei!" Sein Wille ist es, der uns frei macht, seine Hand, die uns gesund macht. Jesus sagt ja gerade nicht: „Steh gerade!" – er zwingt ihr also nicht ein neues Gesetz statt eines alten auf. Er sagt: „Sei frei von deiner Krankheit!" Alte Lasten werden abgenommen, die Frau kann sich nun aufrichten. Sie nutzt dieses Geschenk, um Gott zu preisen, denn sie hat begriffen: Gott ist es, der mich frei macht, Gott schenkt mir Leben und Gesundheit. Wenn ich mein Leben an Gott aus- und aufrichte, bin ich damit frei von allen Ansprüchen, die Menschen an mich stellen können.

Ein wichtiger Nebenaspekt besteht darin, dass die Geschichte an einem Sabbat spielt. Am Sabbat war es verboten zu arbeiten, und daher war es auch, jedenfalls nach dem Verständnis mancher jüdischen Gesetzeslehrer, verboten, am Sabbat einen Menschen zu heilen. Jesus demonstriert also mit dieser Heilung seine Unabhängigkeit, die sich nur Gott selbst verpflichtet weiß, aber keiner von Menschen gemachten rigorosen Gesetzesauslegung.

Das Thema und die Kinder

Kinder haben ein ambivalentes Verhältnis zur Abhängigkeit: Einerseits wollen sie gerne machen, was sie wollen – allein schon jede Trotzphase ist Ausdruck dessen –, andererseits schreckt sie nichts so sehr wie der Gedanke, irgendwann aus dem Elternhaus fortzumüssen. Dennoch ist ihnen diese Zwiespältigkeit meist nicht bewusst: Dass Freiheit auch Verantwortung und Eigenständigkeit bedeutet, wird Kindern meist erst durch Nachfragen deutlich.

„Nimm dein Leben in die Hand!" ist eine Aufforderung, die Kinder zunächst einmal gerne hören als „Ich kann und soll tun, was ich will." Schwieriger ist es dann, ihnen klar zu machen, dass diese Aufforderung besser umzusetzen wäre mit: „Ich kann und soll tun, was für mich (und andere) gut ist." und nicht mit: „Ich tue, was mir Spaß macht." (Mir fällt dabei die Geschichte von Pinocchio ein: Eine Marionette, das Sinnbild der Abhängigkeit, erwacht zum eigenständigen Leben und hat einen langen Weg vor sich von der Freiheit als „Sich-Ausleben" hin zur wirklichen Eigenverantwortung.)

Hilfreich zum tieferen Verständnis ist der Verweis auf die Geschichte, in der es ja Jesus ist, der die Heilung ermöglicht, und der Glaube an Gott, der die Frau gesund macht. Wer im guten Sinne frei ist, lebt also nicht im luftleeren Raum, sondern in einem vertrauten Verhältnis zu Gott. Dieses Vertrauen ist für Kinder gut nachvollziehbar in dem Verhältnis, das sie zu Geschwistern, Freunden und/oder Eltern haben.

Zwischen Frei-Sein und Sich-Aufrichten besteht ein Zusammenhang, der körperlich spürbar ist: Bewegungsmöglichkeiten und Blickwinkel ändern sich, wenn sich die Körperhaltung ändert. Dies können Kinder anhand einer Körperübung eingängig erfahren.

Gestaltungsvorschlag für jüngere und ältere Kinder

Lied: Richte dich auf (Refrain)

Körperübung
Die Kinder stellen sich im Kreis auf und gehen hintereinander im Kreis. Sie sollen darauf achten, was sie alles sehen können. Dann bleiben sie stehen, drehen sich zueinander und erzählen sich gegenseitig, was sie alles gesehen haben. Nun gehen sie wieder im Kreis. Sie sollen jetzt ihren Rücken dabei nach vorne beugen und darauf achten, was sie jetzt alles sehen können. Anschließend wird wieder darüber geredet. Das Ergebnis könnte sein, dass man so viel weniger Verschiedenes sehen kann, dass man besonders in eine Richtung, nämlich nach unten sieht. Nun gehen die Kinder wieder gerade. Dabei versuchen sie, in verschiedene Richtungen die Arme zu strecken und zu greifen. Eventuell könnten auf Tischen, Stühlen, Regalen etc. außerhalb des Kreises kleine Dinge stehen, welche die Kinder ergreifen sollen. Dasselbe versuchen sie auch wieder mit vorgebeugtem Rücken. Sie stellen fest, dass man so manches nicht oder nur schwer erreichen kann.

Gesprächsrunde
(wieder im Sitzkreis) Anregungen durch die Leiterin: Warum könnte jemand mit so krummem Rücken gehen? (Mögliche Antworten: sich anschleichen, Schmerzen im Rücken oder Bauchschmerzen, sich ducken, sich verstecken) Kennt ihr jemanden, der einen krummen Rücken hat?

Lied wiederholen: Richte dich auf (evtl. mit erster Strophe; bei überwiegend jüngeren Kindern ist es günstiger, auf die Strophen des Liedes zu verzichten)

Erzählung
Rebekka war auf dem Heimweg. Sie kam vom Brunnen und trug das Wasser nach Hause. Schwer waren die Eimer und zogen ihre Schultern nach unten. Sie sah vor sich auf den Boden. Sie sah die zwei langen Risse im Boden, dann die fünf rötlichen Steine – sie kannte jede Kleinigkeit auf diesem Weg. Jetzt sah sie schon die Grasbüschel am Wegrand – nun war sie gleich zu Hause. Auch wenn sie zum Brunnen hinging, sah sie nicht viel mehr. Sie konnte sich schon lange nicht mehr aufrichten, auch wenn sie keine schweren Eimer trug. Jetzt war sie endlich da und konnte die Eimer abstellen. Rebekka stützte die Hände in ihren schmerzenden Rücken und versuchte, sich wenigstens ein Stück weit aufzurichten. Sie blickte zurück.

Schon als junges Mädchen war sie diesen Weg gegangen. Ihr Elternhaus stand nur ein Stück weiter im Ort. Sie erinnerte sich, wie sie damals über die Hügel geschaut hatte und in den blauen Himmel. Heute konnte sie das kaum noch. Sie war noch nicht verheiratet gewesen, als die Rückenschmerzen anfingen. Anfangs tat der Rücken nur gelegentlich weh, wenn sie vom Brunnen kam, oder wenn sie dem Vater auf dem Feld geholfen hatte. Sie hatte sich nichts dabei gedacht, hatte sich ein paarmal richtig gestreckt und weitergemacht. Später hatte sie geheiratet, war mit ihrem Mann in das neue Haus gezogen und hatte drei Kinder bekommen. Als sie das erste Mal schwanger war, wurden die Rückenschmerzen richtig schlimm. Sie hatte das Gefühl, der dicke Bauch zöge sie nach unten. An manchen Tagen konnte sie früh kaum aufstehen. Da war es manchmal schwer, ihre Arbeit im Haus zu schaffen. Aber sie biss die Zähne zusammen, sie wollte doch ihren Mann nicht enttäuschen. Schließlich arbeitete der den ganzen Tag hart in seiner Werkstatt, da hatte er sich ein ordentliches Essen und ein gemütliches Zuhause verdient, wenn er kam. Wenn nur das Wäschewaschen nicht gewesen wäre! Dabei liefen ihr manchmal die Tränen vor lauter Schmerzen. Immer die Hände im Wasser, die nassen, schweren Sachen darin – das zog den Rücken noch mehr nach unten.

Als die Kinder größer wurden, war manches einfacher gewesen. Da konnten die Kinder zum Brunnen gehen und das Wasser holen, und die Tochter half ihr bei der Wäsche. Doch Rebekka merkte, dass es mit ihrem Rücken immer schlimmer wurde. Jedes Jahr kam sie ein bisschen weniger hoch, und sie bekam einen Buckel. Es wurde immer schwerer, den Haushalt zu bewältigen. Das, was oben im Regal stand, verstaubte: Sie kam dort nicht mehr heran, und bitten wollte sie auch keinen. Natürlich merkte sie, dass die Leute ihr nachschauten, wenn sie zum Markt ging. Manche voller Mitleid, andere mit Spott. Sie mochte beides nicht. Aus Angst vor diesen Blicken bemühte sie sich gar nicht mehr, selber den Blick zu heben. Wenn sie auf den Boden schaute, musste sie die Blicke der Leute nicht sehen.

Jetzt konnte sie beim Gehen den Blick kaum noch heben. Die Kinder waren aus dem Haus, und sie ging wieder selber zum Brunnen. Oft sehnte sie sich nach dem Blick über die Hügel. Sie wollte wieder einmal mehr als Steine und Grasbüschel sehne, wenn sie zum Brunnen ging. Und wie schön wäre es, wenn sie endlich mal wieder ohne Schmerzen wäre! Jeden Tag betete sie darum, seit achtzehn Jahren.

Auch heute wollte sie noch zur Synagoge gehen. Dort war zurzeit ein Mann, von dem die anderen Frauen am Brunnen erzählt hatten. Jesus hieß er. Merkwürdige Sachen sagte dieser Jesus über Gott und die Menschen. Heute wollte sie ihn selber hören. Rebekka näherte sich der Synagoge. Davor hörte sie schon Menschen reden. Plötzlich kam einer auf sie zu. Sie spürte nur, dass er sie ansah und sie hatte das Gefühl, er sehe in sie hinein. „Frau, sei frei von deiner Krankheit!" hörte sie ihn sagen. Sie spürte seine Hände auf ihrem Kopf. Sie hatte das Gefühl, als fielen die Lasten all der Jahre von ihren Schultern. Und sie richtete sich auf. Sie konnte ihren Rücken ganz gerade strecken und sah ihm direkt in die Augen. Sie hatte keine Schmerzen mehr. Tränen liefen ihr über die Wangen – dieses Mal waren es Tränen des Glücks. Sie erhob die Hände, betete laut und lobte Gott. Sie dankte für das Wunder, das an ihr geschehen war. Jetzt konnte sie wieder aufrecht gehen. Sie konnte den Menschen in die Augen blicken. Sie konnte ihr Leben neu in die Hand nehmen.

Richte dich auf

Text und Musik: Hanna de Boor

20. September 2009

Lied: Richte dich auf

Gesprächsrunde (mit älteren Kindern)
Die Leiterin erinnert an die Übung: Wohin kann man überall greifen mit geradem und krummem Rücken? Was kann man alles in die Hand nehmen? Die Kinder können verschiedene Dinge nennen. Was bedeutet nun: Ich nehme mein Leben in die Hand? Ich handle, ich tue selber etwas und lasse nicht nur etwas mit mir geschehen. Man kann selber handeln, wenn es einem gut geht.

Lied: Gott, dein guter Segen *oder* Der Herr segne dich *oder* ein anderes Segenslied

Gebet
Lieber Gott, wir danken dir, dass wir hier beisammen sind.
Wir danken dir, dass es uns gut geht.
Richte uns auf, wenn wir uns krumm und klein machen.
Wir bitten dich, lass uns aufrecht durchs Leben gehen, dass wir einander sehen können.
Schenke uns die Kraft, unser Leben in die Hand zu nehmen.
Hilf uns, wenn wir die Kraft einmal nicht haben.
Sei bei uns heute und in der kommenden Woche. Amen

Elisabeth Plötner-Walter,
Hanna de Boor

2. Manchmal wird dir alles, was du tun musst, zu viel.
Du hast keine Kraft, die Hände liegen still.
Jesus sagt dir: Ich gebe dir neue Kraft!
Pack es an! Schon ist es geschafft.

3. Du sollst geh'n, doch deine Knie sind ganz weich.
Du traust dir nichts zu und deshalb lässt du's gleich.
Jesus sagt dir: Geh! Trau dich doch einfach ran!
Denn wer etwas wagt, der kann.

27. September 2009
16. Sonntag nach Trinitatis

„Vergiss nicht, wem du dein Leben verdankst"

Lukas 17,11–19

Die zehn Aussätzigen

Lieder: Vergiss nicht zu danken, LJ 618, EG regional; Vertrauen wagen, EG regional, Meine Lieder 46 (Fritz Baltruweit, tvd-Verlag)

Liturgischer Text: Psalm 8,1.2.4–10

Zum Text

Die Geschichte von den zehn Aussätzigen ist in zwei Abschnitte gegliedert. Nach der Einleitung (V.11) berichten die Verse 12–14 von der eigentlichen Heilung der Zehn. In den Versen 15–18 wird das besondere Verhalten des Samariters dargestellt. Das Wort vom rettenden Glauben (V.19) stellt den Abschluss der Erzählung dar.

Jesus betritt ein Dorf und begegnet zehn Männern, die an „Aussatz" erkrankt waren. Mit „Aussatz" wird meistens Lepra bezeichnet, eine ansteckende Krankheit, die Nerven, Haut und Knochen befällt. In der Antike war diese Krankheit unheilbar. Leprakranke mussten die Wohnstätten der Gesunden verlassen und abgeschieden („ausgesetzt") von ihnen leben. Im Alten Testament gab es dazu genaue Vorschriften (z.B. 3. Mose 13,45–46) und die Priester waren für deren Einhaltung verantwortlich. Auch heilbare Formen von Hautausschlag konnten als „Aussatz" bezeichnet werden – die Priester mussten bei Heilung die Genesung feststellen und die Betreffenden offiziell wieder für „rein" erklären (3. Mose 13).

Die Männer, denen Jesus begegnet, sind also dabei, ihre Familien und die Gemeinschaft ihres Dorfes zu verlassen – vielleicht für immer. Entsprechend wird ihre Gemütsverfassung gewesen sein. In ihrer Lage klammert man sich an jeden Strohhalm, der ein wenig Hoffnung verheißt. Weil sie sich ihm nicht mehr nähern dürfen, rufen sie von Ferne und bitten Jesus um Hilfe. Sie vertrauen dem Wort, das er zu ihnen spricht, und kehren um in ihr Dorf. Auf dem Weg ereignet sich das Wunder und sie werden gesund.

Die Szene mit dem Samariter ist demgegenüber noch eine Steigerung. In ihr wird thematisiert, dass die Heilung noch nicht alles ist. Als einziger von den Zehn kehrt der Samariter zu Jesus zurück, um ihm zu danken und Gott zu preisen. Bei ihm ist zu der äußeren Heilung auch noch eine innere hinzugekommen: Er hat in die Beziehung zu Gott (zurück-)gefunden. Pikanterweise ist er ein Samariter, gehört also jener Volksgruppe an, die in den Augen der frommen Israeliten keinen „richtigen" Glauben hatten.

Was macht das Wunder mit den Menschen? Das scheint die Fragestellung zu sein, die hinter der Erzählung steht. Bleibt die Heilung an der Oberfläche oder reicht sie tiefer? Die Heilung stellt die Beziehung zu den Menschen der Dorfgemeinschaft wieder her. Die Dankbarkeit des Samariters zeigt an, dass darüber hinaus auch seine Gottesbeziehung erneuert worden ist.

Der Text und die Kinder

„Ihh, Läuse!!!" Fast jedes Kind hat das wohl schon einmal erlebt, dass in der Kindergartengruppe oder Grundschulklasse ein oder mehrere Kinder Läuse hatten. Von daher können sie wohl verstehen, welche Ängste und Nöte mit ansteckenden Krankheiten verbunden sind. Die „Gesunden" gehen auf Abstand – die „Infizierten" müssen zu Hause bleiben und sind von den normalen Abläufen erst einmal ausgeschlossen. Ein Hineinversetzen in die Lage eines Aussätzigen und seiner Familie ist also für die Kinder durchaus möglich. Auch Kinder können schon erfahren, wie Krankheiten den gewohnten Umgang stören oder sogar Beziehungen erschüttern – Beziehungen zu anderen Menschen wie auch die Beziehung zu Gott. Wie verhält man sich in einer solchen Situation?

Überstandene Krankheiten werden heute weniger als Wunder erlebt. Sie erscheinen als Folge ärztlicher Bemühungen oder guter Medikamente. Trotzdem mag es durchaus noch so etwas wie Dankbarkeit für eine Genesung geben. Wie kann solche Dankbarkeit sich ausdrücken im eigenen Leben? Wie kann man vermitteln, dass fehlende Dankbarkeit kein Anzeichen für schlechte Erziehung sondern Anzeichen für eine gestörte Beziehung ist?

Erzählung Annette

„Komm sofort von der Straße!", die Mutter zog die kleine Johanna mit kräftigen Armen ins Haus.
„Aber warum denn?"
„Du kommst ins Haus, habe ich gesagt!"
So kannte Johanna ihre Mutter gar nicht. Was war heute bloß los?
Die Mutter schloss die Tür und blickte durch einen Spalt der Fensterläden nach draußen.
„Da kommen sie!", sagte sie zu ihrer Tochter.
„Wer kommt da?"
„Die Aussätzigen!"
„Was sind Aussätzige?", wollte Johanna wissen.
„Das sind Menschen, die ganz schlimm krank geworden sind. Und damit sie uns Gesunde nicht anstecken, müssen sie unser Dorf verlassen. Sie müssen ins Gebirge gehen. Dort gibt es Höhlen, in denen sie Unterschlupf finden", erklärte die Mutter. „So und jetzt kümmere dich bitte um das Feuer im Herd!"
Johanna hätte noch Fragen gehabt, aber sie gehorchte ihrer Mutter. Sie legte gerade einige Holzscheite ins Feuer, als es an der Tür klopfte. Ihre Freundin Lea stand davor und Johanna sah sofort, dass etwas mit ihr nicht stimmte. Lea schluchzte und schniefte mit Tränen in den Augen.
„Mein Vater!", fing sie an und schluchzte wieder, „Sie haben meinen Vater weggeschickt, weil er krank geworden ist!"
„Wie, dein Vater gehört auch dazu?" Johannas Mutter war plötzlich da-

zugekommen. „Dann komm mir bloß nicht ins Haus! Vielleicht hast du es ja auch und wir wollen uns nicht anstecken."
„Aber Mutter, Lea ist doch meine Freundin!", rief Johanna entsetzt.
„Das zählt nicht mehr!", antwortete die Mutter, „Bei Aussatz ist alles anders. Da gibt es keine Freundschaft mehr, da muss jeder für sich selber sorgen. Geh nach Hause, Lea, und du, Johanna, mach die Tür zu!"
(Evtl. unterbrechen und miteinander besprechen, was man an Johannas Stelle getan hätte.)

„Wir treffen uns hinter dem Haus!", flüsterte Johanna Lea zu, als sie die Tür schloss. Als die Mutter mit dem Kochen beschäftigt war, schlich sich Johanna zur Hintertür hinaus. Lea wartete wie verabredet im Garten.
„Was ist denn passiert?", wollte Johanna wissen.
„Eines Morgens hat mein Vater so merkwürdige Flecken auf der Haut gehabt. Er ist damit zum Priester gegangen. Und der hat gleich gesagt, dass es Aussatz sei und mein Vater das Dorf verlassen müsse. Mutter hat fürchterlich geweint. Stell dir vor: Vielleicht werde ich meinen Vater nie mehr wiedersehen!" Wieder fing Lea an heftig zu schluchzen.
Ohne zu zögern legte Johanna ihrer Freundin einen Arm um die Schulter und weinte mit ihr zusammen.
„Hallo ihr zwei! Was weint ihr denn?", rief plötzlich eine Stimme von der Straße her. Johanna und Lea blickten auf und sahen Leas Vater hinter dem Zaun stehen. Er lächelte sie an.
„Vater!", rief Lea und rannte zu ihm hin. Der Vater hob sie über den Zaun und nahm sie in den Arm. Dann erzählte er Lea und Johanna, was geschehen war. Er hatte zusammen mit neun anderen Männern, die auch erkrankt waren und das Dorf verlassen mussten, gerade den Weg zum Gebirge erreicht, als ihnen plötzlich ein Mann entgegenkam. Einer aus ihrer Gruppe erkannte ihn.
„Das ist dieser Jesus von Nazareth!", flüsterte er, „Der hat schon viele Menschen gesund gemacht.". Da schrien plötzlich alle durcheinander: „Hilf uns!" „Erbarme dich unser!" „Rette mich!"
Jesus blieb stehen und sah sie an. Dann sprach er: „Geht nach Haus und zeigt euch den Priestern!"
„Ich habe mich auch gleich auf den Weg gemacht", sagte Leas Vater. „Und stellt euch vor – ich war noch keine 100 Schritte gelaufen, da waren die Flecken auf meiner Haut plötzlich verschwunden. Der Priester hat mich wieder für gesund erklärt und ich durfte nach Hause zurück. Mutter hat mir erzählt, dass du zu Johanna gehen wolltest. Und so bin ich hier. Ich darf bei euch bleiben!"
Als Johanna sah, wie Lea sich mit ihrem Vater freute, wischte sie sich die Tränen aus dem Gesicht. Plötzlich kam ihr ein Gedanke.
„Hast du dich eigentlich schon bei diesem Jesus aus Nazareth bedankt?", fragte sie Leas Vater.
„Bedankt?", er runzelte die Stirn.
„Ja, bedankt! Schließlich hat er dich doch gesund gemacht. Er hat dir etwas geschenkt."
„Hm, ja, du hast Recht. Aber wie soll ich mich bei ihm bedanken? Er ist doch schon längst weitergewandert."

Gespräch

Mögliche Fragestellungen: Was fehlt einem Menschen, wenn er krank ist? Worauf muss er verzichten? Warum meint Johanna, dass sich Leas Vater bedanken soll? (Weil er Jesus sein Leben verdankt.) Wie könnte sich Leas Vater bei Jesus auch dann bedanken, wenn er ihm gar nicht mehr begegnen kann? (Die Chance nutzen, sein Leben in die Hand nehmen, Jesus im Gebet danken.) Was muss geschehen, damit die Geschichte wirklich zu einem guten Schluss kommt? (Hier kann erzählt werden, dass einer der Aussätzigen zu Jesus umkehrt und sich bei Jesus bedankt. Er ist nicht nur körperlich gesund geworden, sondern eine Beziehung zu Jesus/zu Gott ist hergestellt. Der Aussätzige ist geheilt.)

Weitere Gestaltungsvorschläge

Burgspiel und Gespräch (für ältere Kinder)
Hier stellen sich Kinder mit dem Gesicht nach außen im Kreis auf und halten sich an den Händen. Ein Kind muss versuchen, in den Kreis einzudringen. Die anderen haben die Aufgabe, das zu verhindern. (Wenn das Spiel zu wild wird, weitere Regeln absprechen!) Anschließend werden beide Parteien befragt, wie sie das erlebt haben, abgewiesen zu werden, nicht dazugehören zu dürfen bzw. jemand anderes nicht hineinzulassen. Im Gespräch werden Beispiele aus der Lebenswelt der Kinder gesucht, z.B.: Ein Kind hat Läuse.

Standbild
Die Geschichte von den zehn Aussätzigen bzw. die Erzählung (s.o.) bieten sich an, in Standbildern nachgestellt zu werden. Dazu werden zunächst die Personen der Geschichte ermittelt und auf die Kinder verteilt. Je nachdem können auch weitere Personen dazu erfunden werden (z.B. Menschen aus dem Dorf). Wenn eine Szene gestellt ist, können die einzelnen Darsteller in ihrer Rolle befragt werden. („Was geht dir durch den Kopf, wenn du als Kranker an deine Familie denkst?") Fotos von den einzelnen Szenen können zu einer Bildergeschichte zusammengestellt werden.

Gebet

Lieber Gott!
Wenn man krank ist, dann denkt man immer nur: Hoffentlich bin ich bald wieder gesund. Manchmal betet man auch zu dir: Mach mich wieder gesund! Ich möchte endlich wieder mit den anderen zusammen sein. Ich möchte wieder in den Kindergarten/ in die Schule gehen. Ich möchte mich wieder mit Freunden/Freundinnen treffen.
Deswegen bitten wir dich für alle Kranken: Gib, dass sie nicht alleingelassen werden. Gib, dass die Gesunden sich trauen, die Kranken zu besuchen.
Wenn wir krank sind, dann merken wir ganz besonders, wie wichtig die anderen Menschen für uns sind. Wenn wir nicht mit ihnen zusammen sein können, merken wir, wie sehr sie uns fehlen. Wenn wir gesund sind, dann machen wir uns darüber oftmals keine Gedanken.
Deswegen bitten wir dich: Hilf uns, dass wir es nicht vergessen, wie sehr wir uns alle brauchen. Lieber Gott, wir danken dir, dass du auf uns achtgibst!

Ralph-Ruprecht Bartels

GOTT SCHENKT UNS ...

... ZUM LEBEN

Aus den Buchstaben lassen sich fünf Wörter bilden:
Dinge, die Gott uns zum Leben geschenkt hat

Zeichnung: Silvia Gützkow

· Lupe
· Fernglas

Lied: Gott gab uns Atem, EG 432, LJ 242, MKL 73

Liturgischer Text: Psalmgebet „Ich habe Ohren", LJ 700

Gott gab uns Atem, damit wir leben

Sonntag	Text/Thema	Art des Gottesdienstes Methoden und Mittel
4.10.2009 17. Sonntag nach Trinitatis/ Erntedankfest	Gott gab uns Atem, damit wir leben 1. Mose 2,7	Gottesdienst mit Kindern (und Erwachsenen); Erzählung mit Schattenspiel, Folienbilder, Knete, Leinwand, Tisch, Overheadprojektor, Atemübungen, Spiele mit dem Atem
11.10.2009 18. Sonntag nach Trinitatis	Gott gab uns Augen, damit wir sehen Apostelgeschichte 3,1–20	Gottesdienst mit Kindern; Suchspiel, Erzählung, Erfahrungsspiel, Gespräch, Fernrohre basteln, Papprollen, Buntpapier, Optische Täuschung
18.10.2009 19. Sonntag nach Trinitatis	Gott gab uns Ohren, damit wir hören Jesaja 50,4–5	Gottesdienst mit Kindern; Geräusche-Memory, Erzählung, Gespräch, Flüsterrunde, mit Ohropax ein Lied von CD hören, mit der Hand den Namen buchstabieren, Segen gebärden
25.10.2009 20. Sonntag nach Trinitatis	Gott gab uns Hände und Füße, damit wir handeln Markus 2,1–12	Gottesdienst mit Kindern; Gespräch, Körperübung, Erzählung mit Aktion, Bibel, Kerze, Wolldecke, Bettlaken, Luftballon oder Ball

Monatlicher Kindergottesdienst im Oktober
Hände und Füße – Gabe und Aufgabe, Markus 2,1–12, Die Heilung des Gelähmten S. 269

← Lösung von S. 248: ATEM, AUGEN, OHREN, FÜSSE, HÄNDE

4. Oktober 2009
17. Sonntag nach Trinitatis/
Erntedankfest

Gott gab uns Atem, damit wir leben

1. Mose 2,7

Lieder: Lobet Gott in seinem Tempel, BF 14; Gott gab uns Atem, EG 432, LJ 242, MKL 73; Atmen wir den frischen Wind, LH 72, Amen 59; Gott segne dich und behüte dich, s. S. 254; Ich spüre deinen Atem, KG 148

Liturgischer Text: nach Psalm 8 (s. S. 251)

Zum Thema und zum Text

Das Thema „Gott gab uns Atem" ist das Leitwort für die vier Sonntage des Oktobers. Das Thema ist sehr eng verbunden mit dem Lied von Fritz Baltruweit „Gott gab uns Atem". Die drei Verse dieses Liedes mit seinen Bildern prägen die Einzelthemen der Kindergottesdienste. Begonnen wird am Erntedankfest.

Der Mensch mit seinen Sinnen und seinen agierenden Gliedern steht im Mittelpunkt. Doch stehen diese nicht für sich da, sondern in Beziehung zur Welt, in der wir leben, was durch das Lied zum Ausdruck kommt. Insofern ist das Erntedankfest als Fest des Dankes für die Schöpfung und der Erinnerung an den bewahrenden Umgang mit der Schöpfung ein wunderbarer Ausgangspunkt für die vier Einheiten. Sie wollen ein Bewusstsein für die Schöpfung „Mensch" schaffen, der in der Welt im Auftrag Gottes segensreich wirken soll.

Was macht den Menschen zu einem lebendigen Wesen? Der Mensch des 21. Jahrhunderts wird die Hirntätigkeit nennen, deren Ende den Tod bedeutet. Die Bibel und mit ihr umgangssprachliche Formulierungen sehen im Atem das, was den Menschen zu einem lebendigen Wesen macht. Wenn er „seinen letzten Atemzug" getan hat, dann hat er sein Leben „ausgehaucht". Gott bläst dem aus Erde gemachten Mensch seinen Odem ein und so „ward der Mensch ein lebendiges Wesen" (1. Mose 2, 7). Wird mir „der Atem genommen", so steht mein Leben still, bin ich gelähmt, kann ich nicht weiter. Erst wenn ich wieder „tief durchatmen" kann, dann empfange ich neue Kraft zum Leben.

An manchen Stellen des Lebens brauchen wir auch eine „Atempause", weil zu viel geschieht, wir hetzend und hechelnd durchs Leben gehen und so Sinn und Ziel aus den Augen verlieren. Die Atempause verschafft uns Raum der Neuorientierung und die Möglichkeit neue Kräfte zu empfangen.

In 1. Mose 2,7 wird die Erschaffung des Menschen erzählt. Zwei Gedanken werden dort ausgesprochen. Zum einen, der Mensch ist ein „Erdling". Das hebräische Wort „adam" für „Mensch" ist dem Wort für „Erde" „adamah" sehr nahe. Er kommt von der Erde und wird wieder zur Erde, was uns bei der Beerdigung immer wieder gesagt wird. Als Menschen sind wir an die Erde gebunden, sind an sie gewiesen, tragen in ihr aber auch eine besondere Verantwortung. In 1. Mose 1,28 wird dies in dem besonderen Segen für die Menschen zum Ausdruck gebracht; in 1. Mose 2, 15 in der Aufforderung, den Garten Eden zu bebauen und zu bewahren. Im oben genannten Lied wird dies jeweils im zweiten Teil der Strophen deutlich ausgesprochen: Auf der Erde dürfen wir die Zeit bestehen (V. 1), die gute Schöpfung soll nicht zerstört werden (V. 2) und der Mensch hat Anteil daran, die Welt zu gestalten, sie zu „verwandeln" (V. 3). Dies öffnet den Rahmen des Erntedanktages sehr weit, schränkt aber die Gedanken auch nicht auf diesen Tag mit seinen Symbolen und Ritualen ein.

Der zweite Gedanke unseres Bibeltextes ist das Geschenk des „Odems des Lebens", den Gott dem Menschen einhaucht. „Alles, was Odem hat", damit beschreibt das Alte Testament Menschen und Tiere und fasst sie damit zusammen. Das Wegnehmen des Odems beschreibt den Tod (vgl. Psalm 104,29). Der Atem, der uns von Gott gegeben wird, macht uns zu „lebendigen Wesen", die aus der Kraft Gottes leben. Ohne diese von Gott ausgehende Kraft sind wir nicht lebensfähig, so sieht es die biblische Botschaft. In dieser Kraft liegt menschliche Kreativität, Anteil an der Schöpferkraft und Verantwortung für diese Welt. Im Odem Gottes liegt unsere göttliche Bestimmung, wie sie in 1. Mose 1 durch den Segen ausgedrückt ist.

Der Text und die Kinder

Der Kindergottesdienst am Erntedankfest hat zwei Aspekte: zum einen das Erntedankfest als Dankfest für die Gaben der Schöpfung, zum anderen geht es um den Menschen und Gottes Odem für ihn.

Aus dem Kindergarten und der Schule ist das Fest vertraut. Es geht um die Gaben der Schöpfung von denen wir leben. Man sollte genau entscheiden, was man in diesem Jahr in den Vordergrund stellen will: das Erntedankfest und damit die Rückbesinnung auf die Gaben der Natur oder den angebotenen Vers, der diesen Bereich außen vor lässt. Ich folge hier dem letzteren Weg, da in der gesamten Einheit der Mensch mit seinen Sinnen und Gliedern im Vordergrund steht.

Der Atem ist etwas ganz Selbstverständliches. Wir denken selten darüber nach. Insofern ist es an diesem Tag wie an den anderen Tagen möglich, Kinder bezüglich ihrer Sinne und körperlichen Aktivitäten sensibler zu machen. Sie können ihren eigenen Atem entdecken, mit ihm spielen. Sie können entdecken, wie sie den Atem bewusst beeinflussen können und wo die Grenze dafür ist. Sie können spüren, was passiert, wenn sie atemlos werden und was mit der Luft in ihnen alles möglich ist.

Gestaltungsvorschlag für jüngere und ältere Kinder

Psalmgebet (nach Psalm 8)
Gott, unser Vater,
wie herrlich ist dein Name in allen Landen.
Wenn ich sehe, was du geschaffen hast,

den Himmel, die Sonne und die Sterne,
die Erde und alles, was darauf ist,
dann frage ich mich:
Was sind wir Menschen für dich,
dass du uns so wertvoll findest?
Du hast uns so wunderbar gemacht
du siehst uns als etwas ganz Besonderes an.
Du gibt uns diese Erde.
Alles hast du in unsere Hände gegeben,
die Pflanzen und die Tiere,
die Vögel unter dem Himmel und die Fische im Meer,
damit wir davon leben können.
Gott, unser Vater,
wie herrlich ist dein Name in allen Landen!

Schattenspiel

Um den Kindern den Bibeltext nahezubringen, schlage ich eine Form von Schattenspiel vor. Hinter der Leinwand steht ein Overheadprojektor. Der Erzähler spricht als Stimme Gottes von der guten Schöpfung. Entweder indem die einzelnen Schöpfungswerke aus dem 1. Schöpfungsbericht benannt werden oder aber indem Gott sich gedanklich ausmalt, was er alles tun könnte. Die Erzählung wird durch Zeichnungen auf der Overheadfolie unterstützt. Je nach Begabung können die Bilder vorher fertig hergestellt werden oder sie entstehen beim Erzählen. Letzteres ist am schönsten, weil die Kinder gespannt schauen, was da entsteht. Das darf künstlerisch ganz schlicht sein. Die Kinder stört das nicht. Dieser Erzählvorschlag mit Schattenspiel eignet sich auch für die Darbietung der Erzählung im Gottesdienst mit Kindern und Erwachsenen.

Erzählung

„Hier ist es doch sehr einsam. Ich möchte jemanden haben, mit dem ich das Leben teilen kann, mit dem ich mich beschäftigen kann. Es wäre schön, wenn es so etwas gäbe wie eine Erde. Ein Planet, auf dem Leben ist, das sich entwickelt. Ich stelle mir ein großes Meer vor. Wasser ist etwas ganz Wunderbares. Aber es dürfte nicht alles voll Wasser sein. Es müsste auch Land geben. Auf diesem Land könnten schöne Dinge wachsen. Es soll schön bunt werden. Ich möchte da Gras haben, Blumen, die in allen Farben leuchten. Und Bäume stelle ich mir vor, große Bäume, kleine Bäume. Welche mit Früchten und welche ohne Früchte. Und in der Erde sollen auch Dinge wachsen, vielleicht Kartoffeln oder Spargel oder Karotten oder Rüben. Ja, das fände ich schön. So eine Erde wäre gut, bunt und schön wäre sie.

Aber da fällt mir ein: wofür soll das eigentlich alles da sein? Ich brauche das ja nicht. Da muss ich mir noch was ausdenken.

Hmm…. Ich habs. Es könnten doch Lebewesen über die Erde huschen. Kleine und große Tiere, die es sich auf der Erde wohlergehen lassen. Die könnten die Äpfel essen, oder die Kartoffeln, oder das Gras oder die Kräuter, oder die Karotten. Das ist eine gute Idee. Dann ist auch viel mehr Leben auf der Erde. Die ganze Erde wird sein wie ein großer Garten, in dem es nur so wimmelt und kreucht und fleucht. Aber ob mir Tiere allein so gefallen? Will ich mit einem Schwein reden oder mit den Hasen in einen Bau kriechen? Nein, das reicht mir nicht. Ich möchte noch etwas anderes schaffen. Ich möchte ein We-

sen, das mit mir spricht und das selber auf dieser Erde ganz viel gestalten kann." (Erzähler macht den Overheadprojektor wieder frei. Ein kleines Stück Ton wird nun genommen und im Schattenriss sichtbar für die Kinder daraus ein Mensch geformt.)
„Also ich brauche als Erstes einen Kopf. Damit soll der Mensch selber seine Ideen zum Leben entwickeln. Er braucht Ohren, damit er mich auch hören kann. Er braucht Augen, damit er in der Welt alles sehen kann. Er braucht auch einen Mund, damit er mit mir und den anderen Menschen reden kann. So ein Mensch braucht aber auch einen Körper, der kann ja nicht als Kopf durch die Welt rollen. Und wie kommt er vorwärts? Beine wären vielleicht nicht schlecht. Das sieht schon gut aus. Da fehlt noch was? Irgendwie ist das noch nicht alles. Ach ja, Arme und Hände braucht er noch, sonst kann er ja gar keinen Apfel essen. Ich glaube, jetzt hat er alles, was er braucht. Gut sieht er aus, das ist ein Mensch, wie ich ihn mir vorstelle.

Wie soll ich ihn nur nennen? Hmm ... Ich habe ihn aus Erde gemacht, vielleicht sollte ich ihn Erdling nennen. Nein, das klingt nicht gut. Hebräisch heißt Erde ‚Adama', da nenne ich ihn einfach Adam. Das ist gut. Das ist kurz und bündig. Hallo, Adam! – Hallooo, Aaadam! – Haaaloooo, Aaaadaaaam! Warum rührt der sich nicht? Der antwortet gar nicht. Das finde ich aber komisch. Er hat doch alles, was er braucht. Irgendetwas scheint zu fehlen. ... Ich hab's, ihm fehlt die Lebenskraft. Die will ich ihm schenken." (Laut wird dem Lehmklumpen nun der Odem eingehaucht. In diesem Moment sollte das Licht des

OHP ausgehen. Nun könnte ein Mensch hinter der Schattenwand/im Schattenbild auftauchen, der lebendig wird. Wir haben es so gemacht, dass dieser schon auf einem Tisch lag, aber unterhalb der beleuchteten Fläche. Die Dunkelheit wurde genutzt, um den Lichtkegel zu verändern und die Silhouette der Person sichtbar zu machen. Ganz langsam stand sie auf.)

„Hallo, Adam!" „Hallo, Gott!" „Du bist ja wirklich lebendig, Adam! Und du kannst auch alles bewegen? Zeig mal deine Arme! Und deine Hände! Zeig mal dein Bein! Und dein anderes! Heb mal beide! Oh, das geht nicht, oder? Gut, dann nur ein Bein." (Auf diese Art und Weise können auch die Sinnesorgane am Kopf gezeigt werden: bei den Ohren die Hand hinter die Ohren legen, auf die Augen und den Mund müsste mit der Hand gezeigt werden.) „Und du bist wirklich richtig lebendig? Du hast doch von meinem Atem etwas bekommen. Ist das noch da? Kannst du uns das zeigen?" (Die Person zieht einen Luftballon aus der Hosentasche, bläst ihn auf und spielt schattenwirksam mit ihm.)

Vertiefung

Für die weitere Beschäftigung mit dem Thema gibt es viele Möglichkeiten. Ich gebe hier einige Ideen weiter, aus denen man – je nach Zeitrahmen – auswählen kann oder die als Stationen nacheinander an verschiedenen Orten begangen werden können.

Atemübungen

Atem entdecken, zählen, wie oft man innerhalb einer bestimmten Zeit atmen muss. Wie ändert sich das, wenn man zweimal zehn Kniebeugen gemacht hat? Wie lange kann ich Luft anhalten? Wie lange geht das, wenn ich vorher gelaufen bin? Ein und Ausatmen durch die Nase, durch den Mund u. v. a. m.

Musizieren

Z. B. Flöte oder Mundharmonika spielen. Die Kinder könnten Kamm oder Kazoo (WC-Rolle mit Butterbrotpapier) blasen lernen und ein Lied einüben, das sie am Ende vorstellen.

Gott segne dich und behüte dich

Text: 4. Mose, 24–26
Musik: Jürgen Grote (2007)

Kreatives

Windmühlen oder eine Papierkugelpfeife basteln. (in: Der Kindergottesdienst 2/96, Gütersloher Verlagshaus)

Spiele: Wattepusten, Erbsenvolleyball (mit einem Strohhalm durch Ansaugen Erbsen von einem Teller auf den anderen befördern; Vorsicht: Die Erbsen müssen größer sein als die Öffnung des Strohhalms), Kirschkernweitspucken, Luftballonspiele u.v.a.m.

Gegensätzliche Atemerfahrungen

Der Atem lässt Eis schmelzen und Heißes erkalten. Mit dem Atem ein Glas befeuchten oder etwas trocken pusten. Durch Pusten eine Kerze ausblasen oder ein Feuer entfachen (Holzwolle oder Hobelspäne in feuerfester Schale).

Riechmemory

Fotodosen mit geruchsintensiven Stoffen füllen, ein Loch in den Deckel bohren und dann riechen und zuordnen lassen oder: etwas schmecken mit geschlossener Nase.

Jürgen Grote

---

11. Oktober 2009
18. Sonntag nach Trinitatis

Gott gab uns Augen, damit wir sehen

Apostelgeschichte 3,1–20

Lieder: Meine Augen sind erwacht, MKL 60, KG 6; Gott gab uns Atem, EG 432, MKL 73, LJ 242;

Liturgischer Text: Psalmgebet „Ich habe Ohren", LJ 700

Zum Thema und zum Text

Der Text Apg 3,1–20 ist kunst- und planvoll in die Apostelgeschichte eingewoben. Das Programm der Apostelgeschichte wird in 1,8 vorgestellt: „Aber ihr werdet die Kraft des Heiligen Geistes empfangen, die auf euch herabkommen wird, und ihr werdet meine Zeugen sein in Jerusalem und in ganz Judäa und Samaria und bis an das Ende der Erde." Die Apostelgeschichte erzählt von der geistgeführten Ausbreitung des Evangeliums. Die Zeugenschaft der Jünger Jesu soll in Jerusalem beginnen. Dort ereignet sich gemäß der Ankündigung die Geistausgießung. Es folgen die ersten Missionspredigten, der Bericht über die schnell wachsende Urgemeinde und deren einmütiges Zusammenleben. Es wird erzählt, dass die ersten Christen weiterhin am Tempelgebet teilnehmen (2,46). Ihre Erfahrung, dass Jesus der von Gott gesandte Messias ist, hat Konsequenzen. Sie hat eine Bedeutung für alle Menschen, vor allem aber für die Juden. So ist es nicht verwunderlich, dass sich die angekündigten Zeichen und Wunder, die von Jesus Christus zeugen, auch im Bereich des Tempels ereignen. Genau hier ist die Episode von der Heilung des Gelähmten platziert. Sie ist ein Beispiel, wie das Vertrauen der Jünger und wohl auch das Vertrauen des Gelähmten auf die „im Namen Jesu Christi" (3,6) gegenwärtige Hilfe Gottes eine neue Lebenswirklichkeit schafft – einem, der vorher draußen und nun mittendrin ist, der vorher gelähmt war und nun durch die Luft springt und Gott lobt.

Der Text Apg 3,1–20 besteht aus zwei Teilen: (a) Das Wunder von der Heilung des Gelähmten (3,1–10) wird in der für Wundererzählungen üblichen Struktur berichtet: Szenerie – lange Krankheit – Blick – Formel – Geste – Erfolg – Demonstration – Wirkung auf Augenzeugen. Auffällig sind die Gegensätze, die die Erzählung so plastisch machen: der Gebrechliche, der vor der Schönen Tür des Tempels sitzt; der Lahme, der nach der Heilung springt; der Ausgestoßene, der zum Inventar des Tempels gehört, jedoch keinen Zutritt hat, als Geheilter aber mitten hineinläuft. Aus Statik wird Bewegung, weil es eine Begegnung der anderen Art gibt. In ihr wird der Alltag aufgehalten, Blicke werden gesucht und getauscht („Sieh uns an! Und er sah sie an.", 3,4f), die zu ebenso umwälzenden Augenblicken werden. Konsequenz: Das Leben ist auf die eigenen Füße gestellt. Neues Leben statt Almosen, die altes Leiden zwar erleichtern, aber auch bestätigen – diese Heilung überragt jede Erwartung.

Dem Wunder folgt (b) die Missionspredigt des Petrus (3,11–20 bzw. 26), in der er dem Volk erklärt, dass allein der Glaube an den Namen Jesu Christi und damit der Glaube an die Kraft Gottes in Jesus Christus den Gelähmten geheilt hat. Petrus verkündet den Messias, der – wie sich in der Heilung des Gelähmten erwiesen hat – neues Leben schenkt, und dem sich jeder zuwenden soll.

Gott gab uns Augen, damit wir sehen – die Geschichte von der Heilung des Gelähmten ist auch eine Geschichte von der Einübung in das Sehen. Perspektiven verändern sich: Die Jünger fordern, für den Kranken völlig unerwartet, von ihm einen Blickkontakt, der ihn – ein Wunder! – aus seiner alten Wirklichkeit heraus- und in eine neue hineinreißt. Der nun Geheilte sieht zum ersten Mal das, was er bisher nicht sehen konnte. Das Volk ist Augenzeuge des Wunders, bedarf aber noch der Aufforderung, nicht nur zu sehen, sondern auch zu erkennen und zu glauben. Eine Einübung in das Sehen braucht sehende Augen und ein sehendes Herz. Wer den anderen ansieht, ihm sein Gesicht zurückgibt und wer glaubt, schafft ein Einfallstor für die Gegenwart und Liebe Jesu Christi zu den Menschen, die heil machen kann, was zuvor kaputt war. Gott gab uns Augen, damit wir sehen, um zu leben. Seht doch!

Das Thema, der Text und die Kinder

Im vorliegenden Entwurf soll die Einübung in das Sehen im Vordergrund stehen, denn sowohl der Glaube als auch das Heilwerden brauchen gemäß der biblischen Erzähltradition dieser Geschichte wachsame Augen. Zudem ist das Sehen eine Tätigkeit, die zum Alltag gehört, und das Wahrnehmen etwas, was geübt werden kann. Kinder werden die Erfahrung gemacht haben, dass ein genaues Hinsehen erhebliche Konsequenzen haben kann. Sie bemerken dank ihrer sprichwörtlich großen Augen manchmal Dinge, die andere nicht sehen. Sie sind also als Sehende im Bilde. Ebenso sind sie oft diejenigen, die übersehen werden: zu klein, zu anstrengend, zu zeitraubend. Der Wunsch, wirklich angesehen und wahrgenommen zu werden, wird ihnen nicht fremd sein. Und: Sie werden auch die heilsame und heilende Erfahrung gemacht haben, dass sich aus Momenten des Angesehenwerdens, aus wirklichen Augen-Blicken, ein Kontakt ergibt, der – auf wundersame und überraschende Weise – etwas heil machen kann, was zuvor kaputt war.

Dass das Sehen und das gegenseitige Sich-Ansehen Geschenke Gottes sind, dass wir unsere Augen nutzen sollen, um neu zu leben, das sollen die Kinder sehen, hören und erfahren.

Gestaltungsvorschlag für jüngere und ältere Kinder

Material: Fernglas, Fernrohre, Brillen, Lupen; Liedzettel; Gitarre; Laken mit aufgemalter Bibel; Schatzkiste, Schüssel, Decke; lange Papprollen, Stifte, Scheren, Papier, Kleber.

Begrüßung und Hinführung
Im Raum sind Gegenstände (verschiedene Sehhilfen) verteilt: ein Fernglas, Fernrohre, mehrere Brillen und verschieden große Lupen liegen auf dem Tisch, unter einem Stuhl, im Fensterbrett, hängen von der Decke herunter usw. Wichtig ist, dass nicht alle Gegenstände auf den ersten Blick zu sehen sind. Nach einer freien Begrüßung werden die Kinder gebeten, nach Dingen im Raum zu suchen, die etwas mit den Augen zu tun haben. Die Gegenstände werden von den Kindern geholt und in die Mitte des Stuhlkreises gelegt. Jetzt werden die Kinder gefragt, was all diese Gegenstände gemeinsam haben. (Sie helfen uns, besser zu sehen: in die Ferne und die Nähe.)

Lied: Meine Augen sind erwacht, 1–4

Gebet
Gott, du hast uns unser Leben, unsere Zeit und auch diesen Sonntag geschenkt. Wir sind hergekommen, weil wir uns eine besondere Zeit für dich nehmen wollen. Öffne unsere Augen, unsere Ohren und unser Herz, damit wir sehen und hören, spüren und glauben, was du uns zum Leben gegeben hast. Amen

Erzählung
(Im Raum ist ein Laken gespannt, auf welches die Bibel als großes, aufgeschlagenes Buch gemalt ist. In der Mitte des Buches ist ein großer Schlitz. Durch den klettert ein Mann mit einer Schatzkiste unter dem Arm.)
„Habe ich das gerade richtig gehört? Ihr habt von offenen Augen gesprochen? Entschuldigt, dass ich mich einfach so einmische, aber da kann ich mitreden! Natürlich könnt ihr über mich auch in der Bibel lesen, da wohne ich nämlich (zeigt auf das Laken), und zwar in der Apostelgeschichte, Kapitel 3. Aber als ich euch eben gehört habe, da hat's mich nicht mehr in den Seiten gehalten! Ich habe mir meine alte Schatzkiste geschnappt

(zeigt sie) und bin einfach herausgeklettert (setzt sich auf den Fußboden; kleine Pause).

Manchmal höre ich es noch im Traum: das Fußgetrappel der Leute, die in den Tempel zum Beten kamen. Es gab da diese Treppe: Eine lange Stufe, zwei kurze Stufen, eine lange, zwei kurze, lang, kurz, kurz, lang, kurz, kurz ... Und ich? Ich saß am Rand so einer Stufe. Jeden Tag wurde ich dort hingebracht, denn Laufen hatte ich noch nie gekonnt. Ja, jetzt ist das anders, aber damals ... Wisst ihr, wie man sich da vorkommt? Als Krüppel vor der schönen, prächtigen Tür des Tempels? Ich hab mich doch selber geschämt! So dreckig und krank, wie ich war. Aber meine Familie brauchte das Geld, das ich erbettelt habe. Ja, ein Krüppel war ich und ein Bettler. Diese Schüssel (holt sie aus der Schatzkiste) habe ich jeden Tag vor mich hingestellt, manchmal habe ich sie den Leuten auch hingehalten (nimmt die Schüssel in die Hand und streckt sie den Kindern hin). Angeguckt hab ich dabei keinen mehr (sieht zu Boden, stellt dann die Schüssel ab). Wozu auch! Ich wusste doch selbst, dass ich eine Schande bin, dass man sich für mich schämt. Ich kannte die Leute immer nur bis zu den Knien. An ihre Füße kann ich mich noch erinnern. Aber Gesichter? Ich hatte immer eine Decke bei mir. Die habe ich mir manchmal nicht nur über die Schultern, sondern auch über den Kopf gezogen (holt eine Decke aus der Schatzkiste und zieht sie sich über Kopf und Schultern). Ich konnte verstehen, dass mich keiner angesehen hat. Mich hat das ganze Geschrei und Gejammer der anderen Bettler ja auch gestört. Außerdem hatten meine Kleider bald dieselbe Farbe wie die Treppe, auf der ich saß. Vielleicht hat man mich wirklich nicht mehr gesehen.

Einmal habe ich wieder zwei Männer um Almosen gebeten. Doch diesmal – da war irgendetwas anders als sonst. Plötzlich wurde mir ganz warm. Ich hatte schon fast vergessen, wie das ist. Da sagte der eine zu mir: ‚Sieh uns an!' Ich war so erschrocken, so durcheinander! Ich? Jemanden ansehen? Ich hab mich das fast nicht getraut, dann aber doch meinen Kopf gehoben (hebt den Kopf, dabei rutscht die Decke herunter). Irgendwie konnte ich nicht anders – vielleicht, weil mir so warm war. Ich dachte: Wenn sie sich schon solche Mühe mit mir machen und extra stehen bleiben, obwohl sie doch eigentlich schnell in den Tempel gehen wollen, dann wird es sich für mich sicher lohnen (strahlt). Ich sah schon Gold und Silberstücke in meine Schüssel fallen (blickt verträumt). Da sagte der Mann zu mir: ‚Silber und Gold habe ich nicht; was ich aber habe, das gebe ich dir: Im Namen Jesu Christi von Nazareth, steh auf und geh umher!' Und er nahm mich bei der rechten Hand und zog mich hoch (steht auf), und – was für ein Wunder! – meine Füße und Knöchel wurden fest, ich machte ein paar Schritte (macht ein paar Schritte), und dann lief ich mit den beiden in den Tempel, ich sprang umher (läuft und springt) und konnte nicht anders: Ich lobte Gott!

Was denkt ihr, wie mich die anderen angesehen haben! Sie kannten mich doch nur als Krüppel! Und was denkt ihr, wie das alles für mich war: Das erste Mal in meinem Leben konnte ich laufen – ganz allein. Ich hatte plötzlich Kraft und konnte gehen, wohin ich wollte. Mir gingen die Augen auf! Ich sah den Menschen in die Augen, sie sahen mir in die Augen. Es war kaum zu glauben. Aber ich glaubte es, ich spürte es: Es war, als hätte ich mein Gesicht zurückbekommen. Etwas war ganz geworden. Es hatte mit diesem besonderen Blick und mit der Wärme zu tun."

Lied: Gott gab uns Atem, Str. 1

Erfahrungsspiel
Ein Kind wird gebeten, sich in die Mitte zu stellen. Die anderen setzen sich um es herum auf den Fußboden. „Ihr habt gehört, wie es dem Bettler ging: Er kannte die Menschen, die an ihm vorbeiliefen, nur bis zu den Knien. Probiert einmal aus, wie das ist, wenn man nur nach unten oder geradeaus guckt: Was seht ihr von dem, der in der Mitte steht, wenn ihr sitzt, wenn ihr hockt und wenn ihr euch hinstellt?" Die Kinder probieren es in den drei Varianten aus und vergleichen sie im Gespräch.

Basteln für die jüngeren Kinder
Aus langen Papprollen werden Fernrohre gebastelt (bemalt oder mit Papierschnipseln/Bildern beklebt).

Optische Täuschungen
Mit den älteren Kindern können Bilder betrachtet werden, die je nach Blickwinkel verschiedene Motive zeigen. Der Wechsel des Blickwinkels ermöglicht neues Sehen (Suchbilder, optische Täuschungen).

Gebet
Gott, du hast uns Augen gegeben, damit wir uns sehen. Manchmal vergessen wir das. Wenn wir aber unsere Augen und unser Herz ganz weit

Optische Täuschungen

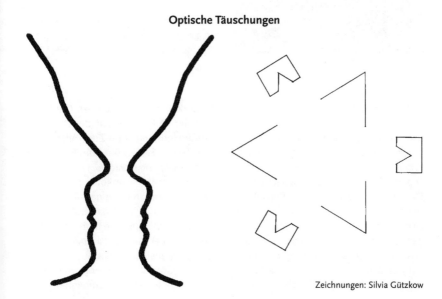

Zeichnungen: Silvia Gützkow

aufmachen, dann können Wunder geschehen. Vielleicht bekommt jemand Kraft und macht Luftsprünge. Vielleicht steht jemand auf und geht an einen neuen Ort. Vielleicht sehen sich Menschen wieder an. Vielleicht reden sie miteinander. Wir glauben, dass du dann ganz nah bist, und wir glauben, dass du uns beim Sehen hilfst. Amen

Lied: Gott gab uns Atem, Str. 3

Ulrike Scheller

18. Oktober 2009
19. Sonntag nach Trinitatis

Gott gab uns Ohren, damit wir hören

Jesaja 50,4–5

Lieder: Gott gab uns Atem, damit wir leben, MKL 73, EG 432; Er weckt mich alle Morgen, EG 452, LJ 262; ein bekanntes Kindergottesdienstlied auf CD

Liturgischer Text: In Gottes Hand (nach Psalm 139), Sagt Gott I 75, Sagt Gott II 68

Zum Thema

Im zweiten Abschnitt des Buches des Propheten Jesaja, dem Deuterojesaja, findet sich in Kapitel 50 ab Vers 4 das sogenannte dritte Gottesknechtslied. Dieses Lied besingt einen Einzelnen, der einen bestimmten Auftrag hat. Der Gottesknecht stellt sich diesen Aufträgen. Geschichtlich steht dieser Bibelabschnitt im Zusammenhang mit dem babylonischen Exil und der aufkommenden Hoffnung, die sich mit dem Perserkönig Kyros verbindet. Die Israeliten im Exil setzen auf diesen König große Hoffnungen im Zusammenhang mit dessen Siegen über die Babylonier (539 v.Chr.) und Chaldäer. Die Israeliten deuten diesen Perserkönig als denjenigen, an dem Jahwe seinen Willen vollstrecken will. Er wird das Exil beenden und sie nach Jerusalem führen und dort den Tempel wieder aufbauen. (Jes 41,2.3.,25; Jes 44,26; 45,13).

Die Gottesknechtslieder werden in der Theologie im Zusammenhang mit

Christus gedacht. Viele Parallelen werden zwischen der Gestalt des Gottesknechtes und Jesus gezogen.

In Vers 4 wird Gott als der Schöpfer besungen, der den Menschen schafft. „Gott der Herr hat mir die Zunge eines Schülers gegeben." Gleichzeitig schafft er den Menschen nicht um seiner selbst willen, sondern im Gegenüber zu Gott. So ist der Mensch von Beginn an auf Kommunikation hin angelegt. Gott spricht den Menschen an: „Und Gott segnete sie und Gott sprach zu ihnen" (1. Mose 1,28). So ist es ein Segen, von Gott angesprochen zu sein. Aber die Tatsache, dass Gott uns anspricht, ist nichts, worauf wir uns ausruhen sollen. Diesen Auftrag, den wir als Gottes Geschöpfe haben, sollen wir wahrnehmen. Im Bezug zu Jesaja 50,4–5 heißt das: Lebt in Kommunikation! Verschließt euch nicht! Hört wie Schüler! Helft den Müden mir eurem Wort! Im Zusammenhang mit dem Lied: Gott gab uns Ohren, damit wir hören (EG 432,2), wird dieser Auftrag deutlich.

Der Text und die Kinder

Kinder lernen früh ihre äußeren Organe und deren Funktion zu benennen. Die Ohren gehören als Selbstverständlichkeit dazu. Das Ohr ist das Organ, das immer „eingestellt" ist. Es ist der Sinn, der den Menschen von der Geburt bis zum Tod begleitet und der nicht „abstellbar" ist. Dies birgt in einer multimedialen Gesellschaft oft die Gefahr einer Reizüberflutung. Kinder sind ständig einer Geräuschkulisse ausgesetzt. Das Gehör dient der Orientierung. Die Kinder hören, von welcher Seite etwas kommt, ob sich etwas nähert oder entfernt. Das geschieht oft unbewusst. Jesaja weiß, dass Propheten oft auf taube Ohren treffen. Aber er weiß auch, dass Gott ihm sein Ohr immer wieder auftut.

So kann man in Verbindung mit dem Bibeltext diese Körperfunktionen deutlich machen. Es ist für Kinder interessant zu entdecken, dass es Menschen gibt, die nicht hören und oft auch nicht sprechen können. In Deutschland gibt es ca. 80 000 Gehörlose. Durch Film und Fernsehen sowie größeres Selbstbewusstsein und Medienpräsenz sind Menschen mit dieser Kommunikationsbehinderung im besten Sinne nicht zu übersehen. Helen Keller, selbst taubblind, wird der Satz zugeschrieben „Nicht sehen trennt von Dingen, nicht hören trennt von Menschen." Hier ist es, gerade auch im Bezug zu dem Kommunikationsauftrag, den wir mit der Schöpfung von Gott bekommen, interessant aufzuspüren, wie Menschen, die mit einer Kommunikationsbehinderung geschaffen sind, andere Kommunikationsformen finden.

Die Deutsche Gebärdensprache, wie sie seit etwa zwei Jahrzehnten entwickelt und gelehrt wird, ist die Kommunikationsform gehörloser Menschen der jungen und mittleren Generationen in Deutschland. Diese Sprache ist komplex, verfügt über eine eigene Grammatik und ist seit 1997 als eigene Sprache in Deutschland anerkannt. Zur Gebärdensprachgemeinschaft gehören ca. 200 000 Menschen, darunter auch Hörende. Diese Sprache setzt sich aus verschiedenen Gebärden und Mundbildern zusammen. Zum Buchstabieren (Daktylieren) von Eigennamen usw. wird das Daktylalphabet benutzt. Es besteht aus Handzeichen für jeden Buchstaben (s. Tabelle).

Gott gab uns Atem, damit wir leben

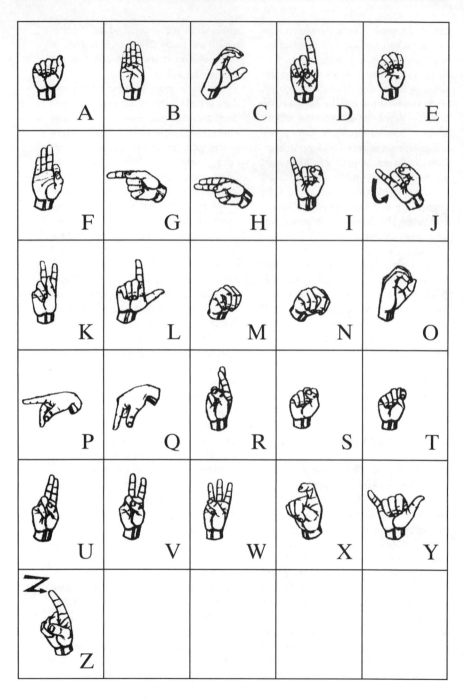

Gestaltungsvorschlag für jüngere Kinder

Lied: Gott gab uns Atem, damit wir leben

Psalm: In Gottes Hand (nach Psalm 139)

Geräusche-Memory/Gespräch
Mithilfe dieses Spiels können die Kinder ihre Ohren testen. Dabei kann man in zwei Gruppen gegeneinander spielen (und benötigt das Memory in doppelter Ausführung) oder in der Runde jedes Kind ein Paar finden lassen.

Ein Geräusche-Memory baut man am einfachsten aus ausgedienten schwarzen Plastikfilmdosen (in der Drogerie oder im Fotohandel als Abfallprodukt erhältlich) oder dem Inneren von Überraschungseiern, die man paarweise mit unterschiedlichen Materialien befüllt. Zur einfacheren Kontrolle kann man am Boden der Dosen Zahlen aufkleben, anhand derer sich leicht kontrollieren lässt, ob das Paar zusammengehört.

Im Anschluss wird in einem kurzen Gesprächsgang erörtert, wie wichtig die Ohren sind. Die Kinder können versuchen, die Ohren abzustellen oder eine Situation überlegen, in der die Ohren einmal abgestellt waren. Dabei erfahren sie, dass sich die Ohren nicht einfach abstellen lassen.

Kurze Erzählung
Es ist schon sehr lange her, da mussten die Menschen aus Israel in einem fremden Land wohnen. Soldaten hatten sie nach Babylon gebracht, wo nichts so war wie zuhause. Sie dachten immer wieder an die guten Zeiten, als sie noch zuhause wohnen konnten. Am liebsten dachten sie an ihren schönen Tempel in Jerusalem, obwohl sie wussten: Der Tempel ist nicht mehr da, er ist zerstört. Immer wieder sagten sie sich: „Wir wissen nicht, wann wir Jerusalem wiedersehen." Und: „Ach, es ist alles so schrecklich!". Sie jammerten: „Und das alles, weil wir nicht auf Gott gehört haben!"

Bei Ihnen lebte ein Mann, der konnte Gott hören und hat immer wieder den Leuten gesagt, was Gott von ihnen möchte. Jesaja konnte sehr gut zuhören und hörte so oft die Stimme Gottes. Die Menschen sagten von ihm: „Jesaja ist ein Prophet, er kann hören, was Gott für uns möchte." Jesaja erzählt: „Gott der Herr weckt jeden Morgen auf. Jeden Morgen weckt er mir das Ohr, damit ich höre, wie ein Schüler hört. Gott, der Herr hat mir das Ohr aufgetan!"

Da merkten die Menschen: Gott hat uns unsere Ohren gegeben, damit wir hören, was Gott für uns möchte! Sicher, unser schöner Tempel ist kaputt, aber wir sind wunderbar gemacht. Wir können hören, jeden Tag, zu jeder Zeit! Ist das nicht wunderbar?

Gespräch
Danach kann mit den Kindern überlegt werden: Was will Gott für uns heute?

Gebet
Guter Gott!
Du hast unsere Ohren gemacht. Wir können hören. Dafür danken wir dir. Wir bitten dich: Lass uns immer wieder auf das hören, was du für uns möchtest!
Amen

GOTT SEGNE DICH

Drei Finger der rechten Hand zeigen nach oben

Die geöffneten Handflächen beschreiben eine „Tannenbaumspitze"

Die rechte Hand zeigt auf den/die zu Segnende/n

Zeichnungen: Sabine Meinhold

Flüsterrunde
Zum Abschluss können sich die Kinder einen Wunsch (z.B.: Gott möchte, dass wir Freunde sind) oder ein Segenswort zuflüstern.

Gestaltungsvorschlag für ältere Kinder

Lied: Gott gab uns Atem, damit wir leben

Psalm: In Gottes Hand (nach Psalm 139)

Aktion
Zu Beginn bekommen die Kinder Ohropax (günstig sind hier die Schaumstoff-Ohropax, da sonst mit dem Wachs viel gekrümelt wird; in der Apotheke in Großpackungen günstig zu erwerben) und sie „hören" ein bekanntes Lied aus dem Kindergottesdienst von CD. Dabei wird der CD-Player etwas leiser gestellt als normal, damit die Kinder wirklich kaum etwas hören. Die Leiterin singt ohne Ton zu dem Lied. Die Kinder können die Ohropax herausnehmen.

Gespräch
Wie habt ihr euch gefühlt? Hat jemand das Lied erkannt? Was hört ihr? Wann beginnt Hören? Wann hört es auf? Hier werden die Kinder wieder schnell merken, dass man diesen Sinn nicht einfach abschalten kann.

Erzählung
Gott hat uns geschaffen. Er hat uns Ohren gegeben, die gut hören. Der Prophet Jesaja singt davon in einem Lied:
„Gott der Herr hat mir die Zunge eines Schülers gegeben,
damit ich den Müden zu helfen weiß mit seinem Wort.

Er weckt auf. Morgen für Morgen weckt er mir das Ohr, damit ich höre wie ein Schüler. Gott der Herr hat mir das Ohr aufgetan, und ich bin nicht widerspenstig gewesen, bin nicht zurückgewichen."
Für einen Propheten ist es wichtig, genau zu hören. Nur so kann er hören, was Gott für die Menschen will. Jesaja hat viel gehört. Aber die Menschen, zu denen er geredet hat, waren wie taub. Sie haben ihm nicht zugehört. Jesaja wusste: Ein Prophet muss manchmal auch reden, wenn keiner hört.

Reden mit den Händen

Wir können jetzt mal ausprobieren, für jemanden mit den Händen zu reden, der nicht hören kann. Welche Zeichen aus einer Zeichensprache kennt ihr? Daraus kann sich ein Ratespiel entwickeln.
Zum Buchstabieren (Daktylieren) von Eigennamen etc. wird das **Daktylalphabet** (s. S. 262) benutzt:

Man kann mit den Kindern die Handstellungen ausprobieren und sie ihren eigenen Namen buchstabieren lassen. So kann man ein wenig für Menschen reden, die nicht hören können. Erzählt man über gehörlose Menschen, ist es wichtig, nicht den alten Begriff „taubstumm" zu verwenden, weil dieser von Gehörlosen als Beleidigung empfunden wird. Jeder Mensch, der nur einen einfachen Laut von sich geben kann, ist nicht stumm.

Gebet

Guter Gott! Du hast uns Ohren geschenkt, mit denen wir hören können. Dafür danken wir dir. Wir bitten dich für die Menschen, die nicht hören können: Gib ihnen immer wieder Menschen, die auf sie zugehen und ihre Sprache lernen. Amen

Zum Abschluss kann das **Lied** vom Beginn (S. 264) noch einmal laut gehört und von allen gesungen werden.

Segen

Die Kinder gebärden sich den Segen: „Gott segne Dich!"

Cornelia Trommer

25. Oktober 2009
20. Sonntag nach Trinitatis

Gott gab uns Hände und Füße, damit wir handeln

Markus 2,1–12

Lieder: Gott gab uns Atem, EG 432 (Str. 3), LJ 242, MKL 73; Gott, du hast uns Augen gegeben, LJ 538

Liturgischer Text: Psalmgebet „Ich habe Ohren", LJ 700

Zum Thema

Gott gab uns Hände und Füße, damit wir handeln. Diese einfache Aussage lässt im Zusammenhang mit dem Bibeltext aufhorchen. Eine klassische Wundergeschichte wird uns da erzählt. Der Gelähmte kann nur gesund werden, weil Jesus ihm die Sünden vergibt und gleichzeitig an ihm das Wunder der Heilung vollzieht. So habe ich die Geschichte als Kind erzählt bekommen und sie blieb mir fremd.

Wenn wir es wagen, den Blick auf die vier Freunde zu werfen, die Jesus mit keiner Silbe anspricht, dann füllen wir Vers 5a mit Leben. Der Glaube der Freunde ist vielleicht nicht das Entscheidende, aber nur so kann Jesus wirksam werden. Die Freunde setzen ihre Kräfte ein, um dem gelähmten Freund zu helfen. Sie werden damit auch gleichzeitig zu Helfern Gottes.

Vielleicht ist es manchem zu einfach davon zu reden, dass das Reich Gottes (von dem die Wunder erzählen wollen) schon hier durch uns beginnen kann. Allerdings ist christlicher Glaube nichts Passives, das auf die Aktion von etwas „Höherem" wartet und dem dann schicksalhaft ausgeliefert ist. Die Wege unseres Glaubens müssen wir schon selbst gehen. Schön, wenn das schon im Kindesalter beginnt.

Das Thema und die Kinder

Kinder wollen gern helfen. Dadurch bekommen sie das Gefühl, mit den Erwachsenen „mithalten" zu können. Dabei suchen sie oft nach direkten Wegen der Hilfe. Sie sind nicht so zögerlich wie wir Erwachsenen. Ihr Mitleid mit dem, der in eine Notsituation geraten ist, hält sich in Grenzen. Vielmehr schauen sie, wie er aus dieser Lage befreit werden kann.

Wiederum halten sie es nicht unbedingt für möglich, dass es Situationen gibt, in denen es keine Hilfe mehr gibt (Krankheiten, Katastrophen, Tod usw.). So haben sie eine starke Hoffnung auf das Wunderbare, das das Unvermeidliche doch noch wendet.

An uns ist es, deutlich zu machen, dass die Heilung des Gelähmten zunächst von seinen Freunden abhängt.

25. Oktober 2009

Wenn sie keinen realistischen Weg finden, Jesus zu informieren, wird die Hilfe ausbleiben.

Gestaltungsvorschlag für jüngere und ältere Kinder

Materialien
Bibel, Kerze
Menschenfigur (= Gelähmter) aus Styropor/Pappe, etwa 130 cm groß
halbes Bettlaken als Tragetuch für die Figur
Wolldecke
Luftballon oder Ball (ca. 20 cm Durchmesser)

Lied: Gott gab uns Atem, Strophe 3

Psalm

Gespräch/Aktion
Die Kinder sitzen in einem Kreis auf einer Decke/Teppich auf dem Fußboden. Sie haben die Schuhe ausgezogen. Zuerst betrachten alle ihre Hände und beschreiben, was sie sehen (Länge der Finger, Stärke, Linien usw.). Anschließend überlegen sie, was man mit den Händen machen kann. Einiges davon sollte mit dem Nachbarn ausprobiert werden (sich gegenseitig die Hand geben; klatschen; streicheln ...). „Stellt euch vor, ihr könntet eure Hände nicht bewegen! Überlegt doch mal, was ihr machen müsstet, um trotzdem jemanden zu begrüßen. Oder was müsstet ihr tun, um zu trinken? Wie würdet ihr klatschen, wenn ihr eure Hände nicht bewegen könntet?"

Nun sind die Füße dran. „Wozu braucht man eigentlich die Füße?"

Nach einem kurzen Gespräch wird ausprobiert, was man so alles mit Füßen bewerkstelligen kann. Ein Luftballon oder Ball soll einmal die Runde machen. Dazu müssen die Kinder die Beine strecken. Die Füße der Kinder sollten nahe beieinander liegen. Der Ball wird nun mit den Fußrücken auf die Füße des Nachbarn weitergegeben. (Dabei sollen nach Möglichkeit die Hände nicht gebraucht werden!) Ist der Ball wieder am Ausgangspunkt angekommen, können alle ein wenig ihre Beine lockern. Nun legen sich die Kinder paarweise mit angewinkelten Beinen gegenüber. Die Füße werden aneinandergelegt und die Paare fahren in der Luft „Fahrrad". Dabei sollen sie darauf achten, dass sie ein gemeinsames Tempo finden. Auch sollen sie ab und an die Richtung wechseln, damit jeder mal vor- und zurückfährt. Nach einer Weile setzen sich die Kinder wieder im Kreis zusammen.

Erzählung Teil I
Eines Tages kam Jesus nach Kapernaum. Viele Menschen hatten schon darauf gewartet, ihn zu sehen und mit ihm zu reden. Es gingen auch viele Kranke zu ihm. Sie hofften, er würde ihnen helfen können.

In Kapernaum lebte ein Mann, der war gelähmt. Er konnte nichts aus eigener Kraft tun. Wie gerne wäre auch er zu Jesus gegangen. Aber das ging ja nicht. Zum Glück hatte der Mann aber vier Freunde. Die legten ihn in ein Tuch und trugen ihn zu dem Haus, in dem Jesus gerade war.

Doch was sie dort sahen, nahm ihnen allen Mut. Die Menschen standen eng gedrängt bis auf die Straße. Alle reckten die Köpfe, drängelten und schubsten, um nur viel mitzukriegen. Und etliche schimpften mit den neu Dazukommenden. Sie wollten sie nicht durchlassen. Was sollten die vier Freunde da tun?!

Aktion

In einem anderen Teil des Raumes an der Wand liegt auf einem kleinen Hocker die aufgeschlagene Bibel und davor steht die brennende Kerze. Mit Ausnahme von vier Kindern stellen sich jetzt die Kinder im Halbkreis wie eine Mauer vor Bibel und Kerze. Ihre Gesichter sind diesen beiden Symbolgegenständen zugewandt. Die Kinder henkeln sich fest ein, um niemanden durchzulassen.

Die vier übrigen Kinder werden gebeten, gemeinsam das Tuch mit dem „Gelähmten" (Styroporfigur) durch den Raum zu tragen. Währenddessen wird erzählt, dass sie sich für ihren gelähmten Freund auf dem Weg zu Jesus (Bibel und Kerze) befinden. Wenn sie bei der Menschenmauer angekommen sind, sollen sie miteinander nach einer Möglichkeit suchen, die Menschenmenge zu durchbrechen, um den gelähmten Freund ohne Schaden zu Jesus zu bringen.

Ermuntern Sie die Kinder, selbst eine Lösung zu finden. Vielleicht betteln sie, durchgelassen zu werden. Vielleicht streicheln sie die Menschenmauer. Ermuntern Sie auch zu ungewöhnlichen Lösungen (z.B.: einer steigt über die Mauer und nimmt von der anderen Seite aus den Gelähmten in Empfang).

Haben die vier Freunde es geschafft, wird der Schluss der Geschichte erzählt, wobei sich alle um Bibel und Kerze herum auf den Fußboden setzen.

Erzählung Teil II

Jesus war ganz erstaunt. Die Freunde hatten nämlich ein Loch in das Dach gemacht und den Gelähmten an vier Stricken direkt vor Jesus gleiten lassen. Jesus schaute nach oben und entdeckte vier fröhliche und stolze Gesichter. Und ich glaube, Jesus hat gesagt: „Weil ihr euch so für euren Freund einsetzt, liebt euch Gott. Solche Menschen braucht Gott: Die sich für ihre Freunde stark machen, wenn sie Hilfe brauchen. Die nichts unversucht lassen, um zu einem guten Ende zu kommen. Die bis zuletzt den Glauben behalten, dass Gott helfen kann."

Und der Gelähmte empfand so eine Freude, dass sie ihm durch den ganzen Körper sprudelte. Und seit langem mal wieder spürte er seine Arme und Beine. Und er hörte, wie Jesus zu ihm sagte: „ Dein Vertrauen in deine Freunde und dein Glaube an Gott haben dir geholfen. Nimm dein Bett und geh nach Hause."

Gebet

Guter Gott, dass du kranken Menschen hilfst, finden wir gut. Wir sind dankbar und auch ein bisschen stolz, dass wir dir dabei helfen können. Gib uns immer Kraft und Ideen dafür.
Und schenke uns Freunde, die bei uns sind, wenn wir Hilfe brauchen.
Amen

Simone Carstens-Kant

25. Oktober 2009

Monatlicher Kindergottesdienst im Oktober
Hände und Füße – Gabe und Aufgabe, Markus 2,1–12, Die Heilung des Gelähmten

Wir staunen über Hände und Füße, freuen uns darüber und sind dankbar für diese Gaben. Was aber ist, wenn jemand an Händen und Füßen lahm ist, nicht vorwärts kommt und nicht handeln kann? Dann ist es geboten, in Gottes Namen Hand und Füße stellvertretend zu gebrauchen.
Der Gestaltungsvorschlag für den 25.10.2009 (S. 266) eignet sich für einen monatlichen Kindergottesdienst. Im *Gespräch* kann gemeinsam überlegt werden: Wo sind Menschen, die unsere Hilfe brauchen? Und wie kann ich etwas tun? Das Lied „Gott gab uns Atem, damit wir leben" (EG 432) wird gesungen. Die *Zeichnung* S. 248 regt an, sich mit dem Liedtext zu beschäftigen. Es kann ausprobiert werden, für jemanden mit den Händen zu reden, der nicht hören kann. Mit Hilfe des *Daktylalphabets* (S. 262) können die Kinder mit den Händen ihren eigenen Namen buchstabieren. Zum Abschluss gebärden sich die Kinder den *Segen* „Gott segne dich!" (s. Zeichnung S. 264).

Gott – warum? Schwierige Fragen – und es gibt keine Antwort

Byzantinische Miniatur, Hiobs Klage, aus: Paul Huber, Hiob: Dulder oder Rebell, Patmos-Verlag 1986

Lieder: Aus der Tiefe rufe ich zu dir, EG regional, LJ 359, LH 84, MKL2 8; In der Mitte der Nacht ist der Anfang eines neuen Tags, MKL2 63

Liturgischer Text: Psalmgebet (nach Psalm 22 und 73, s. S. 286)

XIV
Gott – warum? Schwierige Fragen – und es gibt keine Antwort

Sonntag	Text/Thema	Art des Gottesdienstes Methoden und Mittel
31.10./1.11.2009 Reformationsfest/ 21. Sonntag nach Trinitatis	Kain und Abel – die dunkle Seite des Menschen 1. Mose 4,1–16	Gottesdienst mit Kindern und Erwachsenen; Erzählung mit Orgelmusik/ Orffinstrumenten oder Erzählung mit Chorführer, Bildbetrachtung, Collage
8.11.2009 Drittletzter Sonntag im Kirchenjahr	Die Sintflut – die dunkle Seite Gottes 1. Mose 7–9 i. A.	Gottesdienst mit Kindern; Textarbeit, Legebilder, Legematerial, Tücher, großes blaues Tuch, Wollfäden, Erzählung mit Sprechzeichnen, großes Papier, Gespräch
15./18.11.2009 Vorletzter Sonntag im Kirchenjahr/ Buß- und Bettag	Gottes Antwort an Hiob – die Größe Gottes Hiob 3 i. A.; 38,1–11; 42,1–3	Gottesdienst mit Kindern (und Erwachsenen); Erzählung mit Orgel/Orff-Instrumenten oder Erzählung mit Chorführer, Bildbetrachtung, Gespräch, Collage
22.11.2009 Letzter Sonntag im Kirchenjahr/ Ewigkeitssonntag	Die Antwort der Psalmen – klagen, aber nicht verzweifeln Psalm 13	Gottesdienst mit Kindern; Erzählung, singen, Gefühle ausdrücken (Wasserfarben auf Papier, Wörter); mit Knete Symbole formen

Monatlicher Kindergottesdienst im November
Die Sintflut – die dunkle Seite Gottes, 1. Mose 6–9 i. A.   S. 293

31. Oktober/1. November
Reformationsfest/
21. Sonntag nach Trinitatis

Kain und Abel – die dunkle Seite des Menschen

1. Mose 4,1–16

Lieder: Gott gab uns Atem, EG 432; Herr, gib uns deinen Frieden (Kanon), EG 436, KG 15, LJ 247, LfK1 C24; Ich gebe dir die Hände, MKL 81; Herr, gib mir Mut zum Brücken bauen, EG regional, LfK1 B32, LJ 552, MKL 75; Halte zu mir, guter Gott, MKL1 52 oder KG 8, LJ 549, LfK1 B5, LZU 39

Liturgischer Text: Psalmgebet (S. 286)

Vorbemerkung zum Erzählen

„Erzählen müßte man können, verehrte Zuhörerinnen und Zuhörer: so wie die alten Erzähler aus längst vergangenen Zeiten zu erzählen vermochten; so zu erzählen vermochten, daß die, denen da etwas erzählt wird, gar nicht genug davon hören können." So Prof. Eberhard Jüngel auf dem „Zukunftskongress der EKD" bei seiner Bibelarbeit am 27. Januar 2007 in Wittenberg zum Erzählen. Und dann zur *Urgeschichte der Bibel* (1. Mose 1–11), die mit Gottes guter Schöpfung beginnt: „Doch die ,Urgeschichte' erzählt auch von der Bedrohung der von Gott geschaffenen Welt durch das tohuwabohu, dem Gott zwar gleich am Anfang ein Ende gemacht hat, das der Mensch aber immer wieder über Gottes gute Schöpfung heraufzubeschwören droht. So gefährdet der Mensch die Erde und mit ihr zugleich sich selbst, schon vor Urzeiten und bis zum heutigen Tag. ... Die ,Urgeschichte' erzählt von den Erzanfängen. Aber sie erzählt so davon, daß sich der gegenwärtige Mensch in sie hineinversetzen zu können glaubt: jene Anfänge, das sind auch unsere Anfänge."

Wenn das gelänge, wäre mit unserem Thema (Gott – warum? Schwierige Fragen – und es gibt keine Antwort) und den dazu gehörenden Texten viel erreicht. Also: Erzählen wir! – Und versuchen wir es so, dass die Kinder und wir selbst mittendrin sind.

Zum Thema

„Gott – warum?" Wie oft haben wir uns diese Frage schon gestellt. „Warum ist mein Hamster Hubertus gestorben?", „Warum musste Opa sterben?", „Warum ist immer Krieg?", „Warum hassen sich Menschen bis aufs Blut?", das ist nur eine kleine, beliebige Auswahl. Kinder fragen und Erwachsene ebenso. Und die Antworten?

„Schwierige Fragen – und es gibt keine Antwort", so heißt die Überschrift unserer Einheit. Ist das tatsächlich so? Um es vorweg zu sagen: Ja, häufig genug ist es so. Wir (Erwachsene oder Jugendliche, Mitarbeiterinnen und Mitarbeiter) wissen ja oft selbst nicht, woher wir wirklich Trost nehmen sollen oder Lösungen in unserer verworrenen Welt. Tun wir also den Kindern gegenüber nicht so, als wüssten wir tatsächlich überall eine Antwort. Mein Weg ist eher: Wir begeben uns gemeinsam auf eine Entdeckungsreise oder Suche. Vielleicht gibt es ja doch etwas zu finden.

„Kain und Abel – die dunkle Seite des Menschen", hier ist also nicht eine irgendwie geartete Rechtfertigung Gottes gefragt, sondern das Interesse gilt (un)menschlichem Handeln. Menschen bringen sich gegenseitig um, ob im Krieg oder in familiären Dramen, ob dabei Säuglinge verhungern werden oder alte Menschen zu Tode „gepflegt" werden – es gibt nichts, was es nicht gibt. Und vieles davon wird breit getreten in zu vielen „Enthüllungsstories", die eine Sensationslust bedienen, die auch schon wieder zur dunklen Seite des Menschen gezählt werden kann: Nur schlechte Nachrichten sind gute Nachrichten. Sind wir so? Und wenn ja, warum?

Die Erzählung von Kain und Abel greift diese Fragen auf, aber sie hat keine Antwort darauf. Menschen sind so, wie sie sind. Sie kehren ins Gegenteil um, was Gott im Anfang gut geschaffen und den Menschen zur Verfügung gestellt hatte. Als Ebenbilder Gottes gedacht, haben sich die Menschen irgendwann von ihrem Ursprung entfernt und kommen nicht mehr zum Ursprung zurück. Das „Paradies" ist verloren, zuletzt lebt Kain „Jenseits von Eden" im Lande Nod, wo es kein „Zuhause" gibt. Es beginnt mit Adam und Eva, die nicht schnell genug vom Baum der Erkenntnis essen können, und setzt sich fort in deren Kindern, Kain und Abel, von denen der eine den anderen erschlägt. Dabei wird hier nicht nach dem Woher von Kains Hass gefragt, auch nicht, wie zu erkennen ist, dass

Gott das eine Opfer gnädig ansieht und das andere nicht. Es wird erzählt; eine spannende, spannungsgeladene „Urgeschichte", die nicht aufgelöst werden kann in Harmonie und Wohlgefallen – und Beliebigkeit.

Menschen sagen sich mit allen Konsequenzen von Gott los, verlassen seinen Weg und Willen. Und die Überraschung: Gott stellt Adam und Eva nicht bloß, sondern legt ihnen Kleidung aus Fell um, bevor sie den Garten Eden verlassen müssen. Welch eine liebevolle Geste! Gott verflucht den Kain – um ihn gleichzeitig unter seinen Schutz zu stellen. Ich frage mich, ob Gott geweint hat, als er dem Kain das Zeichen auf die Stirn malte? Und zu guter Letzt: Der Sohn Gottes stirbt am Kreuz, damit mir Vergebung zuteil werden kann. Vielleicht liegt hier eine Antwort oder zumindest ein Hinweis auf so viele Fragen nach der dunklen Seite des Menschen: Gott trennt sich nicht von uns, und wir können um Vergebung bitten.

Das Thema und die Kinder

Mord und Totschlag: Je älter die Kinder werden, desto mehr nehmen sie mit Schauder und Interesse wahr, was alles in der unheilen Welt geschieht. Sie erfahren von den Kriegen um Israel und das Öl im Iran, irgendwann auch von all den Dingen, die nicht gerade tagesaktuell und scheinbar weit entfernt geschehen, zugelassen und getan werden. Vielleicht erfahren sie irgendwann einmal auch davon, wie sehr unser nordeuropäischer Lebensstil mit Krieg und Bürgerkrieg in manchen Ländern verwoben ist. In jedem Fall wissen sie von Gewalt und Gegengewalt, können nicht verarbeiten, was sie in den Me-

Gott – warum? Schwierige Fragen – und es gibt keine Antwort

dien zum Teil zu sehen bekommen, und basteln sich ihr eigenes Weltbild zusammen, in dem Gottes gut geschaffene Welt Risse bekommen hat. „Warum lässt Gott den Mord an Abel zu? Bei Abraham hat er doch auch eingegriffen!", fragt Marie (9). „Und was meinst du?", frage ich zurück. „Vielleicht will Gott, dass wir selbst drauf kommen." Also: Verschweigen in der Kinderkirche wäre ein falscher Weg. Er kann den Zerfall des paradiesischen Weltbildes der Jüngeren nicht verhindern. Wir können den Kindern manches zutrauen und auch zumuten. Schließlich soll auch eine spannende und spannungsvolle Geschichte erzählt und entdeckt werden.

Gestaltungsvorschlag für Kinder und Erwachsene

Die folgende **Erzählung** kann mit Musik von der Orgel oder mit Orff-Instrumenten verstärkt werden. Die Musik kommentiert das Geschehen. Wenn die Kinder die Herstellung der Geräusche oder Töne übernehmen, kann man mit ihnen ganz allgemein besprechen, wie es klingt, wenn einer ganz zornig ist oder einen anderen mit Schlägen umbringt. Das wird noch relativ einfach sein. Etwas anderes wäre es, das Prasseln der Altarfeuer oder den „Wohlgeruch" der Opfergaben zum Klingen zu bringen. Der Phantasie sind keine Grenzen setzen, dem Einfallsreichtum an der Orgel auch nicht. Die Erzählung wurde mit Orgelmusik in einem Familiengottesdienst in der St. Jakobi-Kirche in Peine erprobt.

Annette

Erzählung	musikalische Motive
In der Bibel wird von der ganz alten Menschenzeit erzählt, wie Menschen sind – und eben auch, wie Menschen nicht sein sollen.	Klangteppich
Es waren zwei Brüder. Kain und Abel.	
Abel wurde Schafhirt mit einer großen Herde. Er zog mit seinen Schafen umher von Weideplatz zu Weideplatz.	Motiv „Abel"
Kain wurde ein Bauer. Er pflügte und säte und erntete, was auf dem Feld wuchs.	Motiv „Kain"

Einmal im Jahr wurde das Opferfest gefeiert. Die Menschen dankten Gott für alles, was er wachsen ließ, die Früchte auf dem Feld oder das Vieh in der Herde.	Motiv „Das Heilige"
Nun war es einmal wie in jedem Jahr. Von jedem Acker seiner Felder nahm Kain etwas in einen großen Korb: Bohnen und Erbsen, Kümmel und Linsen und Hafer und Weizen.	Kain-Motiv + Heiliges
Und er entzündete ein Feuer auf dem Altar und streute dahinein, was seine Felder hervorgebracht hatten. Er tat das zum Opfer und Dank an Gott, der alles hatte wachsen und gedeihen lassen. Und er sprach ein Dankgebet dazu: Danke, Gott, du hast uns gesegnet und beschützt.	Gesteigerter Klang
An einem anderen Altar hatte Abel sein Opferfeuer entfacht. Und Abel dankte Gott. Er hatte ausgesucht aus Ziegen und Böcken und Lämmern und den Karakul- und Dickschwanzschafen seiner Herde; und opferte Gott Fleisch und Fett, dass es triefte, von den erstgeborenen, kostbarsten Lämmern seiner Herde.	Abel-Motiv
Und das Feuer auf dem Altar brannte und knisterte, und der Wohlgeruch des Opfers lag in der Luft. Und der Rauch und der Duft stiegen hoch empor in den Himmel Gottes. Und Abel dachte bei sich:	+ sphärische Klänge
Gott hat meine Gabe gesehen und der Wohlgeruch steigt zu ihm auf. Gott nimmt mein Opfer und meinen Dank an. So war es mit Abel.	+ Heiliges
Aber als Kain an seinem Altar stand und das Feuer loderte und der Rauch des Wohlgeruches stieg auf, da fuhr plötzlich der	eingeschränkt, Klang zurücknehmen

Wind hinein und die Funken stoben auseinander und der Rauch wurde verweht und verflüchtigt.	schlägt um
Da verdüsterte sich das Gesicht von Kain, und Zornesfalten legten sich auf seine Stirn und Hass verzerrte sein Gesicht. Denn er sagte bei sich: „Das Opfer von Abel sieht Gott an, meines aber nicht. Wieso Gott, sein Opfer ja und meines nicht?" Und zornig, zornig und finster starrte er zu Boden.	Kain-Motiv dunkel immer dunkler ganz dunkel
Und er hörte noch die Stimme Gottes bei sich. Und Gott fragte ihn: „Warum, Kain, bist du so zornig und starrst zu Boden? Wenn dir Gutes durch den Sinn geht, erhebe frei deinen Blick. Führst du aber Böses im Schilde, wird dich das Böse überwinden und verschlingen."	Motiv „Das Heilige" mit Einsprengseln: dunkel
Kain aber vertrieb die Stimme Gottes aus seinem Kopf und ging zu seinem Bruder Abel. Ganz freundlich sprach er ihn an: „Lass uns einen Spaziergang auf die Felder machen und sieh, was alles gewachsen ist!"	wird leise abgeblendet hell, aber untergründig dunkel
Draußen auf dem Feld fiel Kain über seinen Bruder Abel her und schlug auf ihn ein. Und plötzlich hatte er einen Stein in der Hand und schlug zu; und wieder und wieder schlug er zu mit aller Gewalt.	steigert sich Schläge stärker Schläge
Und schlug seinen Bruder tot.	Stille
Er verscharrte ihn und ging zurück zu seinen Zelten.	Ganz tief und dunkel
Aber die Stimme Gottes meldete sich wieder und fragte: „Kain, wo ist dein Bruder?"	Das Heilige verdüstert sich

Und Kain antwortete: „Was weiß ich? Soll ich meinen Bruder, den Hirten, hüten?" Und Gott sprach: „Was hast du getan? Hörst du nicht, wie das Blut deines Bruders von der Erde zu mir schreit! Den Acker hast du mit Blut getränkt, die Erde hat ihr Maul aufgetan und das Blut deines Bruder von deinen Händen empfangen.	Zorn
Deshalb bist du verflucht und musst das fruchtbare Land verlassen. Keine Frucht wird der Acker tragen, auf dem du künftig arbeitest. Ein heimatloser Flüchtling wirst du sein."	ruhiges Urteil
Da wurden dem Kain die Augen geöffnet und er erkannte seine Untat.	?
Und er klagte zu Gott und sagte: „Wie kann ich das überleben? Diese Strafe ist mir zu hart. Weil ein Fluch auf mir liegt, kann jeder mich töten."	Kain-Motiv leises Dunkel, dissonant
Gott sprach: „Nein, Kain, ich stelle dich unter meinen Schutz. Wenn einer dich tötet, wird er selbst sterben und seine Familie mit ihm."	Motiv „Das Heilige"
Und Gott machte ein Schutzzeichen auf seine Stirn. Und Kain ging weg und wohnte jenseits von Eden.	Dunkel läuft aus – – Stille – –

Erzählung mit Chorführer

Natürlich kann die Erzählung auch ohne „Begleitmusik" eingesetzt werden. Wie wäre es zum Beispiel, die Gemeinde mit Kindern und Erwachsenen als „Chor" einzusetzen, vergleichbar der griechischen Tragödie, in denen der Chor kommentiert oder ab und zu eine Rolle übernimmt? Möglichkeiten dazu bietet die Erzählung zur Genüge. Es gehört dann ein „Chorführer" bzw. eine Chorführerin dazu, die den Zuhörenden Text und Stichwort gibt. Ein Beispiel für ein stummes Mitspielen: Die Gemeinde ahmt mit den Händen die Flammen nach, die langsam empor

Gott – warum? Schwierige Fragen – und es gibt keine Antwort

„Brudermord". Bilderzyklus in St. Jakobi, Peine   Foto: Frank Niemann

züngeln und immer höher schlagen. Die Chorführerin macht es vor und nimmt die Gemeinde mit in die Geschichte hinein. Die Gemeinde wird ziemlich bald ihre „Rolle" erkennen.

Hier einige **Beispiele aus der Erzählung** zur Anschauung:
Erzählerin: „…Die Menschen dankten Gott für alles, was er wachsen ließ."
Chorführer: „Danke Gott, für alles, was du uns schenkst."
Gemeinde/Kinder: „Danke Gott, für alles, was du uns schenkst."

Erzählerin: „…Und er sprach ein Dankgebet dazu: Danke, Gott, du hast uns gesegnet und beschützt."
Chorführer, danach Gemeinde/Kinder: „Danke, Gott, du hast uns gesegnet und beschützt."
Erzählerin: „… Und das Feuer auf dem Altar brannte und knisterte, und der Geruch des Opfers lag in der Luft."
Chorführer, danach Gemeinde/Kinder: „Hmm, riecht das gut!"
Erzählerin: „…Kain aber vertrieb die Stimme Gottes aus seinem Kopf und ging zu seinem Bruder Abel."

Chorführer, danach Gemeinde/Kinder: „Kain, wie kannst du Gott vergessen!"
Erzählerin: „...Ganz freundlich sprach er ihn an: Lass uns einen Spaziergang auf die Felder machen und sieh, was alles gewachsen ist!"
Chorführer, danach Gemeinde/Kinder: „Abel, pass auf!" (in dieser Weise fortführen)

Bildbetrachtung
In unserer Kirche gibt es in einem alttestamentlichen Bilderzyklus ein Bild des Brudermordes. Ich gebe es hier wieder. Das Bild kann mit Kindern und Erwachsenen „entdeckt" werden. Gerade in seinen Einzelheiten ist es spannend: Die Gesichter erzählen von Gefühlen. Kain vervollständigt den Frevel, indem er seinen Bruder mit einem Holz vom Altar erschlägt.

Collage mit älteren Kindern
Das oder ein anderes Bild lässt sich gut in einer Collage verarbeiten. Es sollten aber dann auch beide thematische Aspekte zum Tragen kommen: Die dunkle Seite der Menschen und die Bewahrung durch Gott. Bei der Collage kann mit Bildern und Wörtern aus Zeitschriften gearbeitet werden, es kann dazu (kommentierend) gemalt und geschrieben werden. Das Bild steht im Mittelpunkt.

Frank Niemann

8. November 2009
Drittletzter Sonntag im Kirchenjahr

Die Sintflut – die dunkle Seite Gottes
1. Mose 7–9 i. A.

Lieder: Er hält die ganze Welt in seiner Hand, KG 143, LJ 517, MKL 45, LfK2 118; Gottes Liebe ist so wunderbar, LZU 32, KG 146; Sieh den Regenbogen an, Kommt, singt mit uns 46 (Hänssler-Verlag); Hol dir große Zedern, Songs junger Christen 1 113; Regenbogenlied (Weil der Himmel nicht mehr weint), LZU 76, Solange die Erde lebt (MC und Heft Menschenkinder Musikverlag)

Liturgischer Text: Psalmgebet (nach Psalm 22 und Psalm 73, s. S. 286); s. auch das Klageritual im Textplan 2007 – 2009 des Gesamtverbandes für Kindergottesdienst, S. 287

Zum Text

Die Sintflutgeschichte ist eine der Flutgeschichten unter vielen. Es gibt mehr als 300 Erzählungen über Flutkatastrophen mit dem drohenden Untergang der Menschheit und der Rettung einiger weniger Personen. Es geht wahrscheinlich nicht um ein einmaliges Erlebnis, das genau lokalisiert und in einen exakten Zeitrahmen gebracht werden kann, sondern um den Ausdruck menschlicher Ängste, alles Leben könne untergehen, aber eine Gotteskraft lässt den Untergang nicht zu. Im biblischen Sintflutbericht stehen allgemeingültige Einsichten im Mittelpunkt, die vermittelt werden über Gott, den Menschen, die Schöpfung, das Leben; nicht die Frage „War es wirklich so?".

Mit 1. Mose 7–9 haben wir den Abschluss der Urgeschichte vorliegen. Er lässt uns Veränderungen im Verhältnis des Schöpfergottes zu seiner Schöpfung sehen, insbesondere zum Menschen und zeigt darin, dass Gott nicht aus einer Laune oder Willkür heraus handelt, sondern aus Liebe, die mitleidend beobachtet und rettend eingreift. Gott bekümmert die Entwicklung seiner Schöpfung und das Zusehen der Bosheit auf der Erde. So will er die Menschen und Tiere wieder dem Urmeer preisgeben (1. Mose 6,5.6), hat aber schon einen Rettungsplan bereitstehen, der Noah und seiner Familie und einem Paar jeder Tierart gilt. Gott gibt Noah genaue Anweisungen (1. Mose 6,13–21) und am Ende wird den Wassermassen (Urmeer) Einhalt geboten (1. Mose 8,6f). Interessant ist der Vergleich des Segenswortes über Noah und seine Familie (1. Mose 9,1–7) mit dem Segenswort über die Menschheit (1. Mose 1,28–30).

Gott wird recht anthropomorph, also menschlich geschildert. Wir haben Anteil an seinen „Selbstgesprächen". Alles wird plastisch und gegenständlich. Das macht die Geschichte wohl auch so beliebt.

Die Geschichte der Sintflut fordert natürlich auch Erklärungsversuche, die die Wissenschaft immer wieder bewegen. Seien es Meerestierfossilien in den Alpen, Schlammschichten in Städten des antiken Zweistromlandes, die Theorie der Kollision von Himmelskörpern mit der Erde o. Ä. – aber, in der Sintflutgeschichte geht es nicht darum, was wo, wann, wie und überhaupt war.

Der Text und die Kinder

Selbst in den Kinderzimmern der Kleinsten baumelt ein Regenbogen, die ersten Bilderbücher lassen durch Aufklappen ins Innere der Arche schauen und zeigen die sich tummelnden niedlichen Tiere. Das Arche-Noah-Motiv, magnetisch haftend, hölzern zusammensteckbar oder playmobil-beweglich, ist kaum einem unbekannt. Die Arche Noah-Geschichte gehört zu den Geschichten, die am frühesten den Kindern durch ihre Eltern oder Großeltern erzählt werden. Und überhaupt – den Regenbogen am Himmel kennt doch jeder! Eine niedliche Geschichte, das mit der Rettung der Tiere – geeignet für Kinder, eine Kindergeschichte. Oder doch Katastrophenszenario – ungeeignet für Kinder? Rettung ist angesagt. Nicht umsonst hat Greenpeace den Regenbogen als Logo. Menschen bleiben letztendlich die Geretteten und von ihnen wird weitererzählt, wenn auch nicht immer so niedlich. Es geht weiter – das merken sich schon die kleineren Kinder. Sie nehmen den Text gut auf in Bildern, die sie zum Teil aus dem Kinderzimmer kennen. Und das Kinderzimmer ist ein geschützter Raum, ein guter Raum. Das, was sie schon von zu Hause kennen, bekommt noch etwas mehr Geschichte und Bild hinzu durch die Methode des Sprechzeichnens.

Die älteren Kinder verlassen schon eher die bunte Arche-Noah-Regenbogenidylle und fragen die berühmte Frage: „War das wirklich so?" Ist das nicht ein Widerspruch: Erst erschafft Gott den Menschen, dann reut es ihn, dann bringt er die Flut – ist er wirklich so zornig? Und am Ende rettet er und gibt sein „Erhaltungsversprechen", so dass alles noch zur Heilsgeschichte wird. Der Text erzählt, dass Gott vor langer Zeit eine Flut geschickt hat, die es aber nie wieder geben wird, weil Gott aus Liebe Ja zur Erde und zu Noah und seiner Familie sagt. Darum wird die Sintfluterzählung zur Hoffnungsbotschaft für die Menschheit.

Die älteren Kinder thematisieren schon Klimawandel und vermehrt auftretende Naturkatastrophen. Sie sind meist informiert über das „Jahrhunderthochwasser" oder den Tsunami 2004 und wissen, dass die Gründe dafür bei den Menschen liegen. So ist es für sie wichtig, dass sie den Text selbst erfassen und das Gelesene kreativ umsetzen. Für sie ist die Methode „Legematerial" geeignet. Es entsteht eine persönliche Betrachtungsweise und ein persönlicher Bezug zur Geschichte.

Gestaltungsvorschlag für ältere Kinder

Lied

Textarbeit, Aktion und Gespräch
Benötigt werden (möglichst) ein Tisch, Bibeln oder der Text als Kopie, ein großes blaues Tuch (1,5m mal 1,5m) grüne kleine Tücher, braune kleine Tücher, reichlich Legematerial (Holzbausteine, Stöckchen, Moosgummi, Steine, Muggelsteine, Perlen, Muscheln, Wolle, Pappe usw.) Wichtig sind Wollfäden in den Regenbogenfarben.

Die Kinder sitzen (am Tisch) im Kreis um das große blaue Tuch, das in der Mitte liegt. Die Kinder, die gemeinsam an einer der vier Ecken sitzen, bil-

den jeweils eine Gruppe für die „Bibelarbeit".

Aufgabenstellung:
– Lest den angegebenen Textabschnitt.
– Gestaltet mit Legematerial den Bereich des Tuches vor euch, dem Text entsprechend.
– Überlegt euch, wie ihr euer Legebild beschreiben könnt.
Die Texte:
Gen 6, 5–7 (vor der Flut) Bosheit der Menschen
Gen 7,6–8 (die Flut) Arche mit Tieren im Wasser
Gen 8, 13–22 (nach der Flut) Arche auf dem Land
Gen 9, 1–17 (nach der Flut) Regenbogen, Gott schließt einen Bund mit den Menschen

Wenn alle Legebilder fertig sind, geht die Beschreibung los. Somit erzählen letztlich die Kinder die Sintflutgeschichte selbst und können durch die unterschiedlichen Bilder die Veränderung Gottes im Verhältnis zu seiner Schöpfung wahrnehmen.

Ein gelenktes Gespräch kann hier unterstützend wirken. In diesem Gespräch sollte die dunkle Seite Gottes und die offenen Fragen der Geschichte thematisiert werden.

Zuletzt könnte die Geschichte noch einmal im Ganzen erzählt werden.
Lied

Gebet
Lieber Gott,
wir haben viele Fragen und wissen keine Antwort. Wir verstehen dich nicht. Wir begreifen nicht, warum nicht alle Menschen und Tiere gerettet werden konnten. Gab es keinen anderen Ausweg? Aber wir sind auch

froh, dass du Noah und die Tiere in der Arche gerettet hast. Dadurch haben wir heute eine Chance zu leben. Wir haben Angst um unsere Erde. Lass uns daran denken, dass wir mitmachen müssen bei der Rettung von Menschen und Schöpfung. Gib uns Menschen, die uns helfen und begleiten in unserem Tun. Du gibst uns Hoffnung. Amen

Gestaltungsvorschlag für jüngere Kinder

Lied: Gott hält die ganze Welt in seiner Hand

Erzählung der Sintflutgeschichte mit „Sprechzeichnen"

Material
Benötigt wird eine große Tafel oder ein großer Bogen Papier, ein einfarbiger dicker Edding, viele (mindestens eins für jedes Kind) bunte Bilder (Bäume, Blumen, Tiere, Menschen o.a.), die in die Geschichte durch die Kinder eingefügt werden – doppelseitiges Klebeband o. Ä. auf der Rückseite.

Die Methode des Sprechzeichnens bedeutet, dass die Geschichte erzählt wird und während des Erzählens wird gleichzeitig gezeichnet. Auf dem Bild erscheint kein Text! Die Kinder sind sehr gespannt und überlegen auch, was sie zu dem Gehörten selbst zeichnen könnten. Die Spannung wird erhöht, indem im Geschichtenbild einige Lücken gelassen werden. In diese Lücken dürfen die Kinder dann nach Aufforderung ihre Bilder kleben und erleben damit eine Vertiefung des Gehörten. Ein Gespräch ergibt sich automatisch, dieses etwas zu lenken ist auch hier sinnvoll.

Tipps zur Zeichnung
Vor dem Zeichnen Größe des Bildes einschätzen (zu Hause testen). Nicht zu klein zeichnen, sondern geräumig, mindestens handflächengroß. Für die von den Kindern aufzuklebenden Bilder werden durch gezeichnete Umrisse Lücken freigehalten. Diese Umrisslücken sollten deutlich in der Zeichenart abgesetzt werden: Sprechzeichnen einfarbig, verteilte Bilder bunt (handgemalt oder aus Illustrierten oder Büchern); bitte für eine Variante entscheiden (Neid!)

Muster für den Anfang der Geschichte
(Der Text erscheint beim Sprechzeichnen nicht!)

In diesem Haus in einem Dorf wohnt ein Mann. Noah heißt er. Er hat eine Frau und drei Söhne.

Auch Nachbarn hat er, aber mit ihnen hat er es manchmal schwer. Sie streiten oft und denken nur an sich.

Eines Nachts hat Noah einen Traum. Gott sagt zu ihm: „Noah, die Menschen sind nicht gut. Sie zerstören die Natur und quälen Tiere. Andere sind ihnen egal.

Deshalb will ich einen großen Regen kommen lassen." (in dieser Weise fortführen)

Erzählung

In diesem Haus in einem Dorf wohnt ein Mann. Noah heißt er. Er hat eine Frau und drei Söhne. Auch Nachbarn hat er, aber mit ihnen hat er es manchmal schwer. Sie streiten oft und denken nur an sich. Eines Nachts hatte Noah einen Traum. Gott sagte zu ihm: „Noah, die Menschen sind nicht gut. Sie zerstören die Natur und quälen Tiere. Andere sind ihnen egal. Deshalb will ich einen großen Regen kommen lassen. Es wird alles zerstört werden. Aber du, Noah, und deine Familie sollt gerettet werden. Bau eine Arche für deine Familie und die Tiere. Ich sage dir genau wie. Die anderen werden dich verspotten, aber bau ruhig weiter." Das tat Noah. Als die Arche fertig war, kamen die Tiere, jeweils ein Pärchen, und bestiegen die Arche. Als alle drin waren, die vielen Tierpärchen und Familie Noah, machte Gott die Tür der Arche zu. Die Arche war drei Stockwerke hoch und hatte oben eine Öffnung für das Licht.

Es dauerte gar nicht lange, da kamen die ersten Regenwolken und aus ihnen fielen dicke Tropfen. Regen, Blitz, Donner – das Wasser stieg, wurde immer mehr und mehr, bis nur noch Wasser da war. Die Arche wackelte und knarrte ganz schön und die Tiere gaben ängstliche Laute von sich.
(*Gesprächsimpuls:* Wie mag es da wohl Noah und seiner Familie gegangen sein? Was hat sich Gott bloß dabei gedacht?)
Nach und nach beruhigten sie sich. Nach 40 Tagen Dauerregen wurden es weniger Tropfen, bis es ganz still wurde. Wind und Regen hatten aufgehört. Es gab einen Ruck, die Arche war auf Land gestoßen. Noah öffnete die Dachluke und ließ einen Raben hinausfliegen. Danach ließ er eine Taube fliegen, die kam aber zurück, weil überall noch Wasser war und sie sich in der Arche sicher fühlte. Noah wartete noch ein paar Tage, dann ließ er die Taube wieder fliegen. Tatsächlich kam sie mit einem Ölzweig im Schnabel zurück. Jetzt wusste Noah, die Erde ist wieder trocken.
(*Gesprächsimpuls:* War es jetzt auf der Erde wieder so, dass man darauf leben konnte? Und wer war jetzt gerettet?)
Gott sagte Noah, dass nun die Tiere wieder die Arche verlassen könnten. Das war eine Freude und ein Getümmel! Noah dankte Gott und baute einen Altar. Jetzt gab Gott sein Versprechen, dass die Erde nun bleiben soll. Tag und Nacht, Sommer und Winter, Saat und Ernte sollen nicht aufhören. Als Zeichen dazu erschien am Himmel ein leuchtender bunter Regenbogen.

Lied: Regenbogenlied (Weil der Himmel nicht mehr weint)

Gebet

Lieber Gott,
ich denke an dich. Du hast auf die Menschen geschaut. Schau auch auf mich. Auch wir haben oft Streit und jeder will alles für sich. Danke, dass du trotzdem alles gut für uns gemacht hast. Amen

Lied

Gabriele Humbert

15./18. November 2009
Vorletzter Sonntag im Kirchenjahr / Buß- und Bettag

Gottes Antwort an Hiob – die Größe Gottes

Hiob 3 i. A.; 38,1–11; 42,1–3

Lieder: Du verwandelst meine Trauer, MKL1 9, MKL2 26, LJ 508, LH 64; Man sagt, dass du mir nahe bist, LfK B34, Sieben Leben 36; Du bist da, wo Menschen leben/leiden, KG 147, LfK1 C6, LJ 98, MKL 42 LZU 13; Ich lobe meinen Gott, der aus der Tiefe mich holt, KG 112, LfK1 A18, LZU 45, LJ 560, EG regional (weitere Lieder s. S. 286)

Liturgischer Text: Psalmgebet (nach Psalm 22 und 73, s. S. 286)

Zum Thema

Hiob – im Kindergottesdienst! Das ist eine mutige Entscheidung – noch dazu in dieser gebotenen Kürze, um nicht zu sagen: Beschränkung im wahrsten und vollkommensten Sinne des Wortes. Wir werden uns deshalb vor allem nur auf das Thema beschränken müssen. Aber da stehen wir schon vor dem nächsten Problem: Gottes Antwort an Hiob – setzt doch eine Frage oder ein Problem voraus. Also muss ich doch tiefer in die „Hiob-Problematik" eindringen, als ich eigentlich will. Und ich versuche die Fragen des Hiob zu formulieren: Gott, warum lebe ich überhaupt? Warum hast du mich geschaffen, wenn du mir dann doch nur das Leben schwer machst? (Hiob 3)

Noch fehlt die anklagende Frage: Womit habe ich das verdient? Die Antwort des Hiob ist vielmehr: Wenn du die Welt in ihrer Größe geschaffen hast, dann wirst du auch mit mir einen guten Weg gehen. Leider bin ich zu klein und unverständig (vielleicht auch zu dumm), um in allem einen Sinn für mein Leben zu erkennen und anzunehmen. Gott sagt zu Hiob: Dir fehlt der Überblick. Den habe ich. Vertraue deshalb mir. Ich meine es – trotz allem – gut mit dir. Ich werde dich nicht vor Leid bewahren, aber ich werde dir Kraft geben, das Leid zu tragen. Und du wirst gestärkt daraus hervorgehen.

Das Ärgerlichste für uns ist, dass Gott die Fragen Hiobs nicht beantwortet. Gott widerlegt keinen der Einwände, hat kein Argument auf Hiobs Vorwürfe. Und ich komme letztlich zu dem Schluss: Alles, was mit Gott zusammenhängt – überall, wo ich Gott in mein Leben einlasse – muss ich es geschehen lassen. Wenn ich zugebe und zulasse, dass ich Gott und sein Handeln nicht erklären oder begründen kann und darf, kann ich ihn auch wirklich erfahren. Aus der Erfahrung mit Gott sehe ich Dinge, die mich betreffen, mit anderen Augen. Am Ende, als Hiob Frieden mit Gott schließt, hat sich äußerlich zwar nichts geändert, aber es hat sich vieles verwandelt: Hiob hat Frieden mit Gott gefunden. Die großen Fragen bleiben, das Leid bleibt – aber damit kann er leben, weil er erkennt: Leiden heißt nicht: ohne Gott leben müssen. Leiden heißt: mit Gottes Hilfe stark sein.

Das Hiobbuch ist keine Biographie, kein Tatsachenbericht. An dieser Tatsache scheiden sich oftmals die Geister. Wer davon ausgeht, dass die Bibel wortwörtlich zu verstehen ist, hat es schwer. Diese Hiobsgeschichte ist eine Novelle – eine erdachte Geschichte. Wir lesen von einem frommen Mann, der von schweren Schicksalsschlägen getroffen und doch nicht niedergeschlagen wird. Hintergrund ist eine Abmachung zwischen Gott und dem Satan. Der Satan ist der Meinung, dass Hiob nur deshalb an Gott glaubt, weil er in seinem Leben bisher von Gott reichlich beschenkt und gesegnet wurde (Hiob 1,9). Um die Echtheit des Glaubens bei Hiob zu prüfen, solle Gott doch dem Hiob seine Gunst entziehen und ihm schwere Schicksalsschläge schicken. Gott stimmt dem zu und gibt Hiob in die Hand des Satans. Er soll ihn mit Unheil prüfen. Und der Satan ist nicht zimperlich. Er tobt sich an Hiob aus: Hiob verliert seinen Besitz, seine Dienerschaft und seine zehn Kinder, ihn befällt der Aussatz, seine Frau wendet sich mit schweren Anklagen gegen ihn und gegen seinen Glauben. Dieser Glauben bewahrt den Hiob immer wieder neu vor Verzweiflung und Resignation.

Wir dürfen nicht übersehen, dass Hiob – im Unterschied zu uns – nichts von der Abmachung des Satans mit Gott weiß. Der so sehr gläubige Hiob scheint auch nicht durchhalten zu können. Nach einem siebentägigen Schweigen bricht es aus ihm heraus und er verflucht den Tag seiner Geburt. In seiner Verzweiflung steigert er sich bis zur Anklage Gottes. Auch seinen drei Freunden gelingt es nicht, ihn zu trösten und aufzurichten. Erst als Hiob das Handeln Gottes auch im Leid anerkennt, kann er ja zu seinem Leben und Leiden sagen.

Das Thema und die Kinder

Die Schwierigkeit des Hiobbuches besteht für mich darin, dass es viel über das Leid aussagt, aber letztlich keine Antwort auf die entscheidende Frage gibt: Warum gibt es das Leid in der Welt?" Und wenn hier bei Hiob auch ganz klar gezeigt wird, dass nicht Gott das Leid schickt, sondern der Satan, entsteht doch die von uns sehr viel häufiger gestellte Frage: „Warum lässt Gott das Leid zu?" Auf diese Frage antwortet Gott mit einer lange Rede, ohne eine wirkliche Antwort zu geben. Das Ergebnis ist die Feststellung: Wir Menschen sind überheblich, wenn wir von Gott Rechenschaft einfordern. Es ist nun an uns, zu dieser Erkenntnis – auch den Kindern gegenüber – zu stehen. Wir können Gottes Handeln nicht verstehen und deshalb auch nicht erklären. Es gibt das Geheimnis: Gott und sein Handeln. Letztlich heißt das aber für unsere Kinder: Eine Antwort auf die Frage nach dem Leid in der Welt können wir ihnen, ihren Erwartungen entsprechend, nicht geben.

Aber wir können und müssen uns hüten, Gott mit einer „heilen Welt" gleichzusetzen. Das würde nämlich früher oder später zu dem Umkehrschluss führen: Weil die Welt nicht heil ist, ist Gott handlungsunfähig. Oder gar: Die heile Welt gibt es nicht, also gibt es Gott auch nicht. Demgegenüber singen wir auch in so vielen Liedern für Kinder von dem guten und gütigen Gott, so dass sich die Frage aufdrängt: Ist er überall, auch in meinem Leben, so zu finden? Ich kann dann meist nur die

Antwort geben, wie wir sie in einem bekannten Lied der Jugend singen: „Gott ist anders, als wir denken ..." Ja, Gott passt nicht in unser Schema. Bei Gott müssen wir immer mit Überraschungen rechnen, im für unser Empfinden positiven und auch negativen Erleben. Aber hinter dem allen steht nie die Vernichtung des Menschen oder die Abkehr Gottes von uns.

Gestaltungsvorschlag für Kinder und Erwachsene oder ältere Kinder

Weitere Liedvorschläge:
Das wünsch ich sehr, MKL1 5, LJ 488, LZU 10, LH 86; In der Mitte der Nacht, MKL 2 63, Meine Lieder 102 (Fritz Baltruweit); Aus Traum und Tränen, MKL2 9; Von guten Mächten, KG 40, EG regional (Melodie: S. Fietz); Gott ist anders, als wir denken, Die Fontäne 100, Songs junger Christen 2 193, Gott liebt diese Welt I 19

Lied: Man sagt, dass du mir nahe bist *oder* Du bist da, wo Menschen leiden

Psalmgebet
(Psalm 22 und 73 nachempfunden)
Gott – wo bist du?
Kann ich mich wirklich auf dich verlassen?
Hörst du mich, wenn ich nach dir rufe?
Siehst du mich, wenn ich auf falschem Weg bin?
Antwortest du mir, wenn ich nach dir frage?
Hilfst du mir weiter, wenn ich am Ende bin?
Wo ich bin, da bist auch du.
Ich will bei dir bleiben –
gib mir die Kraft dazu.

Gott – wo bist du?
Bist du bei mir, wenn es mir nicht gut geht?
Hörst du mich, wenn ich jammere und weine?
Siehst du mich, wenn ich mich aus Angst verkrieche?
Antwortest du mir, wenn ich klage?
Hilfst du mir weiter, wenn ich unzufrieden bin?
Wo ich bin ...
Gott – du bist da – daran will ich glauben.
Du bist da – auch wenn ich dich nicht höre.
Du bist da – auch wenn ich dich nicht sehe.
Du bist da – auch wenn du mir nicht antwortest.
Du bist da – das macht mich froh und dafür danke ich dir!
Wo ich bin ...
Gott – du bist da – auch wenn ich nicht mit dir rechne.
Du bist da – auch wenn andere dich verspotten.
Du bist da – auch wenn ich an dir zweifle.
Du bist da – auch wenn andere über mich lachen.
Du bist da – das macht mich froh und dafür danke ich dir!
Wo ich bin ...

Einstieg und Gespräch
Wir lesen aus einer aktuellen Tageszeitung in Kurzform Meldungen über Leid in der Welt vor.
Wir tun dies behutsam, denn wir wollen die Kinder nicht schocken. Andererseits können und wollen wir den Kindern solche Meldungen nicht vorenthalten. Leid gehört schließlich auch zur Welt der Kinder. Im Gespräch darüber überlegen wir, ob bzw. wie die Ursachen die-

ser Leidesmeldungen hätten verhindert werden können.

Erzählung

Ich möchte euch von einem erzählen, der ein sehr schweres Leben hatte. Er war ein sehr frommer Mann. Er vertraute auf Gott. Gott sorgt für mich und meine Familie – das glaubte er. Und er hatte auch viel in seinem Leben erreicht. Er hatte eine große Familie. Er war reich. Er war gesund. Hiob hieß dieser Mann in der Bibel.

Aber dann geschah etwas Furchtbares: Sein ganzer Besitz wurde vernichtet. Nun war er nicht mehr reich. Wenig später verunglückten seine zehn Kinder tödlich. Da fühlte er sich nicht mehr von Gott gesegnet. Zuletzt wurde auch er selbst noch unheilbar krank. Da brach für ihn die Welt zusammen. So viel Unglück auf einmal! Das konnte er nicht ertragen. Und er begann zu klagen. Aus und vorbei war es mit der schönen Zeit seines Lebens. Nur gut, dass er drei Freunde hatte, die ihn trösteten. Die drei Freunde hörten sich die Klagen des Hiob an. Das half ihm schon ein bisschen. Es ist gut, wenn man jemanden hat, der einem zuhört. Lange waren sie beieinander, aber die meiste Zeit schwiegen sie. Was sollten sie auch sagen? Gab es irgendetwas, das den Hiob hätte trösten können? Schließlich versuchten sie mit Hiob zu reden, aber sie fanden nicht die richtigen Worte.

Und dann begann Hiob zu klagen. Er betete zu Gott. Er klagte: Warum muss das alles mir passieren? Was habe ich Böses getan, dass du mich so strafst? Ich habe mich doch immer auf dich verlassen können. Und Gott hörte ihn. Es dauerte lange, bis Hiob erleben konnte, dass Gott zu ihm spricht. Aber je stiller er wurde, desto deutlicher spürte er: Gott ist ja immer noch bei mir. Ich kann das viele Leid ja nur tragen, weil er mir die Kraft dazu gibt.

Am Ende findet Hiob hinaus aus dem Leid. Mit seiner Frau bekommt er noch viele Kinder, er wird wieder reich und auch gesund. (bis hier für die jüngeren Kinder)

Vertiefende Gedanken

Nun gibt es heute auch viele Menschen auf der Welt, die nicht Hiob heißen, denen es aber ähnlich geht. Manchmal gehören wir vielleicht auch zu ihnen. Menschen, die so Schweres und Trauriges erleben, dass sie fragen: Warum, Gott, lässt du das zu? Warum tust du nichts gegen die vielen Krankheiten, gegen die Kriege, gegen die Naturkatastrophen? Und niemand gibt ihnen eine Antwort, weil ihnen auf diese Frage niemand eine Antwort geben kann.

Am Ende vertraut Hiob auf Gott, ohne danach zu fragen: Womit habe ich das verdient? Ihm ist die Größe Gottes deutlich geworden. Nun kann er dankbar anerkennen: Gott hat den Überblick über mein Leben, deshalb kann ich mich auf ihn verlassen – so wie meine Eltern in meiner Kindheit den Überblick über mein Leben hatten und ich ihnen vertrauen konnte.

Sein Glaube hat sich geändert. Bisher hatte er geglaubt, dass Leid eine Strafe Gottes ist. Er meinte: Ich muss viel Gutes tun, dann wird mich Gott segnen. Von nun an tut er Gutes, ohne zu fragen: Was habe ich davon?

Am Ende geht es Hiob wieder gut. Er wird wieder gesund. Sein Besitz vermehrt sich – er wird wieder reich. Seiner Frau und ihm werden noch zehn Kinder geschenkt. Freunde sind wieder an seiner Seite.

Gespräch
In einem zweiten Schritt schildern wir einander, was uns zurzeit „das Leben schwer macht".
Danach überlegen wir gemeinsam, was geschehen müsste, damit es uns wieder besser geht. Zuletzt denken wir darüber nach, wen es in unserer Gemeinde/Umgebung gibt, dem es nicht gut geht, dem wir aber eine Freude machen könnten, damit er sich besser fühlt.
Wir denken dabei besonders an Trauernde in der Gemeinde.
Wir basteln eine Kleinigkeit (z.B.: eine Spruchkarte) zum Mitbringen und machen einen Besuch.

Mögliche Veranschaulichung mit älteren Kindern
Die Zeitungsartikel vom Beginn werden rund auf ein Tuch gelegt. Zur Mitte werden mehrere Fragezeichen gelegt und der Name: Hiob. Ein dunkler Papierkreis in der Mitte hat die Aufschrift: Gott. Antwortsätze werden gemeinsam entwickelt und dazugelegt: Gott ist größer, als der Mensch verstehen kann. Gott lässt uns nicht fallen. Gott gibt uns die Kraft, das Leid zu tragen.

Mögliche Bildbetrachtung
(s. Abbildung S. 270): Hiobs Klage; dazu findet sich eine „Sehhilfe"/Erklärung von Rita Burrichter in: Rainer Oberthür, Die Bibel für Kinder und alle im Haus, Kösel-Verlag München 2004, S. 299.
Hiob steht aufgebracht vor Gott und klagt ihn an. Die Hand Gottes zeigt die Zuwendung Gottes zu Hiob und zu allen Menschen in ihrem Leid.

Gestaltungsvorschlag für jüngere Kinder

Einstieg
Was hilft uns, wenn wir ganz traurig sind? (gute Worte, Streicheln, Trösten, Freunde, Weinen, Grab schmücken, sich Erinnern an schöne Zeiten)

Es folgt die Erzählung (S. 287) bis „er wird wieder reich und auch gesund."

Gespräch
Wer hat dem Hiob geholfen? Wie hat Hiob es geschafft, sein Leid zu tragen?

Kreative Vertiefung
Ein Trostbild malen oder Trostbilder anschauen.

Horst Ramsch

Gott ist größer, als der Mensch verstehen kann

22. November 2009
Letzter Sonntag im Kirchenjahr/ Ewigkeitssonntag

Die Antwort der Psalmen – klagen, aber nicht verzweifeln
Psalm 13

Lieder: Gott sagt uns immer wieder, KG 216, LJ 542; Sei behütet, Liederbuch C. Bittlinger 76; Komm herein, komm herein, Liederbuch C. Bittlinger 31; Ich sing dir mein Lied, (in Kirchentagsliederheften), Lieder 46; Ich singe dir mit Herz und Mund, EG 324; Ja ich will singen von der Gnade des Herrn, EG regional, Lieder 48; Dank für die Sonne, Dank für den Wind, KG 171

Liturgischer Text: Psalm 13

Hinweise zu den Liederbüchern: Clemens Bittlinger, Mensch sing mit, Liederbuch, ISBN 3-88654-330-7; gleichnamige CD dazu: Sanna Sound, Musikversand, Jochertweg 38, 64401 Groß-Bieberau-Rodau; Lieder. Hg. vom Gemeindedienst der Nordelbischen Ev.-Luth. Kirche

Zum Text

Psalmen sind Lieder vom Leben – vom Leben mit seinen Höhen und Tiefen, seiner Schönheit und seinen Gefährdungen. Sie sind Lieder vom Leben in Gottes Gegenwart. Wie oft denken wir, Gott ist gar nicht mehr da – für mich –, er ist weit weg, er tut nichts. In den Psalmen aber wird eine andere Sprache gesprochen. Sie suchen nach Gott. Alle Erlebnisse, Gefühle, Fragen, Hoffnungen, Ängste, Enttäuschungen, Leid, Ärger, Wut, Trauer, Hilflosigkeit, Freude, Dank, Mut, Sehnsüchte und Wünsche haben hier Platz. Erfahrungen werden oft ganz dicht. Sie werden zu Worten, die all das ganz persönlich ausdrücken und an Gott rütteln und am eigenen Leben. Die Menschen in den Psalmen klagen, loben, suchen Gott inmitten ihres Lebens. Sie lassen ihn ab und zu aus den Augen, aber nie wirklich aus dem Herzen. Vom überschwänglichen Lob bis zur tiefsten Klage reichen diese Erfahrungen, diese Worte. Manchmal kommt alles zusammen in ein und demselben Psalm vor – wie im „richtigen" Leben.

Psalm 13 ist einer dieser Psalmen, in dem wir eine „gewendete Klage" erleben. Der Mensch, der ihn geschrieben hat, ist in große Not, sogar in Todesnot gekommen. Andere Menschen, seine Feinde scheinen Anteil daran zu haben. Er aber sucht Gott in all seinen Erfahrungen und Gefühlen. Er leidet unter der „Abwesenheit" Gottes, daran, dass er ihn nicht sieht, spürt, erlebt. Wie wunderbar aber ist dann das Ende dieses Liedes, seine Erkenntnis: „Mein Herz freut sich, dass du so gerne hilfst. Ich will dem Herrn singen, dass er so wohl an mir tut." (Ps 13,6b)

„Wie ein roter Faden in allem, unter allem, erkannt, verkannt, ist Gott der Weg, auf dem ich mich befinde. Ich komme nach Hause." (Ulrich Schaffer in „Wege", Verlag Ernst Kaufmann, Lahr 2001)

Der Text und die Kinder

Kinder kennen dichte Erfahrungen, Zuspitzungen von Situationen. Sie kennen Streit und Feindschaft, Enttäuschung, Not, In-die-Enge-Getrieben-Werden. Die oben genannten Gefühle wie Ärger und Wut, aber auch Resignation und Verzweiflung, das Angewiesensein auf jemand anderen, dem man vertraut (hat), die Hoffnung, dass er/sie helfen könnte, sich machtvoll einsetzen und die Situation wenden könnte, sind ihnen vertraut. Sie kennen auch die Erfahrung, dass andere (vor allem Erwachsene) am „längeren Hebel sitzen". Nicht immer können sie begreifen, dass der Druck, der auf sie ausgeübt wird, „zu ihrem Besten" dienen soll – und oftmals ist er das ja auch überhaupt nicht!

Wie wir alle erleben Kinder aber auch, dass jeder Konflikt, jede Krise auch eine Chance in sich bergen kann. Kommt es zu einer Klärung, Lösung, verändert sich nicht nur die Welt ein Stückchen zum Guten hin, sondern ich weiß ein bisschen mehr über mich selbst, aber auch über den/die andere/n, mit denen es schwierig ist oder war. Wenn die Kinder schon einiges über Gott gehört haben, dann wissen sie auch, dass Gott wirklich gern hilft und dass das eine Herzensangelegenheit ist. Gott meint es gut mit uns. Das ist ein Grund, sich wirklich darüber zu freuen, aufzuatmen, zu singen, zu loben und zu preisen. Gott lässt uns in der Not nicht allein oder fallen, auch wenn es vielleicht streckenweise so aussieht! Selbst der Tod ist bei Gott nicht das Letzte: Er ist der Gott des Lebens und nimmt uns dort mit hinein.

Gestaltungsvorschlag für jüngere und ältere Kinder

Begrüßung und Einführung
Wie gut ist es, wenn wir jemanden haben, der auf unserer Seite ist, der uns hilft, der uns nicht hängen lässt, dem es etwas ausmacht, wenn uns schlecht geht, der Mitleid mit uns hat. Wie gut ist es, wenn wir jemanden haben, der sieht, wenn wir traurig sind, der uns beschützt und der uns wieder Mut macht. Gott meint es gut mit jeder, mit jedem. Selbst wenn es uns ganz schlecht geht, wenn wir Angst haben, sogar Angst haben zu sterben, will er für uns da sein, uns beschützen und mit uns gehen. Wer ihn mit seinem Herzen sucht, wird ihn finden.

Lied: Gott sagt uns immer wieder

Psalm 13 (wenn möglich im Wechsel)
Herr, wie lange willst du mich so ganz vergessen?
Wie lange hältst du dein Gesicht verborgen vor mir?
Wie lange soll ich den Druck in meiner Seele und die Verzweiflung in meinem Herzen spüren, Tag für Tag?
Wie lange stehen die, die meine Feinde sind, über mir?
Sieh her! Hör mir zu, Herr, mein Gott!
Erleuchte meine Augen, damit ich nicht im Tod entschlafe,
damit meine Feinde nicht sagen: Die haben wir überwältigt. Den haben wir erledigt.
Damit die, die mich bedrängen, sich nicht freuen, wenn ich den Boden unter den Füßen verliere.
Ich vertraue darauf, dass du es gut mit mir meinst.

22. November 2009

Mein Herz freut sich, dass du so gerne hilfst.
Ich will dem Herrn singen, dass er so viel Gutes an mir tut.
(in Anlehnung an die Übersetzung der Bibel in gerechter Sprache)

Lied: Ich sing dir mein Lied

Gebet
Lieber Gott, zu dir können wir kommen, so wie wir sind. Mit unserem Frieden und unserem Streit, mit unseren Ängsten und unserer Hoffnung, mit unserer Wut über andere und über uns selbst, mit unserem Wunsch nach einer besseren Welt, mit unserer Enttäuschung, unserem Fragen und Suchen. Dir singen wir unser Lied, alle Strophen unseres Lebens und dir verdanken wir auch das Ende vom Lied: dass du es gut machst mit uns.

Sei und bleibe bei uns, am Anfang und am Ende dieses Tages, dieses Lebens, dieser Welt. Bei dir sind wir zu Hause, wo wir auch sind, was wir auch tun, wie wir auch fühlen, weil du uns lieb hast und uns nahe bist. Sei jetzt und allezeit bei uns und lass uns deine Hilfe spüren. Amen

Lied: Komm herein, komm herein (singen oder hören)

Erzählung
Josua sitzt in seiner Hütte. Er hat sein Fischerboot heute nicht in See stechen lassen, denn allein schafft er das nicht. Er macht sich große Sorgen. Wie soll es nur weitergehen? Die ganze Nacht hat er nicht geschlafen, das Frühstück hat er gar nicht erst gemacht, er hat sowieso keinen Hunger.

Er merkt, wie ihm die Tränen über das Gesicht rollen. Warum nur hat er den Streit mit seinem besten Freund David nicht beendet? Er hatte es sich doch so ernsthaft vorgenommen. Das war so nötig wie sonst nichts. Aber es war eben auch eine ganz, ganz blöde Sache, in die sie da beide geraten waren. Josua war sogar zu David gegangen, um endlich wieder Frieden zu schließen. Er hatte gesagt: „Entschuldige bitte, ich habe mich blöd benommen. Aber du hast auch viel falsch gemacht. Warum hast du mich denn an die anderen verraten? Sie hatten doch nur dich erwischt beim Netze klauen, und sie wussten ja gar nicht, dass ich auch dabei gewesen bin. Du aber hast ihnen verraten, dass ich auch dabei war und dann kamen sie auch zu mir und haben mich beschimpft und waren ganz böse. Dann haben sie mir auch noch alles wieder weggenommen und jetzt soll ich auch noch ein halbes Jahr lang für die anderen mitarbeiten. Das ist so gemein!"

David hatte zwar zugehört, aber als die Stelle mit dem Verrat kam und mit dem Klagen über die anderen, da war er wütend geworden. Er hatte ihn voller Ärger angeschaut und gesagt: „Na, du warst nun mal auch dabei! Warum sollte ich alles allein aushalten? Ich habe auch genug, das kannst du mir glauben. Dass wir geklaut haben, ist ja auch nicht in Ordnung. Das war alles deine blöde Idee." „Du bist so gemein!, hatte Josua gesagt, und: „Du bist jetzt erst recht nicht mehr mein Freund." Und dann war er losgerannt. Bloß weg. Und alles war wieder von vorn losgegangen. Und nun noch schlimmer als zuvor. Was sollte er jetzt nur tun? Es ging ihm gar nicht gut

damit. Er brauchte David doch. Immer hatten sie ihre Arbeit zusammen gemacht. Nun saß er mit allem allein da.
Und auch die anderen im Dorf. Die dachten doch jetzt, dass sie beide nur Klauen im Sinn hätten. Josua fühlte sich hundeelend. Wie lange sollte es nur so weitergehen? Es hatte ja gar keinen Sinn mehr, hierzubleiben. Er saß da und dachte nach. Und er fing wieder an, in Gedanken zu klagen und plötzlich merkte er, dass er laut zu sich selbst sprach. Er erzählte die ganze Geschichte, mit all den Hoffnungen am Anfang, dann mit dem Schrecken, als David entdeckt wurde, er aber nicht, dann den ganzen Ärger und jetzt den Streit, die Wut und die Not, weil sein Leben so nicht weitergehen konnte. Als er das alles gedacht und laut ausgesprochen hatte, fiel ihm ein altes Lied ein, das immer im Gottesdienst im Tempel gesungen wurde. Es hatte eine schöne Melodie:

„Herr, wie lange willst du mich so ganz vergessen?
Wie lange hältst du dein Gesicht verborgen vor mir?
Wie lange soll ich den Druck in meiner Seele und die Verzweiflung in meinem Herzen spüren, Tag für Tag?
Wie lange stehen die, die meine Feinde sind, über mir?" (usw., s. o.)

Besonders die Stelle „Erleuchte meine Augen, damit ich nicht im Tod entschlafe", brachte ihn zum Weinen. Ja, so verzweifelt war er inzwischen. So aussichtslos war das alles.

Als er ans Ende des Liedes kam, merkte er, wie sehr ihn die Worte berührten.

„Ich vertraue darauf, dass du es gut mit mir meinst.

Mein Herz freut sich, dass du so gerne hilfst.
Ich will dem Herrn singen, dass er so viel Gutes an mir tut."

Äußerlich hatte Gott noch gar nichts getan, aber innerlich war Josua wieder auf dem Weg. Er saß nicht mehr wie in einem tiefen Sumpfloch und schimpfte auf David. Nein, ganz langsam entdeckte er eine Chance, eine Möglichkeit, noch einmal neu anzufangen. David hatte ihn verraten, das ja, aber David war sein Freund von Kindesbeinen an. Sie hatten viel miteinander durchgestanden, viel Mist gebaut, aber sie hatten immer zusammengehalten. Morgen würde er noch einmal hingehen. Und dann würde er noch einmal sagen: „Entschuldige." Und: „Ich habe viel falsch gemacht, auch mit dir. Ich will jetzt dazu stehen, dass ich mitgemacht habe und mit dir zusammen die Schuld abtragen. Lass uns das gemeinsam machen. Ohne dich schaffe ich es nicht und lass uns endlich wieder zusammen fischen gehen."

Lieder singen

Wir singen, weil Gott uns viel Gutes tut und uns z.B. gute Gedanken zur Versöhnung gibt, auch wenn alles schon ganz schlimm aussieht. Mit den Liedern können wir Gott danken, aber in den Liedern kommen wir auch selbst vor:
– Dank für die Sonne
– Ich sing dir mein Lied
– Ich singe dir mit Herz und Mund
– Ja, ich will singen.

Singen würde ich vor allem auch mit den jüngeren Kindern. Es macht auch mal Spaß, viel miteinander zu singen und die Lieder auch mal ein bisschen genauer anzusehen und zu erklären.

Vertiefung

Farben und Gefühle
Über Gefühle lässt sich am besten mit Farben sprechen. Mit Wasserfarben werden aufs Papier dunkle Farben für niederdrückende, ärgerliche, wütende, verzweifelte Gefühle gemalt; für die neue Hoffnung, das warme, aufblühende, lebendige Gefühl werden helle Farben gewählt. Wer mag, kann in die dunklen Farben „dunkle" Wörter schreiben wie: Verzweiflung, Druck, Feinde, erledigt, Tod, den Boden unter den Füßen verlieren. Bei den hellen Farben kann geschrieben werden: singen, vertrauen, Herz, Gutes, sich freuen ... Jede/r wird ein anderes Blatt malen und jede/r darf es den anderen erklären.

Gestalten mit Knete
Knete wird verteilt: Jede/r formt ein Symbol, und verdeutlicht damit, was ihr/ ihm wichtig ist an der Erzählung. (z.B. ein ganzes Herz, ein zerrissenes Herz, Freunde, ein Boot, ein Netz, eine Note für das Lied, zwei Hände, die beten, eine Träne. Vielleicht fällt euch auch ein Symbol für Streit ein?) Wer mag, stellt sein Symbol den anderen vor.

Dorothea Pape

Monatlicher Kindergottesdienst im November
Die Sintflut – die dunkle Seite Gottes, 1. Mose 6–9 i. A.

Der November kann einen anderen Zugang zu dieser bekannten Geschichte eröffnen. Was ist mit denen, die keinen Platz in der Arche bekommen haben? Ist Gott unbarmherzig? Die Geschichte weckt Fragen, deren Antworten offen bleiben. Diese Fragen müssen ihren Raum im Gottesdienst haben. Und doch erzählt die Geschichte auch von Bewahrung, Neuanfang und vom Regenbogen – Hoffnungszeichen Gottes.

Der Gestaltungsvorschlag für den 8.11.2009 (S. 279) bietet Vorschläge für die **Textarbeit** und die Gestaltung der **Erzählung mit Legematerial** (für ältere Kinder) sowie eine **Erzählung mit Sprechzeichen** (für die jüngeren). Im **Gespräch** wird auch die eigene Verantwortung des Menschen in unserer Welt betont. Das **Psalmgebet** (S. 286) kann im Wechsel gebetet werden. Ein gestaltetes **Klageritual** findet sich im Textplan 2007 – 2009 des Gesamtverbandes für Kindergottesdienst, S. 287. Die **Gestaltung eines großen Regenbogens** mit Wollfäden, Bändern oder Tüchern und ein **Regenbogenlied** (z.B. „Weil der Himmel nicht mehr weint", R. Krenzer/D. Jöcker, LZU 76; MC „Solange die Erde lebt") verdeutlichen den Hoffnungsgedanken.

Etwas Großartiges wird vorbereitet – Weihnachten nach Lukas

Kees de Kort, Maria und der Engel, aus: Bibelbilderbuch Band 3, Deutsche Bibelgesellschaft Stuttgart
Rechte: Nederlands Bijbelgenootschap, Haarlem, Niederlande

Lieder: Seht, die gute Zeit ist nah, EG 18, LJ 28, KG 27 (Advent); Ein heller Stern, LH 62, MKL2 27, Sei gegrüßt, lieber Nikolaus 34 (Weihnachten)

Liturgischer Text: Lukas 1,46–55 (Lobgesang der Maria)

XV

Etwas Großartiges wird vorbereitet – Weihnachten nach Lukas

Sonntag	Text/Thema	Art des Gottesdienstes Methoden und Mittel
29.11.2009 1. Advent	Lukas 1,5–25 Die Geburt Johannes des Täufers wird angekündigt	Gottesdienst mit Kindern (und Erwachsenen); Erzählung, Pantomimisches Spielen/ Rätsel, Stilleübung, Weihrauchgebet
6.12.2009 2. Advent	Lukas 1,26–38 Die Geburt Jesu wird angekündigt	Gottesdienst mit Kindern; Bildbetrachtung, Erzählung, Gespräch, Engelfigur „prickeln" und gestalten, Prickelnadeln, Unterlagen, Transparentpapier, Brief an Josef schreiben
13.12.2009 3. Advent	Lukas 1,39–45 Ein Kind bringt Freude: Maria und Elisabeth	Gottesdienst mit Kindern (und Erwachsenen); Gespräch, Erzählung, Bildbetrachtung
20.12.2009 4. Advent	Lukas 1,57–80 Johannes der Täufer wird geboren	Gottesdienst mit Kindern (und Erwachsenen); Lichtfeier, Liedtanz, Erzählung mit Erzählfiguren oder als Anspiel; evtl. Herstellen oder Ankleiden von Erzählfiguren
24./25.12.2009 Heiliger Abend/ Christfest	Lukas 2,1–20 Jesus wird geboren	Gottesdienst mit Kindern (und Erwachsenen); Stegreifgeschichte, Singspiel oder Erzählung mit Kerzen, Tücher, Kartons, verschiedene Kerzen
26./27.12.2009 Christfest/ 1. Sonntag nach dem Christfest	Lukas 2,22–38 Simeon und Hanna	Gottesdienst mit Kindern; Gespräch, Tücher, Kalender, Erzählung mit Folienbildern oder Zeichnungen, Overheadprojektor, Liedtanz

Monatlicher Kindergottesdienst im Dezember
Vor Freude guter Hoffnung sein, Lukas 1,39–45, Maria und Elisabeth   S. 329

29. November 2009
1. Advent

Lukas 1,5–25

Die Geburt Johannes des Täufers wird angekündigt

Lieder: Wir sagen euch an den lieben Advent, EG 17; Seht, die gute Zeit ist nah, EG 18; Macht hoch die Tür, EG 1; Die Nacht ist vorgedrungen, EG 16; Wir warten dein, o Gottes Sohn, EG 152; Fürchte dich nicht, gefangen in deiner Angst, LJ 522, EG regional, LZU 25; Schweige und höre, KG 202, Gottesklang 69, Thuma Mina 23

Liturgischer Text: Psalm 24 oder Psalm 130 (EG)

Zum Thema und zum Text

Entsprechend der Thematik „Etwas Großartiges wird vorbereitet" der gesamten Einheit „Advent und Weihnachten" sollte der Akzent auf dem Zusammenhang von Verheißung, Erwartung und Erfüllung liegen und weniger die Gestalt Johannes des Täufers in den Blick nehmen.
V. 5: Die Priester des Tempels in Jerusalem waren in bestimmte Dienstgruppen eingeteilt (vgl. 1. Chronik 24,19), die zu bestimmten Zeiten des Jahres das Priesteramt versahen. Sie wohnten zumeist außerhalb von Jerusalem. Zacharias gehörte zur 8. Dienstgruppe, der des Abija.
V. 9 u.10: Die verschiedenen Tempeldienste wurden ausgelost. Das Rauchopfer veranschaulicht und steht für das Gebet der Gemeinde. Während im Tempel Zacharias räuchert, betet draußen das Volk.
V. 11 u. 12: Der Engel ist Bote und Gegenwart Gottes zugleich. Nicht nur das Außerordentliche des Geschehens, sondern auch die Gegenwart des heiligen Gottes lässt erschrecken.
V. 13: Die Ankündigung der Geburt ei-

nes Kindes wird als Gebetserhörung ausgesagt und steht somit in unmittelbarer Beziehung zum Räuchern des Zacharias und zum Gebet des Volkes. Früher hatten Zacharias und Elisabeth wohl um ein Kind gebetet, das aber inzwischen aufgegeben. Die wichtige Aussage wäre dann: Gott erhört Gebete zu seiner Zeit. Der Name „Johannes" ist Programm, bedeutet er doch: „Gott ist barmherzig".
V. 15: Die Geburt des Johannes, aber auch sein von Gott gegebener Auftrag stellt ihn in die Reihe der alttestamentlichen geistbegabten Richter und Gottesmänner (Simson, Samuel).
V. 18: Der Priester Zacharias vermag die Ankündigung des Engels nicht zu glauben. Um seine Zweifel zu überwinden, bittet er um ein Zeichen. Diese Bitte ist nicht ungewöhnlich, entspricht sie doch alttestamentlichem Gebet (vgl. Psalm 86,17: „Tu ein Zeichen an mir, dass du's gut mit mir meinst.")
V. 19 u. 20: Eine gewisse Zurechtweisung ist unverkennbar. Der Erzengel Gabriel betont seine Vollmacht und verweist auf Gott selbst, dessen Worte verlässlich sind. Dennoch erhält Zacharias ein Zeichen, das Gericht und Gnade zu-

gleich ist: Er verstummt. Dieses Zeichen ist Gericht, weil ihm das Sprechen nicht mehr möglich und die Ausübung des Priesteramtes erschwert ist; es ist Gnade, weil ihm ein vergewisserndes Zeichen und zugleich eine Zeit der Stille, des Wartens und des Reifens gewährt werden.

V. 22 – 25: Beide Ankündigungen, die Schwangerschaft der Elisabeth und das Stummwerden des Zacharias gehen sogleich in Erfüllung. Gott steht zu seinem Wort (vgl. Psalm 33,4). Auch Elisabeth zieht sich zurück, sucht verborgene Stille.

Der Text, das Thema und die Kinder

Ein Kind wird in dem vorgeschlagenen Text ausdrücklich erwähnt. Es wird schmerzlich vermisst und lange vergeblich erwartet, schließlich zugesagt und dann doch noch freudig erwartet. Dass Erwachsene sich Kinder wünschen, ist für Kinder eine schöne und ermutigende Wahrnehmung.

Ebenfalls ansprechend für Kinder ist die Breite und Vielfalt der emotionalen Erfahrung: Hoffen und Bangen, Enttäuschung und Schmerz, Erschrecken und Ratlosigkeit, Verstummen, aufkeimende Hoffnung, freudige Erwartung, Trost und Zuversicht.

Die Sinnenhaftigkeit der Erzählung kommt Kindern entgegen: Sie können Zacharias am Altar „sehen", die Weihrauchkörner „fühlen", den Weihrauch „riechen", den Engel „hören" und in der Antwort des Zacharias vielleicht eine gewisse Bitterkeit „schmecken" (V. 18). Es liegt nahe, diese Sinnenhaftigkeit aufzugreifen.

Wichtig und durchaus zugänglich für Kinder ist die Nähe und Wahrnehmung des Geheimnisvollen: Der Engel, der von Gott kommt und Gott vergegenwärtigt, die merkwürdig späte Geburt, die eine ebenso merkwürdig späte Gebetserhörung ist. Wichtig ist das achtsame Umgehen mit dem Geheimnis: „Wenn das Geheimnis zu eindrucksvoll ist, wagt man nicht zu widerstehn." (A. de Saint-Exupéry, Der kleine Prinz) Die vorliegende Erzählung bezeugt Gott als nah, engagiert und verlässlich.

Gestaltungsvorschlag für Kinder und Erwachsene

Klage
(In das Kyrie-/Eingangsgebet könnte eingefügt werden:)
Guter Gott, wir denken an alle, die ganz müde geworden sind, die keine Hoffnung mehr haben und nicht mehr erwarten, dass es heller werden könnte in ihrem Leben.
Wir klagen dir das Leid der Kinder, die keine Beachtung finden, die vernachlässigt werden, die nicht haben, was sie brauchen, um gesund und geborgen aufzuwachsen.

Erzählung
Nicht weit von Jerusalem in einer kleinen Stadt im judäischen Gebirgsland lebt ein nicht mehr junges Ehepaar, Zacharias und Elisabeth. Zacharias ist Priester im Tempel von Jerusalem. Aber dort muss er nicht immer sein. Nur für eine bestimmte Zeit im Jahr ist er in Jerusalem und verrichtet im Tempel seinen Priesterdienst, gemeinsam mit anderen Priestern, mit denen er zur gleichen Priestergruppe gehört. Zacharias und Elisabeth sind fromm. Sie glauben an

den Gott Israels, wissen, was Gott für sein Volk getan hat. Sie kennen die Worte der heiligen Schriften, sie beten und beachten Gottes Gebote. Eigentlich hätten sie glücklich sein können. Doch richtig glücklich sind sie nicht. Denn sie haben kein Kind. Lange hatten sie sich Kinder gewünscht. Auch zu Gott gebetet, er möge ihnen doch ein Kind schenken. Aber sie hatten kein Kind bekommen und nun sind sie alt. Sie sprechen nicht mehr viel davon, doch die leise Traurigkeit ist da.

Jetzt ist die Zeit gekommen, in der Zacharias im Tempel sein muss. Er verabschiedet sich von Elisabeth, geht nach Jerusalem, kommt dort abends rechtzeitig an. Am nächsten Morgen beginnt sein Priesteramt. Früh kommen die Priester zusammen, um die verschiedenen Aufgaben zu verteilen. Eine Aufgabe ist, morgens und abends das Räucheropfer darzubringen. Die einzelnen Aufgaben werden verlost. Auf Zacharias fällt der Dienst, zu räuchern. Zeitig geht er zum Räucheraltar. Das ist ein kleiner, nicht allzu hoher, kostbar mit Gold überzogener Tisch, dessen Ecken wie Hörner ausgebildet sind. Zacharias holt die Räucherschale. Sie ist aus hartem Stein gearbeitet. Er reinigt sie und stellt sie auf den Altar. Mit einem kostbaren Löffel füllt er Räucherwerk in die Schale. Das ist vor allem Weihrauch, also weiße Baumharzstückchen, aber auch Balsam und andere Zutaten. Als er alles vorbereitet hat, geht er aus dem Tempel zum Tempelvorhof und sieht, dass dort viele Leute versammelt sind. Er begrüßt sie und sagt, dass er nun mit dem Räuchern anfangen werde. Die Leute beginnen zu beten. Zacharias entzündet das Räucherwerk. Der Rauch steigt auf, wie die Gebete der Menschen aufsteigen zu Gott. Die Leute sehen den Rauch aus dem Tempel aufsteigen und riechen bald auch seinen etwas betörenden Duft. Sie beten weiter. Im Tempel aber geschieht etwas wunderbar Geheimnisvolles. Plötzlich erscheint ein Engel Gottes und steht an der rechten Seite des Räucheraltars. Zacharias sieht den Engel, er erschrickt und fürchtet sich sehr. Doch der Engel spricht freundlich zu Zacharias: „Du brauchst dich nicht zu fürchten, Zacharias. Ich bin hier, weil ich dir etwas sehr Schönes sagen will. Ihr habt lange um ein Kind gebetet, du und deine Frau Elisabeth. Jetzt wird das Gebet erhört. Elisabeth wird einen Sohn zur Welt bringen und du sollst ihm den Namen Johannes geben. Ihr werdet euch sehr freuen und viele werden eure Freude teilen. Johannes wird ein besonderes Kind sein. Gottes heiliger Geist wird von Anfang an in seinem Herzen wohnen. Später wird er viele im Volk Israel, die Gott vergessen haben, an Gott erinnern und sie zu ihm zurückbringen. Und er wird die Kraft haben, den Vätern zu Herzen zu reden, dass sie ganz neu auf ihre Kinder achten, dass sie Zeit für sie haben, ihnen zuhören und ihnen von dem erzählen, was Gott für sein Volk Israel getan hat. Ja, er wird das Volk Israel vorbereiten auf das Kommen Gottes zu seinem Volk."

Zacharias hat das alles gehört. Aber er kann es nicht fassen, kann es nicht verstehen. Das ist ein bisschen zu viel auf einmal. Aber er hat verstanden, dass Elisabeth und er ein Kind haben werden, obwohl sie doch schon alt sind. Soll er das wirklich glauben? Er schüttelt den Kopf und sagt schließlich zu dem Engel: „Woran soll ich erkennen, dass das wahr wird? Dass wir wirklich ein Kind bekommen werden? Meine Frau und ich, wir sind doch beide schon alt." Der Engel antwortet: „Ich bin Gabriel, ich diene Gott. Und er hat mich gesandt, dir zu sagen, dass ihr ein Kind haben werdet." Zacharias erschrickt. Und es wird ihm klar: „Gott redet doch selbst durch den Engel zu mir. Und ich glaube ihm nicht." Doch der Engel spricht weiter: „Du sollst ein Zeichen dafür bekommen, dass geschehen wird, was ich gesagt habe. Du wirst verstummen. Du wirst nicht mehr sprechen können bis zu dem Tag, an dem dein Kind geboren wird." Zacharias verstummt.

Vor dem Tempel warten die Leute. Sie wundern sich und sagen: „Wo bleibt der Priester Zacharias? Er hätte doch schon lange herauskommen müssen, um uns zu segnen und zu verabschieden." Doch jetzt kommt Zacharias aus dem Tempel. Auf seinem Gesicht liegt ein merkwürdiger Glanz und die Leute spüren, dass etwas Besonderes, etwas Wunderbares im Tempel geschehen ist. Zacharias kann nicht sprechen. Er kann den Menschen nur zum Abschied winken.

Zacharias blieb stumm. Still brachte er morgens und abends das Rauchopfer dar, solange seine Dienstzeit dauerte. Dann kehrte er zurück in sein Haus zu Elisabeth. Er konnte nicht mit ihr sprechen. Vielleicht hat er etwas aufgeschrieben oder ohne Worte „mit Händen und Füßen" erzählt. Wenig später merkte Elisabeth, dass sie ein Kind bekommen würde. Beide wunderten sich und freuten sich. Zacharias dachte: „Ja gewiss, was Gott sagt, das tut er auch." Doch weil das Geheimnis so groß war, verbargen sie es. Elisabeth blieb im Haus. Zacharias blieb still in seinem Schweigen. Gemeinsam warteten sie auf die Geburt ihres Kindes.

Aktion und Gebet

Da das Räuchern, verbunden mit dem Gebet der Gemeinde, ausdrücklich erwähnt wird, könnte es liturgisch aufgegriffen werden. Dabei würden sinnenhaft erlebbar die Gebete zu Gott aufsteigen (vgl. Offenbarung 5,8). Das Fürbittgebet würde derart mit Weihrauch verbunden, dass zu jeder Fürbitte einige Weihrauchkörner – wie zuvor beschrieben – auf eine glühende Weihrauchkohle geworfen werden.

Guter Gott,
wir danken dir, dass wir uns im Gebet an dich wenden dürfen. (Wie Rauch steigt unser Gebet auf zu dir.) Und wir danken dir, dass du mit uns redest und dass dein Wort wahr und verlässlich ist. *(Weihrauch)*
Wir bitten dich für die vor uns liegende Adventszeit. Bereite du selber unsere Herzen, dass wir warten auf Jesus Christus, deinen Sohn und unseren Heiland. Dass er zu uns kommen möchte mit seiner Liebe und seinem Frieden. Und dass wir ihn erwarten, wenn er wiederkommt in Herrlichkeit, um den neuen Himmel und die neue Erde zu schaffen, auf der Gerechtigkeit wohnen wird. *(Weihrauch)*
Hilf uns, auch manchmal still zu werden, innezuhalten und zu schweigen. Dass wir hören auf dein Wort, nachdenken über unser Leben, zu dir und zu uns selber finden. *(Weihrauch)*

Hilf uns, offen zu werden für das Wunderbare und Geheimnisvolle, das unser Herz spürt: Das Geheimnis der Liebe, das Geheimnis des Lebens und das Geheimnis deiner Gegenwart in der Welt und in unserem Leben. *(Weihrauch)*
Wir bitten dich für die Einsamen und Hoffnungslosen, die Kranken und Traurigen. Sei ihnen nahe mit deinem Trost und Segen. *(Weihrauch)*

Gestaltungsvorschlag für jüngere und ältere Kinder

Klage und Erzählung wie oben

Vertiefung
Zacharias verstummt und wartet schweigend; Elisabeth verbirgt sich. Beide leben wartend in der Stille und erfahren Stille. Deshalb liegt es nahe, vertiefend die Aspekte „Schweigen" und „Stille" aufzugreifen.

Pantomimisches Spielen
Zacharias kann sich nur noch pantomimisch verständlich machen, wenn er nicht schreibt. Die Kinder fühlen sich in diese Situation hinein, indem sie nach der gehörten Erzählung die Geschichte pantomimisch gestalten. Leichter und für die Kinder zugänglicher wird es sein, wenn (vielleicht mit wechselnden Kindern) jeweils Einzelszenen gespielt werden:
- Abschied des Zacharias von Zuhause, Gang zum und Ankunft im Tempel von Jerusalem, Begrüßung der Mitpriester.
- Auslosung der Tempeldienste, Vorbereitung des Räucherwerkes.
- Begrüßung des Volkes, Gang zum Altar, Darbietung des Rauchopfers, während das Volk betet.

– Der Engel erscheint, Zacharias erschrickt, Gespräch zwischen Zacharias und dem Engel, Zacharias verstummt.
– Zacharias erscheint vor dem Tempel und entlässt das Volk.
– Zacharias kehrt nach Hause zurück, berichtet Elisabeth das Erlebte und dass sie ein Kind bekommen werden.
– Elisabeth bemerkt, dass sie schwanger ist. Beide staunen und freuen sich, bleiben aber verborgen.

Pantomimische Erzählung
Lustig, aber auch spannend und eindrucksvoll könnte es sein, wenn ein Kind bzw. eine Mitarbeiterin/ein Mitarbeiter die ganze Geschichte noch einmal rein pantomimisch erzählen würde.

Pantomimisches Rätsel
Eine Mitarbeiterin/ein Mitarbeiter oder ein Kind stellt pantomimisch Elemente der Erzählung dar; die Kinder raten jeweils, was gemeint ist.

Stilleübung
Die folgende Übung möchte (Er-)Warten und Stille miteinander verbinden. Benötigt werden ein Gong bzw. ein möglichst lange klingendes Gefäß (Klangschale), ein (Holz-)klöppel, eine Kerze und Streichhölzer. In einer kleinen Einführung werden den Kindern Klangkörper und Kerze gezeigt und wird ihnen gesagt, dass gleich ein Ton versteckt (hinter einem Tuch, einem Tisch, einer Stellwand ...) erklingen werde. Ein Kind wird gebeten, die Kerze dann anzuzünden, wenn der Ton ganz verklungen ist. Still erwarten die Kinder zuerst das Erklingen des Tones, warten sodann auf dessen Verklingen. Jetzt wird die Kerze entzündet und die Kin-

der warten auf das Sich-Ausbilden der Flamme.

Weihrauchgebet mit Kindern

Eine feuerfeste Schale mit glühender Weihrauchkohle ist vorbereitet. Daneben steht ein Schälchen mit (größeren) Weihrauchkörnern. Kohle und Körner können in Devotionalien-Läden (Kirchenbedarf) oder bei benachbarten katholischen Gemeinden besorgt werden (es kann auch ein Räucherstäbchen oder eine Räucherkerze verwendet werden). Kinder, Mitarbeiterinnen und Mitarbeiter sind eingeladen, jeweils ein Weihrauchkorn zu nehmen und es vorsichtig auf die Weihrauchkohle fallen zu lassen. Dazu kann ein Gebet gesagt bzw. gelesen werden. Es kann aber – was in der Regel motivierender und einladender ist – das Gebet in der Stille des Herzens verbleiben: Weihrauch steigt auf zu Gott, ebenso wie das stille An-jemanden- oder An-etwas-Denken. Die Gesamtgruppe kann nach jedem Weihrauchkorn ein Kyrie singen oder sprechen. (vorher ausprobieren, nicht jeder verträgt den Geruch, lüften)

Evtl. Fürbittgebet (S. 299)

Alfred Mengel

---

6. Dezember 2009

2. Advent

Lukas 1,26–38

Die Geburt Jesu wird angekündigt

Lieder: Wir sagen euch an den lieben Advent, EG 17, LJ 26, KG 29; Jetzt ist es wieder höchste Zeit, s. S. 304; Ich will vor Freude singen, weil Weihnachten beginnt, Leuchte, leuchte, Weihnachtsstern (CD Abakus); Seht, die gute Zeit ist nah, EG 18, LJ 28, KG 27

Liturgischer Text: Psalm 24,7–10

Zum Text

Die Ankündigung der Geburt von Jesus an Maria schließt direkt an den Text des vorhergehenden 1. Advent an. „Im sechsten Monat" der Schwangerschaft der Elisabeth kommt derselbe Engel Gabriel, der Elisabeth die Geburt des Johannes angekündigt hat, zu Maria. Maria, eine sehr junge Frau, vermutlich noch im Teenageralter, lebt in einfachen Verhältnissen in einem unbedeutenden Winkel des damaligen römischen Reiches, in Nazareth in Galiläa. Ihr Verlobter Josef ist zwar ein Nachkomme König Davids, doch außer der Abstammung ist vom Königtum nichts geblieben.

Ganz überraschend besucht der Engel Maria. Sie erschrickt, doch der Engel nimmt ihr die Furcht. Über den Boten Gottes selbst wird nichts weiter mitgeteilt. Es geht nicht um seine äußere Erscheinung, sondern um seine Botschaft. Maria soll den lange ersehnten Messias empfangen und zur Welt bringen. Die Verse 31–33 beschreiben ihn mit alttestamentlichen Verheißungen aus Jesaja 7,14 und 9,6 als „Sohn des Höchsten" und messianischen König des Volkes Israel. Auf Marias erstaunte Frage, wie das geschehen soll, spricht der Engel vom heiligen Geist bzw. der „Kraft des Höchsten" (Vers 35) – ein Hinweis auf das besondere Schöpferhandeln Gottes in diesem Kind. Darüberhinaus bekommt sie ein Zeichen: Auch ihre Verwandte Elisabeth wird trotz ihres fortgeschrittenen Alters einen Sohn bekommen. „Denn bei Gott ist kein Ding unmöglich." (Vers 37). Am Ende des Gespräches reagiert Maria mit erstaunlicher Entschlossenheit und Selbständigkeit, zugleich aber auch mit großer Demut. Sie stellt sich Gott und seinem Auftrag zur Verfügung.

Der Text und die Kinder

„Etwas Großartiges wird vorbereitet." Das soll für die Kinder deutlich werden, mitten in dem Rummel der Advents- und Weihnachtszeit, der die eigentliche Weihnachtsbotschaft nicht nur für die Erwachsenen häufig überdeckt. Da außerdem vermutlich vielen Kindern die Geschichte bekannt ist, ist es gut sich genauer anzusehen, was denn eigentlich das „Großartige" an Weihnachten ist.

Es geht also darum neu zu entdecken und darüber zu staunen, wer hier von einer einfachen Frau zur Welt gebracht wird: Der allmächtige, große Gott zeigt sich in einem kleinen Kind – Gott wird Mensch. Der Name „Jesus" ist zugleich Programm: „Gott hilft". In Jesus bekommt Gott ein Gesicht. In Jesus begegnet Gott den Menschen in großer Liebe. In Jesus kommt Gott auch in das Leid, die Schrecken, die Kriege und die Sorgen unserer Welt. In Jesus wird Gott auch für die Kinder greifbar. Denn Gott bleibt nicht im schönen Himmel, wo alles gut ist, sondern er kommt herab auf die Erde. Und er wird nicht als Prinz im Königspalast geboren, sondern als Sohn einer einfachen Frau in einem Stall. Das „Großartige" wird auch in unserer Geschichte schon deutlich. Denn die Geburt von Jesus wird auf eine besondere Weise angekündigt und vorbereitet: Durch die Botschaft eines Engels und das Schöpferhandeln Gottes. Dabei stehen für die Kinder in der Regel nicht Detailfragen im Blick auf das Für und Wider einer Jungfrauengeburt im Vordergrund, sondern es geht zunächst einfach darum, das besondere Handeln Gottes in der Person von Jesus zu entdecken.

In der Geschichte der Ankündigung selbst „passiert" wenig. Zugleich erscheint es nicht angemessen, die Begegnung Marias mit dem Engel erzählerisch auszuschmücken. Um sie den Kindern dennoch anschaulich zu machen, schlagen wir daher eine Bildbetrachtung vor. Sie kann den Kindern helfen, die Botschaft dieser Geschichte intensiv wahrzunehmen. Dabei können die Kinder bereits Bekanntes einbringen und im Zusammenhang mit der Erzählung neue Aspekte entdecken.

Das vorgeschlagene Bild von Kees de Kort ist kein typisches „Verkündigungsbild". Viele Verkündigungsbilder verklären Maria durch ein vornehmes Kleid, wallende Haare und einen Heiligenschein. Ganz anders erscheint Maria auf diesem Bild. Sie ist ein einfaches, normales Mädchen, das überrascht wird von der Botschaft des Engels. Ihr fragender Blick und ihre Handbewegung machen das deutlich. Auch der Engel entspricht nicht den Klischees von Weihnachtsschmuck und verkitschter Darstellung. Eine helle, freundliche Gestalt nimmt Maria die Furcht und erklärt ihr Gottes besonderen Plan.

Nach der Beschäftigung mit der Geschichte haben die Kinder die Möglichkeit kreativ tätig zu werden.

Gestaltungsvorschlag für jüngere und ältere Kinder

Begrüßung

Anzünden von zwei Kerzen am Adventskranz (gemeinsam mit den Kindern)

Lied: Wir sagen euch an den lieben Advent, Str. 1 u. 2

Liturgischer Text: Psalm 24,7–10 (im Wechsel)

Gebet

Lied: Jetzt ist es wieder höchste Zeit (Der Refrain wird mit passenden Bewegungen zum Text gesungen.)

Hinführung

„Heute ist der zweite Advent. Schon im letzten Kindergottesdienst haben wir darüber nachgedacht, dass in der Adventszeit etwas Großartiges vorbereitet wird. Und es wird auch auf eine besondere Weise vorbereitet." Die Kinder wiederholen die Geschichte der Ankündigung der Geburt des Johannes. „Die Vorbereitungen gehen noch weiter. Dazu schauen wir gemeinsam ein Bild an."

Bildbetrachtung: Der Engel kommt zu Maria (s. S. 294)
Das *farbige* Bild von Kees de Kort ist im Bibelbilderbuch 3 (Deutsche Bibelgesellschaft Stuttgart) und in Das große Bibelbilderbuch, S. 136 zu finden. Das Bild kann als (selbst hergestellte) Farbfolie eingesetzt werden oder als Dia. In manchen Kirchengemeinden sind die Farbfolien bzw. Dias von Kees de Kort vorhanden. Sie können auch bei den Medienzentralen ausgeliehen werden. Wenn nur wenige Kinder den Kindergottesdienst besuchen, kann auch das Bilderbuch verwendet werden. Dann muss jedoch die Textseite abgedeckt werden.

Mögliche Impulse für die Bildbetrachtung:
– „Schaut euch das Bild in Ruhe an. Was seht ihr?"
– „Wer sind die beiden Personen?"
– „Beschreibt Maria!" Sie ist ein einfaches Mädchen, trägt einfache Kleider, hat keine tolle Frisur. Vielleicht ist sie mit Hausarbeit beschäftigt – im Hintergrund sieht man einen Teller, links einen Blumenstrauß.
– „Wer möchte sich so hinstellen wie Maria?"
– „Was drückt ihre Handbewegung aus?"
– „Wir betrachten den Engel genauer!" Es ist keine typische Engelsdarstellung. Der Engel schaut Maria sehr freundlich an mit großen Augen. Seine Gestalt ist hell, licht. Er kommt aus einer anderen Welt.

Jetzt ist es wieder höchste Zeit

Text: Johannes Jourdan
Melodie: Hella Heizmann

© 1985 Hänssler Verlag, 71087 Holzgerlingen

1. Jetzt ist es wieder höchste Zeit.
Jetzt muss es bald geschehen.
Lasst doch den Heiland dieser Welt
nur nicht draußen stehen.

Refrain
Macht die Tore weit. Macht die Türen auf,
denn der König zieht bei euch ein.
Macht die Türen auf. Macht die Herzen weit,
denn ihr seid ihm nicht zu klein.

2. Sagt ihm doch, was ihr von ihm wollt.
Er wird es euch gern geben.
Er bringt für alle Liebe mit
und schenkt euch das Leben.

3. Immer neu wird Gott, der Herr,
liebend zu uns kommen,
denn er hat ja lange schon
bei uns Platz genommen.

– „Wer möchte den Engel nachstellen?" Seine Handbewegung ist erklärend.
Am Ende der Betrachtung wird das Bild ausgeblendet.

Erzählung

Maria lebt in der kleinen Stadt Nazareth im Haus ihrer Eltern. Sie hilft im Haushalt und im Garten mit und bei allem, was eben so anfällt. Maria ist verlobt mit einem Mann, der Josef heißt. Josef ist ein Nachkomme des berühmten König David. Aber Josef ist kein König. Er ist auch nicht berühmt wie David. Josef ist ein Handwerker, er ist Zimmermann.

Doch eines Tages geschieht etwas Unglaubliches: Maria ist allein zu Hause. Da hört sie plötzlich eine Stimme: „Sei gegrüßt, Maria, du Gesegnete! Der Herr ist mit dir!" Erschrocken sieht Maria auf. Ein Engel ist bei ihr und sieht sie freundlich an. Maria ist ganz verwirrt. „Was soll das bedeuten?", denkt sie bei sich. „Ich soll gesegnet sein?" Der Engel sagt zu ihr: „Fürchte dich nicht, Maria! Denn Gott hat dich gesegnet. Du wirst einen Sohn bekommen, den sollst du Jesus nennen. Der wird einmal König werden, ein König wie David. Aber sein Königreich wird niemals aufhören."

Maria kann es nicht fassen. Sie sollte ein Kind bekommen, ein Kind, das einmal König würde, der Retter, auf den sie alle warteten? Maria fragt: „Wie soll das zugehen? Ich bin doch noch nicht verheiratet. Wer kann denn Vater dieses Kindes sein?" Da antwortet der Engel: „Gottes Geist wird über dich kommen. Darum wird dein Sohn auch ‚Gottes Sohn' heißen. Auch deine Verwandte Elisabeth wird einen Sohn bekommen. Sie ist im sechsten Monat schwanger, obwohl es heißt, dass sie keine Kinder bekommen kann und obwohl sie schon so alt ist. Denn bei Gott ist nichts unmöglich."

Als Maria das hört, verneigt sie sich und spricht: „Ich bin bereit. Es soll geschehen, wie du gesagt hast."
(nach: Neukirchener Kinder-Bibel)

Vertiefendes Gespräch

(Das Bild wird dabei noch einmal betrachtet.)
Impulse:
– „Haben wir über Maria noch etwas erfahren?"
– „Haben wir über den Engel noch etwas erfahren?"
– „Wir haben in der Erzählung ganz viel gehört über das Kind." Es soll „Jesus" heißen, d.h. Gott hilft, Gott rettet. Es wird König sein. Sein Königreich soll nie aufhören. Das Kind ist Gottes Sohn. Der heilige Geist wird an Maria wirken.
– „Was denkst du über Marias Antwort?" Marias Antwort ist erstaunlich. Sie ist bereit diese besondere Aufgabe anzunehmen. Mutig und voll Vertrauen auf Gott lässt sie sich darauf ein, obwohl sie damit rechnen musste, dass Josef und ihre Eltern nicht begeistert sein würden.

Falls es von der Aufmerksamkeit der Kinder her noch möglich ist, wäre auch folgender Gedanke interessant: „Wo würdest du dein Kind zur Welt kommen lassen, wenn du Gott wärst? Warum wählte Gott wohl diese einfache junge Frau aus?"

Lied

Kreative Gestaltung

Brief an Josef (für ältere Kinder)
„Maria war bestimmt überwältigt von diesem Erlebnis. Aber wenn sie an Josef, ihren Verlobten, dachte, wurde ihr vielleicht doch mulmig. Wie sollte sie ihm erklären, dass sie ein Kind bekam, obwohl sie noch nicht verheiratet waren? Vielleicht hat sie ihm einen Brief geschrieben. Ihr könnt jetzt miteinander so einen Brief schreiben." Blätter und Stifte liegen bereit.

Engel gestalten

„Ein Engel ist Maria begegnet. Ein Engel ist dem Zacharias begegnet. Engel kommen in der Weihnachtsgeschichte noch häufiger vor. Deswegen sind sie auch ein beliebter Weihnachtsschmuck. Wir wollen jetzt auch einen Engel gestalten, d.h. eigentlich sind es sogar zwei Engel, ein Engel als Fensterbild und einer zum Aufhängen. Der Engel wird nicht ausgeschnitten, sondern geprickelt. Das geht so ... "

Anleitung zum Prickeln

Das Prickeln ist eine einfache, aber wirkungsvolle Technik, da die Umrisse wie gerissen wirken. Folgendes muss dazu vorbereitet werden:
- Bleistifte, Klebestifte, goldener und/oder silberner Faden, Nähnadel, eventuell Glitzersterne, zum Kleben, Glitterglue o. Ä. aus vorhandenen Beständen
- Engelschablonen, damit die Kinder sich den Engel aufzeichnen können (siehe Zeichnung)
- Prickelfilz und Prickelnadeln in genügender Anzahl

Prickelfilz und Prickelnadeln gehören zur Grundausstattung von Kindertagesstätten. Wenn man rechtzeitig anfragt, kann man sie dort ausleihen. (Packungen mit 5 Prickelnadeln und 5 Filzplatten kann man z. B. zu je 2,95 € bei JAKO-O bestellen oder in Bastelläden kaufen) Man kann sich auch mit Styroporplatten und dicken Nähnadeln behelfen.
- Tonpapier in verschiedenen freundlichen Farben auf Postkartengröße zuschneiden

- gelbes und oranges Transparentpapier etwas kleiner als Postkartengröße zuschneiden
Jedes Kind zeichnet die Engelfigur auf das Tonpapier. Dann wird der Prickelfilz untergelegt. Mit der Prickelnadel sticht es auf der Umrisslinie dicht aneinander lauter kleine Löcher ein. Anschließend kann der Engel vorsichtig herausgetrennt werden. Jüngere Kinder benötigen eventuell Hilfe. Mit einem Faden versehen, wird der herausgetrennte Engel zu einem Anhänger. Der andere Engel wird mit Transparentpapier hinterklebt, so dass man ein Fensterbild erhält. Die Engel können anschließend mit Klebesternen. Glitterglue o. ä. verziert werden.

Zum **Abschluss** der Kreativphase können im Plenum noch der Brief bzw. die Briefe aus der Gruppe der älteren Kinder vorgelesen werden.

Lied: Seht, die gute Zeit ist nah

Gebet/Vaterunser/Segen

Waltraud Herrmann

13. Dezember 2009
3. Advent

Lukas 1,39–45
Ein Kind bringt Freude – Maria und Elisabeth

Lieder: Wenn einer sagt, ich mag dich du, LH 26, KG 150, LJ 624, MKL 100, LZU 55 (für jüngere Kinder); Da berühren sich Himmel und Erde, LH 27, Amen 68, MKL2 132; Es kommt ein Schiff geladen, EG 8 (für ältere Kinder); Er ist die rechte Freudensonn, EG 2; Maria durch ein' Dornwald ging, Lieder zur Weihnacht (Reclam 18478), Wo zwei oder drei (Lieder für Grundschule und Gemeinde) 78 (im Familiengottesdienst)

Liturgischer Text: Lukas 1,46–55 (Lobgesang der Maria)

Zum Text

Es gibt sie, die überraschende oder gewünschte oder lang ersehnte Schwangerschaft. Da ist die Freude groß. Und doch ist schwanger werden und die Zukunft mit einem Kind ein sehr persönliches und oft aufwühlendes Thema, auch unter den Frauen, die mit ihren Kindern zum Kindergottesdienst kommen. Schwangere gehen auf Kindergartenplatzsuche oder melden zur Taufe an und verdrängen oft, dass Erfahrungen von Tod und Sterben vor und während der Geburt nicht selten sind. Die öffentliche, zur Schau gestellte Freude über ein Kind widerspricht der persönlich oft anders erlebten Realität. Kinder bedeuten auch Veränderung, Einschnitte, und viele Ängste. Nicht immer und zu jeder Zeit kann ein Kind willkommen sein.

Gerade Elisabeth und Maria sind dafür beispielgebend: Die eine ist zu alt. Sie hatte mühsam und schmerzlich abgeschlossen und nun das, in ihrem Alter! Die andere ist so jung und lebt in ungewissen Umständen. Nein, beide Frauen mussten erst einen Weg zurücklegen von der Gewissheit der Schwangerschaft bis zur Freude. Die alten Traditionen spiegeln das in Liedern wie „Maria durch ein Dornwald ging". Beide Frauen müssen für sich die Dinge klären. Die Männer sind wenig hilfreich, Zacharias verstummt und Josef will ausziehen. Darum ist der Umstand wichtig, dass die eine sich aufmacht und beide in der Begegnung (endlich?) die Freude in sich spüren können. Das wiederum löst bei den ungeborenen Kindern Bewegung aus. Natürlich wird auch hier keine historische Geschichte erzählt. Anzunehmen ist, dass Lukas 1 und 2 ursprünglich Kindheitslegenden aus dem Schülerkreis des Täufers Johannes waren und später in den Jesuserzählkreis aufgenommen wurden.

Beide Frauen bleiben nicht namenlos und sie erheben ihre Stimmen: Elisabeth, die Priestersfrau, begrüßt Maria überschwänglich und mit dem großem „Gekreisch" einer Prophetin. Später ist daraus harmloses „Rufen" geworden. Wenige Verse weiter hebt die junge Frau Maria an, ein großes Revolutionslied zu singen. Vom Umsturz aller Verhältnisse singt sie. Das ist verboten und lebensgefährlich in einem von den Römern besetzten und beherrschten Land. Es sind zwei kraftvolle Mütter, die am Anfang der Werdegeschichte zweier großer Männer stehen. Maria kommt zu Elisabeth, um Klarheit zu gewinnen. Jesus kommt später zu Johannes, um sich taufen zu lassen. Danach beginnt er, öffentlich zu handeln.

Gott bringt Heil in die Geschichte. Aber es fällt nicht vom Himmel, sondern es wächst, braucht seine Zeit und ist untrennbar mit der Körperlichkeit von Menschen verbunden („Gepriesen ist die Frucht deines Leibes."). Gerade die auf ihre Gebärfähigkeit (oder Kinderlosigkeit) reduzierten Frauen werden in ihrer „Erniedrigung" (1,48) von Gott angesehen und groß gemacht. Das Heil der Welt wird geboren. Auffällig sind die Zeitangaben: Maria wird schwanger, da ist Elisabeth im sechsten Monat. Maria bleibt bei ihr ungefähr drei Monate. Hat sie die Geburt des Johannes erlebt? Jedenfalls ist sie sich klarer und sicherer als sie zu Josef zurückkehrt. Jetzt kann auch sie sich freuen.

Wenn uns der Balanceakt bewusst bleibt und auch der Weg, den es braucht zur Freude, dann ist die Welt bereit und vorbereitet für bewegendes Neues. Johannes der Täufer und Jesus der Gottessohn werden die Welt von Grund auf verändern, mit ihren Leben, ihren Reden, ihrem Handeln. Aber mehr noch, mit seinem Sterben und „Durch-den-Tod-hindurchgehen" wirkt Jesus über seinen Tod hinaus lebendig in die Welt. Und jetzt kommt noch eine dritte Zeitform hinzu: Sogar schon vor seiner Geburt bringt Jesus Bewegung in die Welt. Das ist wohl das Besondere an unserem Textausschnitt! Nicht nur die Frauen sind bewegt, als sie sich sehen, auch Johannes bewegt sich vor Freude, als er die Stimme Marias hört. Das Heil wirft seinen Glanz voraus. Und Vorfreude, wenn der Weg frei ist für sie, ist so schön wie das Ereignis selbst.

Der Text und die Kinder

Mit zwei Aspekten werden Kinder dabei vertraut gemacht: der Begegnung starker Frauen miteinander, die trotz großer Unterschiede im Alter und Lebensumfeld in einer ähnlichen Lebenssituation (Schwangerschaft) sind, und dass dadurch bei Elisabeths Ungeborenem Freude ausgelöst wird. Ausgangspunkt der Begegnung der Frauen und der Freude des Johannes ist der ungeborene Jesus.

Inwiefern sind diese Begegnungen für Kinder nachvollziehbar? Dass sich Menschen begegnen, wie unterschiedlich solche Begegnungen aussehen können, aber auch wie kostbar sie sein können, ist für Kinder alltäglich selbst erfahrbar. Zunehmend im Grundschulalter entwickeln Kinder erste festere Beziehungen zu einzelnen Menschen über ihre Familie hinaus. Erste Freundschaften („meine beste Freundin") bilden sich heraus. Sie entwickeln sich vor allem zu Menschen in ähnlichen Lebenssituationen, also z.B. zu eigenen Klassenkameraden, mit denen man viel Gesprächsstoff hat, weil man viel gemeinsame Zeit verbringt. Diese neue Entwicklungsmöglichkeit können Kinder als beglückend, aber auch als abgrenzend oder sogar ausschließend empfinden. Auch dieser Aspekt sollte im Gespräch zum Text einen Platz haben dürfen, wenn er von den Kindern selbst eingebracht wird.

Der zweite Aspekt ist die Begegnung der Mütter für die ungeborenen Kinder, die für Kinder schwer nachvollziehbar ist. U. a. deshalb, weil ein ungeborenes Kind erst langsam durch den Platz, den es beansprucht, fühlbar, aber nicht sichtbar wird.

Möglich erscheint uns der Weg, die Göttlichkeit Jesu hervorzuheben. Jesus, der nicht nur nach seinem Tod, sondern auch vor seiner Geburt sich durch seine Anwesenheit schon ins Weltgeschehen einmischt. Ein weiterer Weg wäre das Anknüpfen und Erfragen der das Kind selbst betreffenden vorgeburtlichen Entwicklung, welches jedoch vorsichtig und behutsam angegangen werden sollte! Warum? Die positive Erinnerung an die vorgeburtliche Entwicklung kann nur existieren, wenn sie auch von der Mutter (und bestenfalls gemeinsam mit dem Vater) als positiv empfunden und festgehalten wurde. Nur dann gibt es Erzählungen, Ultraschallbilder, Tagebuchaufzeichnungen, davon einiges sicher im Album des Kindes. Ausschließen würde man mit der Betonung dieser vorgeburtlichen Zeit jedoch die Kinder, die von ihrer vorgeburtlichen Entwicklung nicht viel wissen: weil die Schwangerschaft nicht gewollt war, weil die Mutter mit ihrem Kind allein blieb, weil die Eltern diese vorgeburtliche Zeit nicht dokumentiert haben (Familien, Mütter aus einfacheren Verhältnissen), weil die pränatale Diagnostik ein Handicap aufzeigte und die Eltern sich selbst erst mit dieser neuen Situation vertraut machen mussten, weil die Kinder erst später in ihre Familien kamen (Pflege- und Adoptivkinder) usw.

Deshalb schlagen wir vor, eher beim Text und bei den beiden biblischen Frauen und ihren Schwangerschaften zu bleiben, als die eigenen vorgeburtlichen Zeiten der Kinder im Kindergottesdienst zu betrachten. Es ist wichtig, Kindern deutlich zu machen, dass die vorgeburtliche Zeit immer noch ein großes Wunder ist und dies auch bleiben darf. Niemand von uns weiß, ob und wie und wann das Kind zur Welt kommt, trotz aller Technik und allem Machbarkeitsglauben nicht.

Zusammenfassend empfehlen wir für die Arbeit mit Kindern an diesem

Etwas Großartiges wird vorbereitet – Weihnachten nach Lukas

Text, die beglückende und bestärkende Begegnung der beiden schwangeren Frauen und die bereits schon vor Jesu Geburt spürbare Göttlichkeit Jesu zu betonen.

Gestaltungsvorschlag für jüngere Kinder

Thema: Freude ist versteckt
Ein eingepacktes Geschenk (Puppe) befühlen lassen. Gemeinsames Überlegen: Was könnte darin sein? Ich weiß noch nicht, was drin ist, aber ich freu mich schon ...
Die Eltern sprechen ihrem Kind ihre Freude über sein Dasein zu.

Erzählung
Geschichte von Maria und Elisabeth in einfacher Form erzählen. (Sie freuen sich auf ihre Kinder.)

Lied: Wenn einer sagt, ich mag dich du (Kindermutmachlied)

Gestaltungsvorschlag für ältere Kinder

Thema: Freude im Bauch

Bildbetrachtung und Erzählung
Das Bild von Elisabeth (Kinderzeichnung) auf Folie an Wand werfen. Die Geschichte von Maria und Elisabeth dazu frei erzählen. Erste Eindrücke zur Geschichte von den Kindern schildern lassen. (s. Erzählung S. 312)

Gespräch
Gespräch über die Begegnung der Frauen und deren Vorfreude. Frage aufwerfen: Ist die Freude der Mütter für Kinder im Bauch spürbar? Erweitern des Gespräches: Jesus löst sogar schon vor seiner Geburt Freude aus.

Aktion
Die Bilder der beiden Frauen in ihrer Begegnung nach eigenen Ideen von den Kindern selbst zeichnen lassen.

Lied: Da berühren sich Himmel und Erde *oder* Es kommt ein Schiff geladen

Gestaltungsvorschlag für Kinder und Erwachsene / Familiengottesdienst

Thema: Freude ist unterwegs

Lied: Maria durch ein' Dornwald ging

Gespräch
Die Wege Marias und Elisabeths aufeinander zu, die Lebenssituationen der beiden Frauen aufzeigen und das Wachsen der Freude thematisieren.

13. Dezember 2009

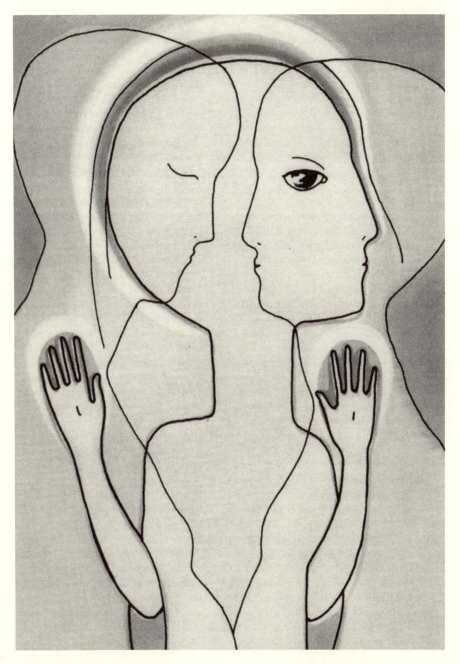

Gisela Rüger, Maria und Elisabeth   Rechte: VG Bild-Kunst, Bonn 2008

Aktion
Schritte auf dem Adventsweg (Adventsbräuche, Geschenke ausdenken, Basteln, Singen) in Freude auf Jesu Geburt besprechen, miteinander sammeln, gemeinsam gehen.

Thema (alternativ): Freude verbindet

Lied: Er ist die rechte Freudensonn EG 2

Bildbetrachtung und Gespräch
Folie mit Grafik von Gisela Rüger an Wand werfen. Was sehe ich? Was sehen die anderen? Wir können drei Personen zugleich sehen. (Evtl. als Folie jeweils nur eine Person abzeichnen und die drei Folien dann aufeinanderlegen).

Erzählung: Elisabeth und Maria
Ich bin Elisabeth. Und ich will euch von einem besonderen Tag in meinem Leben erzählen. Es war gerade Sommer, ein besonderer Sommer für mich. Obwohl ich schon eine ältere Frau war, erwartete ich ein Kind. Es war noch ganz versteckt in mir. Mein Mann hatte es nicht glauben können und war stumm geworden. Nur wenige andere Menschen redeten mit mir. Es war nicht einfach.

Trotzdem bereitete ich mich auf die Geburt und mein Kind vor. Als ich gerade das kleine Lammfell wusch, in welches ich mein Kind später einwickeln würde, klopfte es energisch an der Tür. Wer sollte das sein?

Ich ging und öffnete. Ein seltener, weit gewanderter Gast stand davor. Es war Maria, meine Verwandte! Jubelnd begrüßte ich sie. Mein Kind hüpfte vor Freude in mir. Spürte es meine Freude oder war da noch etwas anderes? Wie lange hatte ich Maria nicht gesehen! Aber Maria war gar nicht fröhlich. Was war nur mit ihr los? Ich bat sie, sich zu mir zu setzen und zu erzählen. Erst fand sie keine Worte. Doch dann sprudelte es nur so aus ihr heraus. Ein Fremder war bei ihr gewesen und hatte zu ihr gesagt: „Maria, du bekommst ein Kind! Das wird ein besonderes Kind werden. Du sollst ihn Jesus nennen. Er wird ein Sohn Gottes sein." Und Maria erzählte mir weiter, wie erschrocken sie war. Wie staunte ich, dass auch Maria ein Kind unterm Herzen trug! Ich sagte zu ihr: „Du, Maria, jetzt geht es uns beiden gleich?!" Lange saßen wir so beieinander und redeten, wie es werden würde.

Mit einem Male konnte ich das Wichtige spüren: dieses Kind, was in Marias Bauch wuchs, war ein besonderes Kind! Es war Gottes Kind! Gott wird uns nicht allein lassen. Plötzlich wurde uns beiden leicht ums Herz. Alle Sorgen der vergangenen Monate waren aufgehoben in dieser gemeinsamen Begegnung. Wir wussten nun, Gott ist uns und unseren Kindern nahe.

(Alternativ könnte die Begegnung der beiden Frauen gespielt werden.)

Gespräch
Zum Bild zurückkehren; im Gespräch die verschiedenen Ebenen der Begegnung sichtbar machen (Begegnung beider Frauen, ihre Verbindung durch Jesus, Darstellung des Ungeborenen mit den Zeichen des Gekreuzigten).

Ruth-Elisabeth Schlemmer
und Friederike Wulff-Wagenknecht

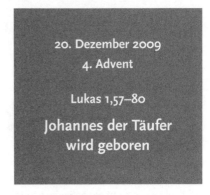

20. Dezember 2009
4. Advent

Lukas 1,57–80

Johannes der Täufer wird geboren

Lieder: Seht, die gute Zeit ist nah, KG 27; Mache dich auf und werde licht (Kanon), KG 24; Ein Licht geht uns auf in der Dunkelheit, KG 25; Ich will dem Herrn singen, KG 191

Liturgischer Text: Psalm 92 (EG) mit Antiphon: Ich will dem Herrn singen, KG 191

Zum Text

Der Evangelist Lukas begreift Geschichte als den Raum göttlichen Heilshandelns. Hinter der Abfolge der Geschehnisse sieht er Gottes Geist am Werk, durch den schon von Anfang an alles zum Heil geordnet ist.

Für das Verständnis der ganzen Geschichte des Täufers ist die Vorgeschichte wichtig. Elisabeth und Zacharias sind kinderlos, obwohl sie „in allen Geboten und Satzungen des Herrn untadelig" lebten (Lk 1,6). Die Kinderlosigkeit ist hier also nicht Fluch oder Strafe Gottes. Der Engel verordnet dem ungeborenen Kind den Namen Johannes. Das ist für die Szene der Namensgebung wichtig. Ich nehme die Vorgeschichte mit in den Erzählvorschlag auf, obwohl sie am 1. Advent im Kindergottesdienst vorkommt. Sie wird für die Kinder vertieft, die sie schon gehört haben, und stellt für die anderen den Anschluss her. Manche Besonderheiten, z.B. dass die Verwandten erst bei der Geburt von dem wunderbaren Vorgang erfahren, wird nur durch die Vorgeschichte verständlich. (Elisabeth versteckt sich, siehe 1,24)

Seit dem 5. Jahrhundert wird die Geburt des Täufers am 24. Juni als eines der großen Heiligenfeste gefeiert. Nach Lk 1,36 wurde er sechs Monate vor Jesus geboren. Dadurch entsteht auch eine wunderbare kosmische Relation zwischen den Daten der Empfängnis und Geburt. Das Jahr teilt sich so in Abschnitte von drei Monaten mit den Sonnenwenden und den Nachtgleichen als Einschnitte. Während Jesu Geburt zur Wintersonnenwende gefeiert wird, wird noch im Datum der Geburt des Täufers sinnlich erfahrbar, was er selbst als sein Zeugnis (Joh 3,30) ablegt: „Er muss wachsen, aber ich muss abnehmen".

Der Lobgesang des Zacharias teilt mit dem Magnifikat der Maria den Charakter eines eschatologischen Hymnus. Allerdings schließt sich ein zweiter Teil an, der als Weissagung über dem neugeborenen Kind den Vater selbst zum Propheten werden lässt. Indem Zacharias redet, schildert er das von ihm Geschaute als eingetreten. Sein Lobpreis gilt der Heimsuchung durch Gott, die erlösende Wirkung hat. Das Gastgeschenk des besuchenden Gottes ist die Erlösung, die er seinem Volk schafft.

Mit der wunderbaren Vorgeschichte drängte sich geradezu die Frage auf, was jenes Kind wohl werden wird. Zacharias bezeichnet ihn als Wegbereiter und Propheten des Höchsten. Der Name Jesu wird nicht genannt. Aber indem Lukas in Kapitel 2 seine Geburt erzählt, stellt er den Zusammenhang her.

Ob allerdings in den Begriffen Erbarmen, Gedenken und Eid etymologische Beziehungen zu den Namen (Zacharias: Gott gedenkt, Elisabeth: Gott schwört und Johannes: Gott ist gnädig) bestehen, ist exegetisch nicht auszumachen. Deshalb werde ich auch über Namensherkünfte mit den Kindern nicht nachdenken, obwohl der Erzählteil der Namensgebung solche Gedanken nahelegen könnte. Auch die Erklärung dessen, was Beschneidung ist, lasse ich bewusst aus. Dass an dem Neugeborenen mit einem Messer herumgeschnitten wird, könnte mancherlei unbeabsichtigte Phantasien bei den Kindern auslösen.

Der Text und die Kinder

Die eigene Entstehung finden Kinder immer wieder sowohl interessant als auch schwer vorstellbar. Fragen, wie: „Mama, wie war das, als ich bei dir im Bauch war?" oder: „Wie bin ich dann auf die Welt gekommen?" wollen ehrlich und kindgerecht beantwortet werden. Unsere Geschichte beantwortet solche Fragen in einer ganz ungeahnten Richtung. Nicht durch den Wunsch oder den Willen des kinderlosen Paares kommt es zu dem Kind, sondern durch Gottes Willen und Eingreifen. Und es ist nicht irgendein Kind, das nun geboren werden soll, sondern ihm wird schon vor seiner Geburt durch den Engel eine heilsgeschichtliche, gleichsam messianische Aufgabe zugeteilt. (1,16.17) Zacharias nimmt diese Formulierung in seinem Lobgesang auf. Das Motiv des Vorläufers und Wegbereiters kommt wie in 1,17 auch in 1,76 vor. Die Lebensaufgabe ist damit schon formuliert. Das ist Kindern eher fremd. Dass jemand schon vor ihrer Geburt darüber verfügt, wer oder was sie einmal sein werden, bedarf einer sorgfältigen Vermittlung. Deshalb ist festzuhalten, dass Johannes nicht ein beliebiges Kind ist. Er steht in einem besonderen Verhältnis zu Gott. So wunderbar und außergewöhnlich wie seine Entstehung ist auch sein Auftrag.

Unsere Erzählung von seiner Geburt, Beschneidung und Namensgebung stellt sozusagen das Präludium eines außergewöhnlichen Lebens dar. Und das Lied des Zacharias ist nun, obwohl er durch den Engel von der Bestimmung seines Kindes weiß, kein Trauergesang, sondern das Lied eines glücklichen Vaters der mit Gott im Einklang ist. Der Täufer Johannes wird später Jünger um sich scharen. Bis zu seiner öffentlichen Wirksamkeit aber wird er als Asket in der Wüste bleiben und stark werden im Geist. Mit diesem Ausblick endet unser Text. Deshalb wird das Wirken des Täufers auch in den Blick kommen müssen.

Die Kinder können sich sicher mit den Verwandten identifizieren, die so wie sie plötzlich von der Zeugung und Geburt des Johannes erfahren und erst jetzt mit der Vorgeschichte zu tun bekommen. Es tritt ein, was der Engel verheißen hatte. Viele freuen sich und diese Mitfreude bezieht sich auch auf das Handeln Gottes. Die Nachbarn und Verwandten hören von Gottes Barmherzigkeit und werden darin einbezogen. Die Verwandten wollen dem Kind den Namen des Vaters geben. Dem widerspricht die Mutter und weiß sich im Einklang mit ihrem Mann. Warum das so ist, wird nicht erzählt. Hat auch sie prophetische Gaben? Zacharias, noch immer verstummt, schreibt den Namen auf ein Wachstäfelchen. Für Kinder wäre es einmal eine hilfreiche Übung, auf die Verwendung der Stimme zu verzichten und mit Hilfe einer abwaschbaren Schreibtafel zu kommunizieren. Wenn im Kindergottesdienst dazu die Zeit ist, könnte das ausprobiert werden.

Das Danklied des Zacharias nimmt die Freude über die Geburt des Kindes und die bevorstehende Errettung seines Volkes auf. Diesem Danklied sollen im Gottesdienst die Gebete korrespondieren, indem sie den freudigen Grundton aufnehmen und über das Einzelgeschehen auf das Errettungshandeln Gottes hinausweisen.

Gestaltungsvorschlag für Kinder und Erwachsene

Vorbemerkungen
Der Gottesdienstvorschlag eignet sich auch als Familiengottesdienst. Dann müsste der Erzählvorschlag als Anspiel von verschiedenen Personen dargestellt werden. In kleiner Runde im Kindergottesdienst während des Hauptgottesdienstes können die Kinder mit selbst gebastelten Biegepüppchen/Figuren die Erzählung gestalten. Ich habe deshalb einen szenischen Entwurf gemacht. Bei ausreichender Zeit können die Figuren entweder selbst hergestellt oder aber mit den nötigen Gewändern und Requisiten versehen werden (Hinweise dazu s. S. 318). Der Kanon aus Gnadenthal: „Mache dich auf und werde licht" kann getanzt werden. Entweder als Einzugprozession der Kinder mit einem Teelicht in einem Glas in der Hand oder als Reigen. Der Text des Kanons (nach Jesaja 60,1) nimmt ganz wunderbar die Formulierung vom aufgehenden Licht aus der Höhe (Lk 1,78) auf. Deshalb könnte damit auch das Anspiel schließen.

Beginn mit Lichtfeier
Nach dem Orgelvorspiel ziehen die Kinder mit Lichtern in die Kirche ein. Dabei wird der **Kanon** „Mache dich auf und werde licht" angestimmt. Er beginnt leise und einstimmig und wird bei entsprechender Sangesfreude der Gemeinde immer lauter und mehrstimmiger. Währenddessen werden die Kerzen am Adventskranz und am Altar von den Kindern angezündet. Nach einer möglichen Begrüßung und Einstimmung durch die Liturgin oder den Liturgen verläuft der Gottesdienst nach der landeskirchlichen Agende.

Anstelle des Wochenpsalms 102 schlage ich vor, den Psalm des Johannistages Psalm 92 zu verwenden. Er kann im Wechsel gelesen werden zwischen Kindern/Jugendlichen und Erwachsenen. Auch kann zwischen den einzelnen Versen der Gebetsruf KG 191 „Ich will dem Herrn singen" als Antiphon Verwendung finden.

Eingangsgebet
Gott, voller freudiger Erwartung sind wir im Advent. Wir warten auf dein Kommen. Durch den Täufer Johannes hast du deinem Volk Dein Kommen verkündet. Lass uns sein Zeugnis hören und gib, dass es alle Menschen zum Heil rufe im Glauben an Christus, deinen Sohn, der mit dir

und dem Heiligen Geist lebt und regiert von Ewigkeit zu Ewigkeit. Amen

Die **Lesungen** für den vierten Advent können beibehalten werden. Alternativ kann (auch als alttestamentliche Lesung) Jesaja 60,1–5 gelesen werden.

Erzählung
Handelnde Personen:
Zacharias (Priester)
Elisabeth (seine Frau)
Deborah (Nachbarin)
Theodora (Nachbarin)
Mehrere Verwandte
Ein Erzähler

T.: Sag mal Deborah, was ist das für ein Lärm im Haus des Zacharias? Erst hört man wochenlang gar nichts und heute ist ein Krach, dass man hier draußen kaum sein eigenes Wort versteht.

D.: Was, du weißt nicht, was Elisabeth und Zacharias passiert ist? Dir entgeht doch sonst nichts, was hier bei uns im Viertel los ist. Elisabeth hat einen gesunden Jungen geboren. Der Lärm, den du hörst, kommt von der versammelten Verwandtschaft, die sich mit den Eltern freut. Sind ja auch nicht mehr die Jüngsten, die beiden.

T.: Ja, und ich habe Elisabeth schon wochenlang nicht gesehen. Wie sollte ich da ihren dicken Bauch bemerken?

D.: Ich glaube, es war ihr auch ein wenig unangenehm. Zacharias hatte beim Tempeldienst ein so erschütterndes Erlebnis, dass er hinterher nicht reden konnte. Er hat seit Monaten nicht gesprochen. Ich habe bis jetzt kein Wort von ihm gehört. Dem hat das wohl regelrecht die Sprache verschlagen – noch Vater zu werden, wo er daran schon nicht mehr geglaubt hat.

T.: Warum sind denn die ganzen Verwandten jetzt gekommen? Ist denn das Kind gerade zur Welt gekommen?

D.: Nein, das ist schon vorige Woche gewesen. Ich habe die Hebamme gesehen. Warum heute gefeiert wird, kannst du nicht wissen, Theodora. Du gehörst ja nicht zu unserem Volk. Bei uns ist es üblich, am achten Tag nach der Geburt bei den Knaben die Beschneidung zu feiern. Das ist das Zeichen für unseren Bund mit Gott. Dazu kommt die ganze Verwandtschaft und dann bekommt das Kind auch seinen Namen. Überhaupt werden Kinder bei uns als ein großer Segen angesehen. Lass uns doch hinübergehen und gratulieren. Auch Nachbarn sind gern gesehene Gäste.

1. Verwandte: So, jetzt ist es Zeit für die Namensgebung. Wir sollten den kleinen Jungen nach seinem Vater Zacharias nennen. Das bedeutet: Gott gedenkt. Hat Gott nicht eurer gedacht, als er nach so vielen Jahren eure Gebete erhört hat?

2. Verwandte: Früher hat man den Namen des Großvaters gegeben, damit Vater und Sohn nicht so oft verwechselt werden. Aber meinetwegen kann er auch Zacharias heißen. Das ist ein schöner Name.

Elisabeth: Nein, meine Lieben. Er soll Johannes heißen.

Verwandte (reden laut durcheinander)**:** So hieß noch niemand in unserer Familie. Was für ein Einfall. Das wird ja immer schlimmer. Wie kommst du auf so einen Namen? Also, nein. So ein Unsinn. Hört doch mal her.

1. Verwandte: Am besten ist wohl, wir fragen den Vater. Zacharias wird wissen, wie das Kind heißen soll. Ach, da kommt er ja gerade aus dem Haus.
Erzähler: Zacharias war von dem Lärm angelockt worden. Er konnte zwar nicht sprechen, aber natürlich hören. Wie einem Taubstummen machte die Verwandtschaft ihm Zeichen, sich zu äußern. Also bat er um ein Wachstäfelchen und schrieb darauf: JOHANNES.
2. Verwandte: Seht nur, was er geschrieben hat. Da steht Johannes. Er will auch, dass das Kind diesen Namen bekommt. Wie seltsam.
1. Verwandte: Mit diesem Kind ist irgendwie alles anders. Was wird wohl mal aus ihm? Nanu, Zacharias, du sprichst ja wieder.
Zacharias: Gelobt sei der Herr, der Gott Israels!
Er hat besucht und erlöst sein Volk.
Aus dem Königshaus seines Dieners David hat er uns den starken Retter geschickt.
So hatten es seine heiligen Propheten schon vor langer Zeit verkündet:
Er wird uns von unseren Feinden erretten und aus der Hand der Menschen, die uns hassen.
Gott war mit unseren Vorfahren barmherzig. Er vergisst seinen heiligen Bund nicht.
Er befreit uns aus der Hand unserer Feinde, damit wir ihm ohne Furcht unser Leben lang dienen, als Menschen, die ihm gehören, und nach seinem Willen leben.
Und dich, kleines Kind, wird man einen Propheten des Höchsten nennen.
Du wirst vor dem Herrn hergehen und sein Kommen vorbereiten.
Seinem Volk wirst du zeigen, dass es durch die Vergebung seiner Sünden gerettet wird.
Gott vergibt uns, weil seine Barmherzigkeit so groß ist. Aus der Höhe kommt sein aufgehendes Licht zu uns.
Dieses Licht wird allen Menschen leuchten, die in Nacht und Todesfurcht leben; es wird uns auf den Weg des Friedens führen.
T.: Das ist ja eine tolle Geschichte. Das muss ich unbedingt meiner Freundin erzählen. (geht ab)
Erzähler: Und so wurde die Geschichte von Johannes überall bekannt, weil viele Menschen sie hörten. Johannes aber wuchs heran und war stark im Glauben, denn Gottes Geist war mit ihm. Als er erwachsen wurde, ging er in die Wüste, um zu fasten und zu beten. Dann rief er die Menschen des Volkes Israel zur Buße auf und taufte sie. Er wurde gefragt, ob er der erwartete Retter, der Messias sei. Das verneinte er und verwies auf Jesus. Als Jesus zu ihm kam, taufte er ihn im Jordan.

Zum Abschluss den **Kanon:** Mache dich auf und werde licht evtl. noch einmal singen und tanzen.

Fürbitten

Vaterunser

Bausteine für einen Gottesdienst mit Kindern

Gespräch
In einem Gottesdienst mit Kindern sollte im Gespräch geklärt und vertieft werden, was mit Zacharias geschehen ist.

Hinweise zum Basteln von Biegepüppchen
Für den Körper: Pfeifenputzer 8 mm, Hände und Füße aus Holz (aus dem Bastelladen) oder kleine Holzperlen als Hände, Styroporkugeln als Kopf, Wollreste für die Haare. Zum Kleben empfiehlt sich ein Heißkleber. Einfache Schnittvorlagen, Stoffreste und Requisiten für die Gewänder bereitstellen (s. Foto).

Bernd Dechant

24./25. Dezember 2009
Heiliger Abend/Christfest

Lukas 2,1–20

Jesus wird geboren

Lieder: Ihr Kinderlein kommet, EG 43; Auf, lasst uns gehen, s. S. 321; Kommet, ihr Hirten, EG 48; Ich steh an deiner Krippen hier, EG 37; Als ich bei meinen Schafen wacht, KG 38

Liturgischer Text: Lukas 1,46–55 (Lobgesang der Maria)

Zum Text

Lukas schreibt die Geschichte von der Geburt Jesu ausführlich und sehr anschaulich. Er erzählt davon, wie Gott im Leben der Menschen handelt. Gott kommt in das Leben der Menschen. Er bringt Heil innen wie außen. Lukas setzt seinen Schwerpunkt vor allem darauf, wie die Benachteiligten seiner Zeit Gottes Nähe erfahren: Arme, Kranke, Kinder, Frauen, besonders die Rechtlosen. Gott begegnet ihnen in ihrem Lebensalltag. Sie werden überrascht.

In der Weihnachtsgeschichte sind es die Hirten. Sie erfahren als Erste von der Geburt des Retters. Im Alten Testament sind Hirten ein geläufiges Bildwort für Könige, Führer und Priester des Volkes Israel. König David – in der Lukasgeschichte ausdrücklich erwähnt – war Hirte. Der Retter der Welt wird in der Hirtenstadt Bethlehem geboren. Aber zur Zeit Jesu waren die Hirten im Volk nicht angesehen. Sie galten als unehrlich und durften nicht als Zeugen vor Gericht aussagen. So macht Lukas mit seiner Erzählung am Bild der Hirten die Hoheit und Niedrigkeit Jesu deutlich.

Mitten in der Nacht – auch das muss im übertragenen Sinn verstanden werden – erstrahlt über den Hirten die Herrlichkeit Gottes. Die gute Nachricht von der Geburt des Retters kommt in der Mitte der Nacht als Wendepunkt zum neuen Tag. Die Hirten machen sich auf. Sie lassen los, was ihnen zur Routine und zum Alltag geworden ist. Sie lassen sich darauf ein, dem Neuen zu begegnen. Sie lassen zu, vom Heil berührt zu werden. Das Kind, in Niedrigkeit und Einsamkeit geboren, birgt in sich die Hoheit Gottes. Es ist Gottes Friede. Es ist das Heil für die Menschen nach Gottes Willen. Die Menschen können Gottes Willen keine Grenzen setzen. Und das behalten die Hirten nicht für sich. Sie erzählen weiter, was sie gesehen und gehört haben. Sie teilen mit anderen, was ihnen neuen Mut zum Leben gibt.

Das Thema, der Text und die Kinder

Kinder lassen sich von Großartigem begeistern. Sie haben Lust am Geheimnisvollen. Sie haben ein Gespür für Außergewöhnliches und sie können sich von Herzen über Überraschungen freuen. Auch wenn viele von ihnen die Weihnachtsgeschichte schon kennen, werden sie doch mit Maria und Josef mitbangen, sich mit den Hirten mitwundern und das Staunen über das Kind in der Krippe miterleben. Sie nehmen Anteil an der Sehnsucht der Hirten nach Anerkennung und Heilsein. Diese Sehnsucht teilen sie mit denen, die zum größten Teil aus der Gesellschaft der damaligen Zeit ausgeschlossen waren. Auch sie sehnen sich nach Zuspruch und Ermutigung. So kann ihnen deutlich werden, wie das Kind in der Krippe für die Menschen zum großartigen Lichtblick in ihrem Leben wird.

Sicher ist für die Kinder das Weihnachtsfest ein Höhepunkt des Jahres. Wochenlang haben sie sich auf das Fest gefreut. Sie haben den Weg durch den Advent zurückgelegt und stehen nun voller Erwartung vor dem Wunder, das sich vor ihnen auftut. Die Weihnachtsgeschichte kann ihnen helfen, durch alle Geschenke hindurch das „Großartige" zu entdecken: Gott wendet sich den Menschen zu. Er kommt als kleines, neugeborenes Kind.

Gestaltungsvorschlag für jüngere und ältere Kinder

Die Hirten in Bethlehem erleben etwas Unerwartetes – Eine Stegreifgeschichte

Die Rollen werden auf kleine Kärtchen geschrieben und an die Kinder verteilt (je nach Anzahl können mehr oder weniger Schafe oder Hirten mitspielen. Die Geschichte wird vorgelesen. Dazu spielen die Kinder mit, auch den Vorhang und die Nacht.
Mitspieler: der Vorhang, Hirten: Matthias, Jakob, Jonathan, Benjamin, die Nacht, Schafe, helles Licht, Engel

Alle Kinder ohne Rolle spielen die himmlischen Heerscharen und singen kräftig mit!

Der Vorhang öffnet sich.
Die Nacht breitet sich aus über Bethlehem. Überall wird es still. Nur auf den Wiesen von Bethlehem ist noch Geschäftigkeit und Trubel. Das ist Matthias. Er ist ein Hirte. Er treibt die Schafe vor sich her. Er hat einen langen Tag hinter sich. Er freut sich, dass er nun ausruhen kann.

Da sieht er Jakob. Er ist auch ein Hirte. Er kümmert sich um das Feuer. In der Nacht wird es kalt. Da ist es gut, sich am Feuer zu wärmen. Er schichtet Holzscheite übereinander. Er schlägt zwei Steine fest aneinander. Die Funken fliegen. Das Holz beginnt zu brennen. Jakob pustet vorsichtig die Glut an.

Jonathan liegt auf der Erde. Er hat den Nachmittag verschlafen. Jetzt reibt er sich die Augen. Er muss gleich die Nachtwache übernehmen. Da muss er gut ausgeschlafen sein. In der Nacht lauern Gefahren. Die Schafe und die Menschen müssen geschützt werden. Er greift seinen großen Hirtenstab. Und gähnt noch einmal kräftig.

Und hier kommt Benjamin. Er ist der jüngste der Hirten. Er ist noch nicht lange dabei. Aber er ist stolz darauf, bei den Hirten auf dem Feld zu arbeiten. Er setzt sich zu Jakob ans Feuer.
Der Vorhang schließt sich.

Der Vorhang öffnet sich.
Jonathan läuft langsam auf und ab. Das hält ihn munter. Er summt sich ein Lied. Ab und zu schaut er zum Himmel. Aber heute ist alles finster. Kein Stern ist zu sehen. Auch der Mond leuchtet nicht. Die anderen liegen am Feuer. Sie schlafen. Jonathan hört das leise Schnarchen. Die Nacht deckt die Schläfer zu.

Jonathan denkt nach. Er stützt sich auf seinen Stab. Er denkt an seinen Großvater. Der hatte ihm vom Retter erzählt. Eines Tages wird er kommen und den Menschen Frieden bringen. Frieden von Gott. Dann wird es den Menschen gut gehen. Sie werden sich verstehen und miteinander teilen, was zum Leben wichtig ist. Jonathan kratzt sich am Kopf. Wenn es nur erst so weit wäre, denkt er. Es ist so viel Streit unter den Menschen. Er reibt sich seinen Rücken. Vor kurzem haben ihn die Burschen aus Bethlehem verprügelt. Einfach so. Nur weil er ein Hirte ist. Jonathan seufzt. Wenn er doch bald käme, der Retter.
Der Vorhang schließt sich.

Der Vorhang öffnet sich.
Die Schafe laufen unruhig hin und her. Sie blöken. Jonathan erschrickt. Er ist ein wenig eingenickt. Aber die Unruhe der Schafe macht ihn sofort munter. Ob ihnen Gefahr droht? Er schaut sich um. Er schaut hinter die Büsche. Er spürt selbst eine Unruhe in sich. Er weckt die anderen. Die brummen und schimpfen vor sich hin. Sie wollen weiterschlafen.

Da wird es plötzlich taghell am Himmel. Geblendet von einem großen Licht halten sich die Hirten die Augen zu. Nur Benjamin steht mit offenem Mund da. Was er sieht, kann er gar nicht fassen. Er reibt sich die Augen. Er rüttelt Jakob. Er zeigt auf einen Boten, der von Gott kommt. Und da spricht der Bote zu den Hirten. Er breitet seine Arme aus, als wolle er sie umarmen: „Fürchtet euch nicht. Für euch ist heute der Retter geboren, ein kleines Kind. Ihr findet das Kind in Bethlehem in einem Stall." Und dann ertönt wunderschöne Musik. Engelsgesang klingt auf den Wiesen von Bethlehem. Sogar die Nacht reißt staunend ihre schwarzen Augen auf.

„Ehre sei Gott in der Höhe", singen die Engel, „den Menschen auf der Erde Friede von Gott." Dann ist alles still. *Der Vorhang schließt sich.*

(Fortsetzung S. 322)

Auf, lasst uns gehen

Text und Musik: Eberhard Egermann   Rechte: Evangelische Verlagsanstalt GmbH, Berlin 1980

1. Auf, lasst uns gehen, das Kind zu besehen.
Auf, lasst uns springen, dem Kindlein zu singen.
Offen das Tor, Licht dringt hervor,
tretet herein in den göttlichen Schein.

2. Hier in dem Stalle
geht leise nun alle.
Da liegt das Kindlein,
herzinniges Bündlein,
huschelt sich warm
in Mutters Arm.
Welch hohes Glück
Schenkt sich unserm Blick.

3. Licht soll auf Erden
durchs Kindelein werden,
Heil will es schenken,
tut euch nur hinwenden!
Kommt, schaut ganz nah,
was hier geschah:
Freude für euch
aus dem himmlischen Reich.

4. Seht ihr das Zeichen?
Das Dunkel muss weichen!
Kind in der Krippen,
du bist unsre Mitten,
führst aus dem Leid
in wahre Freud,
führst aus der Not
zum lebendigen Gott.

Der Vorhang öffnet sich.
Die Hirten schauen sich an. Matthias sagt zu Jonathan: „Kneif mich mal in den Arm. Ich glaube, ich träume." Jonathan tut es. „Au", schreit Matthias, „doch nicht so doll!" Er will Jonathan eine Ohrfeige geben. Da ruft Jakob dazwischen: „Hört auf! Von wegen Frieden auf Erden!" Benjamin hüpft aufgeregt hin und her. „Los, lasst uns gehen. Ich will das Kind sehen." Da machen sich die vier auf den Weg nach Bethlehem. Ihr Herz klopft ganz sehr. Sie laufen, was sie können. „Der Retter ist da! Der Retter ist da!", jubeln sie. Die Schafe blöken den Hirten hinterher. Aber sie haben keine Angst mehr. Der Retter wird auch ihnen Frieden bringen. Da sind sie sich ganz sicher.
Der Vorhang schließt sich.

Gestaltungsvorschlag für jüngere Kinder

Das **Lied** „Auf, lasst uns gehen, das Kindlein zu sehen" von Eberhard Egermann lässt sich gut inszenieren und von den Kleinen als Spiel nachvollziehen. Den Kindern macht es besonders viel Freude, sich entsprechend zu kostümieren. Eine Krippe steht im Zentrum des Geschehens. Zu Beginn wird in der Krippe das Jesuslicht entzündet. Für alle Mitspielerinnen und Mitspieler wird eine Haushaltkerze mit Tropfschutz bereitgehalten.

Mitwirkende: Hirten; zwei Kinder, die das Tor spielen; ein Engel; Maria, Josef
1. „*Auf, lasst uns gehen, das Kindlein zu sehen*": Die Hirten stehen auf und nehmen ihre Hirtenstöcke.
„*Auf, lasst uns springen, dem Kindlein zu singen*": Die Hirten springen fröhlich und gehen los.
„*Offen das Tor*" Die „Tor-Kinder" öffnen das Tor, das sie mit ihren Armen gebildet haben.
„*Licht dringt hervor. Tretet herein in den göttlichen Schein.*" Der Engel mit einer Kerze in der Hand kommt durch das Tor und lädt die Hirten in den Stall ein.
2. „*Hier in dem Stalle geht leise nun alle.*" Die Hirten gehen auf den Zehenspitzen eine Runde im Stall.
„*Da liegt das Kindlein, herzinniges Bündlein.*" Die Hirten zeigen auf das Kind und kommen dicht an Maria und Josef heran.
„*Huschelt sich warm in Mutters Arm. Welch hohes Glück schenkt sich unserm Blick.*" Maria wiegt das Kind im Arm. Die Hirten freuen sich über den Anblick.
3. „*Licht soll auf Erden durchs Kindelein werden*". Alle Kinder versammeln sich an der Krippe.
„*Heil will es schenken, tut euch nur hinwenden!*" Die Kinder bekommen eine Kerze und zünden sie am Krippenlicht an.
„*Kommt, schaut ganz nah, was hier geschah: Freude für euch aus dem himmlischen Reich*" Mit ihren Kerzen tanzen alle Kinder um die Krippe.
(4. Strophe ad libitum)

Gestaltungsvorschlag für jüngere und ältere Kinder – auch als Idee im **Familiengottesdienst** verwendbar.

Erzählung der Weihnachtsgeschichte mit Kerzen

Vorbereitung: große Kerze, zwei Haushaltskerzen für Engel, Pyramidenkerzen für Engelchor, Stumpenkerzen für Maria und Josef, kleine Stumpenkerze für Jesus, Teelichte für Hirten, braune und grüne Tücher, durch Kartons (unter die Tücher geschoben) können verschiedene Spielebenen geschaffen werden. Nach Möglichkeit wird der Raum abgedunkelt.

Die große Kerze wird entzündet: Etwas Großartiges wird vorbereitet. Davon erzählt die Geschichte. Das ist das Gotteslicht. Es leuchtet in dieser Geschichte. Es steckt die Menschen an und macht das Leben hell und warm.

Eine Haushaltskerze wird an der Gotteskerze entzündet und zündet die Maria-Kerze an: Maria erwartet ein Kind. Es wächst in ihrem Leib. Sie freut sich darauf. Manchmal hat sie auch Bange. Wird alles gut werden? Wird das Kind gesund sein? Wird meine Kraft reichen? Sie erinnert sich an den Boten Gottes. Er hat ihr gesagt: „Maria, Gott ist mit dir. Er sorgt für dich und das Kind."

Mit der Haushaltskerze wird auch die Josef-Kerze entzündet: Das ist Josef. Er ist Marias Mann. Auch er freut sich auf das Kind. Aber jetzt hat er Sorgen. Er muss mit Maria nach Bethlehem gehen. Dort sollen sie sich in Zähllisten eintragen lassen. Der Kaiser in Rom will es so. Der Weg nach Bethlehem ist weit. Josef fragt sich: „Ob Maria die Reise durchhalten wird? Ob das Kind unterwegs geboren wird?" Aber er erinnert sich an seinen Traum: „Josef, fürchte dich nicht. Gott ist auf allen euren Wegen. Er lässt euch nicht im Stich. Hab Vertrauen."

Maria und Josef gehen los. Sie können nur langsam laufen. Marias Leib ist schwer. Sie müssen oft ausruhen. Manchmal sinkt ihnen der Mut. Aber dann erinnern sie sich an Gott. Sie wissen: Er ist bei ihnen. *Haushaltskerze hinter Josef und Maria stellen.*

Jetzt sind sie in Bethlehem. Marias Kind kommt bald. Das spürt Maria. Aber sie haben noch keine Unterkunft. An vielen Häusern klopft Josef an. Niemand hat Platz für sie. Endlich findet er einen alten Stall. „Wenigstens ein Dach über dem Kopf", denkt Josef.

Kleine Stumpenkerze an Marias Kerze anzünden: In der Nacht wird das Kind geboren. Maria wickelt es in Tücher. Sie legt das Kind in eine Futterkrippe im Stall. Es gibt keinen anderen Platz dafür. Maria und Josef freuen sich über das Kind. Sie danken Gott dafür.

Teelichte auf ein grünes Tuch stellen: Das sind die Hirten. Sie hüten ihre Schafe auf den Weiden rings um Bethlehem. Auch in der Nacht müssen sie wachsam sein. Sie sitzen zusammen. Sie denken über vieles nach. Gott hat den Menschen den Retter versprochen. Sie sehnen sich nach ihm. Sie wünschen sich, er möge bald kommen. Ihr Leben ist zu schwer.

Zweite Haushaltskerze an der Gotteskerze entzünden und zu den Hirten stellen: Plötzlich wird es ganz hell um sie herum. Sie erschrecken. Sie halten die Hände vor die Augen. Aber sie hören eine gute Nachricht: „Fürchtet euch nicht. Für euch ist heute der Retter geboren. Ihr findet ihn in Bethlehem. Er ist in Windeln gewickelt. Er liegt in einer Futterkrippe." *Die Pyramidenkerzen an der Haushaltskerze entzünden:* Dann wird es noch heller. Und die Luft ist mit wunderbaren Klängen erfüllt. Die Hirten lauschen. „Ehre sei Gott in der Höhe! Und auf Erden Frieden den Menschen, die guten Willens sind." So singen die Engel. Dann ist alles still.

Die Hirten laufen los. Sie gehen nach Bethlehem. Sie finden den Stall. Sie sehen Maria und Joseph und das Kind in der Krippe. So ein Wunder! *Teelichte am Jesuslicht anzünden.* Ihnen wird warm ums Herz. Sie sind voller Freude. Dieses kleine Kind macht sie froh! Sie können sich kaum satt sehen. Dann kehren sie wieder um. Sie gehen zu den Schafen zurück. Unterwegs begegnen ihnen viele Menschen. Allen erzählen sie vom Wunder im Stall. Die Menschen hören den Hirten zu. Sie sind erstaunt. Sie wundern sich: „Die Hirten sind so froh. Das haben wir noch nie erlebt." Sie lassen sich von der Freude anstecken. *Weitere Teelichte anzünden.* So wird es hell bei den Menschen. Gott ist bei ihnen. Das spüren sie. Sie schauen sich an. Sie lachen und tanzen. In ihren Herzen hören sie die Engel singen.

Licht-Geschichte ohne Worte

Zur Wiederholung oder mit älteren Kindern kann die Licht-Geschichte auch ohne Worte erzählt werden. Passende Musik im Hintergrund unterstützt die Wirkung. Anschließend bekommen die Kinder selbst ein Teelicht, das sie am Krippenlicht entzünden und zu den anderen Kerzen stellen.

Ulrike Lange

26./27. Dezember 2009
2. Weihnachtstag/
1. So. nach dem Christfest

Lukas 2,22–38
Simeon und Hanna

Lieder: Zumba, zumba, welch ein Singen, ML2 C32, LJ 330, KG 37, MKL 135, LfK2 40; Tragt in die Welt nun ein Licht, EG regional, MKL 132, LfK2 6, LJ 327, LZU 85,

Liturgischer Text: Lukas 1,46–55 (Lobgesang der Maria)

Zum Text

Nach der Geburtsgeschichte Jesu berichtet Lukas davon, dass Maria und Josef, gemäß der jüdischen Tradition, ihr Kind Jesus in den Tempel von Jerusalem bringen, um es Gott zu weihen und das vorgeschriebene Reinigungsopfer darzubringen. Zur gleichen Zeit befindet sich Simeon im Tempel. Simeon hatte eine Eingebung vom Heiligen Geist, dass er erst sterben werde, wenn er den erwarteten Heiland gesehen hat. Während alle anderen Tempelbesucher

(Pharisäer, Schriftgelehrte, Priester, Männer und Frauen) achtlos an Maria und Josef vorübergehen, erkennt Simeon in dem Jesuskind das Licht, das das Leben aller Menschen erhellen soll. Mit ihm hat Gott sein rettendes Werk begonnen. Während sich die Eltern Jesu über den Lobgesang wundern, tritt Hanna hinzu. Auch sie ist schon sehr alt und verbringt Tag und Nacht im Tempel. Wie Simeon erkennt sie in dem Kind den Retter, sie preist Gott und erzählt es allen, die ebenso auf die Rettung Jerusalems hoffen.

Die Erzählung zeigt, dass Jesus in der jüdischen Tradition und im jüdischen Glauben aufgewachsen ist. Gemäß der Schrift wurde das Kind nach acht Tagen beschnitten und erhielt seinen Namen. Nach vierzig Tagen (sofern ein Sohn geboren wurde) galten Mutter und Kind wieder als „ganz rein", anschließend war ein Brand- und Sühneopfer zu vollbringen (3. Mose 12). Nach der Erzählung des Lukas folgten Maria und Josef dieser Tradition. Die Begegnung mit Simeon und Hanna lässt sich auch aus diesem Blickwinkel betrachten. Nach jüdischer Vorstellung waren mindestens zwei Zeugen erforderlich, die über eine Sache aussagten, bevor sie als erwiesen galt (5. Mose 19,15). Sie bezeugten: Jesus ist der erwartete Heiland.

Simeon und Hanna stehen exemplarisch für Menschen, die auf Gottes Verheißung vertrauen und auf die Erfüllung von Frieden und Gerechtigkeit warten. Wie viele andere hofften und glaubten sie, dass Gott ihnen eines Tages jemanden schicken würde, der mit Gottes Auftrag das Volk Israel erlösen würde. Simeon und Hanna sprechen nach ihrer Begegnung mit dem Kind deutlich aus: Jesus ist der Retter. Die Geschichte endet nicht im Stall. Im Tempel wird sie jetzt öffentlich bekannt.

Der Text und die Kinder

Der Heiligabend ist vorüber. Jesus ist geboren. Und was geschieht danach? Für die meisten Kinder folgt nun der Besuch der Heiligen drei Könige, von dem im Matthäusevangelium zu lesen ist. Folgt man dem Evangelium nach Lukas, so findet man die Begegnung mit Simeon und Hanna. Da die beiden Propheten in Liedern, Bildern und Erzählungen selten vorkommen, werden die Kinder im Gottesdienst vermutlich zum ersten Mal von ihnen hören.

Hoffnung, Vertrauen und Erfüllung – dies sind die Aspekte, die unmittelbar mit Simeon und Hanna verbunden sind und die den Kindern aus ihrem Erfahrungsschatz sehr wohl bekannt sind. Sehr nah liegen hier noch die Empfindungen der Vorweihnachtszeit: Die Hoffnung auf die Weihnachtsgeschenke, das Vertrauen darauf, dass eine besondere Atmosphäre entstehen wird und letztlich die Erfüllung des Erbetenen. Die Kinder können die Freude über eine sich erfüllende Hoffnung nachvollziehen. Wie Simeon können Kinder hoffen, dass etwas Bestimmtes geschehen wird. Das Vertrauen Simeons auf Gott entspricht dabei aber eher dem kindlichen Vertrauen auf die Eltern.

Die Geburt eines Kindes ist auch in unserer Zeit je nach kulturellem Hintergrund umgeben von verschiedenen Ritualen im Familien- und Freundeskreis. Den bei Lukas beschriebenen Opferkult werden die Kinder noch nicht verstehen und er sollte aus diesem Grund auch nicht thematisiert werden. Dass Eltern sich für die Geburt ihres Kindes bedanken möchten und dass sie Gott darum bitten möchten, er möge ihr Kind behüten und für es sorgen, können Kinder erfassen. Dies ist als Ausgangspunkt für das Aufeinandertreffen mit Simeon und Hanna im Tempel schlüssig. Andere Aspekte sind durchaus schwieriger und in Abhängigkeit vom Alter der Kinder und des bisher im Kindergottesdienst Erarbeiteten im Gespräch zu erschließen: Die Sehnsucht des Volkes nach Frieden und Erlösung, das Gefühl von Unterdrückung und Demut durch die Besatzung der Römer, das Warten und Vertrauen darauf, dass Gott den Erlöser schicken wird.

Die Einbindung des Lichtsymbols soll helfen, die Empfindungen auch ohne Worte ein wenig erfahrbar zu machen. Das Licht einer Kerze vermittelt Wärme, Geborgenheit, Hoffnung. Vielleicht kann man gemeinsam aufzählen, wer alles auf die Ankunft eines Erlösers gewartet und sich dann so sehr darüber gefreut hat: Maria, Elisabeth, die Hirten, Simeon, Hanna ... Sie alle wussten nicht, wen sie erwarten und haben doch in dem Kind gesehen, dass Gott in Jesus Christus in unsere Welt gekommen ist. Etwas Großartiges beginnt manchmal ganz klein.

Gestaltungsvorschlag für jüngere und ältere Kinder

Materialien
- dunkle Tücher
- ein oder mehrere Kalender
- Overheadprojektor
- Bilder auf Folie oder Pappe
- weiße Kerze
- evtl. einfache Musikinstrumente, wie Rasseln ...

- Babyfotos auf Pinnwand o. Ä.
- Teelichter

Einstieg
Impuls: In der Mitte liegen dunkle Tücher in Form eines Kreises. Darauf liegt ein Kalender; auch mehrere der letzten Jahre. Die Kinder äußern sich dazu, erklären die Aufgabe und Notwendigkeit von Kalendern und wie die Handhabung in der eigenen Familie verläuft. Gemeinsam können wir feststellen, dass ein Kalender zum einen dazu dient, das Jahr in Monate, Wochen und Tage einzuteilen, zum anderen dient er dazu, persönliche Termine festzuhalten, um für sich zu wissen, was wann passiert.

Impuls: Manchmal muss man auf etwas warten ... Wir sammeln Beispiele: auf Weihnachten, auf den Geburtstag, auf die Einschulung, auf die Ferien, auf die Geburt des Geschwisterchens usw. Gut, wenn man weiß, wann etwas geschehen wird. So kann man sich darauf freuen, außerdem gibt es Möglichkeiten sich die Wartezeit zu verschönern, wie beispielsweise mit dem Adventskalender oder dem Adventskranz.

Erzählung
Die anschließende Erzählung wird mit Hilfe von Bildern visualisiert und erfolgt daher am Overheadprojektor. Alternativ können die Bilder vergrößert und in die Mitte gelegt werden. Bei jedem Sternchen * wird die jeweilige Figur in das Gesamtbild eingefügt.

Simeon * wusste nicht, wie lange er noch warten muss ... Simeon wartet auf den Retter. Wie viele andere hofft und glaubt Simeon, dass Gott ihnen eines Tages jemanden schicken wer-

26./27. Dezember 2009

Priester   Schriftgelehrte   Mann

Hanna   Frauen   Maria, Josef, Jesus   Simeon

Zeichnungen: Bianca Rischbieter (nach Kees de Kort)

de, der Frieden bringt und das Volk von der Herrschaft der Römer befreit. Jemand, dem es gelingt, dass die Menschen wieder auf Gottes Worte hören und alles wieder besser werde. Doch auf wen wartet Simeon? Er weiß nicht, wie der Retter aussieht, wie alt er ist und wie er ihn erkennen soll.

Im Gebet hat Gott durch den Heiligen Geist zu ihm gesprochen und ihm gesagt, dass er den Retter sehen wird, bevor er stirbt. Dieses Versprechen gibt Simeon Kraft, denn inzwischen ist er schon sehr alt und wartet bereits eine lange Zeit. Jeden Tag geht er in den Tempel und betet dafür. Hier in den Tempel * von Jerusalem kommen viele Menschen. Männer * und Frauen *, die auch zu Gott beten und ihm danken wollen. Und dann sind da auch noch die Pharisäer und Schriftgelehrten * und die Priester *, die hier arbeiten und Gott dienen.

Heute kommen Maria und Josef mit ihrem kleinen Jesus * in den Tempel. Wie andere Eltern auch, möchten sie Gott für ihr Kind danken und es vom Priester segnen lassen. Als Simeon die drei sieht, geht er schnell auf sie zu. Plötzlich weiß er, wer der Retter ist. Glücklich nimmt er das Kind auf seinen Arm und lobt Gott: „Herr, nun kann ich in Frieden sterben, denn du hast dein Versprechen eingelöst! Mit meinen eigenen Augen habe ich den Retter gesehen! Endlich ist er gekommen. Er wird das Licht auf unserem Weg sein!"

Während sich die Eltern Jesu noch über das, was Simeon von ihrem Kind sagt, wundern, kommt eine Frau zu ihnen. Sie heißt Hanna *. Auch Hanna ist schon sehr alt. Jeden Tag geht sie in den Tempel, um zu Gott zu beten. Als Hanna das Kind sieht, ist auch sie voller Freude und ruft: „Da ist ja der Retter!" Und sie erzählt es allen Menschen, die auch auf den Retter hoffen.

(Maria und Josef kehrten mit ihrem Kind nach Nazareth zurück. Jesus wuchs heran und man sah, dass Gott das Kind liebte.)

Lied: Zumba, zumba (1. Str., mehrmals)
Um die Freude zu verdeutlichen, können die Kinder das Lied mit einfachen Musikinstrumenten (Rassel, Klangstäbe, Glocken ...) begleiten.

Gespräch
Simeon wartet auf den Retter. Auf den, der alles besser macht. Der die Menschen wieder auf Gottes Worte hören lässt und Frieden bringt. Wie hättet ihr euch so jemanden vorgestellt?
Die Kinder äußern ihre Meinung dazu. Vermutlich beschreiben sie einen Mann, der stark und schlau oder ein König ist.
Impuls: eine Pinnwand, Collage o. ä. mit Babyfotos. Simeon erkennt in einem Kind, einem Baby, den Retter. Er sagt: „Das Kind ist das Licht auf unserem Weg. Das Licht, das das Leben aller Menschen hell machen soll." Die Kerze wird angezündet.

Im Gespräch sollten folgende Punkte geklärt werden: Wie fühlte es sich an, als die Kerze entzündet wurde? Wie kann ein Leben hell werden? Was ist damit gemeint? Beispiele sammeln. Was hat Jesus als Erwachsener getan? Wem hat er geholfen, dass sein Leben wieder hell wurde? Beispiele aus vergangenen Gottesdiensten sammeln.

26./27. Dezember 2009

Anschließend zündet jedes Kind ein Teelicht an der großen Kerze an und stellt es vor sich an den Rand des Tücherkreises.

Lied und Tanz: Tragt in die Welt nun ein Licht
Das Lied wird erneut gesungen und nach der folgenden Anleitung dazu im Kreis um die Kerze(n) getanzt:

Tragt in die Welt nun ein Licht.
Wir fassen uns an die Hände und gehen links im Kreis herum.
Sagt allen: „Fürchtet euch nicht."
Wir nehmen unsere Arme nach oben und dann wieder nach unten.
Gott hat euch lieb, groß und klein.
Wir gehen langsam in die Mitte.
Seht auf des Lichtes Schein!
Wir gehen langsam rückwärts zurück und schauen auf den Kerzenschein.

Gebet
Lieber Gott,
wie Simeon und Hanna freuen wir uns über die Geburt Jesu.
Lange haben sie gewartet und gehofft, dass du jemanden schickst, der Frieden und Gerechtigkeit bringt.
An Weihnachten erinnern wir uns daran,
dass du ihr Vertrauen erfüllt hast.
Mit dem Kind hast du uns das Licht geschickt,
das das Leben aller Menschen hell machen soll.
Dafür danken wir dir.
Amen

Bianca Rischbieter

Monatlicher Kindergottesdienst im Dezember
Vor Freude guter Hoffnung sein, Lukas 1,39–45, Maria und Elisabeth

Kinder freuen sich aufeinander, auf große Ereignisse, auf Besuch und auf Weihnachten. Sie sind neugierig, was bei Schwangeren „herauskommt", und staunen über Bewegungen der im Bauch wachsenden Kinder und hören gerne von ihren eigenen vorgeburtlichen Geschichten. Das Besondere bei der Begegnung der beiden Frauen ist, dass durch die Kindsbewegungen des Johannes im Leib der Elisabeth klar wird, dass Maria den Sohn Gottes in sich trägt.

Die Gestaltungsvorschläge für jüngere und ältere Kinder für den 3. Advent (S. 310) eignen sich für einen monatlichen Kindergottesdienst. Mit älteren Kindern könnte auch die **Grafik** der beiden Frauen mit dem Jesuskind von Gisela Rüger (S. 311) betrachtet werden. Da der Engel in der Weihnachtsgeschichte nach Lukas mehrfach vorkommt, kann eine **Engelfigur** (s. S. 306) gestaltet werden. Das **Lied** „Jetzt ist es wieder höchste Zeit" (S. 304) drückt die Erwartung, Freude und Hoffnung der Adventszeit aus.

„... eine Tasche und noch mehr für unterwegs."

Chorfenster St. Marien zu Salzwedel

Zeichnung: Stephan Hoenen

Gottesdienst zum Beginn des Schuljahres

Gottesdienst
zum Beginn des Schuljahres

„... eine Tasche und noch mehr für unterwegs."

Lieder: Danke für diesen guten Morgen, EG 334; Er hält die ganze Welt, KG 143, LJ 517, MKL 45, LfK2 118; Gottes Hand hält uns fest (Kanon), KG 114, LJ 537, MKL 12; Ich möcht', dass einer mit mir geht, EG 209, KG 211, LJ 137, MKL 82, LfK1 A27

Liturgischer Text: Psalmgebet nach Psalm 73 (S. 333)

Hinführung zum Thema

Zum Schulanfang gehören in besonderer Weise die Schulanfänger, also die Jungen und Mädchen, die in die erste Klasse kommen. In jüngster Zeit ist es zudem erfreulicherweise üblich geworden, einen Gottesdienst zum Beginn des Schuljahres zu feiern. Das heißt, dass auch die anderen Schülerinnen und Schüler, Lehrer/innen und Eltern in den Blick genommen werden, die gemeinsam ein weiteres Schuljahr beginnen.

Der Schuljahresbeginn setzt mit Erwartungen und Wünschen für das neue Schuljahr ein: Mögen alle gut vorbereitet und freundlich begleitet an ihre Aufgaben gehen. Als anschauliches Beispiel habe ich dazu ein Bild ausgewählt, das zentral den Gottesdienst bestimmt. In der Marienkirche zu Salzwedel, an der ich als Pfarrer tätig bin, gibt es ein Christusfenster mit zahlreichen Darstellungen aus dem Leben von Jesus. Entstanden ist dieses Fenster um das Jahr 1350. In etwa zehn Metern Höhe – und darum von unten detailliert gar nicht genau erkennbar – ist eine besondere Situation dargestellt: Jesus geht zur Schule. Besser hieße das Bild eigentlich: Maria bringt Jesus zur Schule.

Bildbeschreibung

Deutlich ist zu sehen, dass Maria einen Schritt voraus ist und Jesus an der Hand nimmt; ihn fast schon ein wenig drängt und zieht, hin zu dem Haus, das am rechten Bildrand erscheint. Diese Glasmalerei, hier von mir als Zeichnung wiedergegeben, ist original in farbige Bleiglasstücke gefasst und die Details, z.B. Gesichter und Faltenwurf, sind mit Schwarz und Rotbraun auf die Scheiben gemalt.

Die Zweige aus der Wurzel Jesse, dem Stammbaum von Jesus also, der die gesamte Bildkomposition thematisch zusammenhält, ist hellbraun und beige, die Blätter sind olivgrün. Der Hintergrund des Glasfensters ist in verschiedenen Blautönen hell- bis dunkelblau gehalten. Lichtgelb sind das Gewand von Jesus und das Untergewand der Maria, ihr Obergewand hebt sich weinrot ab, wie auch der Nimbus (Heiligenschein) von Jesus.

Das angedeutete Haus mit der Säule und den großen Fenstern ist ein repräsentatives Gebäude. Es ist ganz offensichtlich die Synagoge, Ziel des Weges von Maria und Jesus. Die warmen, verschiedenen Brauntöne lassen das Gebäude wie aus Naturstein erbaut aussehen und erhaben wirken.

Thematische Hinführung: Kindheit von Jesus

Jesu Kindheit – davon wissen wir wenig. Nach seiner Geburt und bis zum öffentlichen Wirken von Jesus als erwachsener Mann, gibt es lediglich eine einzige biblische Überlieferung, nämlich vom 12-jährigen Jesus im Tempel (Lukas 2,41– 52). Diese Erzählung erinnert an die Bar Mizwa, die in manchen Punkten vergleichbar mit der Konfirmation in der evangelischen Kirche ist. Der jüdische Junge wird dabei im Alter von zwölf Jahren als vollgültiges Mitglied in die jüdische Gemeinde aufgenommen. Er nimmt nun bei den Männern in der Synagoge Platz und darf aus der Tora, den fünf Büchern Mose, im Gottesdienst vorlesen, so wie Jesus es im Tempel tat. Woher hat ein jüdischer Junge die Kenntnis, die Schrift zu lesen, zu verstehen, ja der Auslegung zu folgen? Die Antwort lautet: Er ging zuvor in die Toraschule. Seit der Entstehung der Synagogen ist an ihnen auch immer gelehrt worden. Das Studium der Bibel, das Lesen, Erklären und die Wege der Auslegung spielen dabei eine große Rolle.

Ob Jesus dort auch war, wissen wir nicht, denn eigentlich liegt die Kindheit und Jugend von ihm im Dunkel der Geschichte. Aber ausschließen können wir es auch nicht. Und wer, so wie Jesus, die Schrift kennt, Diskussionen führen und klug argumentieren kann und zudem von seinen Jüngern Rabbi genannt wird, das heißt „Lehrer", der hat nicht nur das innere Wissen als Sohn des himmlischen Vaters, sondern der ist im besten Sinne ein „Gelehrter". „Und alle, die ihm zuhörten, verwunderten sich über seinen Verstand und seine Antworten." (Lk. 2,47)

Also was liegt näher anzunehmen als das: Jesus ging zur Schule, zur Toraschule in die Synagoge.

Situation des Schulanfangs

In die Schule gehen heißt, unsicher zu sein, zu fragen. Was kommt da auf mich zu? Schaffe ich alles? Bin ich den Anforderungen gewachsen? Schule heißt lernen und durchaus auch fleißig sein. Viele freuen sich darauf, sind gespannt vor Erwartungen. Anderen muss erst einmal Lust gemacht werden auf die Schule. Doch auch die älteren Schülerinnen und Schüler sowie die Lehrerinnen und Lehrer benötigen neu einen Motivationsschub.

Unser Gottesdienst will zeigen: gut gerüstet und mit ein klein bisschen Hilfe können wir es gemeinsam schaffen. Dabei werden Details aus dem Bild „Maria bringt Jesus zur Schule" als Symbole genutzt, um diese Hilfe zu versinnbildlichen. Die Tasche soll dabei für die guten äußeren und inneren Bedingungen stehen, die jeder für den Schulstart braucht. Das Anfassen der Hände und auch die Blickverbindung von Maria und Jesus stehen als Symbol für helfende menschliche Nähe, aber schließlich auch für die Bewahrung durch Gott selbst.

Gottesdienst zum Beginn des Schuljahres

Gottesdienstbausteine

Psalmgebet
(die Situation mit Motiven aus Psalm 73 vor Gott bringen, im Wechsel Einzelner oder in Gruppen)
I: Die Schule beginnt. Neue Orte, neue Menschen begegnen mir.
II: Dennoch bleibe ich stets an dir, denn du hältst mich an meiner rechten Hand.

I: Unsicher bin ich, was kommen mag.
II: Doch du leitest mich nach deinem Rat und nimmst mich mit Ehren an.

I: Anforderungen, Zensuren, Leistungsstress – hoffentlich halte ich allen Erwartungen stand und verliere mich nicht.
II: Wenn ich nur dich habe, so frage ich nichts nach Himmel und Erde.

I: Muss ich mir Sorgen machen, oder kann ich zuversichtlich auf das neue Schuljahr schauen?
II: Du, Gott, bist allezeit meines Herzens Trost und mein Teil.

I: Spaß am Lernen und Entdecken, Lust am Wachsen – das wünsche ich mir.
II: Das ist meine Freude, dass ich mich zu Gott halte und meine Zuversicht setze auf Gott den Herrn.

I: Vieles ist für mich neu, doch auf meinen Wegen erfahre ich Hilfe.
II: Stets bleibe ich an dir, denn du hältst mich an meiner rechten Hand.

Ehr sei dem Vater (EG 177)

Biblische Lesung: Lukas 2,41–52, Der 12-jährige Jesus im Tempel

Ansprache
Liebe Schülerinnen und Schüler. Liebe Lehrerinnen und Lehrer. Liebe Eltern!
Jesus ging zur Schule. Ja, so wird es gewesen sein. Er ging zur Schule, um klug zu werden, seinen Verstand zu schärfen und er nahm dabei zu „an Weisheit, Alter und Gnade bei Gott und den Menschen."
Und das wünschen wir auch euch am Anfang des neuen Schuljahres, dass ihr wachsen mögt. Ihr selbst natürlich in der Größe, aber eben auch euer Verstand und eure Klugheit sollen wachsen. Darum geht ihr zur Schule.
(Die Situation der Schulkinder ansprechen, vgl. Abschnitt oben)
Eben habe ich gesagt, Jesus ging auch zur Schule. Und davon habe ich euch heute ein Bild mitgebracht. Es ist in Salzwedel in der Marienkirche zu sehen. Und es ist in echt ein buntes Glasfenster und ungefähr 650 Jahre alt. Auf diesem Bild ist Jesus zu sehen, als er ein kleiner Junge war. Er wird gerade von seiner Mutter Maria in die Schule gebracht. Genauer gesagt in die Bibelschule in der Synagoge. Vielleicht ist es sogar der erste Schultag von Jesus! Und wie es so bei manchem kleinen Jungen ist, so richtig groß scheint die Vorfreude und die Lust auf die Schule bei Jesus nicht zu sein. Oder ist er sogar ein wenig verzagt? Unsicher, was auf ihn zukommt? Seine Mutter muss ihn – so habe ich den Eindruck – ein wenig ziehen und drängen. Rasch geht sie vornweg und Jesus folgt ihr mit stockenden Schritten.
Und doch gibt es da etwas auf diesem Bild, das machte Jesus Mut, weiterzugehen, hin in die Synagoge, die

am Rand zu sehen ist, wo sein Unterricht beginnt. Zum einen ist Jesus nicht allein. Seine Mutter ist bei ihm. Sie hält ihn an der Hand. Ganz fest. Und schaut ihn an. Für seine fragenden Augen ist ihr Gesicht Antwort. Sie ist ihm ganz nah und zugewandt. Sie spricht zu ihm auch ohne Worte – ihr kennt das bestimmt – man spürt es. So ist es auch bei Jesus. Die Hand der Mutter sagt: Ich helfe dir. Gut, dass Jesus sie anfassen kann. Und ihre Augen sagen: Du schaffst das, ich vertraue dir. Ein Glück, dass sie ihn so lieb ansieht.

Und das ist wichtig. Nicht nur für Jesus damals, sondern auch heute. Solche Zuwendung brauchen wir alle, sei es zum Schulstart oder zum Weitermachen, zum Lehren und zum Lernen. Auch wir brauchen die helfende Hand und den vertrauensvollen Blick.

Und dann habe ich da noch was entdeckt auf dem Bild: Jesus hat eine Tasche um. Seht ihr sie? Über die Schulter gehängt trägt er sie. Na sowas, habe ich mich gefragt, hat Jesus denn schon eine Schulmappe gehabt oder eine Brottasche? Offensichtlich ja. Und sie ist gar nicht so klein. Denn natürlich braucht auch er was für unterwegs. Schaut einmal her. Diese Tasche hier ist fast genau wie die von Jesus (nimmt die vorbereitete Tasche zur Hand).

Da bin ich nun aber mal selbst neugierig, was da drin sein könnte. Was würdet ihr denn in eine solche Tasche für die Schulzeit tun? (Dabei auspacken und sichtbar abstellen. Eventuell geäußerte Vorschläge der Zuhörer aufnehmen.) Ein Stück Brot für den Hunger unterwegs. Wasser gegen den Durst – ganz einfache grundlegende Dinge erst einmal. Und natürlich etwas Gesundes: frisches Obst.

Zum Schulanfang gab es für die Schulanfänger Zuckertüten, was war denn da so alles drin? Vielleicht ist davon auch etwas geeignet für unser Unterwegssein in der Schulzeit.

Aha – eine Federtasche mit einem Füller zum Schreiben. Passend dazu finde ich in meiner Tasche einen Stift und ein kleines Notizbuch. Denn die wirklich wichtigen Dinge schreibe ich mir am besten immer auf.

Eine Süßigkeit ist da noch – so eine Kleinigkeit zum Naschen. Das ist erlaubt. Und manchmal einfach schön. Ein gelber Ball – mit einem fröhlichen Gesicht darauf. Wie die Sonne strahlt er, oder wie andere Leute, die einem zulächeln. Und zugleich kann ich ganz prima mit ihm spielen. Eine Kerze – die will ich gleich anzünden, dass immer ein Licht scheint auf allen Wegen, auch auf den dunklen.

Und zum Schluss noch ein kleines Buch – eine Bibel ist das. Aus der Bibel hat Jesus in der Synagogenschule das Lesen gelernt. Das war damals eine dicke Schriftrolle. Und auch Psalmen, so wie ihr Lieder übt, hat er auswendig gelernt. Der Psalm, den wir eben am Anfang des Gottesdienstes gebetet haben, der gehört auch dazu mit diesem schönen Vers: Stets bleibe ich an dir, denn du hältst mich an meiner rechten Hand.

Liebe Schüler, liebe Eltern, liebe Lehrer, wir haben in unserer Tasche viele gute und wichtige Dingen gefunden, die wir den Kindern mitgeben wollen, seien es nützliche Dinge oder schöne Wünsche. Alles ist gut vorbereitet, damit die Schulzeit erfolgreich verläuft. Wir wollen dabei nicht verschweigen, dass es für die Schule eine Menge Arbeit braucht und eine Portion Mut, aber eben auch ein klein bisschen Hilfe. Darum wollen wir an eurer Seite sein und euch helfen, wo wir können. Aber wir sind froh, dass wir in allen unseren menschlichen Zusagen jemanden haben, der uns an die Hand nimmt. Denn das wollen wir euch, unseren Kindern, gern mitgeben: eine Tasche und noch mehr für unterwegs, nämlich die Erinnerung an Gottes gute Hand, die euch hält und behutsam führt. Amen

Fürbitten

(mit sechs verschiedenfarbigen Kerzen für sechs Beter)
Lebendiger Gott, du hältst uns in deiner Hand und willst auf unseren Wegen mit uns gehen. Darum rufen wir zu dir und beten für uns und die Menschen in der Welt:
A: Wir bitten dich für unsere Schulanfänger, lass sie Freude beim Lernen, Lesen und Rechnen haben. Behüte sie vor Unfall und Gefahr. Gib, dass sie spüren: Hier werde ich angenommen, so wie ich bin. Für sie zünden wir dieses Licht an.
B: Wir bitten dich für die Kinder in der Welt, die nicht lernen können und keine gut gefüllten Taschen haben. Eröffne ihnen in ihrem Leben neue Chancen und Wege. Für sie ...
C: Wir bitten dich für alle, die im Schulalltag miteinander zu tun haben, für Lehrer und Erzieher, für die Schulleitung und alle Schüler, lass sie Verständnis füreinander entwickeln und gemeinsam nach der Lösung von Problemen suchen. Segne du sie in all ihrem Tun. Für sie ...
D: Wir bitten dich für die verschiedenen Generationen, Junge und Alte, zu Hause in den Familien, auf den Straßen unseres Ortes. Lass sie einander in Respekt begegnen, dass die Älteren zu verstehen suchen, was junge Leute beschäftigt, und Jüngere Achtung vor den Erfahrungen der Älteren haben. Für sie ...
E: Wir bitten dich für Eltern und Kinder, lass in den Häusern und Wohnungen ein Klima des Vertrauens und der Liebe gedeihen, denn es ist schön in einer Familien zu leben. Für sie ...
F: Wir bitten dich um Zeit – Zeit füreinander, den Moment einen Sonnenstrahl zu genießen, zu lächeln und zu spielen. Lass uns in den Anforderungen von Schule und Beruf unsere Freude und uns selbst nicht verlieren. Für uns zünden wir dieses Licht an.
Gemeinsam beten wir im Namen von Jesus Christus: Vaterunser

Segnung der Kinder in Segenskreisen

Im innersten Kreis stehen die Schulanfänger, um sie herum stellen sich die größeren Kinder und den Außenkreis bilden die Eltern und Lehrer. Am schönsten ist die Segenshandlung mit Handauflegen. Das Handauflegen wird als persönliche Geste immer sehr positiv erfahren. Anschließend kann ein Kreuz über dem Kind gezeichnet werden: +. Das Zahlenverhältnis von Kindern und Mitarbeitenden sollte aus Zeitgründen berücksichtigt werden.

Gott sei dir nah und segne dich.
Er halte dich an seiner Hand
und schenke dir Mut und Freude.
Friede + sei mit dir. Amen

Stephan Hoenen

Autoren und Herausgeber

Auroren und Herausgeber

Annette Baden-Ratz, Gografenstr. 2, 31234 Edemissen
Ralph-Ruprecht Bartels, Osterfeldstr. 9, 31177 Harsum
Brunhilde Börner, Malche 1, 16259 Bad Freienwalde
Hanna de Boor, Beesener Str. 233, 06110 Halle
Klaus-Dieter Braun, Dietrich-Bonhoeffer-Str. 1, 38300 Wolfenbüttel
Anne-Dore Bunke, Bei den Schlehen 40, 38855 Wernigerode
Simone Carstens-Kant, Pfarrstr. 2, 38855 Wernigerode
Benigna Carstens, Zinzendorfstr. 9, 78126 Königsfeld
Bernd Dechant, Margeritenweg 1a, 14974 Ludwigsfelde
Brigitte Donath, Friederikenplan 55, 06844 Dessau
Barbara Fuhrmann, Hinter den Tannen 10, 17454 Zinnowitz
Claudia Glebe, Beguinenstr. 10, 38350 Helmstedt
Antje Gottwald, Großer Kirchhof 6, 38350 Helmstedt
Jürgen Grote, Am Pfarrgarten 5, 38274 Groß Elbe
Silvia Gützkow, Bergstr. 12, 17454 Seebad Zinnowitz
Elke Hasting, Lobensteiner Str. 16, 07929 Saalburg/Ebersdorf
Waltraud Herrmann, Dahlienstr. 32a, 91560 Heilsbronn
Stephan Hoenen, An der Marienkirche 4, 29410 Salzwedel
Gabriele Humbert, Akazienstr. 6, 39126 Magdeburg
Carmen Ilse, Mönchshof 1, 06618 Naumburg-Flemmingen
Beate Jagusch, Droßdorfer Str. 11, 06712 Ossig
Birgitt Johanning, Rheinener Weg 1, 58239 Schwerte
Angela Kunze-Beiküfner, Friedensstr. 27, 38820 Halberstadt
Gerhard Kurmis, Grubenweg 2, 35325 Mücke
Katrin Lange, Südring 57, 06667 Weißenfels
Ulrike Lange, Bahnhofstr. 9, 01468 Moritzburg
Utta Lucke, Hauptstr.57, 06577 Heldrungen
Siegfried Macht, Kopernikusring 41, 95447 Bayreuth
Sabine Meinhold, Annenkirchplatz 2, 06295 Eisleben
Alfred Mengel, Hermann-Meier-Str. 3, 49838 Lengerich/Emsland
Andrea Moritz, Brunnenstr. 5, 55595 Hüffelsheim
Elisabeth und **Karsten Müller**, Otto v. Guericke -Str. 41, 39104 Magdeburg
Gudrun Naumann, Regensburger Str. 111, 06132 Halle
Petra Neumann, Alice-und-Hella-Hirsch-Ring, 10317 Berlin
Frank Niemann, Luisenstr. 11, 31224 Peine
Dorothea Pape, Kirchenweg 5, 24811 Owschlag
Bettina Plötner-Walter, Kirchberg 176, 06648 Eckartsberga
Horst Ramsch, Bühlauer Str. 44b, 01328 Dresden
Elisabeth Reinhard, Weingasse 51, 91077 Neunkirchen
Bianca Rischbieter, Weißer Weg 69, 38302 Wolfenbüttel
Barbara Rösch, Am Mönchhof 6, 99891 Tabarz
Ulrike Scheller, Wörmlitzer Str. 12, 06110 Halle
Ruth-Elisabeth Schlemmer, Andreasstr. 14, 99084 Erfurt
Adelheid Schnelle, Am Sandteich 31, 38436 Süpplingenburg AdelheidSchnelle@aol.com
Marit Seidel, Am Anger 15, 09366 Stollberg-Mitteldorf
Elke Sonntag, Hinter den Höfen 36, 99195 Stotternheim
Gerlinde Tröbs, Dorfplatz 6, 90562 Kalchreuth
Cornelia Trommer, Barfüßerstr. 2, 99734 Nordhausen
Friederike Wulff-Wagenknecht, Predigerstr. 4, 99084 Erfurt